Law and Economics of International
Telecommunications

Under the Auspices of the
Max Planck Institute for Foreign and
International Private Law
edited by Prof. Ernst-Joachim Mestmäcker

Volume 24

Dr. Michael Esser-Wellié, LL.M.

Das Verfassungs- und Wirtschaftsrecht der Breitbandkommunikation in den Vereinigten Staaten von Amerika

Zusammenhänge zwischen technischer Konvergenz und Wettbewerb

Nomos Verlagsgesellschaft
Baden-Baden

Die Deutsche Bibliothek – CIP-Einheitsaufnahme

Esser-Wellié, Michael:
Das Verfassungs- und Wirtschaftsrecht der Breitbandkommunikation in den Vereinigten Staaten von Amerika : Zusammenhänge zwischen technischer Konvergenz und Wettbewerb / Michael Esser-Wellié. – 1. Aufl. – Baden-Baden : Nomos Verl.-Ges., 1995
   (Wirtschaftsrecht der internationalen Telekommunikation ; Vol. 24)
   Zugl.: Hamburg, Univ., Diss., 1994
   ISBN 3-7890-3750-8
NE: Law and Economics of International Telecommunications

ISSN 0935-0624

1. Auflage 1995
© Nomos Verlagsgesellschaft, Baden-Baden 1995. Printed in Germany. Alle Rechte, auch die des Nachdrucks von Auszügen, der photomechanischen Wiedergabe und der Übersetzung, vorbehalten.

Vorwort des Herausgebers

Die vorliegende Arbeit ist als Teil des Forschungsprojekts Wirtschaftsrecht der internationalen Telekommunikation im Max-Planck-Institut für ausländisches und internationales Privatrecht in Hamburg entstanden.

Die Breitbandkommunikation ist in den USA in Verbindung mit der Satellitentechnik zum dominierenden audiovisuellen Medium geworden. Gegenwärtig richten sich hochgespannte politische und unternehmerische Erwartungen auf die Transformation der Kabelnetze in »Electronic Superhighways« und die des Kabelfernsehens in »Multimedia«. Technischer Fortschritt und schneller wirtschaftlicher und gesellschaftlicher Wandel führen zu einem neuen verfassungsrechtlichen Verständnis der Rundfunk- und Medienfreiheiten und zu neuen Aufgaben des Wirtschaftsrechts. Ähnliche Entwicklungen zeichnen sich in der Bundesrepublik und in der Europäischen Union unter dem Stichwort alternativer Netzinfrastrukturen ab. Der Arbeit von Michael Esser-Wellié kommt deshalb trotz ausgeprägter institutioneller und struktureller Besonderheiten der amerikanischen Kommunikationssysteme besondere Bedeutung auch für die Rechtsentwicklung in der Bundesrepublik und in der Europäischen Union zu.

Hamburg, im November 1994 *Ernst-Joachim Mestmäcker*

Vorwort

Mein besonderer Dank gilt Herrn Professor Dr. Ernst-Joachim Mestmäcker, Direktor am Max-Planck-Institut für Internationales und Ausländisches Privatrecht in Hamburg. Er hat diese Arbeit sowie meine sonstigen Tätigkeiten für ihn mit unsichtbarer, aber sicherer Hand begleitet und mir stets wertvolle Unterstützung gewährt. Dazu muß in manchen Situationen viel Geduld und Verständnis erforderlich gewesen sein.
Herrn Professor Dr. Ingo von Münch danke ich herzlich für die Erstellung des Zweitgutachtens. Dank muß ich meinen Gesprächspartnern in den USA aussprechen, die nicht müde wurden, meine Fragen zu beantworten und mir wichtiges Material zur Verfügung zu stellen. Erst in diesen Gesprächen wurde klar, welche Möglichkeiten ein freies Rundfunksystem bietet; dementsprechend nahmen die amerikanischen Experten meine Erläuterungen zum derzeitigen deutschen Mediensystem mit großem Unverständnis auf. Zu Dank verpflichtet bin ich besonders Herrn Robert Corn-Revere, Frau Donna Lampert, Frau Toni Cook sowie Herrn Michael Schooler. In Deutschland erhielt ich Unterstützung bei der sprachlichen Überarbeitung des Textes und dem Anfertigen der Korrekturen durch Dr. Hanno Merkt, SD Ulrich Börger, Andrea Klink, Regine Drinkuth, Karola Buß sowie, last but not least, meine Frau Susanne Wellié. Manchen von ihnen müssen zeitweise große Zweifel gekommen sein; es zeigt ihre Freundschaft, daß sie nicht verzweifelt sind.
Die Arbeit wurde im Wintersemester 1994 von der juristischen Fakultät der Universität Hamburg als Dissertation angenommen. Sie wurde im Frühjahr 1993 abgeschlossen; neuere Entwicklungen konnten bis zur Drucklegung eingearbeitet werden.
Widmen möchte ich diese Arbeit meinen Eltern.

Hamburg, im Oktober 1994   Michael Esser-Wellié

Soon the courts will have to decide, for vast areas that have so far been quite free of regulation, which of the three traditions of communications practice they will apply. The facts that will face the courts will be a universally interconnected electronic communication system based on a variety of linkable electronic carriers, using radio, cable, microwave, optical fiber, and satellites, and delivering to every home and office a vast variety of different kinds of mail, print, sound, and video, through an electronic network of networks. The question is whether that system will be governed as are the regulated electronic media now, or whether there is some way of retaining the free press tradition of the First Amendment in that brave new world.

Ithiel de Sola Pool, Technologies of Freedom, 1983, S. 233/234.

What kind of First Amendment would best serve our needs as we approach the 21st century may be an open question. But the old-fashioned First Amendment that we have is the Court's only guideline; and one hard and fast principle which it announces is that Government shall keep its hands off the press. That principle has served us through days of calm and eras of strife and I would abide by it until a new First Amendment is adopted. That means, as I view it, that TV and radio, as well as the more conventional methods of disseminating news, are all included in the concept of »press« as used in the First Amendment and therefore are entitled to live under the laissez-faire regime which the First Amendment sanctions.

CBS v. Democratic National Committee, 412 U.S. 94, 160-161 (1973), Justice Douglas, concurring.

Inhaltsverzeichnis

Abkürzungsverzeichnis   19

Einleitung   21

1. Abschnitt: Die Kommunikationsfreiheit im US-amerikanischen Verfassungsrecht   25

A. Die Grundprinzipien der Meinungs- und Pressefreiheit   25

    I. Die Rechtsquellen: Der Erste und Vierzehnte Zusatzartikel zur US-amerikanischen Bundesverfassung   25
        1. Entstehung und Wortlaut der Zusatzartikel   25
        2. Die Rolle des US Supreme Court und der übrigen Gerichte   26
    II. Ausschluß der Pornographie (obscenity) aus dem Schutzbereich des Ersten Zusatzartikels   28
    III. Die Kommunikationsfreiheit   30
        1. Inhalt der Kommunikationsrechte - Die Grundrechtstheorien   30
            a) Die Meinungsfreiheit als Marktplatz der Ideen   31
            b) Die Partizipation im Staatswesen   32
            c) Stabilisierung   34
            d) Individuelle Selbstverwirklichung und Selbstbestimmung   34
            e) Allgemeine Geltung aller Theorien   35
        2. Recht auf Zugang zu den Medien und subjektivrechtliche Ausgestaltung des ersten Zusatzartikels   35
    IV. Kommunikationsfreiheit und staatliche Einflußnahme   37
        1. Die Theorie vom absoluten Schutz   38
        2. Die Abwägungsmaßstäbe des US Supreme Court bei direkten Einschränkungen der Kommunikationsfreiheit   38
        3. Abwägungsmaßstäbe bei indirekten Einschränkungen   41

B. Klassische Dreiteilung der Kommunikationsfreiheit - Presse, Rundfunk und Verbreitungsmedium   42

	I.	Anfänge der Kommunikationsmedien in den Vereinigten Staaten	42
	II.	Übersicht über die klassische Regulierung der drei Medien	48
		1. Gedruckte Presse (print media)	48
		2. Rundfunk (broadcast media)	50
		3. Verbreitungsmedium (communications common carrier)	53

2. Abschnitt: Kabelfernsehen als Massenkommunikation (cable tv) — 55

A. Das Kabelfernsehsystem in den Vereinigten Staaten — 55

B. Der gesetzliche Regelungsrahmen des Kabelfernsehens — 59

    I. Die Regulierung des Kabelfernsehens bis 1984 — 59
       1. Die anfänglichen Gründe für die Regulierung — 59
       2. Die Regulierung des Kabelfernsehens durch die Federal Communications Commission — 61

    II. Der Cable Communication Act 1984 und seine Änderungen im Cable TV Competition Act 1992 — 68
       1. Zweck und Grundsätze — 69
       2. Bundeszuständigkeit — 70
       3. Übersicht über die einzelnen Regelungen — 70
          a) Definition der Kabeldienste — 70
          b) Aufhebung der Tarifregulierung — 72
          c) Bereitstellung von Mietkapazitäten (leased access requirements) — 74
          d) Medienspezifische Konzentrationsbeschränkungen (cross-ownership rules) — 75
          e) Lizenzvertrag (franchise) und Lizenzgebühren (franchise fees) — 77
          f) Inhaltskontrolle — 78

C. Das Verfassungsrecht des Kabelfernsehens: Die vergebliche Einordnung des Kabelfernsehens in das dreigeteilte Kommunikationssystem — 80

    I. Kabelfernsehen als reines Verbreitungsmedium - common carrier — 80
    II. Kabelfernsehen als terrestrisches Fernsehen — 82

      1. Kabelfernsehen als Hilfsdienstleistung zum terrestrischen
         Fernsehen   82
      2. Gleichstellung des Kabelfernsehens mit
         terrestrischem Fernsehen   85
  III. Knappheit der Frequenzen und wirtschaftliche Knappheit -
      Kabelfernsehen als natürliches Monopol   87
      1. Natürliches Monopol als verfassungsrechtliche Grundlage   87
      2. Zweifel an dem Bestehen eines natürlichen Monopols   90
      3. Rechtliche Gründe gegen eine Monopolstellung als
         Rechtfertigungsgrundlage   92
      4. Zusammenfassung   95
  IV. Uneingeschränkte Freiheit der Meinungsäußerung -
      Kabelfernsehen und Presse   96
   V. Ergebnis   99

D. Offener Wettbewerb und strukturelle Zugangsregelungen   100

    I. Die Verfahren um die Einspeiseverpflichtungen
      (must-carry rules)   101
      1. Die Vorschriften bis 1985   101
      2. Die Rechtswidrigkeit der Einspeiseverpflichtungen:
         das Verfahren Quincy Cable TV, Inc.   102
      3. Die geänderten Regelungen und das Verfahren Century
         Communication Corp.   105
   II. Die gesetzliche Neuregelung: Verbindung von Einspeise-
      verpflichtung und Zwangslizenz   107
      1. Die Gesetzesinitiativen   107
      2. Die Stellungnahmen zu einer gesetzlichen
         Einspeiseverpflichtung   109
         a) Die Federal Communications Commission   109
         b) U.S. Register of Copyrights   110
         c) Die Fernsehsender   111
         d) Die Kabelbetreiber und Kabelprogrammveranstalter   112
      3. Die Regelungen des Cable TV Competition Act 1992   113
      4. Das Verfahren Turner Broadcasting System, Inc. v. FCC   115
      5. Zusammenfassung: Das Verhältnis von Wettbewerb,
         Zugangsbedingungen und Regulierung des Marktes   118

E. Konzentration und Medienwettbewerb in der Kabelkommunikation   122

I.	Wirtschaftliche und inhaltliche Entfaltung des Kabelfernsehens	122
II.	Konzentrationsprozesse und deren Auswirkungen	123
	1. Horizontale Konzentration	123
	a) Begriffsbestimmung	123
	b) Die Marktsituation	124
	2. Vertikale Integration	125
	a) Begriffsbestimmung	125
	b) Die Marktstruktur	126
	3. Ursache der vertikalen und horizontalen Konzentration	128
	4. Auswirkungen auf den Wettbewerb und Verbundvorteile	130
	a) Das Zusammentreffen von vertikaler Integration und exklusiver und de-facto-exklusiver Betreiberlizenz	130
	b) Zugangsbeschränkungen für Programmveranstalter	131
	c) Die Fälle CNBC und The Learning Channel	133
	d) Übermäßige Preisnachlässe	136
	e) Verbundvorteile	136
III.	Die Anwendung der Antitrust-Gesetze im Kabelfernsehbereich	138
	1. Die Antitrust-Gesetze in ihrer medienspezifischen Ausprägung	138
	a) Der Sherman und der Clayton Act	138
	b) Antitrust-Vorschriften und Kommunikationsfreiheit: Die Entscheidung Associated Press v. United States	141
	2. Relevante materielle Eingriffs- und Untersagungskriterien	142
	a) Untersagung von Zusammenschlüssen	142
	b) Monopolisierung	145
	aa) Geschäftsverweigerung und Essential Facilities-Doktrin	145
	bb) Ausweitung einer Monopolstellung	147
	c) Wettbewerbswidrigkeit vertikaler Verträge	147
	3. Marktabgrenzung im Kabelfernsehbereich	148
	a) Relevante sachliche Märkte	148
	aa) Bestimmung des sachlich relevanten Marktes im US-amerikanischen Recht	148
	bb) Die Kabelfernsehmärkte	149
	(1) Die Marktabgrenzung der FCC	150
	(a) Programmärkte	150
	(b) Übertragungsmarkt	152
	(2) Andere Marktabgrenzungen	153
	cc) Zusammenfassung	156

		b) Relevante räumliche Märkte	157
	4.	Bisherige Untersagungsverfahren	158
		a) Fusionskontrollverfahren	159
		b) Untersagte Absprachen	161
		c) Einspeisungs- und Verbreitungsverweigerungen (refusal to carry und refusal to deal)	162
		d) Vertikale Verträge	165
IV.	Medienspezifische Konzentrationsregelungen im Kabelbereich		165
	1.	Das Gesetzgebungsverfahren	166
		a) Absichten des Gesetzgebers	166
		b) Empfehlungen und Maßnahmen der FCC	167
	2.	Die Vorschriften im einzelnen	169
		a) Erweiterung bestehender Konzentrationsbegrenzungen	169
		b) Strukturelle Begrenzungen	170
		c) Unzulässige Klauseln in Einspeisungsverträgen	171
		d) Zugang zu den Programmen (program access)	172
V.	Marktöffnung und staatliche Lizenzvergabe		173
	1.	Zulassung und Errichtung zusätzlicher Kabelnetze: cable overbuilding	173
	2.	Gerichtliche Überprüfung der behördlichen Lizenzvergabe	174
	3.	Gesetzliche Maßnahmen zur Öffnung des Marktes	176
	4.	Offener Netzzugang?	178
VI.	Ergebnis: Wettbewerbsrechtliche Zusammenschlußkontrolle, medienspezifische Konzentrationsregelungen und Wettbewerb auf der Netzebene		179

3. Abschnitt: Kabelfernsehen als neue Form der Individualkommunikation   185

A. Personal Communication Networks (PCN)   185

B. Kabelfernsehnetze als Umgehungstechnologie (by-pass technology)   187

C. Regulatorische Schwierigkeiten   189

D. Zusammenfassung   191

4. Abschnitt: Telefon als Massenkommunikation   193

A. Inhaltskontrolle und Telefonverkehr:
Erosion traditioneller Grundsätze   193

    I. Ansage- oder Audiotex-Dienste   194
    II. Möglichkeiten und Grenzen der Regulierung
von Dial-A-Porn-Diensten   195
       1. Verfassungsrechtlich zulässige Beschränkungen   195
       2. Zugangsbeschränkungen zum Schutz von Minderjährigen   197
    III. Inhaltskontrolle bei der Netzeinspeisung   198
    IV. Zusammenfassung   199

B. Telefon als Medium zur Übermittlung von Fernsehsignalen   201

    I. Bisherige Rechtslage   201
       1. Die Konzentrationsbegrenzungen (cross-ownership rules)   201
       2. Frühere Ausnahmegenehmigungen   202
       3. Das AT&T-Entflechtungsurteil und dessen Aufhebung   203
    II. Marktöffnung durch die Video Dialtone-Direktive der FCC   206
       1. Die Hybrid-Funktion der Netzbetreiber   206
          a) Bereitstellung einer elektronischen Plattform   207
          b) Mehrwert- und andere Videodienste   209
          c) Zulässige Beteiligung an Programmveranstaltern   210
       2. Keine förmliche Betreiberlizenz   212
       3. Maßnahmen gegen Quersubventionen und
Diskriminierungen   213
          a) Regelungen im Telefonverkehr   213
          b) Regelungen der Video Dialtone-Direktive   216
             aa) Quersubventionen (cross-subsidization)   216
             bb) Diskriminierendes Verhalten   218
    III. Bewertung der Video Dialtone-Initiative   220
       1. Hauptanliegen der FCC   220
       2. Zweifel an der ökonomischen Schlüssigkeit der Initiative   221
       3. Schaffung einer Wettbewerbssituation im Breitbandnetz   222
          a) Wettbewerbspolitische Bewertung   222
          b) Investitionsanreiz   224
          c) Ausreichende Maßnahmen gegen
Quersubventionierung und Diskriminierung   226

5. Abschnitt: Schlußfolgerungen: Umrisse einer neuen
   Kommunikationsordnung in den USA   227

A. Die Konvergenz von Individual- und Massenkommunikation -
   Convergence of Conduit and Content   227

B. Regelungsmodelle in der amerikanischen Literatur   233
   I. Funktionale Schutzbestimmung   233
   II. Kabelfernsehen als Verbreitungsmedium   235
   III. Das Breitbandnetz als privates oder öffentliches Forum   236
   IV. Wettbewerb auf der Netzebene: intermedia competition   238

C. Versuch einer Prognose einer verfassungs- und wirtschaftsrechtlichen Kommunikationsordnung in den USA   239

   I. Schwächen der bisherigen Modellvorschläge   239
      1. Unmöglichkeit einer funktionalen Trennung
         der Netzkapazitäten   239
      2. Defizite einer Einstufung als Verbreitungsmedium   240
   II. Umrisse einer zukünftigen Ordnung:
       Gleichstellung aller Medien   244
      1. Die Wechselbeziehung zwischen verfassungsrechtlichem
         Schutz der Netzbetreiber und technologischer
         Entwicklung des Mediums   246
      2. Die Aufhebung tradierter Unterscheidungen   249
      3. Offener Netzwettbewerb statt staatlicher
         Zugangsregelungen   251
      4. Wettbewerbsrecht und ergänzende medienspezifische
         Regelungen   253
      5. Haftung   255

Literaturverzeichnis   257

Abkürzungsverzeichnis

aff'd	affirmed
Ala.	Alabama
A.ö.R.	Archiv des öffentlichen Rechts
C.	Central
Cal.	California
Calif. L.Rev.	California Law Review
Cath. U. L.Rev.	Catholic University Law Review
cert.	certorari
C.F.R.	Code of Federal Regulations
Cir.	Circuit Court, Court of Appeals
C.J.	Chief Justice, Chief Judge
Colo.	Colorado
D.	District, (Federal) District Court
DBS	Direct Broadcasting Satellites
D.C.	District Court/District of Columbia
DoJ	U.S. Department of Justice
E.	East(ern)
F.2d	Federal Reporter, Second Series
FCC	Federal Communications Commission
F.C.C.	Federal Communications Commission Reports
F.C.C.2d	Federal Communications Commission Reports, 2nd Series
F.C.C.Rcd	Federal Communications Commission Records
Fed. Comm. L.J.	Federal Communications Law Journal
Fordham Urb. L.J.	Fordham Urban Law Journal
F.Supp.	Federal Supplement
FTC	Federal Trade Commission
Geo. Wash. L.Rev.	George Washington Law Review
GHz	Gigahertz
G.Y.I.L.	German Yearbook of International Law
Harv. J. Legislation	Harvard Journal on Legislation
Harv. L.Rev.	Harvard Law Review
Hastings Comm/Ent L.J.	Hastings Communications & Entertainment Law Journal
H.R.	House (of Representatives) Report
J.	Justice, Judge
JJ	Justices, Judges
J. of L. & Econo.	Journal of Law and Economics
Law & Contemp. Probs.	Journal of Law and Contemporary Problems
L.J.	Law Journal
L.Rev.	Law Review
Media L.Rptr.	Media Law Reporter
Mich. L.Rev.	Michigan Law Review
MHz	Megahertz

MMDS	Multichannel Multipoint Distribution System, auch Wireless Cable System genannt
MSO	Multiple System Operator
N.	North(ern)
N.C.L.Rev.	North Carolina Law Review
NCTA	National Cable Television Association
NE	North Eastern Reporter
No., Nos.	Number, Numbers
NTIA	National Telecommunication and Information Administration
N.Y.	New York
OPP	Office of Plans and Policy, FCC
OTA	Office of Technology Assessment, U.S. Congress
Pa.	Pennsylvania
PTCJ	Patent, Trademark & Copyright Journal
reh.den.	rehearing denied
rev'd	reversed
R.I.	Rhode Island
S.	South(ern)
S.Ct.	Supreme Court Reporter
Sec.	Section
Sup. Ct. Rev.	Supreme Court Review
Supp.	Supplement
Tex. L.Rev.	Texas Law Review
Trade Reg.Rep. (CCH)	Trade Regulation Reporter, Commerce Clearing House
U.C.L.A. L.Rev.	University of California at Los Angeles Law Review
U. Pa. L.Rev.	University of Pennsylvania Law Review
U.S.	United States Reports
U.S.C.	United States Code
v.	versus
vac.	vacated
Vand. L.Rev.	Vanderbilt Law Review
W.	West(ern)
Yale J. on Reg.	Yale Journal on Regulation
zit.	zitiert
ZUM	Zeitschrift für Urheber- und Medienrecht

Einleitung

Die Eisenbahngesellschaften, so argumentierte vor zehn Jahren der Professor *Ithiel de Sola Pool*, hätten mindestens einen Fehler begangen, der noch heute ihr wirtschaftliches Schicksal bestimme. Sie hätten von Beginn an ihre wirtschaftliche Betätigung so verstanden, daß sie Züge über Eisenbahnschienen bewegten. Sie hätten sich statt dessen darauf konzentrieren sollen, Güter oder Menschen mit allen zur Verfügung stehenden Technologien von einem bestimmten Punkt zu einem anderen zu befördern.[1]
Ähnlich eingeschränkt wird in Deutschland das Medium Kabelfernsehen verstanden. Statt es als eigenständiges Kommunikationsmedium aufzufassen, wird es hierzulande als Netz gesehen, das in erster Linie terrestrisch verbreitetes Fernsehen in besserer Qualität zu den Haushalten transportiert.
Anders dagegen die Situation in den Vereinigten Staaten von Amerika. Längst verstehen sich die privaten Betreiber der Kabelnetze nicht mehr als bloße Übermittler von terrestrischen Fernsehprogrammen. Bereits frühzeitig haben die inzwischen 11.000 Kabelbetreiber erkannt, daß sie auf Dauer nur dann bestehen können, wenn sie eigene Programme anbieten und attraktive Programmpakete für ihre Teilnehmer zusammenstellen. Ansonsten würde in den USA kein Verbraucher einen Kabelanschluß bezahlen wollen, durch den kostenloses terrestrisches Fernsehen lediglich weiterverbreitet wird. Die Betreiber haben demgemäß in großem Umfang in Programmveranstalter und Sportverbreitungsrechte investiert, um bessere Programme anbieten zu können. Der Erfolg dieser Investitionen ist in den USA offensichtlich. Die Kabelfernsehindustrie ist inzwischen zu einem wichtigen florierenden Wirtschaftszweig geworden. Es sind spezialisierte und publikumswirksame Kabelprogramme entstanden, die mittlerweile zu den beliebtesten Programmen zählen. Diese Entwicklung ist an den einst allmächtigen Fernsehsendern (ABC, CBS und NBC) als den »drei blinden Mäusen« vorbeigegangen.[2] Doch das Werben der deutschen privaten wie öffentlich-rechtlichen Sender um das Kabelprogramm CNN zeigt, daß diese Einschätzung der Qualität der Programme nicht auf die USA beschränkt sein dürfte. Nicht zuletzt aufgrund des Wettbewerbs mit den großen Fernsehanstalten mußten die Kabelbetreiber eingefahrene Formen des Fernsehens verlassen und neuartige Angebote ent-

---

1 *Pool*, S. 52.
2 So der Buchtitel von *Auletta*: three blind mice.

wickeln. Dazu gehört insbesondere das pay-per-view-System, bei dem für jedes (Sport-)Ereignis, Theaterstück oder jeden Kinofilm individuell wie an der Veranstaltungskasse abgerechnet wird. In neuen Anwendungsformen bieten die Kabelfernsehbetreiber inzwischen auch Telefondienste an. Die bisherigen Ergebnisse werden sogar schon so kommentiert, daß sie herkömmliches Telefon als rückständig erscheinen lassen. Künftig sollen die Kabelnetze für beide Kommunikationsformen, also Massen- und Individualkommunikation, gleichzeitig genutzt werden. Es wird bereits von einer umfassenden Breitbandkommunikation gesprochen.

Doch diese Entwicklung ist nicht auf die Kabelgesellschaften und deren Netze beschränkt. Die amerikanischen Telefongesellschaften wollen schon seit geraumer Zeit nicht mehr nur individuelle Telefongespräche durch ihre Netze leiten. Sie drängen massiv in die Übertragung von Fernsehsignalen und in Beteiligungen an Fernsehprogrammveranstaltern. Die ersten Allianzen zwischen Telefongesellschaften und Kabelbetreibern (Bell Atlantic und Tele-Communications, Inc.) sowie zwischen Telefongesellschaften und Programmproduzenten (AT&T und Paramount Communications, Inc.) sind richtungweisend. Auch sie wollen zukünftig sowohl Telefonverkehr als auch Fernsehen in ihren Netzen verbreiten. Glasfasernetze und neuartige digitale Vermittlungen sollen eine umfassende Kommunikation ermöglichen.

Dies alles ist aus deutscher und auch europäischer Sicht zumindest verwirrend. Zu festgefahren scheinen hier die Vorstellungen zu sein, daß die staatliche Telefongesellschaft Gespräche zwischen Teilnehmern vermittelt und der (in der Regel identische staatliche) Kabelbetreiber terrestrisches Fernsehen weiterverbreitet. Dieser statischen Welt entspricht es, wenn Versuche amerikanischer Kabelbetreiber mit Systemen, die bis zu 500 Kanäle bereitstellen, als »Fernsehen total« in die Sphäre einer vom Fernsehen beherrschten Welt gerückt wird.[3] Selbst in amerikanischen Kabelnetzen werden nicht alle Kanäle zur Verbreitung von Fernsehen genutzt. Die großen Kapazitäten sind erforderlich, um Sprach-, Daten- und Videoverkehr in den vielfältigsten Formen zu verbreiten. Derartige Meldungen sind daher wenig geeignet, die derzeitige und vor allem zukünftige Entwicklung der Kommunikationstechnologie in den USA zu erfassen.

Die soeben skizzierten und in der vorliegenden Untersuchung behandelten Entwicklungen zeigen, daß sowohl die Massen- als auch die Individualkommunikation tiefgreifenden Veränderungen ausgesetzt sind, die längst noch nicht abgeschlossen sind. Die Möglichkeiten der Kabelfernsehbetreiber,

---

3 *B. Fehr*, Alle halbe Stunde beginnt der Lieblingsfilm - Amerikanische Konzerne planen »Fernsehen total«, Frankfurter Allgemeine Zeitung, 14.12.1992, S. 11.

Individualkommunikation anzubieten, und das Bestreben der Telefongesellschaften, Massenkommunikation zu erbringen, führen zu einer Auflösung der bisher rechtlich so klar gezogenen Grenze zwischen den beiden Kommunikationsformen. Es kommt mit anderen Worten zu einer Konvergenz der Kommunikationsformen und -medien, die in den USA »convergence of conduit and content« genannt wird. Sie wird zu einer integrierten Breitbandkommunikation führen, die Telefon und Fernsehen in sich vereint. Im Gegensatz zu diesen technologischen Entwicklungen beruhen die heutigen Rechtsregeln auf der tradierten Unterscheidung zwischen Individual- und Massenkommunikation. Damit steht das Spannungsverhältnis fest, das in den USA Gegenstand heftiger Auseinandersetzungen ist und das in absehbarer Zukunft in Deutschland und in Europa eintreten wird.

Die vorliegende Untersuchung hat sich ein doppeltes Ziel gesetzt: Sie möchte zum einen die amerikanische Ordnung des Kabelfernsehens in seiner verfassungs- und wirtschaftsrechtlichen Ausprägung erfassen. Der Kern der Auseinandersetzung mit diesem System liegt in der Frage, wie ein Regelungssystem verfassungs- und wirtschaftsrechtlich strukturiert ist und sein sollte, um eine möglichst große Entfaltung eines privaten Kommunikationsmediums wie das des Kabelfernsehens zu garantieren. Zum anderen möchte diese Untersuchung aufzeigen, wie die Entwicklung in den USA zu einer Konvergenz der Kommunikationsformen und -medien führen wird und wie eine zukünftige Kommunikationsordnung dieser Entwicklung Rechnung tragen kann.

Nach einer Einführung in die derzeitige rechtlich dreigeteilte Kommunikationsordnung (Zeitung, Telefon und Fernsehen) wird das Verfassungsrecht des Kabelfernsehens in seiner bisherigen Entwicklung analysiert. Diese Diskussion wird nicht nur Anhaltspunkte für eine zukünftige Entwicklung geben, sondern belegen, daß ein uneingeschränkter Schutz vor staatlicher Einflußnahme die größtmögliche Entfaltung des Mediums garantiert. Das so begründete Zurückdrängen laufender staatlicher Aufsicht führt zu einer stärkeren Betonung des Wirtschaftsrechts. Die sich daraus ergebenen wirtschaftsrechtlichen Konsequenzen sollen im Anschluß erörtert werden, wobei insbesondere die Neufassung medienspezifischer Regelungen durch den US-Kongreß von Dezember 1992 berücksichtigt wird. Schließlich werden die individualkommunikativen Anwendungsformen des Kabelfernsehens sowie die im August 1992 ermöglichte Öffnung der Massenkommunikation für die Telefongesellschaften gewürdigt.

An diesem Punkt setzt die weiterführende Zielsetzung dieser Untersuchung ein. Die vorhergehenden Erörterungen werden ergeben, daß die bisherige und zukünftige Entwicklung der Kommunikationstechnologie die rechtliche Unterscheidung zwischen Individual- und Massenkommunikation aufheben wird. Insbesondere ist damit der Ansatz überholt, daß eine technische Definition eines Mediums Aufschluß über die Zulässigkeit staatlicher Regeln gibt. Die daraus folgende Problematik der verfassungs- und wirtschaftsrechtlichen Struktur einer zukünftigen Kommunikationsordnung in den USA wird im letzten Abschnitt erörtert. Die Auseinandersetzung wird im Ergebnis feststellen, daß die Verfassungsordnung zukünftiger Kommunikationsformen alle Medien, also Fernsehen, Kabelfernsehen, Telefon und Zeitungen, gleichbehandeln dürfte. Nach dem Vorbild der Presse wird so größtmöglicher Schutz vor staatlicher Einflußnahme garantiert. Damit wird nicht mehr eine technische Definition, sondern die in dem Medium verbreitete Botschaft zum Anknüpfungspunkt der Rechtsregel.

1. Abschnitt: Die Kommunikationsfreiheit im US-amerikanischen Verfassungsrecht

A. *Die Grundprinzipien der Meinungs- und Pressefreiheit*

I. *Die Rechtsquellen: Der Erste und Vierzehnte Zusatzartikel zur US-amerikanischen Bundesverfassung*

1. *Entstehung und Wortlaut der Zusatzartikel*

Die Kommunikationsrechte sind in der US-amerikanischen Verfassung im ersten und vierzehnten Zusatzartikel (First and Fourteenth Amendment) verankert. Der erste Zusatzartikel trat als Bestandteil der Bill of Rights am 15. Dezember 1791 in Kraft, der vierzehnte Zusatzartikel am 28. Juli 1868. Der erste Zusatzartikel garantiert das Recht der freien Meinungsäußerung und die Pressefreiheit. Er lautet in seinem hier relevanten Teil:

»Congress shall make no law [...] abridging the freedom of speech, or of the press; [...].«[1]

Über den Wortlaut hinaus bindet er nicht nur den Kongreß als gesetzgebende Gewalt, sondern auch die gesamte staatliche Tätigkeit des Bundes. Allerdings wird die staatliche Gewalt in den Gliedstaaten der USA sowohl auf Landesebene als auch auf örtlicher Ebene nicht vom ersten Zusatzartikel erfaßt. Erst nach Beendigung des Amerikanischen Bürgerkrieges wurde mit der Ratifizierung des vierzehnten Zusatzartikels auch die öffentliche Gewalt der Gliedstaaten an die Freiheitsrechte der Bundesverfassung gebunden.[2] Dieser Artikel bestimmt in Absatz 1 Satz 2:

---

1 Die deutsche Übersetzung lautet: »Der Kongreß darf kein Gesetz erlassen, das [...] die Rede- oder Pressefreiheit einschränkt [...].« (Übersetzung nach *Brugger*, S. 471). Weiterhin garantiert der Erste Zusatzartikel die Freiheit der Religionsausübung, die Trennung von Staat und Kirche, die Versammlungsfreiheit sowie das Petitionsrecht.

2 James Madison, einer der Väter der Amerikanischen Verfassung, erkannte bereits 1789, daß auch die Gliedstaaten in einem entsprechenden Artikel die Freiheitsrechte garantieren mußten (s. Madison, 1 Annals of Congress 783 (Aug. 17, 1789), zitiert nach *Tribe*, S. 5). Ein derartiger Gesetzesvorschlag wurde 1789 vom Repräsentantenhaus akzeptiert, vom Senat hingegen verworfen und erst nach Beendigung des Bürgerkrieges fast 80 Jahre später verabschiedet. Diese Sachlage ist in der heutigen Verfassungswirklichkeit noch von Bedeutung. Sie wird deutlich, wenn Laurence Tribe in seinem 1988 erschienen Werk schreibt: »[...] Not until well after the adoption of the fourteenth Amendment itself some 79 years later was Madison's aim accomplished. [...] [I]t is noteworthy both

> No State [...] shall deprive any person of life, liberty, or property, without due process of law; nor deny to any person within its jurisdiction the equal protection of the laws.[3]

Nach Aufgabe einer bis in die zwanziger Jahre unseres Jahrhunderts praktizierten restriktiven Auslegung erkannte der US Supreme Court im Jahre 1924 die Meinungsfreiheit als eines der fundamentalen Rechte des 14. Zusatzartikels an.[4] Erst seit Abschluß dieser Entwicklung ist die Meinungs- und Pressefreiheit gegenüber der öffentlichen Gewalt in den Gliedstaaten in gleichem Maße geschützt, wie gegenüber der bundesstaatlichen Gewalt durch den ersten Zusatzartikel. Bund und Gliedstaaten unterliegen damit den gleichen rechtlichen Bindungen, was bedeutsam ist, da die meisten Einschränkungen auf einzelstaatlicher und auf lokaler Ebene zu verzeichnen sind.[5]

In der heutigen Rechtsprechung verweist der US Supreme Court in der Mehrzahl der Fälle nur auf den ersten Zusatzartikel oder auf die Freiheit der Meinungsäußerung. Darin eingeschlossen ist dann stets die Garantie der Grundrechte gegenüber den Einzelstaaten durch den vierzehnten Zusatzartikel.

2. Die Rolle des US Supreme Court und der übrigen Gerichte

Der US Supreme Court ist das oberste Gericht des Bundes, das an der Spitze eines dreistufigen Instanzenzuges steht. Das Gericht ist Revisionsinstanz in allen Fragen des Bundesrechts und der Vereinbarkeit von Landesrecht und Bundesrecht.[6] Es besteht im US-amerikanischen Recht keine Pflicht des Gerichts, eine Sache zur Revision anzunehmen. Vielmehr können die Parteien nur eine förmliche Anfrage an das Gericht stellen, die es nach freiem Ermessen annehmen oder ablehnen kann.[7]

---

that he came close to succeeding in 1789, and that it took a Civil War to make the difference.« *Tribe*, S. 5.

3 Zu deutsch: »Kein Staat [...] darf irgend jemandem Leben, Freiheit oder Eigentum ohne vorheriges ordentliches Gerichtsverfahren in Einklang mit dem Gesetz nehmen oder irgend jemandem innerhalb seines Gebietes den gleichen Schutz durch das Gesetz versagen.« (Übersetzung nach *Brugger*, S. 477).

4 Gitlow v. New York, 268 U.S. 652, 666 (1925): »[W]e [...] may and do assure that freedom of speech and of the press - which are protected by the First Amendment from abridgement by Congress - are among the fundamental personal rights and »liberties« protected by the due process clause of the Fourteenth Amendment from impairment by states.« Siehe auch *Stock*, S. 20.

5 *Stock*, S. 20-21.

6 28 U.S.C. § 1251 (original jurisdiction), §§ 1252 f. (appellate jurisdiction); *Brilmayer*, S. 61 ff.

7 Die Vorschriften 28 U.S.C. §§ 1254 und 1257 bilden die vorrangigen Rechtsgrundlagen einer Revision gegen eine Entscheidung eines Bundesgerichts oder eines obersten einzelstaatlichen Gerichts. Die wichtigste Art ist der sogenannte *writ of certorari*, d. h. der Antrag, das Verfahren zur Revision anzunehmen. Dieser Antrag wird ohne Begründung angenommen (cert. granted) oder abgelehnt (cert. denied). Die US Supreme Court Rule

Die weit überwiegende Mehrzahl der Fälle im Bereich des Kabelfernsehens, die verfassungs- und wirtschaftsrechtlich von Bedeutung sind, begründen eine Zuständigkeit der Bundesgerichte (federal court jurisdiction). Diese Gerichte, die District Courts und die Courts of Appeals, sind im Gegensatz zu den deutschen Gerichten auch für die Auslegung der Verfassung und die Überprüfung der einzelnen Hoheitsakte auf ihre Vereinbarkeit mit der Verfassung zuständig. Auch eine Vorlagepflicht an den US Supreme Court bei Verwerfung einer Vorschrift ist dem US-amerikanischen Recht fremd. Allerdings ist das Gewicht der Rechtsprechung des US Supreme Court bei der Auslegung der Verfassung nicht hoch genug einzuschätzen. Dies liegt zum einen an seiner Autorität, zum anderen aber auch an seiner institutionellen Stellung. Obwohl die Rechtssätze (holdings) des Gerichts - und aller Gerichte überhaupt - nur Wirkung zwischen den Parteien des Rechtsstreits haben, kommt ihnen aufgrund des anglo-amerikanischen stare decisis-Systems große, über den aktuellen Rechtsstreit hinausgehende Bedeutung zu. Eine derartige Wirkung ist auch dann gegeben, wenn die Gerichte eine Norm oder eine Regelung für verfassungswidrig (unconstitutional) oder nichtig (void) ansehen. Da der Court of Appeals für den District of Columbia in der Regel über die Entscheidungen der Federal Communications Commission (FCC) entscheidet, hat auch dieses Gericht eine wichtige Rolle bei der Auslegung der Pressefreiheit des ersten Zusatzartikels zur US-amerikanischen Verfassung.

Die abstrakte Normenkontrolle ist dem US-amerikanischen Recht und der US-amerikanischen Auffassung von Gewaltenteilung fremd. Im Zentrum der Rechtsprechung steht der Individualrechtsschutz. Entscheidungen zu Verfassungsproblemen ergehen nur dann, wenn die Rechtsstellung einer Prozeßpartei davon betroffen ist.[8] Aus diesem Grund sind auch verfassungsrechtliche Entscheidungen des US Supreme Court ausschließlich fallbezogen. Seit der Leitentscheidung des US Supreme Court in *Marbury v. Madison* ist es den Gerichten allerdings möglich, eine inzidente Normenkontrolle innerhalb eines konkreten Sachverhalts durchzuführen.[9]

17.1 (a) sieht 6 Faktoren vor, die bei der Ermessensentscheidung berücksichtigt werden, wobei der wohl wichtigste der split of the circuits ist, d.h. die unterschiedliche Beurteilung der gleichen Rechtsfrage durch die verschiedenen Courts of Appeals. Ausführlich *Brilmayer*, S. 67 ff.

8 *Stock*, S. 25.

9 5 U.S. (1 Cranch) 137. Dazu insbesondere *Brugger*, S. 5 ff.

II. *Ausschluß der Pornographie (obscenity) aus dem Schutzbereich des Ersten Zusatzartikels*

Im Gegensatz zur deutschen Rechtsprechung[10] gilt nach der Rechtsprechung des US Supreme Court, daß obszöne Äußerungen nicht in den Schutzbereich des ersten Zusatzartikels fallen.[11] Damit steht der erste Verfassungszusatz etwaigen Beschränkungen derartiger Äußerungen nicht entgegen. Das Gericht begründet die Ausklammerung damit, daß obszöne Äußerungen kein wesentlicher Teil der Darstellung einer Idee sowie von geringem sozialen Wert seien und jegliche Unterdrückung einer Äußerung durch soziale Interessen gerechtfertigt werde.[12] Obwohl ursprünglich verschiedene Kategorien von Meinungsäußerungen aus dem Schutzbereich ausgeklammert waren, sind heute davon lediglich Darstellungen betroffen, die Obszönität oder Kinderpornographie zum Inhalt haben.[13] Eine obszöne Meinungsäußerung definierte der US Supreme Court ursprünglich als im ganzen an die lüsternen Interessen einer durchschnittlichen Person appellierend.[14] Später forderte das Gericht, daß die in Frage stehende Äußerung objektiv sexuelle Themen oder Praktiken in offenkundig anstößiger Art und Weise darstellt und daß ihr jeglicher literarischer, sozialer, politischer oder wissenschaftlicher Wert fehlt.[15] Das

---

10 Etwa BVerfG, Beschluß vom 27.11. 1990, NJW 1991, 1471 ff. (»Josefine Mutzenbacher«) unter Hinweis auf BGH, NJW 1990, 3026, 3027 (»Henry Millers Opus Pistorum«) und weiteren Nachweisen.
11 Roth v. United States, 354 U.S. 476 (1957); Miller v. California, 413 U.S. 15 (1973), zuletzt Sable Communications of California, Inc. v. FCC, 109 S.Ct. 2829 = 16 Media L.Rptr. 1961 (1989). Ausführlich *Huffmann/Thrauth*, 1991 Communications and the Law (March) 3 ff. Rechtsgeschichtlich hat sich diese Obszönitäts-Rechtsprechung aus dem englischen common law und dem darauf basierenden frühen US-amerikanischen Recht entwickelt, *Gillmor*, S. 647 f.
12 Wörtlich heißt es bereits 1942: »There are certain well-defined and narrowly limited classes of speech, the prevention and punishment of which has never been thought to raise any constitutional problem. [...] It has been well observed, that such utterances [u.a. obszöne Äußerungen, d. Verf.] are no essential part of any exposition of ideas, and are of such slight social value as a step to truth that any benefit that may be derived from them is clearly outweighed by the social interest in order and morality.« Chaplinsky v. New Hampshire, 315 U.S. 568, 571-72 (1942) und Roth v. United States, 354 U.S. 476, 487 (1957).
13 Roth v. United States, 354 U.S. 476 (1957); New York v. Ferber, 458 U.S. 747 (1982). Dazu gehörte auch die Ausklammerung der sogenannten Schimpfworte (fighting words). Das Gericht hat jedoch in den letzten Jahrzehnten keine Verurteilung wegen des Gebrauchs derartiger Äußerungen aufrechterhalten, *Shapiro*, CableSpeech, S. 23.
14 Roth v. United States, 354 U.S. 476, 489 (1957).
15 Nach diesem dreistufigen »Miller-Test« wird geprüft: »(a) whether 'the average person, applying contemporary community standards', would find that the work, taken as a whole, appeals to prurient interest; (b) whether the work depicts or describes, in a patently offensive way, sexual conduct specifically defined by applicable state law; and (c) whether the work, taken as a whole, lacks serious literary, artistic, political or scientific value«. Miller v. California, 413 U.S. 15, 24 (1973).

Gericht billigte den Einzelstaaten und dem Bund das Recht zu, nicht nur Minderjährige, sondern selbst diejenigen Erwachsenen von pornographischem Material abzuschirmen, die sich dadurch in ihren Freiheitsrechten nicht beeinträchtigt fühlen.[16] Die nachfolgenden Urteile bekräftigten das Recht der öffentlichen Gewalt, auf einzel- wie auf bundesstaatlicher Ebene größere Eingriffsmöglichkeiten zu schaffen.[17] Dadurch wurden weitreichende Angriffe gegen obszönes Material gefördert.

Erwachsene, die solche Sendungen empfangen wollen, können sich gegenüber staatlicher Gewalt nicht mehr mit Erfolg auf den ersten Zusatzartikel berufen. Gleiches gilt für die Verbreitung pornographischer Äußerungen, selbst wenn ausreichend Schutz für Minderjährige besteht.[18] Diese Rechtsprechung wird seit langem von einigen Supreme Court-Richtern kritisiert. Im Mittelpunkt der Kritik steht die Schwierigkeit, in die sich der Supreme Court mit seinen Mehrheitsentscheidungen durch die Ausklammerung obszöner Darstellungen aus dem Schutzbereich konzeptionell und dogmatisch gebracht hat. Obszönität läßt sich nicht hinreichend exakt definieren. Deshalb ist eine Erosion verfassungsrechtlich geschützter Äußerungen unvermeidbar, wenn man versucht, obszöne Meinungen zu unterdrücken. Nach dieser Rechtsprechung müssen nämlich die (noch) vom Schutzbereich des ersten Zusatzartikels erfaßten anrüchigen (indecent) Meinungen von obszönen und pornographischen Äußerungen abgegrenzt werden, was nicht möglich ist.[19]

Zudem ist darauf hingewiesen worden, daß es aufgrund der divergierenden einzelstaatlichen und lokalen Maßstäbe, die nach der Rechtsprechung des Gerichts möglich sind (applying contemporary community standards), große Unterschiede innerhalb des Bundes geben kann. Dies läuft aber dem Ziel des ersten und insbesondere des vierzehnten Zusatzartikels zuwider, einen gleichförmigen Schutz bundesweit zu garantieren. Märkte, in denen strengere Obszönitätsstandards bestehen, werden umgangen, da sich ein Verleger oder

---

16 Paris Adult Theatre, Inc. v. Slaton, 413 U.S. 49, 57 ff. (1973); United States v. Reidel, 402 U.S. 351 (1971); *Zuckman*, S. 157.
17 Jenkins v. Georgia, 418 U.S. 153 (1974) und Pope v. Illinois, 481 U.S. 497 (1987).
18 Etwa Sable Communications of California, Inc. v. FCC, 109 S.Ct. 2829 = 16 Media L. Rptr. 1961 (1989). *Zuckman*, S. 160 f.; *Brugger*, S. 257.
19 Das Problem der Abgrenzung anrüchiger von obszöner Äußerung wurde so zusammengefaßt: »I could never succeed in defining it intelligbly, but I know it when I see it.« Miller v. California, 413 U.S. 15, 39 (1973) (J. Douglas dissenting) zitierend Jacobellis v. Ohio, 383 U.S. 463, 467 (1964) (J. Stewart, concurring). Insbesondere wurde die Kritik vertreten in Miller v. California, 413 U.S. 15, 47 (1973) (JJ. Brennan, Marshall, Stevens, dissenting); Paris Adult Theatre Inc. v. Slaton, 413 U.S. 49, 103 (1973) (JJ. Brennan, Marshall, Stewart dissenting.); Sable Communications of California, Inc. v. FCC, 109 S.Ct. 2829 = 16 Media L. Rptr. 1961, 1969 (1989) (JJ. Brennan, Marshall, Stevens, dissenting.).

Produzent nicht der Gefahr der Beschlagnahmung oder Verfolgung in diesen Märkten aussetzen will.[20] Dieser Aspekt der Rechtsprechung scheint einem landesweit operierenden Rundfunk und Kabelfernsehen nicht mehr gerecht zu werden.

Die Begründung der Ausklammerung einiger Äußerungskategorien aus dem Schutzbereich des ersten Zusatzartikels stößt aber auch auf grundsätzliche Kritik: Das Argument, obszöne Äußerungen seien nicht geschützt, weil sie kein wesentlicher Teil der Darstellung von Ideen seien, setze voraus, daß Form und Inhalt trennbar seien. Der Staat könne danach - so die Kritik - verlangen, daß die Information ethisch einwandfrei empfangen und in nicht störender oder anzüglicher Weise geäußert werde. Dadurch würde die öffentliche Auseinandersetzung »gereinigt« (purified), während der Inhalt unberührt bleibe. Diese »Reinigung« unterdrücke solche Äußerungen, die in der Sprache der Straße geäußert würden und vielleicht auch nur in dieser Form geäußert werden könnten. Der erste Zusatzartikel aber schütze nicht nur den Inhalt, sondern auch die Form der Darstellung.[21]

III. *Die Kommunikationsfreiheit*

1. *Inhalt der Kommunikationsrechte - Die Grundrechtstheorien*

Von den vier Freiheiten, die der erste Zusatzartikel ausdrücklich erwähnt, ist für das Verfassungsrecht der Kabelkommunikation die Meinungs- und Pressefreiheit (»the freedom of speech, or of the press«) von Bedeutung.

Der US Supreme Court geht von einem einheitlichen Normzweck für alle Einzelgrundrechte des ersten Zusatzartikels aus. Daher hat das Gericht keine Spruchpraxis zum Verhältnis der einzelnen Grundrechte zueinander entwickelt. Einer Abgrenzung bedurfte es auch nicht, da es in seiner Rechtsprechung bei der Beurteilung der zulässigen staatlichen Beschränkungen oder der Bestimmungen der Schranken der Grundrechte nicht nach dem Inhalt des betroffenen Rechts unterscheidet.[22] Das Gericht spricht vielmehr in der Regel von einem Grundrecht (first Amendment right) des Betroffenen, ohne weitere Abgrenzungen oder genauere Einteilungen in einzelne Grundrechte des Zusatzartikels vorzunehmen. Insbesondere differenziert es nicht zwischen der ausdrücklich genannten Redefreiheit und der Pressefreiheit, sondern betont eine Gleichstellung der Meinungsäußerungsfreiheit und der Freiheit, Meinun-

---

20 *Zuckman*, S. 161-163.
21 *Tribe*, S. 837 f., insbes. 839.
22 Ausführlich *Stock*, S. 23.

gen zu verbreiten.[23] Damit wird vor allem eine in Deutschland geführte Kontroverse eindeutig positiv entschieden: Die Pressefreiheit ist als ein Sonderfall der Redefreiheit aufzufassen.[24]

Insgesamt kann daher im US-amerikanischen Recht von einem einheitlichen Freiheitsrecht, der Äußerungs- oder Kommunikationsfreiheit, ausgegangen werden, die der erste Zusatzartikel vor staatlicher Einflußnahme schützt. Im Vordergrund des Grundrechts steht die Gewährleistung einer ungehinderten öffentlichen Diskussion in allen Angelegenheiten von allgemeinem Interesse und damit die Ermöglichung der demokratischen Meinungs- und Willensbildung.[25] Der Schutzbereich dieser Kommunikationsfreiheit umfaßt grundsätzlich alle Äußerungen einschließlich der Werbung (commercial speech).[26]
Aufgrund der sehr allgemeinen Formulierung des ersten Zusatzartikels als Grundnorm der Kommunikationsfreiheit haben sich verschiedene Grundrechtstheorien entwickelt, die für das Verständnis der US-amerikanischen Diskussion um das Verfassungsrecht des Kabelfernsehens im allgemeinen und für die Frage der Verfassungsmäßigkeit von Einschränkungen im besonderen relevant sind.

a) *Die Meinungsfreiheit als Marktplatz der Ideen*

Nach der wohl wichtigsten verfassungstheoretischen Lehre wird die individuelle Meinungsäußerung geschützt, deren verfassungsrechtlicher Bezugspunkt das klassische Denken in Einzelakteuren ist.[27] Der Richter Holmes hat die Kommunikationsfreiheit in seinem abweichenden Votum in der Entscheidung *Abrams v. United States* unübertroffen präzise formuliert und dabei zugleich den Inhalt des Grundrechts nachhaltig beeinflußt. Danach ist der beste Maßstab der Wahrheit, daß sich die Macht eines Gedankens im »Wettbewerb des Marktes der Ideen« durchsetzt. Seine Kernaussagen lauten wie folgt:

> »Persecution for the expression of opinions seems to me perfectly logical. If you have no doubt of your premises and want a certain result with all your heart you naturally express your wishes in law and sweep away all opposition. [...] But when men have realized that time has upset many fighting faiths, they may come to believe even more than they believe the very foundation of their own conduct that *the ultimate good desired is better reached*

---

23 First National Bank of Boston v. Belloti, 435 U.S. 765, 797 ff., insbes. 799-802 (Burger, CJ., concurring) (1978); auch *Hoffmann-Riem*, Fernsehen, S. 57.
24 In diesem Sinne für das deutsche Verfassungsrecht auch *Klein*, S. 32 ff.; *v. Mangoldt-Klein-Starck*, Art. 5 Abs. I S. 2 Rn. 9; *Bremer/Esser/Hoffmann*, S. 28 ff. Anders *Hoffmann-Riem*, Alternativkommentar GG, Art. 5 Rn. 120.
25 *Stock*, S. 22; *Brugger*, S. 216: »kommunikative Freiheit«; *Zuckman*, S. 5.
26 *Zuckman*, S. 331. Zu den aus dem Schutzbereich ausgeklammerten pornographischen Äußerungen, siehe unten II.
27 *Hoffmann-Riem*, Fernsehen, S. 57.

by free trade in ideas - that the best test of truth is the power of thought to get itself accepted in the competition of the market, and that truth is the only ground upon which their wishes safely can be carried out. That at any rate is the theory of our Constitution [...].«[28]

Die übrigen Richter des US Supreme Court haben dieses Konzept des Marktplatzes der Ideen seither übernommen und in ständiger Rechtsprechung bestätigt. Es spiegelt die Auffassung wider, daß es einer ungehinderten Meinungsfreiheit bedarf, um den Prozeß der Wahrheitsfindung zu fördern und die Funktionsfähigkeit des demokratischen Systems zu sichern. Bei der hier im Vordergrund stehenden Massenkommunikation ist das Element des freien Ideenaustauschs von herausragender Bedeutung. Sowohl die Äußerung selbst als auch deren Durchsetzung auf einem freien Markt aller Meinungen muß vor Einflußnahme durch die Staatsgewalt geschützt sein: Allein der freie Wettbewerb der Ideen entscheidet, ob sich eine Ansicht durchsetzt oder nicht. Die Freiheit von staatlicher Einflußnahme wurde später in einem der einflußreichsten medienrechtlichen Urteile weiter präzisiert. Der Richter Learned Hand definierte das Modell des Marktplatzes der Ideen für die moderne Massenkommunikation: Der erste Zusatzartikel garantiere das wichtigste vitale Interesse, nämlich die von staatlicher Einflußnahme freie größtmögliche Verbreitung von Meinungen aus verschiedenen und unterschiedlichen Quellen. Die seither oft zitierte Passage aus seiner Urteilsbegründung lautet:

»[The newspaper industry, d. Verf.] serves one of the most vital of all general interests: the dissemination of news from as many different sources, and with as many different facets and colors as is possible. That interest is closely akin to, if indeed it is not the same as, the interest protected by the First Amendment; it presupposes that the right conclusions are more likely to be gathered out of a multitude of tongues, than through any kind of authorative selection. To many this is, and always will be, folly; but we have staked upon it our all.«[29]

b)   *Die Partizipation im Staatswesen*

Eine andere Theorie geht nicht von der erkenntnistheoretischen Suche nach der Wahrheit der Äußerungen aus, sondern betont den demokratischen Aspekt bei der Ausübung der Kommunikationsfreiheit.[30] Die zentrale Bedeutung des ersten Zusatzartikels liegt nach dieser Auffassung darin, den öffentlichen Dis-

---

28 Abrams v. United States, 250 U.S. 616, 630 (1919) (J. Holmes joined by J. Brandeis, dissenting) (Hervorhebung hinzugefügt).
29 United States v. Associated Press, 52 F.Supp. 362, 372 (S.D.N.Y. 1943), aff'd 326 U.S. 1, reh.den. 326 U.S. 802 (1945). In dieser Leitentscheidung des US Supreme Court stand insbesondere das Verhältnis von Verfassungs- und Wettbewerbsrecht und erstem Zusatzartikel im Vordergrund, ausführlich zu diesem Aspekt unten 2. Abschnitt E.III.1.b).
30 S. *Brugger*, S. 220; *Schuster*, S. 195.

kurs zu schützen, durch den sich das Volk selbst regiert. Der erste Zusatzartikel schützt die Freiheit des Denkens und der Äußerung als eines demokratischen Prozesses der Meinungs- und Entscheidungsbildung.[31]
Nach dieser Ansicht wird also nur die »öffentliche Rede« von der Kommunikationsfreiheit geschützt. Dies sind nur Äußerungen, Gedanken und Reden in der öffentlichen Diskussion über Themen der Gesamtgesellschaft.[32] Solche Äußerungen sind absolut gegen staatliche Einflußnahme geschützt. Private oder kommerzielle Äußerungen können in stärkerem Umfang staatlich reglementiert werden, da sie nur von der Verfahrensgarantie erfaßt werden (substantive due process clause).
Dieser Auffassung wird indes vorgeworfen, daß sie zu sehr auf Intellekt und Rationalität abstelle, um die gefühlsmäßige Rolle freier Meinungsäußerung überhaupt erfassen zu können, nämlich die Äußerung als Form der Selbstverwirklichung. Die Reduzierung des ersten Zusatzartikels auf seine demokratische Funktion erscheine zu einseitig.[33]
Allerdings fand diese Grundrechtstheorie - wenn auch nicht in ihrer Absolutheit - Eingang in die höchstrichterliche Rechtsprechung. Übernommen wurde der Gedanke, daß die Kommunikationsfreiheit gegenüber dem Mißbrauch des öffentlichen Gewaltmonopols einen Kontrollwert besitzt. Diese Kontrolle setzt eine kritische öffentliche Meinung voraus, die für den Fall des Überschreitens zumutbarer Grenzen als Vetomacht dienen kann.[34] Vor diesem Hintergrund ist die Äußerung des US Supreme Court zu verstehen, daß das Volk die Macht der Zensur (the censorial power) über die Regierung hat und nicht umgekehrt.[35]

---

31 *Meiklejohn*, 1961 Sup. Ct. Rev. 245, 252-254. Dazu *Emerson*, 68 Calif. L.Rev. 422, 426 f. (1980); *Zuckman*, S. 6.
32 Darunter sollen auch Diskussionen fallen, die Erziehung, Philosophie, Wissenschaft, Literatur und Künste betreffen, da solche zum gesellschaftlichen Diskurs gehörten, *Meiklejohn*, 1961 Sup. Ct. Rev. 245, 256-258.
33 *Tribe*, S. 787; *Schuster*, S. 197. Der US Supreme Court-Richter Frankfurter kritisierte die Annahme absoluter Regeln so:
»Absolute rules would inevitably lead to absolute exeptions, and such exeptions would eventually erode the rules. The demand of free speech in a democratic society as well as the interests in national security are better served by candian and informed weighing of the competing interests, with the confines of the judicial process, than by announcing dogmas too inflexible for the non-Euclidian problems to be solved.«
Dennis v. United States, 341 U.S.494, 524 (1951) (J. Frankfurter, concurring).
34 *Brugger*, S. 221.
35 »[T]he censorial power is in the people over the Government, and not in the Government over the people.« New York Times Co. v. Sullivan, 376 U.S. 254, 275 (1961). So auch *Estlund*, 59 Geo.Wash.L.Rev. 1, 2 ff. (1990), die modifizierend von »speech on matters of public concern« ausgeht. Aber auch in jüngster Zeit wurde die Theorie mit Elementen des Marktplatzkonzepts verbunden. So beschrieb etwa der US Supreme Court die Rolle des ersten Zusatzartikels wie folgt:

c) *Stabilisierung*

Die Meinungsfreiheit kann auch einen Rahmen für die Austragung von Konflikten liefern, die wichtig für den Fortschritt der Gesellschaft sind.[36] Die Möglichkeit einer offenen gesellschaftlichen Diskussion, die der erste Zusatzartikel schützt, schafft einen ständigen Ausgleich der divergierenden Interessen, ohne die Stabilität der bestehenden Gesellschaftsordnung zu gefährden. Denn die Diskussion stärkt den gesellschaftlichen Grundkonsens und so die Wertschätzung des bestehenden Staates.[37]

d) *Individuelle Selbstverwirklichung und Selbstbestimmung*

Eine weitere Auffassung qualifiziert den ersten Zusatzartikel vor allem als verfassungsrechtliche Gewährleistung autonomer Lebensführung. Diese Ansicht rückt die Bedeutung des Zusatzartikels für den einzelnen Bürger in den Mittelpunkt: Die freie Meinungsäußerung ist unabdingbar für die individuelle Entwicklung des Menschen.[38] Ziel des ersten Zusatzartikels ist es, die autonome Selbstdarstellung und die größtmögliche eigenverantwortliche Selbstbestimmung zu schützen.[39] Damit dient die Kommunikationsfreiheit aber auch dem demokratischen Gemeinwesen. Jede Form der Meinungsäußerung, die diesen individuellen und kollektiven Wert der Selbstverwirklichung fördert, muß von der Verfassung geschützt werden.[40]

Diese Auffassung beeinflußte einige wichtige Entscheidungen des US Supreme Court, in denen dieser das Recht auf freie Entfaltung der Persönlichkeit als Bestandteil der autonomen Kontrolle des Menschen über seine Äußerungen entwickelte.[41]

»The First Amendment was fashioned to assure unfettered interchange of ideas for the bringing about of political and social changes desired by the people.«
Connik v. Meyers, 461 U.S. 138, 145 (1983).

36 *Emerson*, Freedom of Expression (1970) S.7, zitiert nach *dems.*, 68 Calif.L.Rev. 422, 423 (1980); *Schuster*, S. 196.
37 *Zuckman*, S. 8, nennt diese Idee »somewhat cynical«. Allerdings betrachtet auch *Emerson* diese Theorie nur als einen Aspekt der Auslegung des ersten Zusatzartikels (68 Calif.L.Rev. 422, 423 (1980)).
38 Etwa *Redish*, 130 U.Pa.L.Rev. 591, 601, 604 (1982); *Tribe*, S. 788.
39 Vgl. *Schuster*, S. 197.
40 *Redish*, 130 U.Pa.L.Rev. 591, 594, 602 ff. (1982).
41 Roe v. Wade, 410 U.S. 113, 211 (1973); so schon Griswold v. Connecticut, 381 U.S. 479, 482-84 (1965). In gleichem Sinne ist die Beschreibung des Schutzzwecks des ersten Zusatzartikels zu verstehen: »[p]utting the decision as to what views shall be voiced largely into the hands of each of us, in the hope that use of such freedom will be ultimately produce a more capable citizenry and more perfect policy and in the belief that no other approach would comport with the premise of individual dignity and choice upon which our political system rests.« Cohen v. California, 403 U.S. 15, 24 (1971)

e) Allgemeine Geltung aller Theorien

Diese vier Grundrechtstheorien stehen in der Rechtsprechung des US Supreme Court nebeneinander. Das Gericht geht von der grundsätzlichen Richtigkeit aller Theorien aus. Die Einzelfallbezogenheit der Urteile und vor allem das Bestreben, eine möglichst weite Geltung des Zusatzartikels zu gewährleisten, stehen einer Entscheidung für einen bestimmten Ansatz entgegen.[42] Dies ist nicht ohne Kritik geblieben. Denn - so der Einwand - es bestehe die Gefahr, daß der Schutz der Meinungsfreiheit zu einem Verfahrensschutz verwässert würde. Nur ein gefestigter dogmatischer Rahmen könne das System des Grundrechtsschutzes bei zukünftigen Problemen, insbesondere mit elektronischen Medien sichern.[43]

2. *Recht auf Zugang zu den Medien und subjektivrechtliche Ausgestaltung des ersten Zusatzartikels*

Der US Supreme Court leitet aus dem Prinzip des Marktplatzes der Ideen das reziproke Recht des »right to know« ab. Es schließt das Recht jedes einzelnen ein, jegliche Informationen oder Ideen ohne staatliches Veto oder ungebührliche Hindernisse und unberechtigtes Bloßstellen zu erhalten.[44] Es umfaßt also das Recht der Informationsfreiheit[45] einschließlich des Rechts auf Zugang zu Informationen und Ideen.[46] In einer jüngeren Entscheidung ist die Informationsfreiheit zusammenfassend aus den widerstreitenden Interessen des Redners auf der einen und des Empfängers oder Rezipienten auf der anderen Seite gestützt worden. Die Ausübung der Meinungs- und Pressefreiheit durch den Redner - so das Gericht - sei ebenso geschützt wie die Wahrung der Meinungsfreiheit und der politischen Freiheit des Empfängers.[47] Das Gericht geht also von einer dualen Trägerschaft der Kommunikationsrechte aus.[48]

---

unter Hinweis auf Whitney v. California, 274 U.S. 357, 375-377 (1927) (J. Brandeis, concurring).

42 *Tribe*, S. 944/45 wörtlich: »Any adequate conception of freedom of speech must instead draw upon several strands of theory in order to protect a rich variety of expressional modes.«

43 *Emerson*, 68 Calif.L.Rev. 422, 481 (1980).

44 *Tribe*, S. 944-945; und S. 945 ff. zum Recht auf Informationsfreiheit.

45 *Emerson*, 68 Calif.L.Rev. 422, 464 ff. (1980); *Brugger*, S. 269 ff.

46 First National Bank of Boston v. Belloti, 435 U.S. 765, 783 (1978).

47 Wörtlich: »[...] [W]e have held that in a variety of contexts the Constitution protects the right to receive information and ideas. [...] This right is an inherent corollary of the rights of free speech and press that are explicitly guaranteed by the Constitution, in two senses. First, the right to receive ideas follows ineluctably from the *sender's* First Amendment right to send them: The right of freedom of speech and press [...] embraces the right to distribute literature, and necessarily protects the right to receive it [...]. The

Aus der Informationsfreiheit ist darüber hinaus ein Recht auf Zugang zu den Kommunikationsmedien entwickelt worden. Dogmatischer Ausgangspunkt ist die Kritik an dem Konzept der Meinungsfreiheit als »Marktplatz der Ideen«. Die Prämisse des Modells sei es, so die dagegen gerichteten Einwände, daß es einen gleichen Zugang aller zu den Medien gebe. Aber die Frage bleibe, ob angesichts der hohen Kosten heutiger Technologien von einem freien Markt aller Meinungen ausgegangen werden könne.[49] Damit soll allerdings nicht die Aufgabe des Konzepts erreicht werden. Vielmehr soll ein staatlich garantiertes Zugangsrecht zu dem »Marktplatz der Ideen« begründet werden. Erst mit einem solchen Zugangsrecht könnten alle Meinungen in einen freien Wettbewerb treten.[50] Noch weitergehend wurde allerdings postuliert, daß der Staat nach dem ersten Zusatzartikel die Pflicht habe, eine Vielfalt aller Meinungen in den Medien zu garantieren und insbesondere die Dominanz bestimmter Ansichten zu verhindern.[51] Diesem Verständnis der Kommunikationsfreiheit als Auftrag an den Staat ist jedoch weder der US Supreme Court noch die übrige Literatur gefolgt.[52]

Der US Supreme Court hat allerdings die Kritik an der Marktplatztheorie insoweit aufgenommen, als die Knappheit terrestrischer Frequenzen staatliche Zugangsrechte zum Rundfunk und Fernsehen oder staatliche Vielfaltsanforderungen an das Programm legitimiert.[53] Keinesfalls ist diesem Zugangsrecht

---

dissemination of ideas can accomplish nothing if otherwise the willing addressees are not free to receive and consider them. It would be a barren marketplace of ideas that had no sellers and no buyers. [...].
More importantly, the right to receive ideas is a necessary predicate to the *receiver's* meaningful exercise of his own rights of speech, press, and political freedom [...].
Board of Educ., Island Trees, Etc. v. Pico, 457 U.S. 853, 867 (1982) (Hervorhebung im Original), unter Hinweis auf Kleindienst v. Mandel, 408 U.S. 753, 762-63 (1972), Lamont v. Postmaster General, 381 U.S. 301, 308 (1965). Die Entscheidung in Pico erging ohne Mehrheitsvotum. Den zitierten Teil schrieb J. Brennan, dem in der Begründung zwei weitere Richter folgten. Ein dritter trat nur der Entscheidung nicht jedoch der Begründung bei. Das Zitat kann dennoch insgesamt als zutreffende Beschreibung der Rechtsprechung gewertet werden.
48 *Hoffmann-Riem*, Fernsehen, S. 50 ff.; *Brugger*, S. 270 Fn. 240.
49 Wörtlich heißt es: »Especially when the wealthy have more access to the most potent media of communication than the poor, how sure can we be that the 'free trade in ideas' is likely to generate truth?«, *Tribe*, S. 786.
50 *Barron*, 80 Harv.L.Rev. 1641, 1678 (1967); *Ingber*, 1984 Duke L.J. 1, 49 ff., 85 ff.; *Hammond*, 9 Yale J.on Reg. 181, 227 (1992).
51 *Barron*, 80 Harv.L.Rev. 1641, 1666 ff. (1967), der allerdings keine objektiv-rechtliche Medienordnung forderte, sondern vielmehr eine strukturelle staatliche Zugangsgarantie: »I suggest that our constitutional law authorizes a carefully framed right of access statute which would forbid an arbitrary denial of space, hence securing an effective forum for the expression of divergent opinions.« (S. 1678).
52 S. insbesondere *Emord*, 38 Cath.U.L.Rev. 401 (1989).
53 NBC v. United States, 319 U.S. 190 (1943); Red Lion Broadcasting v. FCC, 395 U.S. 367 (1969). Ausführlich wird die damit begründete Unterscheidung zwischen der

jedoch eine objektiv-rechtliche Geltung der Kommunikationsfreiheit zu entnehmen. Der Supreme Court hat die Rundfunkfreiheit stets zu den vom ersten Zusatzartikel geschützten Individualrechten gezählt. Da schon die Meinungsfreiheit und die Pressefreiheit als Freiheiten mit individualrechtlicher Prägung gleichgestellt sind, ist auch die Rundfunkfreiheit im US-amerikanischen Verfassungsrecht ein klassisches Abwehrrecht gegenüber staatlichen Eingriffen oder Beschränkungen. Sie wird wie die Pressefreiheit im individualrechtlichen Sinne verstanden, nämlich als grundsätzliche Freiheit, Rundfunk zu veranstalten und Rundfunkunternehmen zu gründen. Diesen individualrechtlichen Grundsatz hat die Rechtsprechung stets uneingeschränkt respektiert.

Damit beruht der erste Zusatzartikel auf der Vorstellung von kommunizierenden Individuen, die entweder als Sprecher oder als Empfänger vor staatlicher Einflußnahme geschützt werden. Insbesondere für den Bereich der elektronischen Medien ist anerkannt, daß der Rundfunk- und Kabelbetreiber den Schutz des Grundrechts genießt. Dieses subjektiv-rechtliche Grundrechtsverständnis kennt keine objektiv-rechtlichen Elemente in Form einer Regelungsverpflichtung an den Staat.[54] Obwohl auch in der Bundesrepublik Deutschland die subjektiv-rechtliche Prägung der Rundfunkfreiheit vertreten wird,[55] liegt darin heute einer der grundlegenden Unterschiede zur deutschen Rechtsordnung. Das deutsche Bundesverfassungsgericht betont aufgrund der von ihm vertretenen objektiv-rechtlichen Prägung der Meinungsfreiheit die Forderung nach einer »positiven Ordnung« zur Sicherung eines vielfältigen Rundfunksystems.[56]

IV. *Kommunikationsfreiheit und staatliche Einflußnahme*

In den einzelfallbezogenen Entscheidungen des US Supreme Court steht die Frage im Vordergrund, ob und inwieweit staatliche Beschränkungen der grundrechtlich geschützten Kommunikationsfreiheit zulässig sind. Der erste Zusatzartikel selbst untersagt jegliche staatliche Einflußnahme:

»Congress shall make no law [...] abridging the freedom of speech, or of the press.«

---

gedruckten Presse und dem Rundfunk im Rahmen der Dreiteilung der Kommunikationsmedien (unter III.) erörtert. Kritisch *Lee*: »The right to receive is best served when speakers are free to speak and listeners are free to listen, not when government restricts some speakers to protect the listeners.« 1987 Sup.Ct.Rev. 303, 344.
54 Zutreffend *Hoffmann-Riem*, AöR 1985, 528, 534; *ders.*, Media-Perspektiven 1988, 57, 63.
55 Etwa *Klein*, S. 41 f.; *von Mangoldt/Klein/Stark*, Art. 5 Rn. 89 ff.; *Bremer/Esser /Hoffmann*, S. 30 m. w. Nw.
56 BVerfG, Urteil vom 16. Juni 1981, E 57, 295, 319; Urteil vom 5.2.1991, E 83, 283 ff.; *Hoffmann-Riem*, AöR 1985, 528, 534.

1. *Die Theorie vom absoluten Schutz*

Ausgehend von einer wörtlichen Auslegung ist der erste Zusatzartikel für absolut uneinschränkbar gehalten worden. Die bekanntesten Befürworter dieser Theorie waren die US Supreme Court-Richter Black und Douglas. Diese verwarfen jegliche staatliche Einwirkung auf die Kommunikationsfreiheit mit dem ebenso schlichten wie prägnanten Argument: »I read 'no law abridging' to mean no law abridging [...].«[57] Allerdings wäre es verfehlt, die Lehre auf diese Aussage zu reduzieren. Vielmehr sollte der rechtsprechenden wie auch der rechtsetzenden und ausführenden Gewalt die Möglichkeit genommen werden, in eine Abwägung öffentliche Interessen oder politische Überlegungen einfließen zu lassen. Die Abwägung ist dieser Ansicht nach von der Verfassung eindeutig und endgültig zugunsten der Meinungs- und Pressefreiheit entschieden worden:

> »[...] I do not believe that any federal agencies, including Congress and this Court, have power or authority to subordinate speech and press to what they think are more important interests. The contrary notion is, in my judgement, court-made and not constitution-made.«[58]

Diese Lehre fand jedoch nie die Mehrheit des Supreme Court, und nach dem Ausscheiden der beiden Richter (1971 und 1975) hat sie auch keine Unterstützung mehr gefunden. Sie ist allerdings für das US-amerikanische Verständnis des ersten Zusatzartikels noch heute von Bedeutung.

2. *Die Abwägungsmaßstäbe des US Supreme Court bei direkten Einschränkungen der Kommunikationsfreiheit*

Im Gegensatz zu der absoluten Theorie sind nach der Rechtsprechung des US Supreme Court Einschränkungen der vorbehaltlosen Kommunikationsfreiheit möglich. Die Schranken der Freiheitsgarantie ergeben sich aus der Kasuistik des Gerichts.

Der US Supreme Court entscheidet über die Zulässigkeit staatlicher Einschränkungen des ersten Zusatzartikels im Wege einer Abwägung (balancing test). Dabei geht es allerdings nicht um abstrakte Abwägung von Rechtsgütern. Vielmehr ist neben der Prüfung der Grundrechtsbeeinträchtigung die Qualität der Zweck-Mittel-Beziehung entscheidend. Unter Berück-

---

57 Smith v. People of the State of California, 361 U.S.147, 157 (1959) (J. Black concurring); reh. den. 361 U.S. 950 (1960). Zustimmend *Meiklejohn*, 1961 Sup. Ct. Rev. 245.
58 Smith v. People of the State of California, 361 U.S.147, 158-159 (1959) (J. Black concurring). S. *Tribe*, S. 794; *Stock*, S. 80 ff., zu den unterschiedlichen Auffassungen innerhalb dieser Theorie.

sichtigung der Umstände des Einzelfalls wird geprüft, ob ein hinreichend wichtiger Zweck mit einem angemessenen Eingriffsmittel verfolgt wird.[59] Staatliche Beschränkungen, die auf den Inhalt einer Meinungsäußerung zielen (government actions aimed at communicative impact), müssen einer strengen Abwägung standhalten.[60] Sie sind nur in Ausnahmefällen mit dem ersten Zusatzartikel vereinbar, da der Staat keine Macht hat, Äußerungen aufgrund ihres Inhalts, ihrer Idee oder ihres Gegenstands zu unterdrücken.[61] Inhaltsbezogene Einschränkungen sind solche, die aufgrund der speziellen Meinung oder Ansicht (viewpoint restrictions) oder aufgrund der Auswirkungen, die diese Meinung in der Öffentlichkeit auslösen könnte (subject matter restrictions), erlassen werden.[62] Der Kernbereich des grundrechtlichen Schutzes wird also durch die inhaltliche Kontrolle der geäußerten Ansicht berührt. Dabei müssen die staatlichen Einflußnahmen auf die Äußerungen keine repressiven Absichten verfolgen. Es ist ausreichend, wenn sie objektiv als einschränkend eingestuft werden. Die Gerichte orientieren sich daran, ob der Hoheitsakt entweder offensichtlich meinungseinschränkend ist oder vor dem Hintergrund erlassen wurde, eine bestimmte Meinung zu erfassen (motivated to single out protected speech).[63]

Nach dem anfänglich vom US Supreme Court entwickelten sogenannten Gefahrentest (clear and present danger test) war eine inhaltsbezogene staatliche Regelung nur zulässig, wenn die Meinungsäußerung zu einer - jeweils nachzuweisenden - klaren und unmittelbar drohenden Gefahr für ein geschütztes Rechtsgut geführt hatte.[64] Der erste Zusatzartikel, so das Gericht in einer Entscheidung, schütze den uneingeschränkten freien Wettbewerb der Ideen zur Durchsetzung der Wahrheit, es sei denn, die Äußerungen seien von derart bedrohender Natur, daß eine direkte Kontrolle zur Rettung des Landes notwendig sei.[65] Der Gefahrentest wird aufgrund seiner bereits frühzeitig er-

---

59 *Stock*, S. 60 ff., insbes. S. 85.
60 *Tribe*, S. 789 ff.
61 Police Department of the City of Chicago v. Mosley, 408 U.S. 92, 95 (1972): »[...] no power to restrict expression because of its message, its ideas, its subject matter, or its content.«
62 *Tribe*, S. 789.
63 *Tribe*, S. 794 und 814.
64 Wörtlich: »The question in every case is whether the words used are used in such circumstances and are of such a nature as to create a clear and present danger that will bring about the substantive evils that Congress has a right to prevent. It is a question of proximity and degree.« Schenck v. United States, 249 U.S. 47, 52 (1918). Ebenso Frohwerk v. United States, 249 U.S. 204, 206 (1919) und Debs v. United States, 249 U.S. 211, 215 (1919). Siehe auch *Stock*, S. 63.
65 Abrams v. United States, 250 U.S. 616, 630 (1919) (JJ. Holmes, Brandeis, diss.) »[...] [U]nless they so imminently threaten immediate interference with the lawful and pressing purpose of the law that an immediate check is required to save the country.«

kannten Konturenlosigkeit⁶⁶ nicht mehr unmittelbar angewendet.⁶⁷ Der US Supreme Court hat ihn bei der Auslegung und Abgrenzung des Schutzbereichs des ersten Zusatzartikels - zur Ausklammerung obszöner Rede - für unanwendbar erklärt.⁶⁸

In jüngerer Zeit hat sich ein anderer Abwägungsmaßstab (strict scrutiny oder compelling state interest test) durchgesetzt.⁶⁹ Ein staatlicher Eingriff hat danach nur Bestand, wenn zwingende Gründe nachgewiesen werden können.⁷⁰ Eine Einschränkung der Kommunikationsfreiheit muß einen besonderen Zweck verfolgen: Nur ein zwingendes öffentliches oder privates Interesse (compelling interest) kann einen direkten Eingriff rechtfertigen.⁷¹ Der Staat muß zudem das mildeste Mittel wählen.⁷² Obwohl das Gericht je nach Fallge-

---

66 So J. Frankfurter in Dennis v. United States, 341 U.S. 484, 527 (1951) (concurring opinion): »[...] a constitutional principle, expressed by those attractive but imprecise words«. Und Whitney v. California, 274 U.S. 357,374 (1927) (JJ. Holmes, Brandeis, concurring opinion). Auch *Campbell*, S. 195, 199.
67 Gitlow v. New York, 268 U.S. 652 (1925), nur die Richter Holmes und Brandeis wendeten in ihrem abweichenden Sondervotum den Test an, S. 672/673. Lediglich im Bereich des Schutzes der Rechtspflege vor unzulässiger Einflußnahme von Dritten durch Meinungsäußerungen findet der Test noch Anwendung, vgl. *Zuckman*, S. 15 m.w.Nw.; *Gillmor/Barron*, S. 32; *Stock*, S. 64 f.
68 Roth v. United States, 354 U.S. 476, 486 (1957); Beauharnais v. Illinois, 343 U.S. 250, 266 (1952).
69 Zuvor schon hatte der US Supreme Court eine Interessenabwägung zwischen den vom First Amendment geschützten Rechten und anderen ebenfalls geschützten Grundrechten vorgenommen (ad hoc balancing of interests). Eine spezielle Vorrangstellung der Meinungsfreiheit - so das Gericht - könne nicht angenommen werden, die damit kollidierenden Rechte sollten miteinander abgewogen werden. Bridges v. California, 314 U.S.252, 282 (1941) (JJ. Frankfurter, Roberts, Byrnes und CJ. Stone dissenting): »Free speech is not so absolute or irrational a conception as to imply paralysis of the means for effective protection of all the freedoms secured by the Bill of Rights [...] In the cases before us, the claims on behalf of freedom of speech and of the press encounter claims on behalf of liberties no less precious.« Und American Communications Association v. Douds, 339 U.S. 382, 394, 397 (1950); Konigsberg v. State Bar of California, 366 U.S.36 (1961).
70 Consolidated Edison Co. v. Public Service Commission, 447 U.S. 530, 540 (1980): »[W]here a government restricts the speech of a private person, the state action may be sustained only if the government can show that the regulation is a precisely drawn means of serving a compelling state interest.« Und First National Bank of Boston v. Belloti, 435 U.S. 765, 786 (1978); Buckley v. Valeo, 424 U.S. 1, 25 (1976); Bates v. City of Little Rock, 361 U.S. 516, 524 (1960). *Campbell*, S. 199.
71 Buckley v. Valeo, 424 U.S. 1, 64 (1976). Dazu ausführlich *Stock*, S. 117f.
72 Wörtlich heißt es dazu: »The interest advanced must be paramount, one of vital importance and the burden is on the government to show the existence of such an interest. [...] The gain to the subordinating interest provided by the means must outweigh the incurred loss of protected rights, [...] and the government must employ means closely drawn to avoid unnecessary abridgment. [...] If the State has open to it a less drastic way of satisfying its legitimate interests, it may not choose a legislative scheme that broadly stifles the exercise of fundamental personal liberties.« Elrod v. Burns, 427 U.S. 347, 362 (1976).

staltung die Abwägung unterschiedlich ausgestaltet,[73] lassen sich generelle Grundelemente seiner Prüfung herausstellen: Es muß (a) ein zwingender oder überragender Eingriffszweck bestehen, den (b) die öffentliche Hand nachzuweisen hat, und (c) ein Eingriffsmittel, das erforderlich, geeignet und das mildeste ist, die legitimen staatlichen Interessen zu verfolgen. Als zwingender Eingriffszweck wurde etwa der Schutz Minderjähriger vor sexuell anstößigen Äußerungen im Telefonverkehr angesehen.[74]

3. *Abwägungsmaßstäbe bei indirekten Einschränkungen*

Indirekte staatliche Einschränkungen (government actions aimed at noncommunicative impact) sind grundsätzlich zulässig, solange sie nicht ungerechtfertigterweise die Möglichkeiten des Austauschs von Gedanken verhindern.[75] Die Beeinträchtigungen zielen zwar nicht auf die spezifische Information oder Idee, sie behindern aber, während sie andere Ziele verfolgen, den freien Fluß der Informationen. Das sind Beeinträchtigungen der Meinungsfreiheit durch nicht beabsichtigte Auswirkungen einer an sich unbedenklichen Maßnahme. Solche Hoheitsakte sind dann unwirksam, wenn sie den Fluß der Informationen oder Äußerungen der Meinung unverhältnismäßig beschränken, etwa weil der Zugang zu Kommunikationsmedien beeinträchtigt wird oder zu große Kapazitäten des Medienbetreibers gesetzlich gebunden werden.[76]

Entsprechend der geringeren Grundrechtsbelastung findet eine eingeschränkte Verhältnismäßigkeitsprüfung nach der sogenannten O'Brien-Formel statt.[77] Es bedarf keines zwingenden öffentlichen Interesses, vielmehr wird nur ein wichtiger oder substantieller Eingriffszweck verlangt, und es findet nur eine

---

73 Fallbeispiele bei *Stock*, S. 107f. Darauf stützt sich auch die Kritik, die diesem Test mangelnde Vorhersehbarkeit der Ergebnisses vorwirft, s. *Schuster*, S. 200.
74 Carlin Communications, Inc. v. FCC, 749 F.2d 113, 121 (2nd Cir. 1984); Carlin Communications, Inc. v. FCC, 837 F.2d 546, 556/557 (2nd Cir. 1988), cert. denied 488 U.S. 109 (1988). Ausführlich zu diesen Entscheidungen siehe unten 4. Abschnitt A: Inhaltskontrolle und Telefonverkehr: Erosion traditioneller Grundsätze.
75 Cox v. New Hampshire, 312 U.S. 569, 574 (1941); San Francisco Arts & Atheletics, Inc. v. United States Olympic Committee, 107 S.Ct. 2971, 2981 (1987). *Tribe*, S. 790 und 977 ff.
76 *Tribe* wörtlich (S. 978): »[...] [I]t has been established that even a wholly neutral government regulation or policy, aimed entirely at harms unconnected with the content of any communication, may be invalid if it leaves too little breathing space for communicative activity, or leaves people with too little access to channels of communication, whether as would-be speakers or as would-be listeners.«
77 United States v. O'Brien, 391 U.S. 367 (1978). Die Abwägungsformel ist heute anerkannt, obwohl gegen die Richtigkeit der Entscheidung Bedenken geäußert wurden. *Tribe*, S. 821 f., 825 und 982 und *Barron/Dienes*, S. 239 f.

abgeschwächte Erforderlichkeitsprüfung statt.[78] Die Erforderlichkeit wird erst bei Vorliegen eines ebenso effektiven, aber milderen Mittels verneint, und nur eine nutzlose Grundrechtsbelastung ist unwirksam.[79] Eine indirekte Einschränkung ist demnach verfassungsgemäß, wenn die öffentliche Gewalt zeigen kann, daß ihre Zwecke substantieller Natur sind und die Regelung so gefaßt ist, daß sie nicht unnötigerweise die Ausübung der Kommunikationsfreiheit beeinträchtigt.[80]

B. *Klassische Dreiteilung der Kommunikationsfreiheit - Presse, Rundfunk und Verbreitungsmedium*

Obwohl der erste Zusatzartikel die individualrechtliche Kommunikationsfreiheit ohne Unterscheidung zwischen Meinungs- und Pressefreiheit einheitlich schützt, ist seit dem Aufkommen der Kommunikationsmedien eine Dreiteilung entstanden. Basierend auf einer Einteilung in gedruckte Presse (print), Rundfunk und Fernsehen (broadcasting) und Verbreitungsmedium (common carrier) ist - derzeit noch - die Reichweite und Anwendung der Kommunikationsfreiheit unterschiedlich gestaltet. Jedes der drei Medien operiert demnach in einem eigenen, bis heute sorgsam abgetrennten System, das als »trifurcated communications system« bezeichnet wird.[81]

I. *Anfänge der Kommunikationsmedien in den Vereinigten Staaten*

Die frühe Entwicklung des Kommunikationssystems ist von der Gründung und dem Ausbau des Post- und des Zeitungswesens geprägt. In den sich neu konstituierenden Vereinigten Staaten war der Ausbau des Postsystems, der die

---

78 Wörtlich wurde der O'Brien Test so formuliert: »[A] government regulation is sufficiently justified [1] if it is within the constitutional power of the Government; [2] if it furthers an important or substantial governmental interest; [3] if the governmental interest is unrelated to the suppression of free expression; and [4] if the incidental restriction on alleged First Amendment freedoms is no greater than is essential to the furtherance of that interest.« United States v. O'Brien, 391 U.S. 367, 377 (1968). Das 4. Element wurde jüngst dahingehend präzisiert, daß die indirekte Regelung »[...] promotes a substantial government interest that would be achieved less effectively absent the regulation.« United States v. Albertini, 472 U.S 675, 689 (1985); dazu *Shapiro*, Cable TV Law 1990, S. 345.
79 *Ely*, 88 Harv.L.Rev. 1482, 1485, 1486; *Stock*, S. 128.
80 »[R]egulation is narrowly drawn to serve those interests without unnecessarily interfering with First Amendment freedoms.« Village of Schaumburg v. Citizens, Inc., 444 U.S. 620, 637 (1980).
81 *Pool*, S. 2; *Tribe*, S. 1003.

Schaffung des Straßennetzes einschloß und so eine Verbindung zwischen Ost- und Westküste schuf, von eminenter Bedeutung. Die Nachrichten und Informationen, die bisher durch Kuriere individuell verbreitet worden waren, konnten nur dann die enormen Distanzen in vertretbarer Zeit überwinden, wenn Transportmöglichkeiten vorhanden waren. Mit der neu geschaffenen Verfassung erhielt der Kongreß 1787 die Grundlage, eine staatliche Post zu schaffen, die als Monopol ausgestaltet wurde.[82] Zu Beginn der Kolonisierung entstanden Zeitungen.[83] Die Verbreitung von Zeitungen und Nachrichten und die Tätigkeit der Post standen sofort in einem synergetischen Verhältnis: Der Aufbau des Postsystems und der Poststationen konnte Hand in Hand mit dem Aufbau von Zeitungen und deren Vertrieb geschehen. Daher entstanden bereits frühzeitig *publisher-postmasters*, also Verleger und Inhaber der Posthoheit in einer Person.[84] Schon damals kam es zu einem Interessenkonflikt, der heute unter den Stichworten Quersubventionierung und Diskriminierung die Diskussion beherrscht: Diese publisher-postmasters konnten mit Hilfe ihrer Monopolstellung nicht nur eigene Zeitungen kostenlos oder billiger als ihre Konkurrenten transportieren, sondern auch die Publikationen der anderen Verleger benachteiligen.

Mit dem Inkrafttreten des ersten Zusatzartikels zur Verfassung (1791) genossen die Zeitungen uneingeschränkten Schutz vor staatlicher Einflußnahme. Sie wurden gleich zu Beginn als die wichtigsten Medien angesehen, die vor jeder staatlichen Einflußnahme geschützt werden mußten. Es herrschte Einigkeit, daß nur eine freie Presse eine freie Gesellschaft garantiere.[85]

Anhand der aufkommenden Telegrafentechnik läßt sich die Entwicklung des Systems der Verbreitungsmedien (common carriers) nachvollziehen.[86] Die

---

82 Art. 1, Section 8, der United States Verfassung: »Congress Shall Have Power [...] to Establish Post Offices and Post Roads.«
83 Die erste Zeitung Nord-Amerikas war die *Publick Occurrences Both Forreign and Domestick*, die ab dem 26. September 1690 in Boston monatlich erschien. Im Jahre 1700 wurde der *Boston Newsletter* gegründet, im Jahre 1719 entstand die *Boston Gazette*. Pool, S. 75.
84 Ein solcher publisher-postmaster war etwa Benjamin Franklin, der im Jahre 1753 von der englischen Krone zum deputy postmaster für die Kolonien ernannt wurde. Nach dem Eintritt Amerikas in die Unabhängigkeit wurde er der erste *Postmaster General*, also Postminister des Landes. Pool, S. 75/76.
85 Vgl. das Zitat von Thomas Jefferson: »[W]here the press is free, and every man able to read, all is safe [...]« zitiert nach Miami Herald Publishing v. Tornillo, 418 U.S. 241, 259 (1974) (JJ. White, Brennan and Rehnquist, concurring).
86 Common carrier läßt sich übersetzen mit »allgemeines Transportunternehmen«. Eine geläufige Definition lautet: »Common carriers are those that hold themselves out or undertake to carry persons or goods of all persons indifferently, or of all who choose to employ it«. Black's Law Dictionary, S. 194. Heute fallen darunter etwa Telefon, Telegraf, aber auch Eisenbahn und Wasser- und Elektrizitätswerke.

Telegrafentechnik wurde von Beginn an privatwirtschaftlich organisiert und unabhängig von der Post betrieben. Obwohl sie ebenso wie Zeitungen auf dem geschriebenen, elektrisch weitergeleitetem Wort beruhte und der Kommunikation diente, wurde sie nicht den Zeitungen gleichgestellt und genoß daher auch keinen entsprechenden Schutz. Der Grund war, daß die ersten Telegrafen nur wenige Worte zu sehr hohen Kosten verbreiten konnten, so daß sie nicht als Medium der Meinungsäußerung angesehen wurden, sondern als eine Maschine (business machine). Die anfängliche Regulierung des Telegrafenverkehrs zeigt, daß Telegramme wie Pakete, nicht aber wie Zeitungen eingestuft wurden. Das Recht der Telegrafen wurde demzufolge nicht an das Recht der Presse angelehnt, sondern man betrachtete die Telegrafenunternehmen als Transporteure wie die (privaten) Eisenbahngesellschaften.[87] Das gleiche Schicksal teilte später die Computertechnologie. Auch dabei herrschte jedenfalls zu Beginn die Einstellung, daß ein Computer lediglich ein Rechner sei und kein Kommunikationsmedium.[88]

In der Mitte des letzten Jahrhunderts kam es dann nicht nur in den Vereinigten Staaten zu einem Machtkampf zwischen den Zeitungen und den mächtigen Telegrafengesellschaften. Letztere wollten einen Nachrichtendienst einrichten und über ihr Netz verbreiten, um damit gegen Zeitungen zu konkurrieren. Dahinter stand das Bestreben, nicht nur am Transport, sondern auch an der Schaffung der Nachrichten und ihrem Inhalt zu verdienen. Gleichzeitig weigerten sich die Telegrafenunternehmen, den Nachrichtendienst der Zeitungen (Associated Press (AP) wurde im Jahre 1849, Reuters 1851 gegründet) zu übermitteln. Dadurch wollten sie Wettbewerbsvorteile für ihre eigenen Dienste erlangen. Dies scheiterte jedoch und führte lediglich dazu, daß die Zeitungen in England auf eine Verstaatlichung der Telegrafenunternehmen drangen. In den Vereinigten Staaten kam es nicht soweit. Auch hier konnten sich die Nachrichtendienste der Telegrafenunternehmen zwar nicht durchsetzen. Vielmehr vereinbarte die größte Telegrafengesellschaft, die Western Union Company, mit der Nachrichtenagentur AP einen Exklusivvertrag und sicherte ihr Prioritäten zu.[89] Die heutigen Betreiber des Kabelfernsehens agieren aus den gleichen Beweggründen ähnlich: Nachdem sie Netzbetreiber sind

---

87 *Pool*, S. 91. So etwa die später ergangene Entscheidung des US Supreme Court in Primrose v. Western Union Telegraph Co., 154 U.S. 1, 14 (1894): »Telegraph companies resemble railroad companies and other common carrier, in that they are instruments of commerce[...] and are therefore bound to serve all customers alike, without discrimination.« Hinsichtlich der Haftung stellte das Gericht dann gewisse Unterscheidungskriterien zu anderen common carrier dar.
88 So zu Recht *Pool*, S. 91.
89 *Pool*, S. 94 f.

und mit eigenen Programmen gegen die Fernsehgesellschaften erfolgreich konkurrieren, weigern sie sich, die Fernsehprogramme ihrer Konkurrenten in ihren Netzen zu verbreiten.

1866 verabschiedete der Kongreß den Post Roads Act, der den Telegrafengesellschaften große Investitionsanreize bot. Sie konnten ihre Kabel ohne Gebühren entlang der staatlichen Poststraßen und über öffentliches Gebiet verlegen. Zudem durften sie auf öffentlichem Land Bäume für die Telegrafenmasten kostenlos fällen. Als Gegenleistung mußten die Unternehmen ihre Telegrafendienste für alle Nutzer ohne Benachteiligung erbringen (on an equal basis to all comers without discrimination). Die Gebühren wurden staatlich reguliert, und die Gesellschaften konnten nun keine Dienstleistung verweigern.[90] Dies ist das heute noch gültige Grundprinzip der Verbreitungsmedien.

Mit Aufkommen der Telefontechnik in der zweiten Hälfte des letzten Jahrhunderts stellte sich wie bei den Telegrafen erneut die Frage, ob das Telefon dem Schutz der Zeitungen gleichgestellt werden sollte.[91]

Die Telefongesellschaften genossen nicht die gleichen Privilegien, die der Post Roads Act den Telegrafengesellschaften gewährte. Der US Supreme Court bestätigte diese unterschiedliche Behandlung des Telegrafen- und des neuen Telefonsystems mit einem technischen Argument: Die öffentliche Hand habe kein Interesse an einer Gleichbehandlung hinsichtlich staatlicher Privilegien, da man ausschließlich in geschriebenen Worten miteinander kommuniziere, das Telefon aber nur gesprochene Worte weitergeben könne.[92]

Dennoch stuften die Gerichte auch das Telefon als Verbreitungsmedium (common carrier) ein. Die Telefongesellschaft American Telephone & Telegraph Company (AT&T) hatte bis 1893 aufgrund des Telefonpatents von Alexander Bell eine Monopolstellung, und später wurde das Telefonnetz von den Behörden als natürliches Monopol betrachtet. Daher waren seit 1910 staatliche Lizenzen zum Betrieb des Telefonnetzes erforderlich, deren Vergabe unter der Voraussetzung des öffentlichen Wohles (public convenience) erfolgte.[93] AT&T wehrte sich nach Auslaufen des Telefonpatents zunächst gegen jegliche staatliche Regulierung, jedoch schwenkte das Unternehmen in

---

90 *Pool*, S. 95.
91 *Gabel*, 34 Law & Contemp. Probs. 340 f. (1969).
92 City of Richmond v. Southern Bell Tel. & Tel. Co., 19 S.Ct. 778, 783 (1899): »Governmental communications to all distant points are almost all, if not all, in writing. The useful governmental privileges which formed an important element in the legislation would be entirely inapplicable to telephone lines, by which oral communications only are transmitted.«
93 *Pool*, S. 102, *Mueller*, 1993 Telecommunications Policy 352, 356.

seiner Politik noch vor 1920 um. AT&T forderte staatliche Regulierungen und Lizenzvergabe, um mit Hilfe der garantierten Einnahmen die Netze weiter ausbauen zu können.[94] Die daraufhin ergangenen Gerichtsentscheidungen sahen das Telefon als Verbreitungsmedium an (common carrier), das - im Gegensatz zu den Zeitungen - staatlicher Regulierung unterworfen war.[95]
Schon in den ersten Jahren dieses Jahrhunderts zeigte sich auf diese Weise der wachsende Einfluß der Telefongesellschaften unter der mächtigen AT&T. Bereits 1913 mußte AT&T den Kartellbehörden nachgeben und ihre Kontrollmehrheit an der Telegrafengesellschaft Western Union verkaufen.[96] Später folgte dann der erzwungene Rückzug aus dem Rundfunkbereich.[97]
Zu Beginn dieses Jahrhunderts zeigten also aufgrund der technologischen Entwicklung zwei Kommunikationssysteme bereits klare Konturen. Beide Systeme wurden beherrscht von privatwirtschaftlich organisierten Betreibern. Auf der einen Seite die Zeitungen: völlig frei von jeglicher staatlichen Einflußnahme, allerdings mit einem offenen Markt für jeden, der darin eintreten will. Auf der anderen Seite die Verbreitungsmedien (common carriers): starke, von der Verfassung legitimierte Regulierung mit einem Zulassungszwang und einer Gleichbehandlungspflicht, allerdings mit einer monopolartigen Stellung, die erbrachte Investitionen vor der Konkurrenz schützt.
Mit dem Aufkommen des Radios in den zwanziger Jahren dieses Jahrhunderts wurde das System erstmals gestört. Radio wurde als eine Form des Telefonverkehrs entwickelt und zunächst zur Übertragung von Musik, aber auch zur Individualkommunikation (point-to-point communication) mit Schiffen auf offener See oder anderen Militäreinrichtungen genutzt.[98] In den folgenden Jahren konnte jeder, der die Technologie besaß, einen eigenen Radiosender aufbauen. Doch häuften sich bald die gegenseitigen Störungen. Von 1924 bis

---

94 *Gabel*, 34 Law & Contemp. Probs. 340, 349 ff., 358f (1969); *Mueller*, 1993 Telecommunications Policy 352, 358.
95 Celina & Mercer County Telephone Co. v. Union-Center Mutual Telephone Association, 133 NE 540, 542 (Ohio 1921); Farmers' & Merchants' CO-OP Telephone Co. v. Boswell Telephone Co. 187 NE 513, 514f (Indiana 1918), das sich auf Munn v. Illinois, (94 U.S. 113, 130) stützte: »When private property is devoted to a public use, it is subject to public regulation.«
96 Dies war das sogenannte Kingsbury Commitment, vgl. *Noam*, 34 Fed. Com. L.J. 209, 245 (1982)
97 AT&T verpflichtete sich zum Rückzug aus dem Rundfunkbereich und verkaufte den Sender WEAF an die Fernsehgesellschaft RCA. Als Gegenleistung verpflichtete sich RCA, ausschließlich die Kabelnetze von AT&T und nicht die des Konkurrenten Western Union zu nutzen und auch keine eigenen Netze zu errichten. Gleichzeitig gründeten die Unternehmen RCA, General Electric (GE) und Westinghouse die Fernsehgesellschaft National Broadcasting Company (NBC), die ebenfalls ausschließlich die Kabelnetze von AT&T nutzte. Vgl. *Pool* S. 35 und *Czitrom*, S. 78 ff. und S. 187.
98 *Pool*, s. 26, 109 ff.; *Czitrom*, S. 62 ff.

zur Verabschiedung des Radio Act im Jahre 1927[99] wurde diskutiert, wie das neue Phänomen des Radios reguliert werden könnte. Im Gegensatz zur Entwicklung in Großbritannien, die zur Verstaatlichung der Industrie unter der British Broadcasting Company (BBC) führte, wurde in den Vereinigten Staaten ein staatliches Radiosystem zwar diskutiert, aber nicht ernstlich in Erwägung gezogen.[100] Erste Regulierungen wurden erlassen, und ein Lizenzvergabeverfahren wie im Telefonbereich wurde eingeführt. Der 1934 folgende Communications Act übernahm die Regelungen des Radio Act und wurde zu einem Rahmengesetz. Die für die Vergabe der Lizenzen zuständige Radio Commission wurde zur Federal Communications Commission.[101]

Vor dem Hintergrund dieser Entwicklung stellte sich das Problem der verfassungsrechtlichen Einordnung des Rundfunks. In einigen frühen Entscheidungen stellte der US Supreme Court alle Medien auf eine Stufe, ohne daß dies entscheidungserheblich gewesen wäre.[102] Im Jahre 1932 entschied ein Untergericht, daß die Verweigerung einer Lizenzerneuerung durch die Radio Commission kein Eingriff in die Pressefreiheit des Betreibers sei und bezeichnete das Radio als »public good«.[103] Wenig später stützte der US Supreme Court die staatliche Aufsicht über das Radio auf das erst in heutiger Zeit angezweifelte Argument, daß die terrestrischen Frequenzen knapp bemessen seien (scarcity of frequences).[104] Das im Radio Act gewählte System zeichnete sich folglich dadurch aus, daß der Radioanbieter selber Programme anbieten und aussuchen kann, was ihn von einem Verbreitungsmedium unterscheidet. Andererseits bestand kein freier Marktzugang wie bei den Zeitungen, sondern es wurde ein staatliches Lizenzsystem und eine staatliche Aufsicht geschaffen.

---

99 44 Stat. 1162 (1927)
100 *Pool*, S. 112 f. Zur Begründung eines »public right over the ether roads« wurde damals vorgebracht, daß eine Abhängigkeit von der Werbung das Radio rasch in den Bankrott treiben würde. Die Zuhörer würden sich nämlich weigern, Werbung anzuhören. Zudem wurde in der Zeit der Great Depression die Vermutung geäußert, daß freies Radio, finanziert durch kommerzielle Werbung, wirtschaftlich nachteilige, verdeckte soziale Kosten aufwerfe, *Czitrom*, S. 61 und S. 76. AT&T schlug ein common carrier-System des Rundfunks vor (toll broadcasting), das aber aus Sorge vor einem weiteren Anwachsen der Machtstellung des Unternehmens abgelehnt wurde, *Pool*, S. 136.
101 48 Stat. 1064 (1934). Heutige Fassung 47 U.S.C. §§ 151 ff. (1990).
102 Lovell v. City of Griffn, 303 U.S. 444, 458 (1938); United States v. Paramount Pictures, 334 U.S. 131, 166 (1948): »We have no doubt that moving pictures, like newspapers and radio, are included in the press whose freedom is guaranteed by the First Amendment.«
103 Trinity Methodist Church v. Federal Radio Commission, 62 F.2d 850, 851-852 (D.C.Cir 1932), cert. denied 284 U.S. 685 (1932).
104 »With everybody in the air, nobody could be heard.« NBC v. United States, 319 U.S. 190, 218 (1943). Zuvor schon hatte der US Supreme Court dies angedeutet in FCC v. Pottsville Broadcasting Co., 309 U.S. 134 (1940).

Entstanden waren demnach drei Kommunikationsstrukturen:
1. das Zeitungs- oder Print-Modell, geschützt vor jeglicher staatlicher Einflußnahme;
2. das Modell der Verbreitungsmedien (common carriers) mit staatlich reguliertem Tarifsystem sowie einer Zugangsgarantie für jedermann; und
3. das Rundfunk- oder broadcasting-Modell mit staatlich lizensierten privaten Unternehmen als Rundfunkbetreiber.[105]

Die Trennung zwischen den drei Systemen ist in historischer Betrachtung ein Resultat des jeweils bestehenden und sich entwickelnden Marktes und der Absprachen innerhalb der Kommunikationsindustrie.[106] Zudem verhinderten in den USA das frühe Eingreifen der Kartellbehörden sowie private Kartellrechtsverfahren, daß die staatliche Regulierung der Kommunikationsmedien und damit die Aufsicht der staatlichen Behörden notwendig wurden. Diese konnten sich jedenfalls zu Beginn auf die Lizenzvergabe beschränken. Technologisch wie rechtlich sind die drei Bereiche bis in die jüngste Zeit getrennt geblieben. Das gegenwärtige und zukünftige Problem ist die sich schon abzeichnende technologische Verschmelzung der drei Kommunikationsformen.

II. Übersicht über die klassische Regulierung der drei Medien

1. Gedruckte Presse (print media)[107]

Die gedruckten Medien genießen von allen Kommunikationsmedien den stärksten Schutz des ersten Zusatzartikels. Eingriffe in den verfassungsrechtlich geschützten Bereich sind nur bei ehrverletzenden Äußerungen, Verunglimpfung oder Beleidigung oder vom Schutzbereich der Meinungsfreiheit ausgeklammerten obszönen Äußerungen zulässig.[108] Weiterhin sind Gesetze erlaubt, welche die gedruckte Presse nicht aufgrund der geäußerten Meinung, sondern als Wirtschaftsform (business) beschränken, also Wirtschafts-, Wettbewerbs- oder Arbeitsgesetze. Diesen uneingeschränkten Schutz der gedruck-

---

105 OTA-Report, S. 27; *Pool*, S. 233; *Tribe*, S. 1003.
106 OTA - Report, S. 27; s. die oben geschilderten Beispiele der Absprachen zwischen Western Union und AP oder zwischen AT&T und RCA.
107 Unter diesen Begriff fallen nicht nur alle Papier- und Druckpublikationen, sondern er ist gleichbedeutend mit der Definition in § 102 (a) des Copyright Act, 17 U.S.C.A. 102 (a): »any work fixed in a tangible media of expression.« Das umfaßt etwa Filme (motion pictures), Zeichnungen und Gemälde, Skulpturen, Photographien, Tonträger sowie »computer-processible information« einschließlich Software, Programme und Datenbanken. S. OTA-Report, S. 27.
108 *Zuckman*, S. 45 ff.

ten Presse durch den ersten Zusatzartikel bestätigte der US Supreme Court in seiner Leitentscheidung Miami Herald Publishing Co. v. Tornillo. Gegenstand des Verfahrens war ein gesetzliches Entgegnungsrecht (right of reply statute) des Staates Florida.[109] Der Kläger (Tornillo) hatte argumentiert, es bedürfe eines staatlich geregelten, in Ausnahmefällen wie dem vorliegenden geltenden Rechts, bestimmte Äußerungen (Gegenäußerungen) in den Zeitungen auch entgegen dem Willen des Verlegers veröffentlichen zu dürfen. Diese Regelung sei, so der Kläger weiter, auch mit der Pressefreiheit vereinbar, da es ansonsten nicht zu einem freien Wettbewerb der Meinungen komme.[110] Dieser Ansicht folgte das Gericht nicht. Es erklärte das angegriffene Gesetz für verfassungswidrig: Es greife in die verlegerische Freiheit der Zeitung ein, indem bestimmte tatbestandliche Äußerungen mit dem Recht auf Antwort verknüpft würden. Letztlich untersage das Gesetz dem Verleger, eine bestimmte Äußerung zu publizieren. Das Gesetz verlange nämlich unter Strafandrohung, bestimmte inhaltliche Äußerungen, die Gegenäußerung, des angegriffenen Kandidaten unveränderbar und unentgeltlich zu drucken. In jedem Fall greife das Gesetz klar in die verlegerische Freiheit ein, der Staat werde also als Zensor bestimmter Äußerungen tätig.[111]

Das Gericht betonte den Unterschied zwischen gedruckter Presse und einem Netzbetreiber (carrier), der lediglich Meinungen anderer weiterleitet. Die Zusammensetzung des Inhalts der Zeitung, also die Entscheidung, was gedruckt wird und was nicht, sowie die Behandlung öffentlicher Angelegenheiten und Kandidaten konstituiert danach verlegerische Kontrolle und Entscheidung. Die gedruckte Presse ist also kein »conduit for news, comment and advertising.«[112]

Die dogmatische Begründung dieser starken verfassungsrechtlichen Stellung der gedruckten Presse ist, wie bereits dargelegt, in der US-amerikanischen

---

109 418 U.S. 241 (1974). Kandidaten für ein politisches Amt erhielten aufgrund des Gesetzes ein Recht auf unentgeltliche Entgegnung in der Zeitung, in der sie angegriffen worden waren. Hier lag also keine ehrverletzende oder beleidigende Äußerung vor, die ein Gegendarstellungsrecht nach einzelstaatlichem Recht ausgelöst hätte. Vielmehr handelte es sich nur um eine politisch attackierende Äußerung seitens der Zeitung.
110 Grundlage dieser Argumentation war die bereits beschriebene Kritik an der Grundrechtstheorie des Marktplatzes der Ideen, dazu bereits oben, A.III.2., und insbesondere *Barron*, 80 Harv. L.Rev. 1641 (1969). Professor Barron war Prozeßbevollmächtigter des Klägers. Ausführlich *Powe*, 1987 Sup. Ct. Rev. 345.
111 Miami Herald Publishing Co. v. Tornillo, 418 U.S. 241, 256 (1974).
112 Miami Herald Publishing Co. v. Tornillo, 418 U.S. 241, 258 (1974) unter Hinweis auf *Chafee*, Liberty and Mass Communications (1947), S. 633: »A journal does not merely print observed facts. [...] As soon as the facts are set in their context, you have interpretation and you have selection, and editorial selection opens the way to editorial suppression.«

Tradition, also rechtshistorisch, zu suchen.[113] Das Gericht sah sich deswegen auch nicht veranlaßt, Differenzierungskriterien gegenüber dem Rundfunk herauszustellen. Dort gewährte die inhaltlich identische Regelung ebenfalls ein Recht auf Entgegnung, die erst vier Jahre zuvor vom US Supreme Court als verfassungskonform qualifiziert worden war.[114] Obwohl ein vergleichbarer Sachverhalt vorlag, wurde dieses Urteil in der Tornillo-Entscheidung nicht einmal erwähnt. Das zeigt, daß der US Supreme Court den gedruckten Medien ohne Abstufung zum Rundfunk einen stärkeren Schutz durch den ersten Zusatzartikel gewährte und noch heute gewährt.

2. Rundfunk (broadcast media)

Der Rundfunk genießt nur einen abgeschwächten verfassungsrechtlichen Schutz. Die bundesstaatliche Federal Communications Commission (FCC) hat die ausschließliche Zuständigkeit zur Regulierung, wozu auch die Vergabe der Frequenzen gehört.[115] Gestützt auf den im Vergleich zu Zeitungen größeren unmittelbaren Einfluß des Rundfunks auf die Zuschauer (impact theory) und die Knappheit der terrestrischen Frequenzen (scarcity theory)[116] findet eine Regulierung sowohl durch strukturelle Eingriffe als auch durch eine laufende Verhaltenskontrolle statt. Durch die Fairness-Doktrin soll insbesondere die Programmvielfalt gesichert werden. Weiterhin gibt es Zugangsregelungen sowie eine treuhänderische Bindung des Rundfunks (fiduciary duties).[117]

Unbestritten sind die Notwendigkeit staatlicher Frequenzvergabe für die Veranstaltung von Rundfunk sowie staatlich auferlegte Beteiligungsgrenzen für Zeitungen an Rundfunkstationen (cross-ownership restrictions).[118] Ebenso ist das Verbot der Ausstrahlung von Sendungen mit obszönem Inhalt verfassungsrechtlich anerkannt, und eine stärkere Regulierung der anrüchigen oder

---

113 *Geller/Lampert*, 32 Cath.U.L.Rev. 603, 617 f. (1983).
114 Red Lion Broadcasting Inc. v. FCC, 395 U.S. 367 (1969). Vgl. zur umfangreichen Literatur zu beiden Entscheidungen *Barron*, 57 Geo.Wash.L.Rev. 1495 (1989); *Powe*, 1987 Sup. Ct. Rev. 345; *Tribe*, S. 1002 f.
115 47 U.S.C. § 151 und § 301 (1990). Ausführlich zur FCC und ihrer Kompetenzen, *Robinson*, 64 Virginia L.Rev. 169 (1978) und *Zuckman*, S. 362 ff.
116 NBC v. United States, 319 U.S. 190, 213, 218 (1943); Red Lion Broadcasting Co. v. FCC, 395 U.S. 367, 388, 389 (1969); FCC v. Pacifica Foundation, 438 U.S. 726, 748 (1978). Zur scarcity und zur impact Theorie, *Geller/Lampert*, 32 Cath.U.L.Rev. 603, 612 ff. (1983).
117 *Loevinger*, 34 Law & Contemp. Probs. 278, 284 ff. (1969); *Powe*, S. 105 ff.; *Horn/Knieps/Müller*, S. 355 ff.
118 Zusammenstellung OTA-Report, S. 28 f. Kritisch zur Lizenzvergabe aber *Hazlett*, 33 J. Law & Econo. 133, 135 ff. (1990).

sexuell anstößigen Sendungen (indecent programming) ist im Rundfunk im Gegensatz zu den gedruckten Medien zulässig.[119]

Im Zentrum der verfassungsrechtlichen Diskussion steht die auch im deutschen Recht umstrittene Frage, ob es zulässig ist, Programme bestimmten Vielfaltsanforderungen im Sinn der sogenannten »Fairness«-Doktrin zu unterwerfen.[120] Nach dieser Fairness-Doktrin mußten die Veranstalter grundsätzlich zwei Anforderungen erfüllen. Sie mußten eine angemessene Sendezeit für die Behandlung kontroverser Angelegenheiten des öffenlichen Interesses zur Verfügung stellen. Zudem waren sie verpflichtet, diese Behandlung in fairer Weise durchzuführen, also angemessene Gelegenheit für die Darstellung der gegensätzlichen Ansichten zu geben.[121]

Der US Supreme Court entschied, daß die Fairness-Doktrin mit dem ersten Zusatzartikel zur Verfassung vereinbar sei: Aufgrund der Knappheit der Frequenzen habe jeder Veranstalter die treuhänderische Aufgabe, alle Meinungen darzustellen. Folglich war auch das aus der Fairness-Doktrin folgende Erwiderungsrecht (personal attack rule) im Rundfunkrecht, im Gegensatz zum Recht der gedruckten Presse, verfassungskonform. Mit dieser Entscheidung schloß sich der Supreme Court teilweise der zuvor in der Literatur geäußerten Kritik an der Grundrechtstheorie »Marktplatzes der Ideen« an, die angesichts heutiger Kommunikationstechnologien ein Zugangsrecht zu den Medien gefordert hatte: Das Gericht hielt die Vielfaltsanforderungen und insbesondere das Erwiderungsrecht im Rundfunk mit dem Argument aufrecht, zwar sei der »Marktplatz der Ideen« zu erhalten und verfassungsrechtlich geschützt, jedoch dürfe es nicht zu einer Monopolisierung oder Zensur dieses Marktplatzes kommen, sei es durch den Staat oder durch private Betreiber.[122]

---

119 FCC v. Pacifica Foundation, 438 U.S. 726 (1978), in der das Verbot für sog. »seven dirty words« als mit dem ersten Zusatzartikel vereinbar angesehen wurde. Ausführlich *Winer*, Part II, 55 Fordham L.Rev. 459, 473 ff. (1987); *Crigler/Byrnes*, 38 Cath.U. L.Rev. 329 (1989) und *Spitzer*, S. 5 ff. In der jüngsten Zeit wurde ein weit darüber hinausgehendes Totalverbot (24 hour ban) unzüchtiger Programme erlassen, FCC - Enforcement of Prohibitions Against Broadcast Indecency in 18 U.S.C. § 1464, Report in Docket-No. 89-494, 5 F.C.C.Rcd 5297 (1990). Das Verbot wurde aber als unvereinbar mit dem ersten Zusatzartikel aufgehoben, da es keine Zeiten zuließ, in denen anstößiges Material gesendet werden konnte (etwa nach 22:00 oder 24:00 Uhr), Action for Children's Television v. FCC, 932 F.2d 1504 (D.C.Cir. 1991).
120 Beispielhaft sei aus der fast unüberblickbaren Literatur dazu verwiesen auf: *Hoffmann-Riem*, Fernsehen, S. 173 ff.; *Schuster*, S. 210 ff.; *Zuckman*, S. 455 ff.; *Gillmor*, S. 792 ff.; *Franklin/Anderson*, S. 794 ff.; *Barron*, 12 Hastings Comm/Ent L.J. 295 ff. (1989).
121 *Gillmor*, S. 793.
122 Red Lion Broadcasting Co. v. FCC, 395 U.S. 367, 389, 390 (1969). Auf der Grundlage der Vorschrift hatte die FCC einen Rundfunkveranstalter angewiesen, einem in seinem Programm attackierten Autor unentgeltlich ein Recht auf Erwiderung einzuräumen. Zu der Kritik in der Literatur, siehe oben A. 2.

Der US Supreme Court hat diese Auffassung trotz starker Kritik an der Fairness-Doktrin[123] und an der Unterscheidung zwischen gedruckter Presse und Rundfunk[124] nicht zurückgenommen.[125] Allerdings ließ das Gericht erkennen, daß die technologischen Veränderungen der Übertragungsmedien eine Änderung der Rundfunkregulierung begründen könnten.[126]
Unter ihrem von US-Präsident Reagan ernannten Chairman Mark Fowler lehnte die FCC sowohl das Knappheitsargument als auch den Treuhandgedanken ab. Regulierungsgrundlage wurde statt dessen der *marketplace approach to broadcasting*.[127] Die laufende staatliche Aufsicht auf der Grundlage der Fairness-Doktrin erklärte die FCC in ihrem »Fairness Report 1985« für fragwürdig. Die Doktrin stehe aufgrund der veränderten technischen Gegebenheiten nicht mehr im Einklang mit dem ersten Zusatzartikel.[128] Das zuständige Berufungsgericht entschied anläßlich der Überprüfung der Fairness-Doktrin, daß diese keinen Gesetzescharakter habe, sondern eine Schöpfung der Verwaltung (administrative creation) sei. Ebenso wie die FCC bezweifelte das Gericht, daß die Knappheit terrestrischer Frequenzen Grundlage der verfassungsrechtlichen Unterscheidung von Rundfunk und gedruckter Presse sein könne:

»The basic difference in this entire area is that the line drawn between the print media and the broadcast media, resting as it does on the physical scarcity of the latter is a distinction without a difference. [...] Since scarcity is a universal fact, it can hardly explain regulation in one context and not another.«[129]

Daraufhin entschied die FCC im August 1987, die Fairness-Doktrin sei nicht mehr anwendbar. Sie beeinträchtige die Meinungsfreiheit und diene keinem zwingenden staatlichen Interesse. Dramatische Veränderungen des elektroni-

---

123 *Bazelon*, 31 Fed. Comm. L.J. 201 (1979).
124 *Loevinger*, 34 Law & Contemp. Probs. 278, 290 ff. (1969); *Lee*, 1987 Sup. Ct. Rev. 303, 331; *Emord*, 38 Cath. U. L.Rev. 401 (1989); *Powe*, S. 197 ff.
125 Bestätigt in CBS, Inc. v. Democratic National Committee, 412 U.S. 94, 110 ff. (1973); CBS, Inc. v. FCC, 453 U.S. 367 (1981).
126 FCC v. League of Women Voters, 468 U.S. 364, 377 Fn. 11 (1984). Allerdings stützte sich das Gericht in der Entscheidung Metro Broadcasting, Inc. v. FCC, 110 S.Ct. 2997 (1990) wieder auf das Knappheitsargument.
127 S. *Fowler/Brenner*, 60 Tex.L.Rev. 207 (1982).
128 FCC - Inquiry into Section 73.1910 of the Commission's Rules and Regulations Concerning the General Fairness Doctrine Obligations of Broadcast Licensees, Report in Docket No. 84-282, 102 F.C.C. 2d 145, 147-48 (1985 Fairness Report).
129 Telecommunications Research and Action Center v. FCC, 801 F.2d 501, 508 (D.C. Cir. 1986), petition for reh'g on banc denied, 806 F.2d 1115 (D.C. Cir. 1986), cert. denied 482 U.S. 919 (1987). Bork, der das Urteil mit Zustimmung von Scalia (heute US Supreme Court - Richter) schrieb, erklärte die Hoffnung, Tornillo- und nicht Red Lion-Entscheidung sei in Zukunft sowohl für die gedruckte Presse als auch für den Rundfunk maßgebend. Zustimmend *Lee*, 1987 Sup. Ct. Rep. 303, 333; *Emord*, 38 Cath. U. L.Rev. 401, 444 (1989); *Winer*, 8 Cardozo Arts & Entertainment L.J. 257, 285 (1990).

schen Medienmarktes machten eine Korrektur des begrenzten verfassungsrechtlichen Schutzes notwendig. Für die elektronische wie gedruckte Presse sollten gleiche verfassungsrechtliche Standards gelten.[130] Diese Entscheidung bestätigten die angerufenen Gerichte.[131] Die FCC stützte sich in dieser wichtigen Entscheidung auf die Veränderung der elektronischen Medien. Sie erkannte darin, daß eine klare Abgrenzung zwischen den verschiedenen Medien technologisch nicht mehr möglich ist, und hob die Fairness-Doktrin konsequenterweise auf.[132]

3. *Verbreitungsmedium (communications common carrier)*

Für die Verbreitungsmedien gelten gesonderte Regelungen.[133] Diese sind grundsätzlich so ausgestaltet wie in den Anfängen der Telegrafentechnik. Nach der Rechtsprechung ist ein Verbreitungsmedium im Kommunikationsbereich (communications common carrier) durch Kontrahierungszwang, Benachteiligungsverbot und Trennung des Netzbetriebs von der darin übermittelten Nachricht (separation of content and conduit) gekennzeichnet.[134] Die FCC faßte dieses Konzept in einer frühen Entscheidung wie folgt zusammen:

> »Fundamental to the concept of a communications common carrier is that such a carrier holds itself out or makes a public offering to provide facilities by wire or radio whereby all members of the public may chose to employ such facilities and to compensate the carrier therefore may communicate or transmit intelligence of their own design and choosing between points on the system of that carrier and other carriers connecting with it. In other words, the carrier provides the means or ways of communication for the

---

130 Syracuse Peace Council v. Television Station WTVH, 2 F.C.C.Rcd 5043, 5045-5058 (1987). Sie stützte sich auf die zwischenzeitlich ergangene Entscheidung FCC v. League of Women Voters of California, 468 U.S. 364, insbes. 376-379 (1984). Zuvor hatte das Berufungsgericht die Prüfung der Vereinbarkeit der Fairness-Doktrin mit dem ersten Zusatzartikel an die FCC verwiesen, Meredith Corp. v. FCC, 809 F.2d 863, 874 (D.C. Cir 1987).
131 Syracuse Peace Council v. FCC, 867 F.2d 654, 669 (D.C.Cir. 1989). Der US Supreme Court nahm dieses Verfahren nicht zur Entscheidung an (cert. denied. 110 S.Ct. 717 (1990).
132 Wörtlich heißt es: »We further believe, as the US Supreme Court indicated in FCC v. League of Women Voters of California, that the dramatic transformation on the telecommunication marketplace provides a basis for the Court to reconsider its application of diminished first amendment protection to the electronic media.« Syracuse Peace Council v. Television Station WTVH, 2 F.C.C.Rcd 5043, 5058 (1987).
133 Vgl Überblick bei *Barnett/Botein/Noam*, S. 19 ff.
134 FCC v. Midwest Video Corp., 440 U.S. 689, 701 (1979): »one who makes a public offering to provide [communications facilities] whereby all members of the public who choose to employ such facilities may communicate or transmit intelligence of their own design and choosing [...]« Die Legaldefinition im Communications Act 1934, 47 U.S.C. § 153 (h) (1989), ist zirkulär:« common carrier [...] means any person engaged as common carrier for hire[...]«.

transmission of such intelligence as the subscriber may choose to have transmitted. The choice of the specific intelligence to be transmitted is, therefore, the sole responsibility or prerogative of the subscriber and not the carrier.«[135]

Gesetzlich ausgeschlossen von der Definition sind der Rundfunk und - seit 1984 - das Kabelfernsehen.[136] Das wichtigste Verbreitungsmedium im Kommunikationssektor ist heute das Telefon.

Der Communications Act 1934 verlangt eine förmliche Zulassung (franchise), reguliert die Gebühren, den Service, legt den Unternehmen Berichtspflichten auf und statuiert den Kontrahierungszwang und das Benachteiligungsverbot.[137] Die Regelungsbefugnis für den zwischenstaatlichen Kommunikationsverkehr (interstate communication) obliegt der FCC des Bundes. Dies gilt nicht für den Verkehr innerhalb eines Bundesstaates (intrastate communication), der von einzelstaatlichen Gesetzgebern reguliert wird und der innerstaatlichen Aufsicht durch die einzelstaatlichen Public Utility Commissions (PUCs) unterliegt.[138] Damit wird der konzeptionelle Unterschied zu den gedruckten Medien und zum Rundfunk deutlich, wie er bis vor sehr kurzer Zeit noch bestand: Bei den Verbreitungsmedien (common carriers) besteht rechtlich eine strikte Trennung von Inhalt (content) und Transport (conduit). Diese haben keinerlei Kontrolle über den Inhalt der gesendeten Nachricht, sind aber auf der anderen Seite auch nicht für den Inhalt verantwortlich.[139]

---

135 Frontier Broadcasting v. Collier, 24 F.C.C. 251, 256 (1958).
136 47 U.S.C.§ 153 (h) (1989) für den Rundfunk und § 541 (c) (1989) für Kabelfernsehen.
137 47 U.S.C.A. §§ 201-224, insbes. 201 (a) (1989). Vgl. National Ass'n of Regulatory Utility Comm'rs v. FCC, 533 F.2d 601, 608 (D.C.Cir 1976).
138 47 U.S.C. § 152 (b) und § 221 (b) (1989).
139 OTA-Report, S. 29-30; *Geller/Lampert*, 34 Cath. U. L.Rev. 603, 621 (1983).

2. Abschnitt: Kabelfernsehen als Massenkommunikation (cable tv)

A. *Das Kabelfernsehsystem in den Vereinigten Staaten*

Kabelfernsehen entstand in den Vereinigten Staaten bereits Ende der vierziger Jahre unseres Jahrhunderts in Gebieten, die aufgrund ihrer topographischen Lage oder ihrer Entfernung zu den nächsten Fernsehstationen kein terrestrisches Fernsehen empfangen konnten. Private Kabelbetreiber errichteten herkömmliche Antennen an Stellen, wo ein guter Empfang möglich war, empfingen die Signale und versorgten die angeschlossenen Haushalte gegen Entgelt über ein Kabel. Daraus entstand die anfängliche Bezeichnung Community Antenna Television (CATV). Im Jahre 1950 existierten in den Vereinigten Staaten etwa 70 dieser Kabelbetreiber, die nicht mehr als jeweils 14.000 Teilnehmer hatten. In den ersten Jahren engagierten sich auch die Telefongesellschaften, errichteten die Netze und vermieteten sie an Kabelbetreiber.

Die Entwicklung des Kabelfernsehens zu einem der heute wichtigsten Medien ist ohne die aufkommende Satellitentechnik nicht denkbar. Satelliten ermöglichen eine landesweite Verbreitung von Programmen, die oftmals attraktiver waren als die der lokalen Fernsehsender. Die Kabelbetreiber boten auch Kinofilme an. Dies führte zu Konflikten mit den lokalen Kinobesitzern, die Einnahmeverluste hinnehmen mußten. In den Städten und Kommunen waren die Kinobetreiber jedoch politisch einflußreich und verhinderten daher anfänglich einen stärkeren Ausbau der Kabelnetze. Dieser bereits frühzeitig entstandene Konflikt hatte seinen Ursprung u. a. in der urheberrechtlichen Vergütungspflicht der Kinobesitzer und Fernsehveranstalter, die jedoch die Kabelbetreiber nicht traf.[1]

In der heutigen Zeit empfangen die Kabelsysteme die Signale über herkömmliche Antennen, über Mikrowellen-Empfänger oder über Satellitenerdstationen. Die Signale werden nach ihrem Empfang an der Kabelkopfstation bearbeitet und verstärkt; sie bekommen einen bestimmten Frequenzkanal zugewiesen und werden in das Kabelnetz eingegeben. An dieser Kabelkopfstation werden die Videosignale in das Netz eingespeist, etwa mit Hilfe von Videorekordern oder anderen Aufzeichnungsgeräten oder indem die Station unmittelbar mit einem Produktionsstudio verbunden wird. Das Kabelnetz besteht

---

1 Diese Problematik wird eingehend in Teil D. des 2. Abschnitts behandelt.

grundsätzlich aus ein oder zwei Kupferkoaxialleitungen.[2] Wie in anderen Ländern besteht auch in den Vereinigten Staaten die Tendenz, diese Kupferleitungen gegen Glasfaserleitungen im Fernverkehr, weniger im örtlichen Bereich, zu ersetzen.[3] Die Kabelleitungen werden entweder an Masten der Telegrafen- oder Telefongesellschaften verlegt, worüber spezielle Verträge mit den Gesellschaften geschlossen werden, deren Ausgestaltung zur Vermeidung von Diskrimierungen gesetzlich geregelt ist. Teurer ist die Verlegung der Kabel unter der Erde. Sie muß zudem aufgrund der Nutzung der öffentlichen Straßen und Wege genehmigt werden.

Im Gegensatz zum Telefonnetz mit seinen Vermittlungsstellen folgt das Kabelfernsehnetz einer sogenannten tree and branch architecture: Die Signale, die an der Kabelkopfstation eingespeist werden, erreichen alle Endpunkte des Systems (point-to-multipoint-system). Damit gleicht es dem herkömmlichen Fernsehen, das die Signale terrestrisch von der Sendestation zu den Antennen verbreitet. Das Kabelsystem ist daher mit dieser Architektur konzeptionell sehr gut geeignet, Fernsehsignale zu verbreiten, nicht aber, um einzelnen Teilnehmern individuellen Service zu erbringen. Es ist auch nur bedingt geeignet, Signale interaktiv an den Kabelbetreiber etwa zur Programmauswahl zu senden. Es werden jedoch bereits neue Netzanwendungen erprobt, die diese Formen der Kommunikation zulassen.[4]

Die Zahl der Kanäle, die ein Kabelsystem anbieten kann, variiert mit der verwendeten Kabeltechnologie, mit der Konfiguration der Verstärker und anderen Systemeigenschaften. Die Mehrheit der Systeme kann etwa 55 bis 60

---

2 Darin besteht (derzeit noch) technisch ein zu beachtender Unterschied zum Telefonnetz: Dieses besteht aus einem Paar verdrillter Kupferkabel. Diese haben eine geringere Bandweite als Koaxialkabel und sind deshalb - in der Regel - nicht für Videoübertragung geeignet. Sobald allerdings Glasfaserkabel gelegt sein werden oder neuartige Übertragungstechniken wie die Bildkomprimierung Marktreife erlangt haben werden, wird der Unterschied wegfallen. Ausführlich *Brenner/Price*, § 1.03 [2].

3 Nachteil der Koaxialkabel ist, daß die Signale ihre Stärke schon nach wenigen Metern der Übertragung rapide verlieren. Daher sind alle 300 bis 600 m (1.000 bis 2.000 Fuß) Verstärker notwendig, und nach 7 Meilen können die Signale nicht mehr so verstärkt werden, wie es für einen guten Empfang erforderlich wäre. Deswegen werden auch mehrere Kabelkopfstationen eingerichtet. Demgegenüber besteht der Vorteil der Glasfaserkabel nicht ausschließlich in ihren größeren Kapazitäten. Vielmehr ist bei ihnen der Verlust an Signalstärke wesentlich geringer. Daher sind weitaus weniger Verstärker erforderlich. Andererseits sind die Kosten (heute noch) wesentlich höher, um Informationen, die in elektrischen Impulsen verarbeitet werden, zum Transport in Licht um- und am Endpunkt wieder zurückzuverwandeln. Aus diesen Gründen wird ein sogenanntes Hybrid-System bevorzugt, das aus Glasfaserkabeln für Fernleitungen und Koaxialkabeln für die örtlichen Netze besteht. S. *Chiddix*, ATC Corp., Testimony before the FCC, December 5, 1991, abgedr. in *Hardy*, S. 635, 639.

4 *Chiddix*, ATC Corp., Testimony before the FCC, December 5, 1991, abgedr. in *Hardy*, S. 635, 641. Diese Formen der Kabelkommunikation werden Gegenstand des 3. und 5. Abschnitts sein.

Fernsehkanäle auf einem Kabel mit einer Bandweite von 450 Megahertz transportieren.[5] Kabelfernsehen ist Breitbandkommunikation: Duale Kabelsysteme nutzen zwei Koaxialkabel, um etwa 100 Kanäle anbieten zu können. Im Jahr 1991 hatten über 50% der Systeme Kapazitäten zwischen 30 und 53 Kanälen, etwa 10% über 54, und 11% der Kabelsysteme boten zwischen 20 und 29 Kanäle an.[6] Inzwischen werden Kabelsysteme getestet, die mit Hilfe neuer Technologien, etwa der Bildkomprimierung, bis zu 500 Kanäle für die verschiedensten Anwendungsformen anbieten können.[7]

Wesentlich für das Verständnis des amerikanischen Kabelsystems ist das Zusammenspiel zwischen dem Betreiber des Kabelnetzes oder -systems (cable operator), dem Kabelprogrammveranstalter (cable programmer oder cable network) und dem angeschlossenen Teilnehmer (subscriber): Im Gegensatz zur Situation in Deutschland und anderen europäischen Ländern ist das Kabelfernsehen in den USA privatwirtschaftlich geordnet. Die Kabelnetze sind bis auf sehr wenige Ausnahmefälle in privater Hand. Im Hinblick auf Gebührenentrichtung und Werbeeinnahmen besteht daher ein Dreiecksverhältnis zwischen Netzbetreiber, Programmveranstalter und angeschlossenem Teilnehmer: Der Programmveranstalter bietet seine produzierten Programme dem Kabelbetreiber an. Der Kabelbetreiber stellt aus dem Gesamtprogrammangebot ein oder verschiedene »Programmpakete« für die Teilnehmer zusammen. Zu diesen Angeboten gehören etwa die Programme aller terrestrischen Fernsehanstalten und der Kabelprogrammveranstalter, aber auch Kinofilme der Hollywood-Studios. Betreiber und Programmveranstalter müssen die Wünsche der Teilnehmer beachten, da ansonsten das Programm mangels Attraktivität nicht in ein Kabelnetz eingespeist wird oder der Netzbetreiber, wenn er ein unattraktives Programmpaket zusammenstellt, nicht genügend Teilnehmer anspricht.

Die Kabelteilnehmer zahlen den Betreibern die Kabelgebühren für das von ihnen angeforderte Paket. In aller Regel stehen drei Pakete zur Auswahl, nämlich ein Basis-, ein Spezial- und ein Premiumpaket. Die Basiskabeldienste oder Basisprogramme werden in einem Paket angeboten, das neben den originären Kabelprogrammen die örtlichen und entfernten Fernsehprogramme und andere lokale oder öffentliche Programme enthält, deren Einspeisung ge-

---

5 Jedes Videosignal benutzt etwa 6 MHz, um Bild und Ton zu übermitteln und genügend Kanaltrennung zu gewährleisten. Da von der 450 MHz Bandweite etwa 400 MHz gebraucht werden, können maximal 66 Kanäle verbreitet werden. Da aber nicht jede Frequenz die gleiche Qualität bietet und zudem für Datenübertragung und andere Dienste Kapazitäten benötigt werden, wird diese Kanalanzahl in der Regel nicht ausgenutzt.
6 NCTA, S. 10-A.
7 Dies wird im 5. Abschnitt ausführlicher dargelegt.

setzlich vorgeschrieben ist. In vielen Systemen können die Teilnehmer die Pakete selbst zusammenstellen. Sie zahlen für die ausgewählten Programme. Dazu gehören die Pay-TV-Programme, also spezielle Kinofilme oder Sportübertragungen, die ohne Werbeunterbrechungen gesendet werden, aber zusätzliche Gebühren kosten.[8] Zunehmend werden zudem die pay-per-view-Programme angeboten. Diese werden nicht monatlich abonniert, sondern bieten Kinofilme oder einzelne Sportereignisse an, die individuell angefordert und bezahlt werden. So sind die Olympischen Sommerspiele 1992 in drei pay-per-view-Einheiten aufgeteilt worden, die für jeden Tag ausgewählt werden konnten (TripleCast). Auch wenn dieses Angebot nicht erfolgreich war, werden in den USA pay-per-view-Programme als zukunftweisend angesehen, insbesondere dann, wenn größere Netzkapazitäten erlauben, etwa alle Spiele einer Sportliga oder eine Reihe von Kinofilmen individuell anzubieten.[9] Die Veranstalter vergeben weiterhin Werbezeiten als Einnahmequelle, nicht jedoch für die werbefreien Pay-TV-Programme.

Die Kabelbetreiber zahlen den Kabelprogrammveranstaltern Lizenzgebühren für die Verbreitung der Programme. Die Gebühren werden auf der Grundlage der Zahl der angeschlossenen Teilnehmer berechnet (per-subscriber fee).[10] Terrestrisch ausgestrahlte Programme können die Betreiber aufgrund einer gesetzlichen Lizenz verbreiten. Die Betreiber müssen aber eine Festgebühr abführen. Der Kabelbetreiber versorgt seine Kunden mit den notwendigen Empfangs- und Decodergeräten. Diese werden entsprechend jener Pakete programmiert, die die Teilnehmer wünschen und bezahlen. Damit werden alle Dienste, auch die Pay-TV-Dienste einheitlich bezahlt, und ein Teilnehmer erhält auch nur einen Decoder für alle Programme. Die Pay-TV-Anbieter sind zudem von der Notwendigkeit befreit, ihrerseits kostenaufwendige Decoder

---

8 Die monatlichen Gebühren für die Basisprogramme stiegen von 7,85 $ im Jahre 1980 auf 17,58 $ im Jahre 1990. Für die Pay-Kanäle mußten 1980 insgesamt 8,80 $ bezahlt werden, 1990 waren es 10,38 $. Zu den Basisprogrammen gehören 1992 etwa 40 Programme, das Pay-TV Paket bestand aus etwa 10 Programmen. Siehe NCTA, S. 6-A und i-C.
9 »Slow, But Sure, Local Sports Toying PPV«, Broadcasting, June 8, 1992, S. 21; »Pay-Per-View's Future is Here«, Broadcasting, Aug. 24, 1992, S. 6; »Pay-Per-View Likely to Dominate in Compressed Cable Future«, Broadcasting, December 7, 1992, S. 5.
10 Die Verkennung dieser Sachlage hat in Deutschland zu einer Kontroverse zwischen dem Programmveranstalter CNN und den Landesmedienanstalten bei der Einspeisung in das deutsche Kabelnetz geführt. CNN weigerte sich, die hohen Gebühren der Post zu zahlen, und wurde daraufhin nicht in das deutsche Kabelnetz eingespeist. CNN berief sich darauf, daß CNN die Produktionskosten des Programms trage. Daher könne CNN nicht auch noch den Kabelbetreiber vergüten, zumal dieser zusätzliche Gebühren von den angeschlossenen Teilnehmern erhalte. In einigen Kabelnetzen wird CNN nunmehr eingespeist, weil die ortsansässigen Hotels die Gebühren zahlen.

zu entwickeln, wie es etwa bei der Einführung des deutschen Pay-TV Kanals *Premiere* der Fall war.

In absoluten Zahlen ausgedrückt hat sich die Verkabelungsdichte in den Vereinigten Staaten von 1975 bis 1990 versechsfacht. Im Jahr 1975 hatten weniger als 10 Millionen Haushalte Kabelanschluß, also nur 13% aller Haushalte (household penetration). Im Jahr 1985 gab es fast 40 Millionen Anschlüsse, was einer Anschlußdichte von 46% entsprach. Im Jahr 1987 überstieg die Kabelanschlußdichte 50%, derzeit haben über 55 Millionen oder 60% aller Haushalte Kabelanschluß. Insgesamt liefen die Kabelnetze an über 90% aller Haushalte vorbei (homes passed). Es gibt derzeit in den gesamten USA über 11.000 Kabelsysteme, und Schätzungen sagen voraus, daß im Jahr 2000 etwa 78% aller Haushalte verkabelt sein werden.[11] Die Größe eines einzelnen Kabelsystems ist sehr unterschiedlich, im Einzelfall können bis zu 560.000 Teilnehmer an ein System angeschlossen sein. Ein Unternehmen, das mehrere Kabelbetreiber beherrscht oder Anteile daran hält oder selbst mehrere Kabelnetze betreibt, wird als *Multiple System Operator* (MSO) bezeichnet. Die größten dieser MSOs sind etwa *TCI* (Tele-Communications, Inc.) mit über 10 Millionen, *Time Warner* mit über 6 Millionen, oder *Continental Cablevision* mit über 2 Millionen angeschlossenen Teilnehmern.[12]

B. *Der gesetzliche Regelungsrahmen des Kabelfernsehens*

I. *Die Regulierung des Kabelfernsehens bis 1984*

1. *Die anfänglichen Gründe für die Regulierung*

Da die ersten Kabelfernsehanlagen den Empfang terrestrischer Signale verbesserten, unterstützten die lokalen Fernsehanbieter zunächst die Entstehung weiterer Kabelanlagen. Dadurch hofften sie, zusätzliche Zuschauersegmente zu erschließen, denn mit jeder Erweiterung des Zuschauerkreises erhöhten sich die Werbeeinnahmen. Mit dieser Markterweiterung stieg auch das Einkommen der Urheberrechtsinhaber der Programme, an die alle Fernsehstationen ihre Tantiemen abführen müssen.[13] Diese Situation änderte sich, als

---

11 NCTA, S. 1-A, 2-A; »By the Numbers«, Broadcasting, December 7, 1992, S. 60; »Penetration to Hit 78% By 2000«, June 8, 1992, S. 10.
12 NCTA, S. 14-A und 15-A. Die Daten beziehen sich auf den 18.11.1991 und den 31.1.1992.
13 *Cate*, 42 Fed.Comm.L.J. 191, 194 (1990).

Kabelbetreiber entfernte, über Satellit verbreitete Programme in ihr Netz einspeisten. Dadurch wurde zwar der Kabelanschluß attraktiver, jedoch sanken die Zuschauerzahlen und damit die Werbeeinnahmen der örtlichen Fernsehanbieter. Sie mußten zudem durch diesen »Import« entfernter Programme in dem bisher technologisch abgeschirmten lokalen Fernsehmarkt mit den nicht örtlichen Anbietern konkurrieren. Insbesondere Anbieter in ländlichen Gebieten waren von diesen veränderten Marktbedingungen betroffen: Die Programme großer Fernsehstationen der Ballungsräume wurden verstärkt in ländlichen Gebieten verbreitet, während Programme ländlicher Anbieter in den Netzen der Städte nur in geringem Umfang oder gar nicht eingespeist wurden. Die ländlichen Fernsehstationen mußten versuchen, ihre Marktanteile auf ihrem lokalen Markt unter stärkerem Wettbewerbsdruck zu verteidigen, ohne daß es ihnen möglich gewesen wäre, in die Märkte der Großstädte vorzudringen. Mit der Abnahme der Zuschaueranteile sanken die Umsätze der Programmanbieter. Da die Kabelbetreiber für die Verbreitung der terrestrischen Programme keine Urhebervergütungen abführen mußten, sanken mit den Einbußen der Fernsehanbieter auch die Einnahmen der Lizenzgeber. Gleiches galt auch im Verhältnis zu den lokalen Kinobesitzern: Die von den Kabelbetreibern angebotenen Kinofilme führten zu Umsatzverlusten der Kinobesitzer und damit letztlich zu Einbußen der Urheberrechtsinhaber.

Weitere technologische Entwicklungen in den sechziger Jahren verschärften die Situation. Mit größerer Verbreitung der Satellitenantennen verstärkte sich der Wettbewerb konkurrierender Anbieter, so daß die Preise für Werbezeiten sanken. Gleichzeitig boten die Kabelbetreiber in immer größerem Umfang originäre Programme und Kinofilme an, die nicht terrestrisch ausgestrahlt wurden. Insbesondere attraktive Sonderkanäle wie Sport- und Nachrichtenkanäle verstärkten den Wettbewerbsdruck zu besseren Programmen. Diese Entwicklung förderte die rasche Verbreitung der Kabelangebote zu Lasten der Fernsehangebote.[14]

Damit ergab sich Ende der sechziger und zu Beginn der siebziger Jahre die Situation, daß die Kabelbetreiber ihre Marktanteile ausbauen konnten, während die Anteile der lokalen Fernsehstationen zurückgingen. Folglich sanken ihre Werbeeinnahmen und mit zurückgehenden Zuschauerzahlen auch die Tantiemen der Urheberrechtsinhaber.

---

14 *Cate*, 42 Fed.Comm.L.J. 191, 195 (1990).

2. Die Regulierung des Kabelfernsehens durch die Federal Communications Commission

In den ersten Jahren der Kabeltechnologie verweigerte die zuständige Federal Communications Commission (FCC)[15] jegliche Regulierung des Kabelfernsehens mit der Begründung, Kabelunternehmer seien nicht vergleichbar mit Fernsehanstalten, da sie die Signale nicht terrestrisch (via airwaves), sondern über Kabel verbreiteten. Auch eine weite Auslegung des Begriffs »broadcasting« im Sinn des Communications Act 1934 könne die CATV-Dienste nicht erfassen.[16] Zuvor schon hatte es die FCC abgelehnt, die CATV-Dienste einem Verbreitungsmedium (common carrier) gleichzusetzen und darauf ihre Regelungsbefugnis zu stützen.[17] Zwar weise - so die FCC - Kabelfernsehen Merkmale eines Verbreitungsmediums auf wie etwa gleichen Zugang für alle, aber es fehle das entscheidende Charakteristikum: Nicht der angeschlossene Teilnehmer »kontrolliere« das Programm, das über das Kabel verbreitet werde, sondern der Kabelbetreiber. Damit fehle es an der für ein Verbreitungsmedium zwingend erforderlichen alleinigen Kontrolle der in den Netzen übermittelten Nachricht durch den angeschlossenen Teilnehmer.[18]

Erst im Jahre 1965 stellte die FCC fest, daß das Medium Kabelfernsehen zu wichtig geworden sei, als daß negative Auswirkungen auf die lokalen Fernsehanstalten ausgeschlossen werden könnten. Zu deren Schutz sei eine Limitierung der vom Kabelfernsehen angebotenen Kanäle erforderlich.[19] Damit wollte die FCC sowohl die großen Fernsehsender (networks) als auch die unabhängigen lokalen Fernsehstationen gegen die wachsende Macht der Kabelbetreiber schützen. Sie stellte sich also innerhalb der Gruppe der landesweiten Konkurrenten, Fernsehsender, Filmindustrie und Kabelbetreiber,

---

15 Die FCC wurde - wie beschrieben - durch den Communications Act von 1934 geschaffen und ist zuständig, die gesetzlichen Bestimmungen auszuführen und durchzusetzen, »to regulat[e] interstate and foreign commerce in communication by wire and radio«. 48 Stat. 1064 (1934), letzte gültige Fassung 47 U.S.C. § 151 (1990).
16 CATV and TV Repeater Services, Report and Order in Docket No. 12443, 26 F.C.C. 403, 427-431 (1959).
17 Zu den Grundsätzen des common carrier, siehe oben 1. Abschnitt B.
18 Frontier Broadcasting v. Collier, 24 F.C.C. 251, 256 (1958). Wörtlich heißt es: »In other words, the carrier provides the means or ways of communication for the transmission of such intelligence as the subscriber may choose to have transmitted. The choice of the specific intelligence to be transmitted is, therefore, the sole responsibility or prerogative of the subscriber and not the carrier.« In diesem Verfahren hatten 13 Fernsehstationen vorgetragen, die 288 Kabelbetreiber in 36 Einzelstaaten der USA gefährdeten ihre wirtschaftliche Entfaltung und sollten daher von der FCC als common carrier (§ 3h des Communication Act) behandelt werden. Dieses Begehren wies die FCC zurück.
19 Rules re Microwave-Served CATV, First Report & Order in Docket Nos. 14895 and 15233, 38 F.C.C. 683, 713 (1965).

auf die Seite der Sender, um »kostenloses« terrestrisches Fernsehen zu fördern (free TV over the air). Gleichzeitig sollten die lokalen Fernsehstationen dagegen geschützt werden, daß Kabelbetreiber über Satellit herangeführte Programme lokal verbreiteten. Wäre das Kabelfernsehen schon damals und nicht erst nach der Deregulierung durch den Cable Act 1984 als eigenständiges Kommunikationsmedium in einem freien Wettbewerb behandelt worden, dann hätte sich möglicherweise bereits früher ein offener Wettbewerb zu den (übermächtigen) Fernsehsendern (networks) gebildet.[20]

Die FCC stufte Kabelfernsehen als Hilfsdienst zum Fernsehen ein (ancillary to broadcasting), das - so die FCC - zweitrangig zum herkömmlichen, terrestrischen Fernsehen sei.[21] Damit konnte sie sich auf die im Communications Act von 1934 vorhandene Regelungsgrundlage des »broadcasting« stützen, ohne insoweit durch den zuvor geäußerten Einwand der fehlenden ausdrücklichen Regelung gehindert zu sein.

Diese mit einer Annexkompetenz im deutschen Recht vergleichbare Ermächtigungsgrundlage sah die FCC nunmehr als Regelungsgrundlage an.[22] Sie erließ 1965 die ersten Beschränkungen des Kabelfernsehens, nämlich eine umfassende Einspeisungsverpflichtung (minimum-carriage requirement), verbunden mit einer Verbreitungsbeschränkung (non-duplication requirement): Die Kabelbetreiber mußten aufgrund der Einspeisungsverpflichtung die Signale aller Fernsehstationen verbreiten, in deren Ausstrahlungsgebiet sie ihren Service anboten. Im deutschen Recht entspräche diese Pflicht einem Kontrahierungszwang für den Kabelbetreiber mit den Veranstaltern ortsüblicher und ortsmöglicher Programme. Die Verbreitungsbeschränkung untersagte den Betreibern, ein terrestrisches Fernsehprogramm zu kopieren und in einem Zeitraum von 15 Tagen vor sowie nach dem Tag der terrestrischen Ausstrahlung zu verbreiten.[23] Eine weitere Beschränkung untersagte den Kabelbetreibern, örtlich nicht empfangbarer Fernsehprogramme in bestimmten Fernsehmärkten zu verbreiten.[24] Später verpflichtete die FCC die

---

20 So zu Recht *Horn/Knieps/Müller*, S. 363.
21 Rules re Microwave-Served CATV, First Report and Order in Docket Nos. 14895 & 15233, 38 F.C.C. 683, 701-706, 713/714 (1965). *Shapiro*, CableSpeech, S. 16. Der US Supreme Court bestätigte diese Ermächtigungsgrundlage in United States v. Southwestern Cable Co., 392 U.S. 157 (1968), ausführlich dazu siehe unten 2. Abschnitt C.I.
22 CATV, Second Report and Order in Docket Nos. 14895, 15233 and 15971, 2 F.C.C. 2d 725, 728-734 (1966).
23 Rules re Microwave-Served CATV, First Report and Order in Docket Nos. 14895 and 15233, 38 F.C.C. 683 (1965); und CATV, Second Report and Order in Docket Nos. 14895, 15233 and 15971, 2 F.C.C. 2d 725, 747 ff., 752 f. (1966) (mit dem die FCC die Regulierungen ihres First Report and Order auf sämtliche CATV Dienste erstreckte).
24 CATV, Second Report and Order in Docket Nos. 14895, 15233 and 15971, 2 F.C.C.2d 725, 770 f. (1966).

größeren Kabelsysteme, eigene originäre Programme anzubieten und zwar mindestens auf einem Kanal (origination requirement).[25] Gleichzeitig mußten neue Kabelbetreiber zunächst eine spezielle Ausnahmegenehmigung (waiver) einholen, wenn sie (terrestrisch) nicht örtlich empfangbare Programme verbreiten wollten (distant signal carriage rule).[26] 1970 folgten die ersten medienspezifischen Konzentrationsregelungen (cross-ownership restrictions), nach denen es Telefongesellschaften oder Fernsehanstalten untersagt war, Anteile an Kabelgesellschaften zu halten.[27] Dies waren die Regelungen, die das Kabelfernsehen einschneidend strukturierten.

Kennzeichen des Ausbaus des Kabelfernsehens zu Beginn der siebziger Jahre war eine sehr weitgehende Regulierung dieses Mediums. Die FCC befürchtete, der Erfolg und die damit verbundene wirtschaftliche Kraft der Kabelgesellschaften könnten insbesondere die lokalen Fernsehanstalten vom Markt verdrängen.[28] Sie argumentierte, daß die Kabelbetreiber durch Weiterverbreitung der Programme entfernter Fernsehstationen in lokalen Märkten zu Wettbewerbern der örtlichen Fernsehsender geworden seien. Deren Programmvielfalt sollten die Regelungen bewahren.[29] Die FCC nahm also offenbar einen negativen ökonomischen Effekt des Kabelfernsehens auf das terrestrische Fernsehen an, das sie im Namen des öffentlichen Interesses schützen wollte. Gleichzeitig sollte gewährleistet werden, daß die Inhaber der Urheberrechte an Fernsehprogrammen und Kinofilmen in ausreichendem Maße Lizenzgebühren erhalten.

Bereits frühzeitig wurde diese Begründung der FCC kritisiert, da größere Marktanteile des Kabelfernsehens auf die technisch überlegene Übertragungs-

---

25 CATV, First Report and Order in Docket No. 18397, 20 F.C.C.2d 201 (1969). Vorausgegangen war eine Regulierung, die bestimmten Kabelsystemen nur dann gestattete, entferntere Fernsehprogramme zu verbreiten, wenn sie Dritten Möglichkeiten zur Verfügung stellte, lokale Programme zu produzieren und diese zu verbreiten, Notice of Proposed Rule Making and Notice of Inquiry in Docket No. 18937, 15 F.C.C.2d 417 (1968). Der US Supreme Court entschied in U.S. v. Midwest Video Corp. (Midwest Video I), 406 U.S. 649 (1972), daß die FCC die Kompetenz zum Erlaß des origination requirements habe. Dazu unten 2. Abschnitt C.II.1.
26 CATV, Second Report and Order in Docket Nos. 14895, 15233 and 15971, 2 F.C.C. 2d 725, 782 (1966). Dies galt nur für Kabelbetreiber in den »top 100 markets«, die durch Verwaltungsvorschrift festgelegt wurden (s. heute 47 C.F.R. § 76.51 (a) und (b)(1991)).
27 Section 214 Certicates, Final Report and Order in Docket No. 18509, 21 F.C.C. 2d 307 (1970) (betraf Telefongesellschaften); Ownership, Second Report and Order in Docket No. 18397, 23 F.C.C. 2d 816 (1970)(betraf Fernsehstationen und die Networks). *Emory*, 38 Cath. U. L.Rev. 401, 415 (1989).
28 *Shapiro*, CableSpeech, S. 17; *Brenner/Price*, § 2.03[3].
29 Rules re Microwave-Served CATV, First Report and Order in Docket Nos. 14895 & 15233, 38 F.C.C. 683, 713/714 (1965). Auch schon Carter Mountain Transmission Corp. v. FCC, 32 F.C.C. 459 (1962), aff'd Carter Mountain Transmission Corp. v. FCC, 321 F.2d 359 (D.C. Cir 1963), cert. den. 375 U.S. 951 (1963).

qualität zurückzuführen seien, nicht aber auf einen unfairen Verdrängungswettbewerb. Die FCC setze sich mit ihrer Einschätzung und Regulierung über die Nachfrage nach besseren Kommunikationsmedien zugunsten eines von ihr bestimmten öffentlichen Interesses am bestehenden Fernsehsystem hinweg. Da die meisten Kabelsysteme in dieser Zeit nicht mehr als 12 Kanäle offerierten, bedeuteten die Einspeiseverpflichtung (minimum-carriage requirement) und die Verbreitungsbeschränkung (non-duplication requirement) einen substantiellen Eingriff in die unternehmerische Freiheit des Betreibers, andere oder eigene Programme anzubieten.[30] Der Effekt der frühen Regulierungen war jedenfalls, daß die wirtschaftliche Entwicklung der Kabelindustrie faktisch eingefroren wurde. Auf der anderen Seite gewährleisteten sie einen Schutz der lokalen Fernsehanbieter und verringerten die Verbreitung von urheberrechtlich geschützten Programmen ohne entsprechende Vergütung.[31]

Zu Beginn der siebziger Jahre war keine Industrie mit den erlassenen Regelungen der FCC einverstanden: Die Kabelbetreiber erlitten durch die erlassenen Verpflichtungen finanzielle Einbußen. Die lokalen Fernsehstationen sahen Kabelfernsehen jetzt als Gefahr für ihre wirtschaftliche Entwicklung an. Die Inhaber der Urheberrechte an Programmen und Filmen erhielten wenig für die Verbreitung ihrer Programme im Kabelnetz, da die Kabelgesellschaften keine Vergütungen an die Rechtsinhaber lokaler Programme zahlen mußten.[32] Die Fernsehstationen, Urheberrechtseigentümer und Kabelbetreiber einigten sich unter Mitwirkung der FCC im sogenannten Consensus Agreement des Jahres 1972.[33] Die FCC verwirklichte den ersten Teil dieses Vergleichs. Sie erließ Regelungen, wonach eine Mindestanzahl von Kanälen bei bestimmten Kabelsystemen erforderlich war, verbunden mit einem Recht auf Zugang für lokale Fernsehanbieter und unabhängige Programmveranstalter (channel capacity and access requirements regulations). Diese Regelungen dienten dazu, die Verbreitung des lokalen Fernsehens im Kabelnetz zu erreichen.[34]

---

30 *Hagelin*, 44 Cinn. L.Rev. 427, 519-521 (1975) unter Berufung auf eine Studie des Brookings Instituts »Economic Aspects of TV Regulation« (Noll, Peck, McGowan (ed.)), 1973.
31 *Cate*, 42 Fed.Comm.L.J. 191, 196 (1990).
32 Fortnightly Corp. v. United Artists Television, Inc., 392 U.S. 390 (1968). *Cate*, 42 Fed.Comm.L.J. 191, 199 (1990). Ausführliche Diskussion dieser Entscheidung des US Supreme Court unten 2. Abschnitt C.I.
33 Appendix D des Cable Television, Report and Order in Docket Nos. 18937 et al., 36 F.C.C.2d 143, 284 ff. (1972). *Brenner*, 42 Fed. Comm. L.J. 365, 377 f. (1990) faßt das Zustandekommen des Vergleichs zusammen.
34 Cable Television, Report and Order in Docket Nos. 18937 et al., 36 F.C.C.2d 143, insbes. 170 ff. (1972), reconsideraton denied, 36 F.C.C.2d 326 (1972), aff'd sub nom., ACLU v. FCC, 523 F.2d 1344 (9th Cir. 1975). Nach den Zugangsregelungen waren Be-

Gleichzeitig limitierte die FCC die Anzahl entfernter, also örtlich nicht empfangbarer, Programme (distant signal carriage rule). Zusätzlich untersagte sie den Kabelbetreibern, örtlich nicht empfangbare Programme zu verbreiten, für die lokale Fernsehsender exklusive Ausstrahlungsrechte erworben hatten (syndicated exclusivity rules).[35] Damit sollten Wettbewerbsvorteile der Kabelgesellschaften ausgeschaltet werden. Insbesondere die Limitierung der Anzahl attraktiver Programme bewirkte, daß ein Kabelanschluß unattraktiv werden konnte. Einer Studie zufolge konnten in 75% der größten 100 Fernsehmärkte nicht mehr als zwei zusätzliche Programme zu den ohnehin örtlich empfangbaren Programmen eingespeist werden. Diese beiden zusätzlichen Programme waren keine entscheidende Verbesserung des frei erhältlichen terrestrischen Fernsehens, so daß für die Verbraucher kein Anreiz bestand, einen Kabelanschluß zu bezahlen.[36] Die FCC erließ weiterhin eine zweistufige Zuständigkeitsregelung: Die einzelstaatliche und lokale Verwaltung war für die Ausschreibung und die Vergabe der Betreiberlizenzen (cable franchise) und die technische Aufsicht über die Systeme zuständig; die FCC des Bundes hingegen konnte ausschließlich die technischen Standards bestimmen und insbesondere festlegen, welche Signale die Kabelsysteme transportieren mußten und durften.[37] Damit hatte sich die FCC die Kontrolle über die Programminhalte erhalten. Später baute sie ihre Befugnisse weiter aus.[38] Im Jahre 1974 hob sie die Verpflichtung der Kabelbetreiber wieder auf, eigene Programme zu verbreiten (origination requirement). Qualität und effektives lokales Fern-

---

treiber in den »top 100 markets« verpflichtet, jeweils mindestens einen Kanal für ein öffentlich-rechtliches Programm, ein Ausbildungsprogramm (educational program), und ein Programm für die örtliche Verwaltung (local governmental program) einzurichten, die sogenannten PEG-Kanäle. Zusätzlich mußte ein Kanal für Programmanbieter reserviert werden (leased commercial program). Außerdem mußten die Betreiber Produktionsstudios für die Gruppen, die die erwähnten Programme produzieren wollten, unentgeltlich zur Verfügung stellen. Im Jahre 1976 wurden diese Regelungen geändert, so daß sie auf Betreiber mit mehr als 3500 Anschlüssen Anwendung fanden, und es mußten nur dann die Kanäle für die Zugangsverpflichtungen freigehalten werden, wenn es der Marktnachfrage entsprach, Cable TV Capacity and Access Requirements, Report and Order, 59 F.C.C.2d 294, 297 (1976). Diese Regelungen waren in der dann gültigen Fassung Gegenstand der im 2. Abschnitt C. II. 2. erörterten US Supreme Court Entscheidung FCC v. Midwest Video Corp. (Midwest Video II), 440 U.S. 689 (1979).
35 Cable Television, Report and Order in Docket Nos. 18937 et al., 36 F.C.C.2d 143, 176 ff., 181 ff. (1972).
36 *Brenner*, 42 Fed. Comm. L.J. 365, 380 (1990).
37 Cable Television, Report and Order in Docket Nos. 18937 et al., 36 F.C.C.2d 143, 204, 207 f. (1972). Die Einzelstaaten und deren untergeordnete Verwaltungseinheiten haben Zuständigkeiten bei der Regulierung des Kabelfernsehens, weil die Verlegung des Kabels und der Verbindungsstellen (lokales) öffentliches Straßen- und Wegerecht betrifft (public-rights-of-way).
38 Duplication and Excessive Over-Regulation - CATV, Report and Order in Docket No. 20272, 54 F.C.C.2d 855, 863 (1975).

sehen - so die Begründung - könnten nicht durch eine Vorschrift und gegen den Willen des Betreibers und der angeschlossenen Teilnehmer gewährleistet werden.[39]

Der Kongreß verwirklichte den zweiten Teil des Consensus Agreements des Jahres 1972, indem er 1976 mit der Änderung des Copyright Act eine Zwangslizenz (compulsory license) zugunsten der Kabelbetreiber einführte, die immer noch geltendes Recht ist. Danach können Kabelbetreiber terrestrisch ausgestrahlte Programme auch zeitgleich aufgrund einer gesetzlich angeordneten Lizenz in ihrem Netz weiterverbreiten (secondary transmission), ohne eine Erlaubnis des Rechtsinhabers erlangen zu müssen. Die Programme dürfen nicht verändert werden, sondern müssen identisch mit ihrer ursprünglichen Werbung im Kabel verbreitet werden. Die Kabelbetreiber müssen jedoch dafür festgelegte Vergütungen an das Copyright Royalty Tribunal abführen.[40] Nicht vergütungspflichtig sind die Programme lokaler Sender, die aufgrund der Einspeisungsverpflichtung (minimum carriage requirement) verbreitet werden müssen sowie die Programme der großen Fernsehsender (networks). Der Kongreß war der Ansicht, daß diese Sender ihre Programmausgaben über Werbeeinnahmen kompensieren könnten.[41]

Die Zeit bis zum Erlaß des Cable Act 1984 war gekennzeichnet durch stetigen Abbau der staatlichen Aufsicht über die Programme und Programmgestaltung des Kabelfernsehens. Dies war zum Teil bedingt durch die Rechtsprechung, die den verfassungsrechtlichen Schutz der Kabelbetreiber ausdehnte.[42] Die FCC erkannte 1979, daß die wirtschaftliche Entfaltung der Kabelgesellschaften nicht durch Aufsicht und Regulierung erreicht werden könne. Vielmehr

---

39 Report and Order in Docket No. 19988, 49 F.C.C.2d 1090, 1105-106 (1974): »Quality, effective, local programming demands creativity and interest. These factors cannot be mandated by law or contract. [...] [S]ome operators have felt compelled to originate programming to attract and retain subscibers. These decisions have been made in light of local circumstances. This, we think, is as it should be.«
40 17 U.S.C. § 111 (c) (1976), mit späteren Änderungen, s. 17 U.S.C. § 111 (c)(1991). Im Jahre 1978 wurden 12,9 Millionen $, 1980 20,1 Millionen $, 1982 40,9 Millionen $ und 1985 102,2 Millionen $ und 1987 140,0 Millionen $ gezahlt, NTIA, Telecom 2000, S. 554. Die Grundlage der Berechnung der Zwangslizenzgebühren, die die Betreiber halbjährlich abführen müssen, sind ihre Bruttoeinnahmen (gross receipts). Diese Grundlage blieb auch nach 1980 in Kraft, als die Betreiber regelmäßig unterschiedliche Programmpakete (packages oder tiers) anboten, die aus Fernsehprogrammen und eigenen (nicht der Zwangslizenz unterworfenen) Programmen bestanden. Die Versuche der Kabelbetreiber, gegen diese ihrer Ansicht nach überhöhten und nicht korrekt ermittelten Vergütungen vorzugehen, blieben bis heute erfolglos, Cablevision Systems Dev. Co. v. Motion Pictures Association, 836 F. 2d 599 (D.C.Cir. 1988).
41 17 U.S.C. § 111 (d)(2)(B), (f) (1991); *Brenner/Price*, § 9.03[5]; *Cate*, 42 Fed. Comm. L.J. 191, 102 (1990).
42 *Brenner/Price*, § 2.03 [5]; zu den Entscheidungen vergleiche die folgenden Kapitel.

sei der Markt in der Lage, die Versorgung der Bevölkerung mit Kabelfernsehen zu gewährleisten. Ihre Argumentation lautete wie folgt:

> »Our experience with these [i.e. previous regulatory, d.Verf.] approaches has revealed their limited utility in securing the desired goal. Over the last nine years it has become apparent that the combination of cost-reducing technological innovations and genuine consumer demand, that is, marketplace forces, will obtain increases in supply far more certainly than administrative rules. Thus, in the last five years we have steadily reduced the 1969 and 1972 requirements in favor of other less intrusive approaches to diversity and expanded consumer choice«.

Auch bei einer stärkeren Verdrängung des Fernsehens durch Kabelfernsehen hielt die FCC staatliche Regulierung nicht für zulässig:

> »But even if there were massive diversion of audiences to imported distant signals or other service options available on cable, the implication for cable policy would not be altered. Audience diversion can be important enough to threaten many broadcasters only if nearly everyone in a market subcribes to cable *and* shifts his viewing to new cable services. Yet if this phenomenon occurs, it can only be because cable services are generally regarded as superior by nearly all households in which case it is difficult to find a public interest rational for continued protection of over-the-air broadcasters.«[43]

Der Regelungsrahmen stellte sich vor Verabschiedung des Cable Act wie folgt dar:

Aufgrund der zweistufigen Zuständigkeit hatte die FCC auf bundesstaatlicher Ebene Kompetenzen zu struktureller und teilweise auch inhaltlicher Regulierung. Nach den bundesstaatlichen Regelungen mußten die Programme lokaler Fernsehstationen (must-carry rule), Programme unabhängiger Programmveranstalter (leased access rules) und Programme öffentlicher Einrichtungen (PEG channels) eingespeist werden. Weiterhin waren Verbreitungsbeschränkungen (non-duplication rules) in Kraft. Andererseits waren die Restriktionen der Verbreitung entfernter, örtlich nicht zu empfangender Fernsehprogramme (distant signal carriage rules) und die exklusiven Ausstrahlungsrechte für die lokalen Fernsehstationen (syndicated exclusivity rules) entfallen.[44] Damit hatten die Kabelbetreiber Zugriff auf alle, insbesondere die attraktiven, örtlich nicht empfangbaren Programme und mußten lediglich die Vergütungen an das Copyright Royalty Tribunal abführen. Im Rahmen der Programmregulierungen bestanden Vielfaltsanforderungen aufgrund der Fairness-Doktrin,

---

43 Economic Relationship between TV Broadcasting and Cable Television, Report, 71 F.C.C.2d 632, 652 und 714 (1979).
44 Cable Television Syndicated Program Exclusivity Rules, Report and Order in Docket Nos. 20988 and 21284, 79 F.C.C.2d 663 (1980), aff'd sub nom. Malrite TV of New York v. FCC, 652 F.2d 1140 (2d Cir. 1981), cert. denied, 454 U.S. 1143 (1982). 1988 wurden die syndicated exclusivity rules erneut erlassen, da nach Ansicht der FCC die Zwangslizenzen dem Kabelbetreiber ermöglichten, die exklusiven Verträge zwischen den Programmherstellern und Fernsehstationen zu unterlaufen, Program Exclusivity, Report and Order in Docket No. 8724, 3 F.C.C.Rcd. 5299 (1988), aff'd sub nom. United Video, Inc. v. FCC, 890 F.2d 1173 (D.C.Cir. 1989).

Sponsoren mußten genannt werden, und Lotterien sowie pornographische und anzügliche Programme waren verboten.[45] Auf lokaler Ebene (municipal level) hatten die örtlichen Verwaltungsbehörden aufgrund des Gebrauchs öffentlicher Straßen und Wege (public-rights-of-way) Zuständigkeiten. Sie führten formalisierte Ausschreibungsverfahren für die örtliche Kabelversorgung ein und vergaben und überwachten die Betreiberlizenz des Kabelnetzes (cable franchise). Da bis auf wenige Kommunen nur eine Lizenz vergeben wurde, war die Lizenz, die vertraglich nicht-exklusiv ausgestaltet war, faktisch exklusiv.[46] Weiterhin setzten die kommunalen Behörden die Tarife der Kabelbetreiber fest.

In fast allen Einzelstaaten fehlte eine Regulierung auf staatlicher Ebene (state level). In wenigen Staaten war jedoch die Behörde, die für die Vergabe der Lizenz zuständig war, keine örtliche, sondern eine einzelstaatliche Behörde. In anderen Staaten wiederum übte die staatliche Verwaltung Aufsicht über die örtlichen Behörden aus, so daß staatsweite Standards galten und die Lizenzvergabe der Zustimmung der staatlichen Verwaltung bedurfte.[47]

II. *Der Cable Communication Act 1984 und seine Änderungen im Cable TV Competition Act 1992*

Nach mehreren vergeblichen Anläufen zu einer gesetzlichen Deregulierung wurde im Januar 1983 ein Gesetzentwurf vorgelegt (Senatsentwurf S. 66), der bereits die wesentlichen Eckpunkte des späteren Cable Act enthielt: Konzentrationsbeschränkungen, Netzzugangsregelungen, Reservierung von Kanälen für bestimmte Zwecke, Deregulierung der Tariffestsetzung und Rahmenregelung für Franchisebedingungen.[48] Auf der Grundlage dieses Entwurfes fanden Verhandlungen zwischen der National Cable Television Assocation (NCTA), der National League of Cities (NLC) und der United States Conference of Mayors statt, deren Ergebnis in den Anhörungen der beiden Häuser des Kongresses berücksichtigt wurde. Nicht zuletzt aufgrund des starken Einflusses der Kabelindustrie wurde der Cable Act verabschiedet, der die Interessen der Kabelbetreiber bevorzugt berücksichtigt. Das Gesetz trat am 29. Dezember 1984 in Kraft.

---

45 *Shapiro*, CableSpeech, S. 18.
46 *Shapiro*, CableSpeech, S. 14 ff.
47 *Shapiro*, CableSpeech, S. 14.
48 *Sibary*, 7 Hastings Comm/Ent L.J. 381, 400-401 (1984/85).

Der Cable Act 1984 wurde durch den Cable TV Competition Act 1992 in wichtigen Teilen grundlegend geändert. Mit diesem Gesetz will der Kongreß die in den letzten Jahren aufgetretenen Probleme mit der inzwischen mächtigen Kabelindustrie korrigieren, ohne jedoch die marktwirtschaftliche Ordnung des Kabelfernsehens in Frage zu stellen. Nach mehreren Jahren der Gesetzesberatungen, bei denen Stellungnahmen aller betroffenen Interessengruppen berücksichtigt wurden, trat der Cable TV Competition Act 1992 am 4. Dezember 1992 in Kraft.[49]

1. Zweck und Grundsätze

Der Cable Act 1984 setzte auf die Marktkräfte und nicht auf die bisherige unmittelbare Regulierung des Mediums. Mit der Beseitigung oder Minimierung unnötiger Beschränkungen, die zu wirtschaftlichen Belastungen geführt hatten, sollte der Wettbewerb im Kabelfernsehen gefördert werden. Außerdem sollte das Gesetz gewährleisten, daß die Kabelkommunikation die größtmögliche Verbreitung von Informationen aus unterschiedlichen Quellen für die Öffentlichkeit sichert.[50]

Diese Grundsätze hat der Cable TV Competition Act 1992 trotz der inzwischen vergrößerten Marktmacht der Kabelbetreiber und des vielfach kritisierten Anstiegs der Kabelgebühren nicht in Frage gestellt. Das neue Gesetz will ebenfalls den Zuschauern eine große Auswahl an Programmen sichern. In der gesetzlichen Zweckbestimmung erläutert der Kongreß, daß dazu weitestgehend auf die Kräfte des Marktes vertraut und das Wachstum der Kabelbetreiber gesichert werden solle. Soweit die Kabelbetreiber keinem nennenswerten Wettbewerb ausgesetzt seien, so fährt der Kongreß fort, sollten die mit diesem Gesetz geänderten Regelungen Verbraucherinteressen schützen und Benachteiligungen von Programmveranstaltern verhindern.[51]

---

49 Bereits zu Beginn der im November 1992 abgelaufenen Legislaturperiode waren Gesetzentwürfe in beiden Häusern des Kongresses eingebracht worden. Präsident Bush hatte das Inkrafttreten einer Gesetzesvorlage durch sein Veto verhindert (S. 1880 des 101st. Cong.). Der Senat verabschiedete den Entwurf S. 12 im Januar 1992, das Repräsentantenhaus den Entwurf H.R. 4850 im Juli 1992. Der Senatsentwurf S. 12 passierte mit leichten Änderungen den Vermittlungsausschuß (House Conference) und die beiden Häuser am 17. und 22. September 1992. Das Gesetz wurde Präsident Bush zugeleitet, der am 3. Oktober sein Veto einlegte. Am 5. Oktober 1992 jedoch wurde das erste Veto in der Amtsperiode des Präsidenten mit der erforderlichen Mehrheit der Senatoren und Abgeordneten überstimmt.

50 47 U.S.C. § 521 (1)-(6) (1989). Die größtmögliche Verbreitung aller Quellen geht zurück auf die Entscheidung A.P. v. United States, 326 U.S. 1, 20 (1945).

51 Sec. 2 (b) Cable TV Competition Act 1992: »Statement of Policy: It is the policy of the Congress in this Act to

69

2. Bundeszuständigkeit

Die Abgrenzung zwischen der Zuständigkeit des Bundes und der Einzelstaaten bei der Regulierung des Kabelfernsehens wurde im Cable Act 1984 zugunsten einer umfassenden Bundeszuständigkeit vorgenommen, an welcher der Cable TV Competition Act 1992 nichts geändert hat. Diese Zuständigkeitsverteilung hat der US Supreme Court bestätigt. Auf der Grundlage der Supremacy Clause der amerikanischen Verfassung hat das Gericht im Jahre 1984 entschieden, daß nur der Bundesgesetzgeber die Regeln über die Verbreitung von Programmen im Kabelnetz erlassen könne.[52] Die Vorschriften auf einzelstaatlicher Ebene werden also präkludiert, da eine Regelungszuständigkeit der FCC besteht. Von diesem Grundsatz gibt es wichtige Ausnahmen. In Teilbereichen ist die Verwaltung der Einzelstaaten und der untergeordneten Gemeinden aufgrund des örtlichen Wege- und Bodenrechts zuständig. Dazu gehört insbesondere das Zulassungsverfahren mit Ausschreibung, Vergabe und Vertragsgestaltung, dessen Inhalt wiederum vom Cable Act geregelt wird.

3. Übersicht über die einzelnen Regelungen

a) Definition der Kabeldienste

Kabeldienste (cable services) sind erstens die einseitige (one-way) Übermittlung von Fernsehprogrammen oder anderen Programmen (video programming) und zweitens die Interaktion mit Teilnehmern, die notwendig ist, um derartige Fernsehprogramme auszuwählen.[53] Ein *Kabelbetreiber* (cable

---

(1) promote the availability to the public of a diversity of views and information through cable television and other distribution media;
(2) rely on the marketplace, to the maximum extent feasible, to achieve that availability;
(3) ensure that cable operators continue to expand, where economically justified, their capacity and the programs offered over their cable systems;
(4) where cable television systems are not subject to effective competition, ensure that consumer interests are protected in receipt of cable service; and
(5) ensure that cable television operators do not have undue market power vis-a-vis video programmers and consumers.«
52 Capital Cities Cable, Inc. v. Crisp, 467 U.S. 691, 699 (1984). In dieser Entscheidung hatte die Staatsanwaltschaft von Oklahoma die Weiterverbreitung von Alkoholwerbung im Kabelnetz von Oklahoma im Rahmen der außerhalb des Staatsgebietes ausgestrahlten Programme als strafrechtlich relevant angesehen. Das Gericht entschied, daß die bundesrechtlich zulässige Werbung nicht untersagt werden könne.
53 47 U.S.C. § 522 (5) (1989).

operator) ist, wer direkt oder indirekt wesentliche Anteile an einem Kabelsystem besitzt und Kabeldienste über das Kabelsystem anbietet.[54]

Ein *Kabelsystem* (cable system) ist ein näher definiertes Netz, das Fernsehprogramme an eine Vielzahl von Teilnehmern übermittelt. Davon ausgenommen sind die Telefon- und Telegrafennetze. Weiterhin sind Anlagen ausgeschlossen, die nur Fernsehsignale von einer Fernsehstation an eine andere (ohne Außenwirkung) weiterleiten sowie die Netze in großen Wohnanlagen und zur Elektrizitätsversorgung.[55] Ein Kabelsystem darf zudem nicht als ein Verbreitungsmedium (common carrier) oder öffentliches Versorgungsunternehmen (public utility) behandelt werden.[56]

Die in der Definition der Kabeldienste genannten Programme (video programming) sind solche, die von Fernsehstationen erstellt werden oder grundsätzlich als mit diesen vergleichbar angesehen werden.[57] Die FCC hat in ihrer Video Dialtone-Initiative von August 1992, mit der sie den Telefongesellschaften Eintritt in den Übertragungsmarkt für Fernsehsignale ermöglicht hat, die gesetzliche Definition der Programme (video programming) präzisiert. Nach der Zulassung der Telefongesellschaften und aufgrund der fortgeschrittenen Videotechnologie seien, so argumentiert die FCC, die Dienste nicht mehr (wie noch 1984) hauptsächlich einseitig, sondern zunehmend interaktiv. Die interaktiven Programme könnten nicht grundsätzlich von der Definition der Programme ausgenommen werden. Vielmehr sollten solche Dienste in verschiedene Teile zerlegt werden. Nach der vorgenommenen Präzisierung werden die Elemente einer Dienstleistung, die von den übrigen abtrennbar sind (readily be separated) und die den Programmen der Fernsehstationen gleichen, als Fernsehprogramme behandelt. Alle übrigen Elemente liegen als interaktive elektronische Dienste außerhalb der Definition und fallen nicht mehr unter die Kabeldienste.[58] Als Beispiele führt die FCC die Dienste des

---

54 47 U.S.C. § 522 (4) (1989).
55 47 U.S.C. § 522 (6) (1989).
56 47 U.S.C. § 541 (c) (1989).
57 47 U.S.C. § 522 (16) (1989).
58 FCC - Video Dialtone Direktive, Rn. 74 und 75. Wörtlich heißt es:
»While it is not possible to classify with precision all potential services, we hold that to the extent a service contains severable video images capable of being provided as independent video programs comparable to those provided by broadcast stations in 1984, that portion of the programming service will be deemed to constitute 'video programming' for purposes of the statutory prohibition.«
Und : »[...]be deemed to be 'video programming' if those elements can readily be separated from the interactive service and provided as independent video programming comparable to that carried in 1984.«
Nach der Video Dialtone Direktive können die Telefongesellschaften Fernsehprogrammsignale für die Anbieter an angeschlossene Teilnehmer übermitteln, nicht aber selber Programme anbieten. Die Abgrenzung ist erforderlich, um zwischen den erlaubten und

»video catalogue« an, bei denen Verbraucher am Bildschirm wie aus einem Katalog Waren ordern können. Nach ihrer Auffassung wird diese Dienstleistung nicht mehr von der Definition der Fernsehprogramme erfaßt: Die Fernsehbilder seien nicht von dem interaktiven Dienst zu trennen. Demgegenüber seien die »home shopping programs« Fernsehprogramme, da die (interaktive) Möglichkeit der Produktbestellung über den Bildschirm nichts daran ändere, daß ein Fernsehprogramm vergleichbar mit terrestrischen Programmen vorliege.[59]

Diese Schwierigkeiten der FCC deuten bereits das Ausmaß der Probleme an, die durch die Auflösung der Unterschiede von Individual- und Massenkommunikation entstehen. Wenn die Telefongesellschaften teilweise massenkommunikative Dienste anbieten, werden die Definitionen, die auf einer strikten und klaren Trennung der Kommunikationsarten basieren, obsolet. Das Bemühen der FCC, Dienste in unterschiedliche »Elemente« zu trennen, was technologisch und regulatorisch äußerst schwierig ist, bedeutet im Grunde den Versuch, die überkommene Unterscheidung zu retten. Die Schwierigkeiten, die sich hier bereits im Grundsatz andeuten, werden im späteren Verlauf Gegenstand ausführlicher Erörterung sein.

b) *Aufhebung der Tarifregulierung*

Die stärkste Beschränkung der wirtschaftlichen Entwicklung der Kabelkommunikation bis zur Verabschiedung des Cable Act 1984 war die behördliche Regulierung der Tarife (cable rates), die ein Kabelbetreiber von seinen Anschlußteilnehmern für Basisdienste verlangen durfte.[60] Vor Erlaß des Cable Act 1984 regelte der Communications Act von 1934 die Tarife. Da die staatlichen Behörden die Kabelbetreiber insbesondere bei der Tariffestsetzung als öffentliche Versorgungsunternehmen (public utilities) ansahen, wurden die Tarife auf der Grundlage eines Rentabilitätsmodells, des sogenannten rate base/rate of return model for regulation, vorgeschrieben.[61] Die so erlassene Preisstruktur für die Basiskabeldienste orientierte sich an den Preisen, die das

---

nicht erlaubten Aktivitäten der Gesellschaften zu unterscheiden. Nach der von der FCC getroffenen Differenzierung ist es den Telefongesellschaften möglich, die interaktiven Teile der Dienste zu erbringen, nicht aber die Fernsehprogramme selbst. Die *Video Dialtone Direktive* wird im 4. Abschnitt dieser Abhandlung ausführlich erörtert.
59 FCC - Video Dialtone Direktive, Rn. 76.
60 Basiskabeldienste enthalten generell alle Fernsehprogramme, die eingespeist werden müssen, sowie die Programme der leased access channels. Sie sind jetzt durch den Cable TV Competition Act 1992 entsprechend definiert (durch Sec. 3 (b)(7) geänderter 47 U.S.C. § 543 (a)(7)).
61 *Poe*, 42 Fed.Comm.L.J. 141, 142, 143 (1990).

Unternehmen als Nicht-Monopolist in einem offenen Wettbewerb bei gleichem Risiko erzielt hätte.[62] Diese Regulierung sollte gleichzeitig verhindern, daß Betreiber bestehende Marktmacht etwa durch überhöhte Preise ausnutzten.[63]

Der Cable Act 1984 verwarf die unmittelbare Tarifregulierung und die laufende staatliche Aufsicht zugunsten eines offenen Wettbewerbs. Eine direkte Preisregulierung war nach Auffassung des Kongresses bei existierendem Wettbewerb überflüssig, da die Marktkräfte überhöhte Preisgestaltungen verhinderten. Die im Jahre 1992 nicht geänderten Vorschriften des Cable Act 1984 bestimmen, daß lokale Behörden die Tarife für die Basiskabeldienste festlegen können, solange kein »effektiver Wettbewerb« in einem lokalen Markt besteht.[64] Damit sind die Tarife in den offenen, vom Wettbewerb bestimmten Märkten der staatlichen Regulierung entzogen. Zwei Jahre nach Inkrafttreten des Cable Act 1984 waren 85 % aller Kabelsysteme nicht mehr von kommunaler Tarifregulierung erfaßt.[65] Das nicht geänderte Tarifmodell des Cable Act erfordert damit im Gegensatz zum Rentabilitätsmodell des Communications Act eine ökonomische Bestimmung der Wettbewerbssituation auf dem relevanten Markt. Zur Absicherung der unabhängigen Preisgestaltung durch die Unternehmen sind die Einzelheiten des Verfahrens über die Ausschreibung von Lizenzen, über die Lizenzvergabe und deren Erneuerung gesetzlich geregelt. Diese Regelungen sind ebenfalls unverändert geblieben. Sie sollen die lokalen Zulassungsbehörden daran hindern, auf indirektem Wege über das Lizenzverfahren Einfluß auf die Preisgestaltung zu nehmen.[66]

Nach dem Cable Act 1984 entschied die FCC, ob ein Kabelbetreiber »effektivem Wettbewerb« ausgesetzt ist. Sie hatte diesen Begriff in ihren Verwaltungsvorschriften ursprünglich so definiert, daß in dem lokalen Markt mindestens drei terrestrisch verbreitete Fernsehsignale neben dem Kabelangebot empfangbar sein müssen.[67] Im Juli 1991 legte sie einen neuen Standard fest, da die Mindestzahl von drei Fernsehsignalen wegen der technologischen

---

62 FPC v. Hope Natural Gas Co., 320 U.S. 591, 603 (1944). Dieses Rentabilitätsmodell erfordert eine Analyse der Gewinnstruktur des jeweiligen Unternehmens unter Berücksichtigung des Umsatzes (revenue), der Ausgaben (expenses) und der Investitionen. *Poe*, 42 Fed.Comm.L J. 141, 147 (1990).
63 S. 47 U.S.C. §§ 202 und 205 (1962).
64 47 U.S.C. § 543 (b) (1989): »[...] which authorize a franchising authority to regulate rates for the provision of basic cable services in circumstances in which a cable system is not subject to effective competition.«
65 *Brenner*, 42 Fed. Comm. L.J. 365, 404 (1990).
66 47 U.S.C. §§ 541 - 547 (1989); *Poe*, 42 Fed. Comm. L.J. 141, 144 (1990).
67 47 C.F.R. § 76.33 (a)(2)(1988).

Entwicklungen auf fast allen lokalen Märkten vorhanden waren. Dadurch waren die Kabeldienste faktisch jeglicher Tarifregulierung entzogen.[68]
Die durch starkes Ansteigen der Kabelgebühren ausgelösten Proteste waren schließlich ein Grund für den Kongreß, unter Beibehaltung des Grundprinzips des Cable Act 1984 den Begriff »effektiver Wettbewerb« gesetzlich zu definieren. Nach dem Cable TV Competition Act 1992 besteht »effektiver Wettbewerb«, der die örtliche Tarifregulierung ausschließt, wenn: a) weniger als 30% der Haushalte im Lizenzgebiet des Kabelbetreibers an das Kabelnetz angeschlossen sind, oder b) im Lizenzgebiet mindestens zwei unabhängige Multikanalträger Fernsehprogramme an mindestens 50% der Haushalte anbieten, an die mindestens 15% aller Haushalte angeschlossen sind oder c) im Lizenzgebiet mindestens 50% aller Haushalte an ein mit dem Kabelbetreiber konkurrierendes öffentliches Kabelnetz angeschlossen sind.[69] Eine weitere Verschärfung gegenüber dem Cable Act 1984 besteht darin, daß die FCC die Tarife auch für andere Programmpakete regulieren kann. Sie muß dazu aber anhand gesetzlich festgelegter Kriterien, insbesondere eines Preisvergleichs zu anderen Betreibern, nachweisen, daß die Tarife überhöht (unreasonable) sind.[70]

c) *Bereitstellung von Mietkapazitäten (leased access requirements)*

Aufgrund des Cable Act 1984 müssen die Kabelbetreiber für unabhängige Programmveranstalter Kapazitäten bereitstellen, die diese mieten können (leased access channels).[71] Das Gesetz schreibt eine von der Gesamtkapazität

---

68 FCC - Reexamination of the Effective Competition Standard for the Regulation of Cable Television Basic Services Rates, Report and Order in Docket No. 90-4, 6 F.C.C. Rcd 4545 (1991). Danach bestand effektiver Wettbewerb dann, wenn im gesamten lokalen Kabelmarkt entweder sechs terrestrisch verbreitete Fernsehsignale empfangbar sind oder neben dem Kabelbetreiber ein unabhängiger Multikanalträger (Multichannel Video Delivery Service) besteht, der mindestens in 50% der Haushalte erreichbar ist, von denen mindestens 10% an diesen angeschlossen sein müssen.
69 Durch Sec. 3 (l)(1) des Cable TV Competition Act 1992 geänderter 47 U.S.C. § 543 (a)(1)(2), (l)(1)(A)-(C). Siehe auch *Allard*, 15 Hastings Comm/Ent L.J. 305, 350 ff. (1993).
70 Durch Sec. 3 (a)(2) geänderter 47 U.S.C. § 543 (a)(2)(B), (c). Die FCC kann dazu aber nicht selbst aufsichtsrechtlich tätig werden, sondern nur aufgrund einer an sie gerichteten Beschwerde.
71 47 U.S.C. § 532 (1989). Die von der FCC als Verwaltungsvorschrift erlassenen vergleichbaren Regelungen waren in der Entscheidung FCC v. Midwest Video Corp. (Midwest II), 571 F.2d 1025 (8th Cir. 1978) für ungültig erklärt worden (siehe oben 2. Abschnitt C. II. 2.). Da der US Supreme Court diese Entscheidung bestätigte (440 U.S. 689 (1979)), die von der FCC auferlegten Zugangsregelungen aber nicht aus verfassungsrechtlichen, sondern aus kompetenzrechtlichen Gründen verwarf, konnte der Kongreß im Cable Act identische Regelungen erlassen. Über diese leased access channels

des Netzes abhängige Anzahl der Mietkanäle vor. So müssen Betreiber von Netzen bis zu 55 Kanälen 10%, darüber 15% ihrer Kapazität zur Verfügung stellen.[72] Der Kabelbetreiber muß die Bedingungen des Zugangs und die Preise der Verbreitung festsetzen, die den Inhalt des Programms nicht beeinflussen dürfen. Der Betreiber darf auch keine sonstige inhaltliche Kontrolle über die auf diesen Kanälen verbreiteten Programme ausüben; im Gegenzug ist er für den Programminhalt nicht verantwortlich.[73]
Diese Regelungen blieben in der Gesetzesreform im Jahr 1992 nahezu unverändert. Allerdings stellte der Kongreß anläßlich seiner Gesetzesberatungen im Jahre 1992 fest, daß diese Regelungen nicht zu der erhofften Nachfrage nach Kapazitäten durch unabhängige Programmveranstalter geführt hatten. Die Gründe sind nach Ansicht des Kongresses die Preisfestsetzung durch die Netzbetreiber und der nur schwach ausgeprägte Durchsetzungsmechanismus.[74] Folglich soll die FCC nunmehr die Höchstpreise festlegen, die ein Kabelbetreiber für die Verbreitung verlangen darf. Zusätzlich soll sie Regeln zur Streitbeilegung hinsichtlich Gebühren und Einspeisung festlegen.[75]

d) *Medienspezifische Konzentrationsbeschränkungen (cross-ownership rules)*

Wichtige strukturelle Beschränkungen sind die Regelungen, deren Aufgabe es ist, Konzentrationsprozesse zu verhindern. Die bundesgesetzlichen Beschränkungen im Cable Act 1984 und im Cable TV Competition Act 1992 sind abschließend und verdrängen etwaige einzelstaatliche Vorschriften oder abweichende Bestimmungen im Lizenzvertrag.[76]
Ein Kabelbetreiber darf in seinem Verbreitungsgebiet keine Fernsehlizenz besitzen und solche Lizenznehmer nicht kontrollieren.[77] Die FCC hat diese gesetzlichen Bestimmungen durch Verwaltungsvorschriften konkretisiert: Danach darf ein Kabelbetreiber keine Fernsehsignale verbreiten, wenn er direkt oder indirekt einen Fernsehsender (Network: ABC, NBC, CBS oder Fox) oder eine Fernsehstation in seinem Verbreitungsgebiet besitzt oder

---

hinaus können die (lokalen) Zulassungsbehörden im Lizenzvertrag die Bereitstellung weiterer Kanalkapazitäten für öffentliche Einrichtungen »public, educational or governmental use« (sogenannten PEG channels) vorschreiben, 47 U.S.C. § 531 (1989).
72 47 U.S.C. § 532 (b)(1) (1989).
73 47 U.S.C. §§ 532 (c), 558 (1989).
74 H.R. 4850 House Report 1992, S. 39f; S. 12 Senate Report 1991, S. 31; in diesem Sinne auch *Patel*, 1992 Telecommunications Policy 98, 100.
75 Durch Sec. 9 (b) des Cable TV Competition Act 1992 geänderter 47 U.S.C. § 532 (b).
76 47 U.S.C. § 533 (d) (1989).
77 47 U.S.C. § 533 (a) (1989).

kontrolliert.[78] Kontrolle bedeutet nicht nur Mehrheitsbeteiligung an einem anderen Fernsehunternehmen, sondern jede tatsächlich kontrollierende Einflußnahme auf das andere Unternehmen. Demgegenüber wird eine Beteiligung in Form von stimmrechtslosen Anteilen (non-voting stock) nicht berücksichtigt. Eine Minderheitsbeteiligung in Form stimmberechtigter Anteile (minority voting stock interest) wird dann nicht als kontrollierend behandelt, wenn mehr als 50% der stimmberechtigten Anteile von einer Person (single holder) gehalten werden. Banken, Versicherungen oder Investmentunternehmen kontrollieren ein Fernseh- oder ein Kabelunternehmen nur dann im Sinne der Vorschrift, wenn sie mehr als 10% der stimmberechtigten Anteile halten oder wenn deren Vertreter in einem Fernseh- oder Kabelunternehmen Geschäftsleitungsfunktionen ausüben. Schachtelbeteiligungen werden nach einem festgelegten Schlüssel berechnet, und jede daraus resultierende Beteiligung von mehr als 50% wird gleichfalls berücksichtigt. Ist entweder das Fernseh- oder das Kabelunternehmen eine limited partnership, so werden die Anteile an der limited partnership nur dann dem limited partner nicht zugerechnet, wenn er keinerlei Einfluß auf Geschäftsführung oder medienspezifische Aktivitäten der Gesellschaft ausübt.[79]

Nach dem Cable Act 1984 durfte eine Telefongesellschaft in ihrem Verbreitungsgebiet (telephone service area) weder direkt noch indirekt über Tochterunternehmen Fernsehprogramme anbieten. Zudem durften im Verbreitungsgebiet an Gesellschaften keine Übermittlungskapazitäten für Fernsehsignale vergeben werden, an denen die Telefongesellschaft eine Kontrollmehrheit hält.[80] Die entsprechenden Verwaltungsvorschriften hatten bis vor kurzem jeglichen Erwerb von Anteilen einer Kabelbetreibergesellschaft durch ein Telefonunternehmen in Höhe von mehr als 1% der emittierten stimmberechtigten Anteile (outstanding voting stock) untersagt.[81] Mit ihrer Video Dialtone-Initiative von August 1992 hat die FCC die ursprüngliche Verwal-

---

78 47 C.F.R. § 76.501 (a) (1989). Eine Fernsehstation liegt dann in dem Verbreitungsgebiet, wenn sich der Radius der Fernsehsignale von einer bestimmten Feldstärke (Grade B contour) mit dem Gebiet ganz oder teilweise überschneidet, in dem der Betreiber Kabeldienste anbietet.
79 47 C.F.R. § 76.501 (a)(2) Note 1, Note 2 (b), Note 2 (c), Note 2 (d) und Note 2 (g) (1) (1989).
80 47 U.S.C. § 533 (b) (1989).
81 Nach 47 C.F.R. § 63.54 (a) (1989) waren untersagt: »either directly, or indirectly through an affiliate owned by, operated by, controlled by, or under common control with the telephone common carrier.« Kontrolle und Abhängigkeit verhindern in diesem Zusammenhang »any financial or business relationship whatsoever by contract or otherwise, directly or indirectly [...]« zwischen den Unternehmen. Damit ist, wie in einem Beispiel ausgeführt wird, »any element of ownership or other financial interest« ausgeschlossen (47 C.F.R. § 63.54 Note 1 (a) und (b) (1989).

tungsvorschrift teilweise aufgehoben und die Beteiligungsgrenze auf 5% der stimmberechtigten oder stimmrechtslosen Anteile erhöht.[82]
Die Regelungen des Cable Act 1984 waren in den letzten Jahren aufgrund der aufgetretenen Konzentration der Kabelbetreiber Gegenstand heftiger Auseinandersetzungen im Kongreß. Die Marktentwicklung und die daraufhin erlassenen medienspezifischen Konzentrationsbeschränkungen des Cable TV Competition Act 1992 werden im wirtschaftsrechtlichen Kapitel ausführlicher diskutiert.[83]

e) *Lizenzvertrag (franchise) und Lizenzgebühren (franchise fees)*

Die Regelungen des Cable Act 1984, die im Kern 1992 nicht verändert worden sind, legen die Rahmenregelungen des Lizenzvertrages fest. Insbesondere steht den Kommunen offen, mehr als einen Kabelbetreiber zuzulassen,[84] was jedoch in der Regel nicht geschieht. Die Lizenz wird nach einem Lizenzauktionsverfahren vergeben und ist auf 15 Jahre beschränkt. Auch das Lizenzerneuerungsverfahren ist im einzelnen gesetzlich festgelegt.[85] Der Cable TV Competition Act 1992 betimmt allerdings nunmehr, daß die kommunale Zulassungsbehörde keine exklusive oder de-facto-exklusive Lizenz vergeben darf, und sie darf nicht ohne Grund Anträge auf Errichtung konkurrierender Netze zurückweisen.[86]
Um jeglichen Einfluß auf die Tarifstruktur der Kabelunternehmen zu verhindern, bestimmt der Cable Act 1984 die Höhe der jährlich an die Zulassungsbehörde abzuführenden Lizenzgebühren (franchise fees) abschließend, was ebenfalls 1992 nicht verändert wurde. Die lokalen Behörden dürfen nicht mehr als 5% des Bruttoertrages (gross revenue) des Kabelbetreibers erhe-

---

82 Neugeschaffener 47 C.F.R. § 63.54 (d)(2)(1992). Jüngste Gesetzesinitiativen zielen indes auf Streichung dieser Beschränkung, s. »Congressional proposals at a glance«, Broadcasting, January 3, 1994, S. 51. Zu der Video Dialtone Direktive und der Zulassung der Telefongesellschaften zum Videoübertragungsmarkt, siehe unten 4. Abschnitt B. Dort wird auch das Problem der Prüfung des Übernahmevorhabens des Kabelbetreibers TCI durch die Telefongesellschaft Bell Atlantic erörtert.
83 Siehe unten 2. Abschnitt E.IV.
84 47 U.S.C. § 541 (1989).
85 47 U.S.C. §§ 541-546 (1989). Dazu *Voigt*, 17 Communications 67 ff. (1992); *Schroepfer*, 14 Hastings Comm/Ent. L.J. 35 (1991); kritisch zur Lizenzauktion *Hoffmann-Riem*, AöR 1985, 528, 567 und zur Lizenzerneuerung *Sinel/Norman/Biernt*, 39 Fed. Comm. L.J. 77 (1987).
86 Durch Sec. 7 Cable TV Competition Act 1992 neugeschaffener 47 U.S.C. § 541 (a)(1). Siehe dazu ausführlich, unten 2. Abschnitt E.V.: Marktöffnung und staatliche Lizenzvergabe.

ben.[87] Die FCC darf darüber hinaus keine zusätzlichen Gebühren auferlegen.[88] Da keine Wiederverwendung dieser Abgabe zugunsten der Abgabenschuldner (gruppenspezifische Wiederverwendung) vorgeschrieben wird, ist die Verfassungsmäßigkeit der franchise fees in Zweifel gezogen worden.[89] In ökonomischer Hinsicht ist die Erhebung dieser Gebühr schon deswegen fragwürdig, weil sie einen Anreiz für die Kommunen schafft, nur einen Betreiber zuzulassen, dessen Erträge höher sind als bei konkurrierenden Unternehmen. Das dürfte - jedenfalls vor der Gesetzesänderung 1992 - eine der Ursachen dafür sein, daß in fast allen Fällen nur eine Lizenz vergeben wird.

Das Lizenzvergabeverfahren ist insgesamt kritisiert worden, da die Qualität der Kabeldienste durch das Ausschreibungsverfahren und nicht durch Marktbedingungen bestimmt würde. Denn die Zulassungsbehörden - so die Kritik - hätten, wenn auch im öffentlichen Interesse, Bedingungen aufgestellt, die sich nicht in der Qualität des gesamten Angebotes zu niedrigen Preisen niedergeschlagen hätten. Dadurch seien keine marktgerechten Preise entstanden. Zudem liege das Lizenzvergabeverfahren ausschließlich in der Hand der kommunalen Behörden. Deren Zulassungspraxis habe zu hauptsächlich exklusiven Lizenzgebieten geführt, in denen mangels weiterer Anbieter kein Preiswettbewerb hätte entstehen können.[90] Ungeachtet dieser Kritik ist das behördliche Vergabeverfahren bis heute beibehalten worden.

f) *Inhaltskontrolle*

Schließlich können aufgrund der Gesetze die Programminhalte kontrolliert werden.

Der Kabelbetreiber kann Programme von Dritten, die diese in den Mietkanälen verbreiten wollen, zurückweisen, wenn die Zulassungsbehörde diese Pro-

---

87 47 U.S.C. § 542 (a), (b) (1989). Mit dieser Regelung kodifiziert der Cable Act die FCC-Regelung (Cable Television, Report and Order in Docket No. 18397 et al., 36 F.C.C.2d 143, 210 (1972)), die erlassen worden war, um Gebührensätze, die bis zu 36% der Erträge erreichten, bundeseinheitlich auf 3 bis 5% festzulegen.
88 47 U.S.C. § 542 (h)(2)(i) (1989).
89 *Geller/Ciamporceo/Lampert*, 39 Fed. Comm. L.J. 1 ff. (1987); *Saylor*, 35 Cath. U. L.Rev. 671 ff. (1986); *Sibary*, 7 Comm.L.J. 381, 411 (1984), jeweils unter Berufung auf Minneapolis Star and Tribune Co. v. Minnesota Commissioner of Revenue, 460 U.S. 575 (1983). Demgegenüber wurde die Vereinbarkeit der franchise fees mit der Verfassung bestätigt, Preferred Communications, Inc. v. City of Los Angeles, Case No. CV 83-5846 (C.D.Cal. Aug. 24, 1990), zit. nach *Reveal/Dubow*, S. 425.
90 So sind etwa die Bereitstellung von Mietkanälen für unabhängige Programmveranstalter (leased access channels) oder für die PEG channels oder lokale Besonderheiten, die den Lizenznehmern auferlegt werden, Faktoren, die zu einer Erhöhung der Kabelgebühren geführt hatten, *Brenner*, 42 Fed. Comm. L.J. 365, 370 (1990).

gramme als von der Verfassung nicht geschützt einstuft. Alle anstößigen Programme (indecent programming) müssen in einem Kanal angeboten werden. Auf Wunsch des jeweiligen Anschlußteilnehmers muß der Betreiber Vorrichtungen anbringen, die den Zugang für Minderjährige zu diesem Kanal erschweren (lockbox requirements).[91] In gleichem Maße kann ein angeschlossener Teilnehmer verlangen, daß der Zugang zu sonstigen im Kabelnetz verbreiteten anstößigen Programmen versperrt wird. Darüber hinaus darf die Zulassungsbehörde keine weiteren inhaltsbezogenen Vorschriften in den Lizenzvertrag aufnehmen.[92]
Die Verbreitung von Programmen mit obszönem Inhalt, die außerhalb des Schutzbereiches des ersten Zusatzartikels liegen, steht unter Strafe. Gleichzeitig können auch andere Gesetze des Bundes und der Einzelstaaten die Verbreitung obszönen Materials verbieten.[93]
Da der Cable Act 1984 keine Definiton zur Abgrenzung von »obszönem« und »anstößigem« Programm bereithält und da die Abgrenzung zwischen dem bundesrechtlichen Cable Act 1984 und einzelstaatlichen Strafgesetzen nicht eindeutig ist, sind einzelstaatliche Gesetze, die eine Verbreitung anstößiger Programme verhindern wollten, Gegenstand mehrerer Verfahren geworden. Die Entscheidungen in diesen Verfahren sind, da der Cable TV Competition Act 1992 die Rechtslage unverändert gelassen hat, auch nach der Gesetzesreform 1992 maßgeblich. Obwohl anstößige Meinungsäußerungen im Gegensatz zu obszönen in den Schutzbereich des ersten Zusatzartikels fallen, hatte der US Supreme Court im Bereich des Rundfunks die Untersagungsverfügung gegenüber einem anstößigen 12-Minuten-Monolog in einer Sendung aufrechterhalten. Das Gericht begründete die Zulässigkeit staatlicher Beschränkungen der von der Meinungsfreiheit geschützten Äußerungen mit dem Argument, daß Minderjährige leichten Zugang zu diesem Medium hätten.[94] Derartige Untersagungen sind im Bereich des Kabelfernsehens verworfen worden. Ohne die verfassungsrechtliche Stellung des Kabelfernsehens näher zu bestimmen, wird die Unterscheidung daraus hergeleitet, daß Kabelfernsehen, im Gegensatz zum Rundfunk, von den Teilnehmern bewußt angeschlossen werde und nicht über Antennen für jedermann erreichbar sei. Im übrigen

---

91 Durch Sec. 10 (a),(b) Cable TV Competition Act 1992 geänderter 47 U.S.C. § 532 (h) und (j).
92 47 U.S.C. § 532 (a), (d)(?) (1989).
93 47 U.S.C. § 558 und § 559 (1989). Zum Ausschluß von Meinungsäußerungen obszönen Inhalts aus dem Schutzbereich des ersten Zusatzartikels siehe bereits oben 1. Abschnitt A. II.
94 FCC v. Pacifica Foundation, 438 U.S. 726 (1978), kritisch zu dieser Entscheidungspraxis *Spitzer*, insbes. S. 2 ff.

könnten beim Kabelfernsehen wirksame Vorrichtungen zum Schutz von Minderjährigen getroffen werden.[95] Aufgrund des eindeutigen Wortlauts in dem Bundesgesetz seien einzelstaatliche Verbote anstößiger Programme unzulässig.[96] Die Einzelstaaten können also eine Verbreitung von Programmen anstößigen Inhalts im Kabelfernsehen nicht unter Strafe stellen oder mit anderen Mitteln ahnden.

C. Das Verfassungsrecht des Kabelfernsehens: Die vergebliche Einordnung des Kabelfernsehens in das dreigeteilte Kommunikationssystem

Das aufkommende und später wirtschaftlich gegenüber dem terrestrischen Rundfunk immer erfolgreichere Kabelfernsehen stellte die Gerichte vor die Frage, wie dieses Medium in die dreigeteilte Kommunikationsordnung einzuordnen ist. Naheliegend wäre entweder eine Gleichstellung mit dem terrestrischen Fernsehen (broadcasting) oder - wegen der größeren technischen Möglichkeiten - mit der gedruckten Presse. Die Entwicklung der Entscheidungspraxis der Gerichte zeigt, daß man zunächst versuchte, anhand einer technischen Definition das Medium einzuordnen. Dieser Versuch mußte letztlich scheitern, da mit jeder technologischen Änderung die verfassungsrechtliche Einordnung in das Kommunikationssystem neu vorgenommen werden mußte. Letztlich zeigt die noch nicht abgeschlossene Entwicklung, daß der Inhalt und die Art und Weise der Kommunikation, nicht aber die technische Definition des Mediums, die auf sie anwendbaren Rechtsregeln bestimmen.[97]

I. Kabelfernsehen als reines Verbreitungsmedium - common carrier

Der US Supreme Court war bereits im Jahre 1968 mit den rechtlichen Konsequenzen der Verbreitung von Fernsehprogrammen im Kabelnetz konfrontiert. Damals diente die Kabelanlage noch allein der Heranführung von Fernsehprogrammen an terrestrisch schwer erreichbare Gebiete. In diesem Verfahren verlangte die klagende United Artists Schadensersatz aufgrund eines Eingriffs des beklagten Kabelunternehmens in ihre Urheberrechte an Spielfilmen. Die Filmrechte hatte United Artists den lokalen Fernsehanstalten übertragen, deren Programme von der beklagten Kabelgesellschaft empfangen

---

95 Cruz v. Ferre, 755 F.2d 1415 (11th Cir. 1985).
96 Jones v. Wilkinson, 800 F.2d 989 (10th Cir. 1986).
97 *Mestmäcker*, ZUM 1896, 63, 64.

und ohne Veränderung an die angeschlossenen Haushalte gegen Anschlußgebühr weitergeleitet worden waren. Die Klägerin sah in der Weiterleitung und dem entgeltlichen Anbieten der Programme einen schadensersatzpflichtigen Eingriff in ihre Filmrechte. Das Gericht legte in seiner Entscheidung nicht ausdrücklich den verfassungsrechtlichen Status des neu aufgekommenen Kabelfernsehens (CATV) fest. Es mußte aber anhand des Urheberrechts eine Funktionsbestimmung des Mediums vornehmen. Damit stand die Frage im Vordergrund, in welcher Weise das Kabelfernsehen in die Dreiteilung der Kommunikationsmedien eingeordnet werden kann. Das Gericht entschied, daß die Fernsehanstalten eine Aufführung im Sinne des Urheberrechtsgesetzes, vergleichbar etwa Theaterveranstaltern, leisten, während die Kabelgesellschaften den passiv Begünstigten, nämlich Zuschauern oder Zuhörern, zuzuordnen sind. Die Kabelsysteme dienen lediglich der einfachen Weiterleitung der Programme an zusätzliche Zuschauer, sie leisten also keine verlegerische Tätigkeit. Wörtlich argumentierte das Gericht:

»The function of CATV systems has little in common with the function of broadcasters. CATV systems do not in fact broadcast or rebroadcast. Broadcasters select the programs to be viewed; CATV systems simply carry, without editing, whatever programs they receive. Broadcasters procure programs and propagate them to the public; CATV systems receive programs that have been released to the public and carry them by private channels to additional viewers. We hold that CATV operators, like viewers and unlike broadcasters, do not perform the programs that they receive and carry.«[98]

Mit dieser Entscheidung folgte der US Supreme Court einer sieben Jahre zuvor ergangenen untergerichtlichen Entscheidung, die in einem ähnlich gelagerten Fall den deutlichen Unterschied zwischen terrestrischem Fernsehen und Kabelfernsehen herausgestellt hatte. Dazu legte dieses Gericht entscheidendes Gewicht auf die unterschiedliche Finanzierung des terrestrischen Fernsehens und des Kabelfernsehens: Herkömmliches Fernsehen könne von der Öffentlichkeit für Programme keine direkten Gebühren verlangen, sondern erziele seine Einnahmen nur durch Werbegelder. Kabelfernsehen hingegen habe nichts mit Sponsoren oder Programminhalten zu tun, sondern verkaufe eine Dienstleistung an die Öffentlichkeit. Jeglicher Gewinn des Kabelbetreibers resultiere nur aus derartigen Einnahmen, da er die Programme lediglich an seine Kunden weiterleite.[99]

---

98 Fortnightly v. United Artists, 392 U.S. 390, 400 (1968). Damit lag keine vergütungspflichtige Aufführung des beklagten CATV vor, so daß die Klage abzuweisen war.
99 Intermountain Broadcasting & Television Corp. v. Idaho Microwave, Inc., 196 F.Supp 315, 325 (S.D. Idaho 1961).

81

Obwohl der US Supreme Court die originären Kabelprogramme nicht in seine Entscheidung einbezog,[100] liegt dieser Entscheidung das im Bereich der Verbreitungsmedien (common carrier) entwickelte Prinzip zugrunde, demzufolge Inhalt (content), also Programmgestaltung, und Transport (conduit) zu trennen sind. Kabelfernsehen wurde für die entscheidungserhebliche Frage der urheberrechtlichen Vergütungspflicht für weitergeleitete Programme als reines Übertragungs- oder Transportmedium angesehen, das keine Meinungen verbreitet. Die Auswahl der Programme durch den Kabelbetreiber wurde nicht als editorische Leistung angesehen, die eine vergütungspflichtige Nutzung auslöst. Dieses Urteil muß begrenzt auf das entscheidungserhebliche Urheberrecht ausgelegt werden, insbesondere weil das Gericht keinen Hinweis auf seine nur sieben Tage zuvor ergangene Entscheidung gab, die sich ebenfalls mit dem Kabelfernsehen beschäftigt hatte.[101] Andererseits ist die Rechtsauffassung in diesem Urteil auch nicht aufgegeben worden, so daß die Entscheidung also nach wie vor maßgeblich ist. In jüngster Zeit wurde diese Klassifizierung des Kabelfernsehens als Verbreitungsmedium über das Urheberrecht hinaus zur Neustrukturierung des rechtlichen Rahmens der gesamten Kabelkommunikation vorgeschlagen.[102]

II. *Kabelfernsehen als terrestrisches Fernsehen*

Während in den frühen Entscheidungen noch der technologische und daraus abgeleitet der rechtliche Unterschied zwischen terrestrischem Fernsehen und Kabelfernsehen betont wurde, setzte nach der von der FCC betriebenen zunehmenden Regulierung des Kabelfernsehens eine vom US Supreme Court begründete Gleichstellung beider Medien ein.

1. *Kabelfernsehen als Hilfsdienstleistung zum terrestrischen Fernsehen*

Am Anfang standen die Entscheidungen, die Kabelfernsehen als ergänzendes Hilfsmedium (reasonably ancillary) zum terrestrischen Fernsehen ansahen und

---

100 Fortnightly Corporation v. United Artists Television, Inc., 392 U.S. 390, 392 (1968). Ausdrücklich stellte das Gericht klar, daß es nicht über originäre Kabelprogramme, die zu dieser Zeit nur von ungefähr 10 % der Systeme angeboten wurden, entscheidet. Ebda; Fn. 6.
101 United States v. Southwestern Cable Co., 392 U.S. 157 (1968), die im folgenden Kapitel behandelt wird.
102 *Geller/Lampert*, Reply Comments, S. 47 ff.; *dies.*, 32 Cath. U. L.Rev. 603 (1983); *Calabrese*, 12 Communications and the Law 19 (March 1990). Ausführlich dazu im 5. Abschnitt B. II.

die Befugnis zur Regulierung des Fernsehens auf das Kabelfernsehen erstreckten. Der US Supreme Court begründete diese Rechtsprechung 1968 in einem Verfahren, in dem eine Kabelgesellschaft örtliche Fernsehprogramme aus Los Angeles in San Diego anbot, wo diese Programme mit herkömmlichen Antennen nicht zu empfangen waren. Der lokale Fernsehsender klagte gegen die Weiterverbreitung mit der Begründung, seine terrestrische Lizenz werde unterlaufen. Außerdem werde gegen das öffentliche Interesse der Verbreitung örtlicher Programme verstoßen. Die FCC untersagte die Weiterverbreitung zum Schutz der lokalen Fernsehanstalten. Der US Supreme Court bestätigte die von der FCC erlassene Untersagung aufgrund der ihr vom Communications Act verliehenen Kompetenz. Zur Funktionsbestimmung stellte das Gericht fest, daß Kabelgesellschaften im Gegensatz zu Fernsehsendern in der Regel keine originären Programme verbreiteten. Kabelfernsehen erfülle vielmehr zwei grundlegende Funktionen: Es ergänze terrestrisches Fernsehen, indem lokale Programme besser empfangen werden könnten, und es könne Programme heranführen, die mit herkömmlicher Antenne nicht zu empfangen seien.[103] Das Gericht schloß aus, daß in bezug auf die Regelungskompetenz der FCC Kabelfernsehen als ein Verbreitungsmedium anzusehen sei.[104] Vielmehr könne die umfassende Regulierung des terrestrischen Fernsehens nicht durchgeführt werden, ohne gleichzeitig auch Kompetenzen zur Regelung des Kabelfernsehens zu haben. Konkretisierend fügt das Gericht hinzu, daß diese Kompetenzen auf die Regelung des Kabelfernsehens als Hilfsdienste (reasonable ancillary to broadcasting) beschränkt seien.[105]

Ohne die verfassungsrechtliche Stellung der Kabelbetreiber festzulegen, wurde die Kompetenz zur Regulierung des Kabelfernsehens damit an die umfassende Regelungskompetenz der FCC über das terrestrische Fernsehen geknüpft. Mit dieser Entscheidung sah das Gericht im Kabelfernsehen kein eigenständiges Medium, sondern - nach dem damaligen Stand der Kabeltechnologie - einen Hilfsdienst zum Fernsehen. Die Kompetenz zur Regelung des

---

103 United States v. Southwestern Cable Co., 392 U.S. 157, 161-163 (1968).
104 United States v. Southwestern Cable Co., 392 U.S. 157, 169 Fn. 29 (1968). Das Gericht verwies auf die untergerichtliche Entscheidung in Philadelphia Television Broadcasting, Co. v. F.C.C., 359 F.2d 282, 285 (D.C.Cir. 1966): »[...] regulating CATV systems as adjuncts of the nation's broadcasting systems is a more appropriate avenue for Commission action than the wide range of regulating implicit in the common carrier treatment [...].«
105 United States v. Southwestern Cable Co., 392 U.S. 157, 177, 178 (1968). Wörtlich heißt es: »[...] the authority [...] is restricted to that reasonably ancillary to the effective performance of the Commission's various responsibilities for the regulation of television broadcasting.«

terrestrischen Fernsehens ist also Ursprung und zugleich Begrenzung der Kompetenz zur Regelung des Kabelfernsehens.

Auf dieser Grundlage bestätigte der US Supreme Court im Jahre 1972 die Regelung der FCC, daß Kabelgesellschaften mit mehr als 3500 Anschlüssen neben herangeführten auch originäre Programme anbieten müssen (program origination rule).[106] Die Kompetenz der FCC erfaßt nach Ansicht des Gerichts die gesamte Regelung des Kabelfernsehens und nicht nur die Vermeidung von Konflikten zwischen terrestrischem Fernsehen und Kabelfernsehen.[107] Das Gericht sah auch keine verfassungsrechtlichen Probleme darin, daß mit den angegriffenen Regelungen eine Verpflichtung zur Veranstaltung von Fernsehen etabliert werden könnte: Die Gleichstellung mit dem Fernsehen verstoße nicht gegen den ersten Zusatzartikel, da die Verpflichtung - wie im Bereich des terrestrischen Fernsehens - dazu führe, daß ein vielfältiges Programm angeboten werde.[108] Eine mögliche Unvereinbarkeit mit der früheren Einstufung des Kabelfernsehens als Verbreitungsmedium lehnte das Gericht mit dem Argument ab, daß der damaligen Entscheidung urheberrechtliche Fragen zugrunde gelegen hätten und daß überdies die rechtliche Beurteilung von originären Kabelprogrammen seinerzeit ausdrücklich ausgeklammert worden sei.[109]

Dementsprechend begründete die Minderheit der US Supreme Court Richter ihr abweichendes Votum mit einer technischen Gleichstellung von Kabelfernsehen und Telefon. Kabelfernsehen sei nichts anderes als eine Verbesserung terrestrischen Empfangs, und die Funktion des Kabelfernsehens habe nichts mit der des Fernsehens gemeinsam. Kabel sei ein Verbreitungsmedium (common carrier) wie das Telefon. Daher könnten Kabelgesellschaften nicht gezwungen werden, eigene Programme zu veranstalten, denn damit würde die Trennung von Übermittlung und Nachricht aufgehoben. Diese Richter argumentieren wie folgt:

---

106 Diese Regelungen gingen zurück auf den First Report & Order in Docket No. 18,397, 20 F.C.C.2d 201 (1969). Ausführlich oben 2. Abschnitt B I. 2.
107 United States v. Midwest Video Corp. (Midwest Video I), 406 U.S. 649, 659-663, 664-673 (1972). Gleichzeitig stellte Chief Justice Burger klar, daß die auferlegte Verpflichtung am äußersten Rand der zulässigen Regelungen liege, (S. 676; C.J. Burger concurring opinion). Einschränkend wurde die Entscheidung später so ausgelegt: »The [Supreme, d. Verf.] Court thus was not recognizing any sweeping authority over the entity [cable, d. Verf.] as a whole, but was commanding that each and every assertion of jurisdiction must be independently justified as reasonably ancillary to the Commission's power over broadcasting.« National Ass'n of Reg. Util. Com'rs v. F.C.C. (NARUC II), 533 F.2d 601, 612 (D.C.Cir. 1976).
108 A.a.O. S. 669 unter Hinweis auf NBC Inc. v. United States, 319 U.S. 190, 203 (1943).
109 Fortnightly Corp. v. United Artists, 392 U.S. 390 in FN. 6 und 25 (1968).

»The idea that a carrier or any other person can be drafted against his will to become a broadcaster is completely foreign to the history of the Act.[...] CATV is simply a carrier having no more control over the message content than does a telephone company.[...] There is not the slightest clue in the Act that CATV carriers can be compulsorily converted into broadcasters.«[110]

Schon in dieser frühen, denkbar knappen Entscheidung des US Supreme Court trat das Dilemma der Einordnung des Kabelfernsehens als Fernsehen oder Verbreitungsmedium deutlich hervor. Sobald die Kabelgesellschaften wie Telegrafen oder das Telefon verfassungsrechtlich als Verbreitungsmedium, also reine »Transporteure« ohne Einflußmöglichkeit auf den Inhalt eingestuft werden, muß die Verpflichtung zur Veranstaltung von (inhaltlichen) Programmen rechtswidrig sein. Wenn aber die Kabelgesellschaften verfassungsrechtlich dem terrestrischen Fernsehen zugeordnet werden, kann eine Verpflichtung zur Veranstaltung bestimmter Programme verfassungsgemäß sein. Ebenso deutlich ist, daß sich die konträren Positionen auf eine technische Definition des Mediums stützen. Gleichzeitig deutet sich mit den Entscheidungen schon eine weitere Problemlage an, die bei der gesetzlichen Änderung durch den Cable TV Competition Act 1992 ein mitentscheidender Faktor gewesen ist: Kabelfernsehen ist der Regulierung durch die FCC unterworfen, um das öffentliche Interesse am existierenden terrestrischen Fernsehen zu schützen. Auf der anderen Seite konnten die Kabelgesellschaften nach dem Urteil des US Supreme Court ohne Zustimmung und ohne Bezahlung an die zunächst lokalen Fernsehsender die Programme aussenden, was später in die gesetzliche Lizenz nach dem Copyright Act 1976 überging. Im Wettbewerb zu den lokalen Fernsehsendern konnten die Kabelbetreiber damit auf die Programme zurückgreifen, ohne daß sie (wie die Sender) Urhebertantiemen zahlen mußten; später folgte eine geringe gesetzliche Lizenzgebühr. Diese Situation dürfte eine der Ursachen für die wachsende Bedeutung der Kabelbetreiber gewesen sein. Erst durch die Gesetzesänderung im Jahre 1992 erhielten die Fernsehsender die Möglichkeit, Gebühren für die Weiterverbreitung der Programme mit den Netzbetreibern auszuhandeln.[111]

2. *Gleichstellung des Kabelfernsehens mit terrestrischem Fernsehen*

Der US Supreme Court hielt die dargestellte Rechtsprechung in einem späteren Verfahren aufrecht. Das Gericht entschied, daß die FCC keine Kompetenz

---

110 United States v. Midwest Video, (Midwest I) 406 U.S. 649, 679/680 (1972) (JJ. Douglas, Stewart, Powell und Rehnquist, dissenting) unter Verweis auf die Entscheidung in Fortnightly Corp v. United Artists.
111 Dies ist die sogenannte retransmission consent-Regelung im Cable TV Competition Act 1992; siehe dazu 2. Abschnitt D. II.

zum Erlaß der Regelungen über die Mietkapazitäten und die Zugangsrechte für Dritte (leased access rules) habe.[112]
Die FCC räumte in diesem Verfahren ein, daß sie die Kabelbetreiber wie Verbreitungsmedien behandelt. Der Erlaß ihrer Vorschriften sei jedoch von der Zielsetzung des Communications Act 1934 gedeckt, eine weite öffentliche Verbreitung der Programme in den Kommunikationsmedien zu fördern. Demgegenüber betonten die betroffenen Kabelbetreiber, daß ihnen in den Mietleitungen die inhaltliche Kontrolle über die von ihnen verbreiteten Programme genommen werde und sie zu Telefon-Diensten mit einem Zugangsrecht Dritter verpflichtet würden.[113]
Da der Communications Act 1934 das noch heute geltende Verbot enthielt, einen Rundfunkbetreiber wie ein Verbreitungsmedium zu behandeln,[114] war entscheidungserheblich, ob Betreiber von Kabelfernsehen den Rundfunkanstalten gleichzusetzen sind. Zweifelsfrei stand für das Gericht fest, daß die Zugangsrechte Verpflichtungen darstellen, die charakteristisch für die Verbreitungsmedien sind.
Eine eindeutige Einordnung des Kabelfernsehens wollte das Gericht vermeiden. Es sah sich veranlaßt, wiederholt darauf hinzuweisen, daß eine Gleichstellung des Kabelfernsehens mit dem Rundfunk - wenngleich im Kern abgelehnt - durchaus möglich sei.[115] Im Gegensatz dazu stehen allerdings die Ausführungen des Gerichts, die vorliegenden Vorschriften seien rechtswidrig, da die FCC ihre Kompetenzen überschritten habe. Anders als die Verpflichtungen, eigene Programme zu verbreiten (program origination rules)[116], entzögen die streitbefangenen Zugangsrechte unzulässigerweise den Betreibern die Kontrolle über das Programm, die ihnen wie den Rundfunkbetreibern zustünde. Wörtlich heißt es:

> »[W]e are unable to ignore Congress' stern disapproval [...] of negation of the editorial discretion otherwise enjoyed by broadcasters and cable operators alike.«

---

112 FCC v. Midwest Video Corp., (Midwest II) 440 U.S. 589 (1979). Siehe oben Kapitel B. II. 3 c) zu den leased access rules.
113 FCC v. Midwest Video Corp., 440 U.S. 689, 693, 700 (1979).
114 47 U.S.C. § 153 (h): »[...] a person engaged in [...] broadcasting shall not [...] be deemed a common carrier.«
115 FCC. v. Midewest Video Corp., 440 U.S. 689, 707 Fn. 17: »We do not suggest, nor do we find it necessary to conclude that the discretion exercised by cable operators is of the same magnitude as that enjoyed by broadcasters.« und S. 709 Fn. 19: »Because our decision rests on statutory grounds, we express no view on that [constitutional, d. Verf.] question, save to acknowledge that it is not frivolous [...].«
116 Diese wurden im Verfahren Midwest I (406 U.S. 649) als zulässige Beschränkungen angesehen, siehe dazu oben II.1.

> The Commission may not regulate cable systems as common carriers, just as it may not impose such obligations on television broadcasters.«[117]

Der US Supreme Court konnte also mit seiner Kompetenzbestimmung auf der Grundlage des einfachen Gesetzesrechts eine verfassungsrechtliche Einordnung des Kabelfernsehens umgehen. Lediglich einer Behandlung der Kabelbetreiber als Verbreitungsmedium (common carrier) wurde die verfassungsrechtliche Grundlage entzogen, was 1984 im Cable Act gesetzlich festgeschrieben wurde. Obwohl eine Analogie zum verfassungsrechtlichen Status des Fernsehens ausdrücklich offengelassen wurde, stützte der US Supreme Court seine Entscheidung auf diese Gleichstellung. Erst in letzter Zeit erklärte das Gericht eindeutig, daß seine Rechtsprechung zum terrestrischen Fernsehen nicht auf Kabelfernsehen anwendbar sei, da es keine Knappheit im Kabelfernsehen gäbe.[118]

III. Knappheit der Frequenzen und wirtschaftliche Knappheit - Kabelfernsehen als natürliches Monopol

1. Natürliches Monopol als verfassungsrechtliche Grundlage

Die bereits seit Verbreitung des Radios angenommene physikalische Knappheit terrestrischer Frequenzen (physical scarcity) ist im Bereich von Rundfunk und Fernsehen bis in die jüngste Zeit die verfassungsrechtliche Grundlage für eine Regulierung des Rundfunks und damit für eine Beschränkung der Grundrechte der Rundfunkbetreiber.[119] Dieses Argument physikalischer Knappheit ist vereinzelt auf das Medium Kabelfernsehen übertragen worden.

Danach bedingt die Notwendigkeit der Lizenzvergabe an einen Netzbetreiber eine wirtschaftliche Knappheit (economic scarcity) beim Betrieb der Kabelnetze. Diese sei der physikalischen Knappheit der terrestrischen Frequenzen

---

[117] FCC v. Midwest Video Corp., 440 U.S. 689, 708, 708/709 (1979). Das Gericht unterstrich, daß lediglich der Kongreß zu einer solchen Regelung befugt sein könne. Dies ist im Cable Act 1984 geschehen.

[118] Wörtlich führt der US Supreme Court aus: »Indeed, given the rapid advances in fiber optics and digital compression technology, soon there may be no practical limitation on the number of speakers who may use the cable media. Nor is there any danger of physical interference between two cable speakers attempting to share the channel. In light of these fundamental technological differences between broadcast and cable transmission, application of the more relaxed standard of scrutiny adopted in *Red Lion* and the other broadcast cases is inapt when determing the First Amendment validity of cable regulation«, Turner Broadcasting System, Inc. v. FCC, _U.S._ (June 27, 1994) (Slip Opinion, S. 14).

[119] S. schon oben 1. Abschnitt C, auch zur Ablehnung des Knappheitsarguments durch die FCC und die Berufungsgerichte.

gleichzusetzen. Mit dieser Begründung stuften die Gerichte Kabelfernsehen als natürliches Monopol ein, das verfassungsrechtlich ausreichende Grundlage für staatliche Eingriffe in die Meinungsfreiheit der Betreiber sei.[120]
In einer Leitentscheidung bestätigte das Berufungsgericht die Rechtmäßigkeit lokaler Beschränkungen, die einem Kabelbetreiber den Eintritt zu zusätzlichen lokalen Märkten untersagten. Diese Beschränkungen der Kommunikationsfreiheit des Betreibers seien gerechtfertigt, da das Medium Kabelfernsehen durch eine Knappheit in Form ökonomischer oder medialer Knappheit (economic or medium scarcity) geprägt sei.[121] Zwar entschied das Gericht nicht abschließend, ob durch Vergabe einer einzigen (wenn auch rechtlich nicht-exklusiven) Lizenz ein natürliches Monopol des Kabelbetreibers begründet wird. Von Bedeutung ist jedoch das Vorbringen der kommunalen Zulassungsbehörde, welche das Gericht unwidersprochen wiedergab:

> »In physical terms, the City alleges a sheer limit on the number of cables that can be strung on existing telephone poles. Economically, the City argues that cable broadcasting is a monopolistic industry because it is not economically viable for more than one cable company to operate in any given geographic area. Together, the City contends these limitations give cable companies the character of a natural monopoly and thus make the cable broadcasting medium 'scarce' in much the same way that the finiteness of the electromagnetic spectrum makes wireless broadcasting a medium of essentially limited access.«[122]

Da nach Ansicht des Gerichts diese technischen und ökonomischen Knappheiten vorliegen und die Verlegung des Kabelnetzes öffentliche Straßen und

---

120 Community Communications v. City of Boulder, 660 F.2d 1371 (10th Cir. 1981), rev'd on other grounds 455 U.S. 40 (1982); Berkshire Cablevision of Rhode Island v. Burke, 571 F.Supp. 976 (D.R.I. 1983). Im Ergebnis auch Central Telecommunications v. TCI Cablevision, 800 F.2d 711, 717 (8th Cir. 1986), cert. denied 480 U.S. 910 (1987). Zustimmend *Geller/Lampert*, 32 Cath. U. L.Rev. 603, 625 (1983). Demgegenüber wurde bereits frühzeitig für das Kabelfernsehen die vom terrestrischen Fernsehen bekannte Spektrumknappheit ausgeschlossen, Home Box Office, Inc. v. FCC, 567 F.2d 9, 45 (1977); Omega Satellite Products v. City of Indianapolis, 694 F.2d 119, 127 (7th Cir. 1982); Preferred Communications v. City of Los Angeles, 754 F.2d 1396, 1404 (9th Cir. 1985); Quincy Cable TV, Inc. v. F.C.C., 768 F.2d 1434, 1448 (D.C. Cir. 1985). Lediglich das Gericht in der Entscheidung Black Hills Video Corp. v. FCC, 399 F.2d 65, 69 (8th Cir. 1968) nahm derartige physical scarcity als Regelungsgrundlage an. Diese Entscheidung entfaltet jedoch heute keine Präzedenzwirkung mehr, s. Preferred Communications v. City of Los Angeles, 754 F.2d 1396, 1404 Fn. 7 (9th Cir. 1985).
121 Community Communications v. City of Boulder, 660 F.2d 1371 (10th Cir. 1981). In diesem Verfahren hatte die lokale Behörde dem Kabelbetreiber untersagt, außerhalb eines näher bestimmten lokalen Marktes seine Dienste anzubieten. In den übrigen Märkten wollte die Stadt andere Betreiber zulassen, um, wenngleich keinen direkten Wettbewerb, so doch Preisvergleiche der Verbraucher zu ermöglichen. In einem einstweiligen Verfahren untersagte der District Court die Durchsetzung dieser geographischen Beschränkung. Der Court of Appeals hob dieses Urteil auf. Die Tatfrage, ob vorliegend ein natürliches Monopol anzunehmen ist, verwies der Court of Appeals an das Untergericht zurück.
122 Community Communications v. City of Boulder, 660 F.2d 1371, 1378 (10th Cir. 1981).

Wege in Anspruch nimmt, müsse der Staat einschreiten können, um den Zugang zu diesem Medium zu reglementieren. Im übrigen sei Kabelfernsehen ein staatlich stark reguliertes Medium und verfüge nicht über die Tradition der unregulierten Betätigung der Presse.[123] Mit dieser Feststellung war nicht mehr die uneingeschränkte Kommunikationsfreiheit der Presse, sondern die des Fernsehens einschlägig, die - wie ausgeführt - Beschränkungen unterworfen werden kann.[124]

Dieser Entscheidung schlossen sich in der Folgezeit andere Gerichte an. Sie grenzten den verfassungsrechtlichen Schutz des Kabelfernsehens von dem der gedruckten Presse ab und versuchten, die ökonomische Knappheit als Eingriffsgrundlage zu begründen. In diesem Zusammenhang führte ein Gericht aus, daß im Rahmen der Netzausschreibung zwar ein Wettbewerb zwischen verschiedenen Bewerbern stattfinde. Doch erhalte in der Regel nur ein einziger Bewerber die Betreiberlizenz in einem lokalen Markt. Diese faktische Exklusivität der Lizenz bewirke, daß der jeweilige Betreiber keinem offenen Wettbewerb ausgesetzt sei. Vielmehr sei es, so das Gericht weiter, Realität, daß der erste zugelassene Betreiber ein natürliches Monopol bei der Errichtung und dem Betrieb des Netzes innehabe.[125] Nach dieser Entscheidung verstößt es nicht gegen die grundrechtlich geschützte Kommunikationsfreiheit des abgelehnten Betreibers, wenn die Zulassungsbehörde nur eine exklusive Lizenz vergibt und den Beweis erbringt, daß aus technologischen Gründen nur ein Kabelbetreiber zugelassen werden kann.[126]

In einem andereren Verfahren griff ein Bewerber die »de-facto«-Exklusivität der bereits vergebenen Lizenz wegen Verstoßes gegen das Kartellrecht und der Kommunikationsfreiheit an. Die beklagte Kommune hatte sich geweigert, eine zweite Lizenz an den Kläger zu vergeben. Richter Posner setzte in dieser Entscheidung ohne weitere Begründung voraus, daß Kabelfernsehen ein natürliches Monopol sei, wodurch im allgemeinen Beschränkungen des Zu-

---

123 Community Communications v. City of Boulder, 660 F.2d 1371, 1379 (10th Cir. 1981).
124 Community Communications v. City of Boulder, 660 F.2d 1371, 1378 (10th Cir. 1981) unter Hinweis auf die maßgeblichen Entscheidungen im Bereich des terrestrischen Fernsehens Red Lion Broadcasting Co. v. FCC, 395 U.S. 367 (1969) und NBC v. United States, 319 U.S. 190 (1943). Die auf ökonomische Knappheit gestützte Rechtfertigung der Beschränkungen relativierte das Gericht insoweit, als nicht sämtliche Beschränkungen des Fernsehens Anwendung auf Kabelfernsehen finden könnten. Deren Zulässigkeit sei vielmehr von dem Grad, in dem ein natürliches Monopol oder Knappheit im Einzelfall gegeben sei, sowie von technologischen Änderungen und von der Möglichkeit und Nutzung des konkreten Kabelnetzes zur Zwei-Weg-Kommunikation abhängig.
125 Berkshire Cablevision of Rhode Island v. Burke, 571 F.Supp. 976, 986 (D.R.I. 1983).
126 Central Telecommunications v. TCI Cablevision, 800 F.2d 711, 717 (8th Cir. 1986), cert. denied 480 U.S. 910 (1987).

gangs sowie im besonderen die Verweigerung der Zulassung eines zweiten Netzbetreibers gerechtfertigt seien. Wörtlich führt er für das erkennende Gericht aus:

> »Moreover, the apparent natural monopoly characteristics of cable television provide [...] an argument for regulation of entry (though it should be noted that while today most newspapers markets are natural monopolies, no one thinks that entry into those markets could be regulated without creating profound First Amendment problems).«[127]

Der eingeschobene Hinweis auf den US-amerikanischen Zeitungsmarkt deckt bereits die Schwäche der Argumentation auf. Denn Wettbewerb auf dem monopolanfälligen Zeitungsmarkt könnte allenfalls durch Entflechtung herbeigeführt werden. Demgegenüber können Vorschriften, die ein bestimmtes Medium »regulieren«, den gewünschten Effekt nicht erbringen und wären - wie das Gericht zu Recht ausführt - als unzulässiger Eingriff in die Pressefreiheit rechtswidrig.[128]

2. Zweifel an dem Bestehen eines natürlichen Monopols

Die ökonomische Begründung für das Bestehen eines natürlichen Monopols des Netzbetreibers basiert auf den Kostenparametern der Kabelindustrie. Ein natürliches Monopol wird allgemein dann angenommen, wenn Größenvorteile (economies of scale) dazu führen, daß ein einziges Unternehmen (das Monopolunternehmen) den Markt zu geringeren Kosten bedienen kann als zwei oder mehr Wettbewerber.[129] Im Bereich des Kabelfernsehens besteht ein natürliches Monopol durch das Fehlen von Wettbewerb, weil entweder kein zweiter Netzbetreiber oder keine anderen Anbieter (etwa ein Satellitenbetreiber oder ein anderer Multikanalanbieter) vorhanden sind.[130]

Marktzutrittsschranken, die bereits zugelassene Netzbetreiber vor potentiellen Wettbewerbern schützen und die Monopolstellung begründen, sind hohe Fixkosten des Betriebes und hoher Eingangskapitalbedarf. Die Fixkosten, die gleichzeitig den hohen anfänglichen Kapitalbedarf bedingen, ergeben sich aus

---

127 Omega Satellite Products v. City of Indianapolis, 694 F.2d 119, 127 (7th Cir. 1982).
128 Miami Herald Publishing v. Tornillo, 418 U.S. 241, 256 (1974).
129 *Scherer/Ross*, S. 111, 112. Für den Kabelbereich gilt:
   »The theory is that, where physical and economic factors render a market incapable of accommodating more than one cable television system, the local governing body is in the best position to determine which proposed system offers the best service to the public for the lowest cost.«
   Central Telecommunications v. TCI Cablevision, 800 F.2d 711, 714 (8th Cir. 1986) mit Hinweis auf Omega Satellite Products v. City of Indianapolis, 694 F.2d 119, 127 (7th Cir. 1982); Community Communications v. City of Boulder, 660 F.2d 1371, 1378-80 (10th Cir. 1981).
130 *Brenner*, 42 Fed. Comm. L.J. 365, 368 (1990).

den Kosten für die Kabelkopfstation und für den Aufbau und die Unterhaltung des Netzes. Diese Kosten sind abhängig von der Größe des Netzes und der Kanalkapazität des Systems, jedoch unabhängig von der Anzahl der angeschlossenen Teilnehmer. Die Größenvorteile (economies of scale) der Industrie resultieren also daraus, daß mit jedem zusätzlich angeschlossenen Teilnehmer die laufenden Kosten (average costs) sinken.[131] Der Kaufpreis eines Kabelsystems beträgt mehr als 3000 $ pro Teilnehmer, während die Errichtung eines zweiten Systems etwa 500 $ je Teilnehmer kostet.[132] Weiterhin wird darauf hingewiesen, daß selbst bei Abschaffung aller Marktzutrittsschranken für konkurrierende Systeme andere potentielle Netzbetreiber, insbesondere die Telefongesellschaften, keinen ökonomischen Anreiz hätten, Fernsehsignale zu verbreiten. Dies liege zum einen daran, daß derzeit bereits 90% aller Haushalte an Kabelnetzen lägen, an die über 50% angeschlossen seien, und zum anderen an den hohen Kosten, die der Aufbau einer Fernsehsignalübertragung (switched video services) auch für die Telefongesellschaften mit sich brächte.[133]

Gegen die ökonomische Begründung eines natürlichen Monopols des Netzbetreibers sind beachtliche Argumente vorgebracht worden:

Zunächst wird eingewendet, daß hohe Fixkosten und Eingangsinvestitionen keine Marktzutrittsschranken darstellten. Zwar würden die Kosten durch jeden Neuanschluß sinken, doch stiegen durch jede Netzerweiterung die Organisationskosten.[134] Zudem seien die hohen Fixkosten hauptsächlich durch Konditionen der Behörden bei der Lizenzvergabe bedingt, so daß etwa 22% der Gebühreneinnahmen des Betreibers zum Ausgleich der Kosten aufgebracht würden, die durch von den staatlichen Behörden auferlegte Bedingungen verursacht seien.[135] Dementsprechend hätten auch die hohen Anforderungen der Kommunen an Kabelbetreiber in den ersten Jahren des Kabelfernsehens zu einem nur geringen Ausbau der Netze geführt.[136]

Schließlich wird darauf verwiesen, daß die exklusive Stellung eines Betreibers in einem lokalen Markt nicht ökonomisch bedingt sei. Vielmehr würden die lokalen Behörden nur eine Lizenz für diesen Markt vergeben.[137] Diese hätten zudem einen Anreiz, nur einen Betreiber zuzulassen, da sie die (einträglichen)

---

131 *Winer*, Part I, 46 Maryland L.Rev. 212, 247 (1987).
132 NTIA Telecom 2000, S. 545; *Brenner*, 42 Fed. Comm. L.J. 365, 366 (1990); *Gershon*, 1992 Telecommunications Policy 110, 117.
133 *Johnson/Reed*, 1992 Telecommunications Policy 122, 130, 133.
134 *Hazlett*, 134 U.Penn.L.Rev. 1335, 1366 (1986); *Brenner*, 1988 Duke L.J. 329, 349; *Winer*, Part I, 46 Maryland L.Rev. 212, 248 (1987).
135 *Shapiro*, CableSpeech, S. 202; *Hazlett*, 143 U.Penn.L.Rev. 1335, 1363 (1986).
136 *Horn/Knieps/Müller*, S. 365.
137 *Winer*, Part I, 46 Maryland L.Rev. 212, 248 (1987); *Powe*, S. 240.

Einnahmen aus den Franchisegebühren zur Verbesserung ihrer Finanzlage benötigten.[138] Die Monopolgebühren seien nämlich potentiell höher als die geringeren Gebühren in einer Wettbewerbssituation. Zudem bestünde bei nur einem Netzbetreiber die Möglichkeit, größeren Einfluß auf die Einspeisebedingungen zu nehmen.[139] Die Beweggründe der Zulassungsbehörden, so argumentiert diese Ansicht weiter, seien durchaus unterschiedlich: Manche nähmen an, Kabelfernsehen sei ein natürliches Monopol. Andere wollten die Verbraucher nicht zwei oder mehr konkurrierenden Anbietern aussetzen, während wieder andere am potentiell höheren Gewinn des Monopolisten in Form der Lizenzgebühren teilhaben wollten. Im Ergebnis jedenfalls würde die Mehrzahl der Behörden konkurrierenden Betreibern den Zugang zu dem lokalen Markt verweigern.[140]

Diese Ansicht wird auch vom Kongreß und der FCC geteilt. Der Kongreß stellte anläßlich der Beratungen zum Cable TV Competition Act 1992 fest, daß von den über 11.000 Kabelsystemen nur 53 Kommunen ganz oder teilweise von zwei Kabelbetreibern versorgt waren.[141] Der Gesetzgeber hat daraufhin das Ermessen der Zulassungsbehörden reduziert, damit in Zukunft mehr Betreiber zugelassen werden.[142] Dieser Entscheidung liegt die Überzeugung zugrunde, daß das Netz kein natürliches Monopol sei. Ob dies richtig ist, kann nur die zukünftige Entwicklung zeigen: Newcomer auf dem Markt, also konkurrierende Kabelbetreiber haben jedenfalls nur dann eine Chance, wenn die Monopolstellung nicht ökonomisch, sondern nur durch die bisherige behördliche Zulassungspraxis bedingt ist.

3. *Rechtliche Gründe gegen eine Monopolstellung als Rechtfertigungsgrundlage*

Schließlich ist die Monopolstellung als Grundlage von Beschränkungen aus rechtlichen Gründen abgelehnt worden. Im wesentlichen haben die Gerichte ihre Ablehnung alternativ auf folgende grundsätzliche Argumenten gestützt:

---

138 *Posner*, 21 Standford Law Rev. 549, 620 ff. (1969); *Wenders*, 1990 Telecommunication Policy 125, 127; *Gershon*, 1992 Telecommunication Policy 110, 114.
139 *Hazlett*, 7 Yale J. on Reg. 65, 85 ff. (1990).
140 *Hazlett*, 134 U.Penn.L.Rev. 1335, 1370 (1986) unter Verweis auf *Posner*, The Appropriate Scope of Regulation in the Cable Television Industrie, 3 Bell J. Econ. & Mgmt. Sci 98, 111 (1972).
141 S. 12 Senate Report 1991, S. 13.
142 Durch Sec. 7 (c) Cable TV Competition Act 1992 geänderter 47 U.S.C. § 541 (a)(1): Additional Competitive Franchises. Ausführlich zu den Neuregelungen unten 2. Abschnitt E. V.

a) wegen der Zulassungspraxis der lokalen Behörden gibt es nur einen Anbieter auf dem Markt; oder
b) die Monopolstellung ist keine verfassungsrechtlich ausreichende Grundlage für die Beschränkung der Meinungsfreiheit des abgelehnten Bewerbers; oder
c) die Regulierung muß darauf beschränkt sein, Störungen der öffentlichen Ordnung durch Verlegung der Netze im Boden zu minimieren.

Zu a) Ein Berufungsgericht folgte dem Argument, die exklusive Stellung der Netzbetreiber resultiere aus der Zulassungspraxis der kommunalen Behörden und nicht aus einem ökonomischen Phänomen. Mit dieser Begründung widersprach das Gericht der Ansicht - ohne in diesem Punkt eine Entscheidung zu treffen -, daß ökonomische Zugangsschranken für aktuelle oder potentielle Konkurrenten bestünden. Vielmehr sorgten - so das Gericht - allein die rechtlichen Beschränkungen der staatlichen Zulassungspraxis dafür, daß es nur einen Anbieter auf dem lokalen Markt gäbe.[143]

Zu b) Ohne sich mit der ökonomischen Begründung der Monopolstellung auseinanderzusetzen, stützen die Gerichte ihre ablehnende Haltung insbesondere auf die Leitentscheidung des US Supreme Court, wonach ökonomische Gründe als Grundlage staatlicher Regulierung nicht in Betracht kommen. Wörtlich heißt es in einer untergerichtlichen Entscheidung:

»In any case, whatever the outcome of the debate over monopolistic characteristics of cable, the US Supreme Court has categorically rejected the suggestion that purely economic constraints on the number of voices available in a given community justify unwarranted intrusions into First Amendment rights.«[144]

---

143 Wörtlich argumentiert das Gericht: »[T]he tendency toward monopoly, if present at all, may well be attributable more to governmental action - particularly the municipal franchising process - than to any »natural« economic phenomenon.« Quincy Cable TV, Inc. v. F.C.C., 768 F.2d 1434, 1450 (D.C. Cir. 1985), cert. denied sub. nom. National Association of Broadcasters v. Quincy Cable TV, Inc., 476 U.S. 1169 (1986).
144 Quincy Cable TV, Inc. v. F.C.C., 768 F.2d 1434, 1450 (D.C. Cir. 1985) mit Hinweis auf Miami Herald Publishing Co. v. Tornillo, 418 U.S. 241, 247-256 (1974). Ebenso Preferred Communications v. City of Los Angeles, 754 F.2d 1396, 1405 (9th Cir. 1985); Century Federal Inc. v. City of Palo Alto, 648 F.Supp. 1465, 1472 (N.D. Cal. 1986). Group W Cable Inc. v. Santa Cruz, 669 F.Supp. 954, 965 (N.D.Cal. 1987). Home Box Office, Inc. v. FCC, 567 F.2d 9, 46 (D.C.Cir. 1977):
»[S]carcity which is the result solely of economic conditions is apparently insufficient to justify even limited governmental intrusion into First Amendment rights of conventional press.«
Gegen eine Anwendung der Grundsätze der Tornillo-Entscheidung des US Supreme Court auf Kabelfernsehen hatten sich andere Bundesgerichte gewandt, da Kabelfernsehen aufgrund der Benutzung öffentlicher Straßen und Wege nicht mit der gedruckten Presse vergleichbar sei. Insbesondere Community Communications v. City of Boulder, 660

Dementsprechend entschied ein anderes Untergericht, daß die Praxis der kommunalen Behörde, nur einen Betreiber zuzulassen, ein verfassungsrechtlich nicht zulässiger Eingriff in die Meinungsfreiheit des abgelehnten Bewerbers sei. Das Gericht stufte die Weigerung, einen zweiten Betreiber zuzulassen, als indirekten Eingriff in die Kommunikationsfreiheit ein: Obwohl ein öffentliches Interesse an der Begrenzung der Anbieter bestehe, sei dieses nicht so gewichtig, um Zugangsbeschränkungen für konkurrierende Betreiber zu rechtfertigen. Zur Verfolgung des öffentlichen Interesses am Zugang zu bestimmten Kanälen stünden mildere Mittel zur Verfügung, etwa die Zulassung mehrerer konkurrierender Anbieter.[145]

Zu c) Ein wichtiges Gegenargument knüpft daran an, daß die Benutzung öffentlicher Wege durch die Verlegung des Kabelnetzes und die insoweit erforderliche Lizenzvergabe sowie durch die Stellung als natürliches Monopol das Medium an sich betrifft. Ein Untergericht entschied, daß eine zulässige staatliche Regulierung darauf beschränkt sein müsse, die Behinderung der Öffentlichkeit durch die Verlegung des Netzes zu minimieren. Das Gericht faßt die Argumentation wie folgt zusammen:

»The weakness in the [natural monopoly, d. Verf.] reasoning stems from the lack of a link between a distincive characteristic of cable television, e.g. the disruption to the public domain, and the proposed government regulation. The fact that a CATV system can potentially disrupt the streets might justify certain government regulations aimed at minimizing such disruption.«[146]

Mit dieser Argumentation wird der Ansatz aufgegeben, daß die technische Definition eines Mediums über dessen verfassungsrechtliche Einordnung entscheidet. Die mögliche bestehende Monopolstellung kann damit nicht als Rechtfertigungsgrund für Beschränkungen der Rechte aus dem ersten Zusatzartikel herangezogen werden. Denn diese Monopolstellung betrifft lediglich das Medium an sich, nicht aber die Nachricht. Deren Verbreitung wird jedoch durch die staatliche Beschränkung verhindert. Deshalb ist die Beschränkung unzulässig. Die staatliche Regulierung, die sich durch den Gebrauch öffentlicher Wege rechtfertigt, kann daher nicht die verbreitete Information oder

---

F.2d 1371, 1379 (10th Cir. 1981). Diese Begründung wurde aber als zu weit zurückgewiesen, da zumindest in diesem Punkt der ökonomischen Knappheit die Medien Kabelfernsehen und Zeitungen vergleichbar seien. Home Box Office, Inc. v. FCC, 567 F.2d 9, 46 (D.C.Cir. 1977); Quincy Cable TV, Inc. v. F.C.C., 768 F.2d 1434, 1450 (D.C. Cir. 1985); Preferred Communications v. City of Los Angeles, 754 F.2d 1396, 1405 (9th Cir. 1985).

145 Pacific West Cable Co. v. City of Sacramento, 672 F.Supp. 1322 (E.D.Cal. 1987).
146 Century Federal, Inc. v. City of Palo Alto, 648 F.Supp. 1465, 1473 (N.D.Cal. 1986); im Ergebnis auch Hopkinsville Cable TV v. Pennyroyal Cablevision, Inc., 562 F.Supp. 543, 547 (W.D. Kentucky 1982).

Meinung treffen, sondern muß auf die Vermeidung der Behinderung der öffentlichen Sachen durch das Übertragungsmedium beschränkt bleiben. Es muß jedoch hinzugefügt werden, daß eine Ablehnung der Zulassung eines zweiten Betreibers dann rechtmäßig ist, wenn die Behörde dessen Monopolstellung zur Überzeugung des Gerichts beweisen kann. So ist die Ablehnung des konkurrierenden Bewerbers mit dem ersten Zusatzartikel vereinbar, wenn bewiesen ist, daß aus technischen Gründen nur ein Betreiber zugelassen werden kann.[147]

4. Zusammenfassung

Die bestehende Meinungsverschiedenheit über das natürliche Monopol als Rechtfertigungsgrund teilt die amerikanischen Bundesgerichte in zwei Lager: Die Courts of Appeals für den 7., 8. und 10. Circuit haben entschieden, daß die Stellung als natürliches Monopol eine Rechtfertigung staatlicher Beschränkungen, insbesondere staatlicher Zugangsbeschränkungen für konkurrierende Betreiber, ist.[148] Dieses Argument haben die Gerichte für den 9. und D.C. Circuit abgelehnt.[149]

Der US Supreme Court hat bisher in diesem Meinungsstreit keine Stellung bezogen. Er hat nur ein Verfahren zur Prüfung angenommen und das Urteil bestätigt, ohne eine eigene Position zu beziehen oder anzudeuten.[150] Das Gericht ließ einerseits das Argument eines Untergerichts unwidersprochen, aufgrund der Entscheidung im Bereich der gedruckten Presse (Miami Herald v. Tornillo) sei ökonomische Knappheit keine verfassungsrechtlich zulässige Rechtfertigung staatlicher Eingriffe. Andererseits scheint der Supreme Court die Gleichstellung des Kabelfernsehens mit der gedruckten Presse in diesem Zusammenhang nicht in vollem Umfang zu teilen, da er seine Entscheidung

---

147 Central Telecommunications v. TCI Cablevision, 800 F.2d 711, 717 (8th Cir. 1986).
148 Central Telecommunications, Inc. v. TCI Cablevision, Inc., 800 F.2d 711 (8th Cir. 1986), cert. den. 106 S.Ct. 1358 (1987); Omega Satellite Products v. City of Indianapolis, 694 F.2d 119 (7th Cir. 1982); Community Communications v. City of Boulder, 660 F.2d 1371 (10th Cir. 1981), cert. dismissed, 456 U.S.1001 (1982); und auch Berkshire Cablevision of Rhode Island v. Burke, 571 F.Supp. 976 (D.R.I. 1983), vacated and remanded, 773 F.2d 382 (1st Cir. 1985).
149 Preferred Communications v. City of Los Angeles, 754 F.2d 1396 (9th Cir. 1985), aff'd on narrower grounds, 476 U.S. 488 (1986); Quincy Cable TV, Inc. v. F.C.C., 768 F.2d 1434, (D.C. Cir. 1985), cert. den. 476 U.S. 1169 (1986); und Group W. Cable, Inc. v. City of Santa Cruz, 669 F.Supp. 954 (N.D.Cal. 1987); Century Federal, Inc. v. City of Palo Alto, 648 F.Supp. 1465 (N.D.Cal. 1986).
150 City of Los Angeles v. Preferred Communications, 476 U.S. 488 (1986). Eine Woche nach Verkündung dieser Entscheidung lehnte der US Supreme Court die Prüfung der Entscheidung Quincy Cable TV, Inc. v. F.C.C., in der das Bundesgericht ausdrücklich das Argument des natürlichen Monopols ablehnte, ab (476 U.S. 1169 (1986)).

zu verfassungsrechtlich zulässigen Eingriffen im Fernsehen (Red Lion Broadcasting v. FCC) herausstellte.[151]

Insgesamt bleibt damit von der höchstrichterlichen Rechtsprechung unbeantwortet, ob eine mögliche Stellung der Kabelbetreiber als natürliches Monopol (economic scarcity) als Rechtfertigung für staatliche Regulierungen und damit für Eingriffe in die Kommunikationsfreiheit dienen kann. Weiterhin ist das Verhältnis der exklusiven Lizenzvergabe durch die staatlichen Zulassungsbehörden zum verfassungsrechtlichen Schutz der Kabelbetreiber ungelöst. Wenn jedoch die Vergabe exklusiver Lizenzen - und damit die rechtliche Zugangsbeschränkung anderer Wettbewerber - in die Kommunikationsfreiheit der nicht zugelassenen Bewerber unzulässigerweise eingreift, dann kann die Alleinstellung des zugelassenen Betreibers nicht als Grundlage und Rechtfertigung staatlicher Regulierung dienen.

Die schwierige tatsächliche Feststellung einer Monopolstellung wird unerheblich, wenn die staatliche Regulierung des Kabelfernsehens nur in dem Ausmaß zulässig ist, in dem die Verlegung des Kabelnetzes etwa die öffentlichen Wege in Anspruch nimmt. Alle weitergehenden Regulierungen sind unzulässige Eingriffe in die Rechte des Kabelbetreibers.

Aus verfassungsrechtlicher Sicht bleibt festzuhalten, daß die Rechtfertigung staatlicher Regulierung aufgrund einer angenommenen Stellung als natürliches Monopol bisher höchstrichterlich ungeklärt ist. Auf der Ebene der Bundesgerichte stehen sich die beiden konträren Ansichten gegenüber.

IV. *Uneingeschränkte Freiheit der Meinungsäußerung - Kabelfernsehen und Presse*

Die Gerichte, die eine Anwendung des Knappheitsarguments als verfassungsrechtliche Rechtfertigung von Beschränkungen des Kabelfernsehens abgelehnt haben, wollen den uneingeschränkten Schutz des ersten Zusatzartikels zur Verfassung, den die gedruckte Presse genießt, auf die Betätigung der Kabelbetreiber erstrecken. Diese Gerichte betonen in ihrer verfassungsrechtlichen Schutzbestimmung den entscheidenden Unterschied zwischen Kabelfernsehen und terrestrischem Fernsehen: Beim Kabelfernsehen sei - wie bei der gedruckten Presse - keine Notwendigkeit staatlicher Regulierung knapper Frequenzen oder Ressourcen gegeben.[152] Sie stellen darauf ab, daß die Kabel-

---

151 City of Los Angeles v. Preferred Communications, 476 U.S. 488, 495 (1986).
152 Quincy Cable TV, Inc. v. F.C.C., 768 F.2d 1434, 1448, 1450 (D.C. Cir. 1985): »No meaningful distinction between cable television and newspapers.« Auch Home Box

betreiber neben der Verbreitung originärer Programme insbesondere verlegerische Tätigkeiten bei der Zusammenstellung der von ihnen verbreiteten Programmpakete ausüben. Die Weiterverbreitung auch nicht originärer Programme wollen sie verfassungsrechtlich ebenso schützen, wie die Herausgabe eines Presseerzeugnisses oder die Zusammenstellung von Theaterprogrammen. Wörtlich heißt es:

> »In addition to originating their own programming, cable television operators exercise considerable editorial discretion regarding what their programming will include. [...] Editorial judgement is entitled to First Amendment protection. [...] Undeniably, cable operators do transmit programs produced by others. To the extent an operator does so, however, we believe it would be treated for First Amendment purposes as would be theater owners, booksellers, and concert promotors.«[153]

Die verfassungsrechtliche Gleichstellung von gedruckter Presse und Kabelfernsehen mündet darin, daß auf Beschränkungen der Freiheit der Kabelbetreiber die Rechtsprechung des US Supreme Court zur uneingeschränkten Freiheit der gedruckten Presse Anwendung findet.[154] Beschränkungen des Kabelfernsehens werden wie Eingriffe in die Kommunikationsfreiheit der gedruckten Presse behandelt und als unzulässig verworfen. Auch Zeitungsverleger - so argumentiert ein Gericht - könnten nicht verpflichtet werden, ihrer Zeitung mehrere Seiten hinzuzufügen oder drei Seiten für öffentliche Einrichtungen freizuhalten oder eine Seite kostenlos an jeden zu vergeben, der etwas abdrucken wolle.[155]

Office, Inc. v. FCC, 567 F.2d 9, 46 (D.C.Cir. 1977); Group W. Cable, Inc. v. Santa Cruz, 669 F.Supp. 954, 965 (N.D.Cal. 1987).

153 Preferred Communications v. City of Los Angeles, 754 F.2d 1396, 1410 Fn. 10 (9th Cir. 1985); Midwest Video Corp. v. FCC, 571 F.2d 1025, 1055 (8th Cir. 1978), insbesondere (obiter dictum): »Though we are not deciding that issue here, we have seen and heard nothing in this case to indicate a constitutional distinction between cable systems and newspapers in the context of the government's power to compel public access.« (S. 1056); aff'd on other grounds, 440 U.S. 698 (1979); Century Federal, Inc. v. City of Palo Alto, 648 F.Supp. 1465, 1472, 1473 (N.D.Cal. 1986).

154 Home Box Office, Inc. v. FCC, 567 F.2d 9, 46 (D.C.Cir. 1977) mit Hinweis auf die Anwendung von Miami Herald Publishing Inc. v. Tornillo, 418 U.S. 241 (1974).

155 Midwest Video Corp. v. FCC, 571 F.2d 1025, 1055/1056 (8th Cir. 1978) zur Zulässigkeit von Verpflichtungen, Dritten Zugang zu einer bestimmten Anzahl von Kanälen zu gewähren (siehe dazu bereits oben 2. Abschnitt B.II.3.):
»The present access rules strip from cable operators [...] all rights of material selection, editorial judgement, and discretion [...]. Though the Commission's logic would apply, and its 'objectives' would be as well achieved, and though newspapers 'retransmit' hundreds of government press releases, we assume that no government agency has the fatal-to-freedom power to force a newspaper to add 20 pages to its publication, or to dedicate three pages for free, first-come-first-served access by the public, educators, and government, or to lease a fourth page on the same basis, or to 'advance' the public interest by opening of [letters-to-editor columns] for use by public and other specific users who would otherwise not likely have access to [newspaper] audiences.«
Der US Supreme Court bestätigte diese Entscheidung (440 U.S. 689 (Midwest II)(1979)), ohne jedoch auf die First Amendment-Problematik einzugehen. Er betonte:

Der US Supreme Court ging nur an wenigen Stellen auf die Möglichkeit einer Gleichstellung von Kabelfernsehen und gedruckter Presse ein. Er betonte jedoch stets, daß er bezüglich des verfassungsrechtlichen Schutzumfangs keine Entscheidung treffe. Andererseits hielt er die Gleichstellung nicht für abwegig und bemerkte, »daß Kabelbetreiber in größerem Umfang verlegerische Auswahl bei der Zusammenstellung des Programmes ausüben«.[156] In seiner jüngsten Entscheidung zitierte das Gericht die Ausführungen des Beklagten, der die Programmauswahl des Kabelbetreibers mit der Herausgabe von Presseerzeugnissen gleichsetzte. Es sieht Meinungsäußerungen des Kabelbetreibers in der Einspeisung eigener Programme und in der verlegerischen Auswahl, welche anderen Programme oder Sender in seinen Paketen angeboten werden. Wörtlich heißt es:

> »Thus, through original programming or by exercising editorial discretion over which stations or programs to include in its repertoire, [the cable operator, d. Verf.] seeks to communicate messages on a wide variety of topics and in a wide variety of formats.«[157]

In einem obiter dictum in einer steuerrechtlichen Entscheidung ging der US Supreme Court kürzlich noch weiter und erklärte, das Kabelfernsehen sei »engaged in 'speech' under the First Amendment, and is, in much of its operations, part of the 'press'«.[158] Andererseits erklärte Richter Kennedy für die Mehrheit der Supreme Court-Richter in der jüngsten Entscheidung des Gerichts zu den Einspeiseverpflichtungen (must-carry rules), daß die Kabelbetreiber zwar verlegerische Tätigkeiten ausübten. Jedoch erläuterte er unter Hinweis auf die technologischen Unterschiede zwischen Zeitungen und Kabelfernsehen, daß die Supreme Court-Entscheidungen zum uneingeschränkten Schutz der gedruckten Presse - jedenfalls bei der Überprüfung der Einspeiseverpflichtungen - nicht anwendbar seien. Diese Entscheidung muß indes eingeschränkt auf die Prüfung der Einspeiseverpflichtungen ausgelegt werden; letztlich kam es in diesem Verfahren nicht auf die verfassungsrechtliche Stel-

---

»Because our decision rests on statutory grounds, we express no view on that [First Amendment, d. Verf.] question, save to acknowledge that it is not frivolous [...]« (S. 710 Fn. 19).

156 FCC v. Midwest Video Corp, (Midwest II), 440 U.S. 689, 707 und 710 (1979) und City of Los Angeles v. Preferred Communications, 476 U.S. 488, 494 (1986): »A significant amount of editorial discretion regarding what their programming will include.«

157 City of Los Angeles v. Preferred Communications, 476 U.S. 488, 494 (1986). Ein Gericht bemerkte dazu, daß der US Supreme Court »stopped just short of equating cable television to more traditional forms of the media.« Century Federal, Inc. v. City of Palo Alto, 648 F.Supp. 1465, 1472 (N.D.Cal. 1986).

158 Leather v. Medlock, 111 S.Ct. 1438, 1442 (1991) unter Hinweis auf die Entscheidung City of Los Angeles v. Preferred Communications. Allerdings hob das Gericht eine einzelstaatliche Steuer, die Kabelunternehmen, nicht aber Zeitungen und Zeitschriften erfaßt, nicht auf, da das First Amendment nicht berührt sei, ebda. S. 1447.

lung der Kabelbetreiber an, da das Gericht die Einspeiseverpflichtungen als indirekte Beschränkungen der Meinungsfreiheit ansah und das Verfahren an das Untergericht zurückverwies.[159]
Insgesamt läßt der US Supreme Court die Meinungsverschiedenheit zwischen den Bundesgerichten unentschieden, ob die Betreiber von Kabelfernsehen den gleichen verfassungsrechtlichen Schutz genießen wie die Herausgeber von Presseerzeugnissen.

V. Ergebnis

Die verfassungsrechtliche Stellung des Kabelbetreibers im dreigeteilten Kommunikationssystem ist bis heute ungeklärt.
Bedingt durch die ursprünglich beschränkten technischen Möglichkeiten wurde das Kabelfernsehen einem bloßen Verbreitungsmedium oder common carrier ohne Ausübung von Freiheitsrechten (mere conduit for others) gleichgestellt. In einer frühen Entscheidung setzte der US Supreme Court terrestrisches Fernsehen und Kabelfernsehen gleich. Zuvor schon hatte das Gericht das Kabelfernsehen als Hilfsdienst zum Fernsehen behandelt. Heute sind die Gerichte aufgrund der verbesserten technologischen Kapazitäten des Kabelfernsehens der Meinung, daß eine physikalisch-technische Knappheit im Kabelfernsehen nicht existiert. Daher können staatliche Beschränkungen nicht mit Hilfe der von der Rechtsprechung angenommenen Knappheit der terrestrischen Frequenzen gerechtfertigt werden.

Einige Gerichte rechtfertigen staatliche Beschränkungen der Kommunikationsfreiheit der Kabelbetreiber damit, daß Kabelfernsehnetze natürliche Monopole seien und Kabelfernsehen folglich wie terrestrisches Fernsehen zu behandeln sei. Sie verweigern eine verfassungsrechtliche Gleichstellung mit der gedruckten Presse unter Hinweis darauf, daß die Presse im Gegensatz zum Kabelfernsehen historisch gesehen frei von staatlicher Regulierung gewesen sei.
Demgegenüber lehnen andere Gerichte ab, staatliche Beschränkungen mit einer Stellung des Kabelbetreibers als natürliches Monopol zu rechtfertigen. Die exklusive Stellung des Kabelbetreibers im Netz, so wird argumentiert, sei nicht auf ökonomische Gründe zurückzuführen, sondern auf die restriktive Zulassungspraxis der staatlichen Behörden. Im übrigen verweisen sie darauf,

---

159 Turner Broadcasting System, Inc. v. FCC, _U.S._ (1994) (Slip Opinion, S. 32). Zu dieser Entscheidung s. ausführlich unten D.I.4.

daß ökonomische Gründe nach der Rechtsprechung des US Supreme Court nicht geeignet sind, Eingriffe in die Kommunikationsfreiheit zu rechtfertigen.

Im Kern ist das skizzierte Dilemma auf das Bemühen zurückzuführen, die verfassungsrechtliche Einordnung des Mediums Kabelfernsehen an eine technische Definition zu knüpfen. Dadurch ändert sich die verfassungsrechtliche Stellung der Kabelbetreiber mit jeder Entwicklungsstufe des Kabelfernsehens von einer Verbesserung terrestrischen Empfangs bis zu einem eigenständigen Medium. Diese Anknüpfung an die technische Definition des Mediums ist konsequenterweise von einigen Gerichten aufgegeben worden. Sie argumentieren, daß sich die staatliche Regulierung auf den Gebrauch der öffentlichen Straßen und Wege durch das Medium beschränken müsse. Jede darüber hinausgehende und die Art und Weise der Verbreitung der Nachricht betreffende Regulierung sei unzulässig.

Einige Entscheidungen stellen nicht nur die Verbreitung originärer Programme, sondern auch die Zusammenstellung des Kabelangebotes als verlegerische Auswahl des Kabelbetreibers der Tätigkeit der gedruckten Presse gleich. Staatliche Beschränkungen des Kabelfernsehens werden also wie Eingriffe in die Freiheit der Presse verstanden und als verfassungsrechtlich unzulässig verworfen.

Der US Supreme Court hat in seinen jüngeren Urteilen eine abschließende Entscheidung nicht getroffen. Allerdings hat das Gericht anerkannt, daß die Kabelbetreiber in größerem Umfang verlegerische Auswahl bei der Zusammenstellung des Kabelangebotes ausüben.

Damit steht fest, daß die Kabelbetreiber vom ersten Zusatzartikel zur Verfassung geschützte Rechtspositionen innehaben. Sie können sich also gegenüber staatlicher Regulierung auf die Kommunikationsfreiheit stützen. Wieweit diese Rechtsposition ausgestaltet ist, wird allerdings von den Untergerichten nicht einheitlich beantwortet und vom US Supreme Court letzlich offengelassen.

D. *Offener Wettbewerb und strukturelle Zugangsregelungen*

Staatlich auferlegte Verpflichtungen der Kabelbetreiber, näher definierte einspeiseberechtigte Fernsehsendungen in ihren Netzen zu verbreiten, sind in den USA seit ihrem erstmaligen Erlaß besonders umstritten. Diese Einspeisungsverpflichtungen, die sogenannten must-carry rules stehen von Beginn an im Zentrum der Bemühungen der FCC, die lokalen Fernsehsender vor Wettbewerbsnachteilen zu schützen, die durch die Heranführung entfernter Programme entstehen können. Die Entscheidungen zu diesen Einspeiseverpflichtungen (must-carry rules) zeigen, welche Verpflichtungen Kabelbetreibern in verfassungsrechtlich zulässiger Weise auferlegt werden dürfen. Im Zentrum stehen dabei die Auswirkungen eigentlich inhaltsneutraler Beschränkungen auf die Freiheit der Meinungsäußerung. Der Streit um diese strukturellen Beschränkungen ist aber nicht nur für die Lösung der konkreten Auseinandersetzung zwischen Kabelbetreibern und Fernsehsendern um Netzzugang bedeutsam. So hat insbesondere die FCC immer wieder betont, daß die Einspeiseverpflichtungen in der Übergangsphase von einem regulierten zu einem offenen Markt geeignet sind, Wettbewerbsverzerrungen zu verhindern. Daher geben die Verfahren um die Einspeiseverpflichtungen Aufschluß über das Verhältnis von Wettbewerb, Zugangsregelungen zum Kabelnetz und Regulierung des Marktes. Zugleich liefern sie Anhaltspunkte dafür, welche Zugangsregelungen in einer zukünftigen Ordnung der Breitbandkommunikation erforderlich und zulässig sein könnten.

I. *Die Verfahren um die Einspeiseverpflichtungen (must-carry rules)*

1. *Die Vorschriften bis 1985*

Die ersten Einspeiseverpflichtungen waren Teil der Zulassungsbedingungen für ein System, das örtlich nicht empfangbare Programme in ein ländliches Kabelsystem einspeisen wollte.[160] In den Jahren 1965 und 1966 erließ die FCC die ersten Verpflichtungen mit dem Ziel, Kabelfernsehdienste in die nationale Fernsehstruktur zu integrieren.[161] Diese Regelungen galten bis 1985 im wesentlichen unverändert fort.

Die Kabelbetreiber mußten auf Antrag der Fernsehanbieter bestimmte terrestrische Programme nach einer festgelegten Rangordnung einspeisen:[162] Rang 1 besetzten die Programme der Sender, in deren hauptsächlichem Sendegebiet (principal community) das Kabelnetz betrieben wurde; Rang 2 und 3

---

160 Carter Mountain Retransmission Corp., 32 F.C.C. 459 (1962), aff'd 321 F.2d 359 (D.C.Cir 1963), cert.denied, 357 U.S. (1963).
161 Rules re Microwave-Served CATV, First Report and Order in Docket Nos. 14895 and 15233, 38 F.C.C.683 (1965) und CATV, Second Report and Order in Docket Nos. 14895, 15233 and 15971, 2 F.C.C. 2d 725 (1966).
162 CATV, Second Report and Order in Docket Nos. 14895, 15233 and 15971, 2 F.C.C. 2d 725, 806-807 (1966), § 91.557 (a): »Stations to be carried.«

belegten die mit herkömmlichen Antennen empfangbaren Programme[163] und Rang 4 die Programme, die von einem örtlichen Sendemast mit 100 Watt oder mehr ausgestrahlt wurden.[164] Im Jahre 1984 änderte sich die Rangfolge der Einspeisung, so daß die Programme der Anbieter eingespeist werden mußten, die im Umkreis von 35 Meilen vom Verbreitungsgebiet des Kabelnetzes lagen (Rang 1). Weiterhin mußten die Programme von Anbietern des gleichen lokalen Marktes (näher bestimmt durch die FCC) eingespeist werden (Rang 2), sowie alle Programme »significantly viewed in the community« (Rang 3).[165] Von diesen Verpflichtungen konnte die FCC individuelle Ausnahmen gewähren, wovon sie aber nur sehr selten Gebrauch machte.[166] Besonders einschneidend für die Kabelbetreiber war, daß sie die Kanäle für die Einspeiseverpflichtungen nicht im Verhältnis zu ihrer Gesamtkapazität zur Verfügung stellte, sondern alle einspeiseberechtigten Programme verbreiten mußten, auch wenn dadurch die gesamte Kanalkapazität erschöpft wurde. Da die Betreiber anfänglich nur 6 oder 12 Kanäle anboten, war die Kapazitätsgrenze oft erreicht, so daß die Einspeiseverpflichtung die Entscheidung der Kabelbetreiber beschränkte, ein möglichst attraktives Programmangebot anzubieten.

2. *Die Rechtswidrigkeit der Einspeiseverpflichtungen: das Verfahren Quincy Cable TV, Inc.*

In diesem Verfahren begehrte der Kabelbetreiber Quincy Cable TV, Inc. drei Programme aus seinem 12-Kanal-Kabelnetz, das vollständig belegt war, gegen andere Kabelprogramme auszutauschen. Das Unternehmen hatte in einer Umfrage seiner Teilnehmer herausgefunden, daß diese drei Programme, die terrestrisch empfangbar und nahezu identisch mit drei anderen Programmen waren, von den Teilnehmern als weniger attraktiv eingestuft wurden als die drei neuen Kabelprogramme.[167] Die FCC verweigerte die

---

163 Die Empfangbarkeit wird unterteilt in Grade A (Rang 2) und Grade B (Rang 3) Contour, die eine bestimmte Feldstärke bezeichnen, mit denen die Programme ausgestrahlt und empfangen werden. Die heutige Regelung ist 47 C.F.R. § 76.5 (d) i.V.m. § 73.683 (a) (1991).
164 Dies sind die Programme, die von einer »television broadcast translator station« verstärkt und ohne Veränderung zum allgemeinen terrestrischen Empfang weitergeleitet werden. Heutige Definition findet sich in 47 C.F.R. § 74.701 (1991).
165 47 C.F.R. §§ 76.5, 76.51, 76.53, 76.55, 76.57, 76.59, 76.61 (1984).
166 47 C.F.R. § 76.7 (1984). Quincy Cable TV, Inc. v. F.C.C., 768 F.2d 1434, 1440 Fn. 13 (D.C. Cir. 1985) spricht von sehr selten (»extremely sparingly«).
167 Quincy, Washington, ist von den Städten Spokane und Seattle etwa gleich weit (ca. 200 km) entfernt. Das System hatte eine Kapazität von 12 Kanälen, die vollständig belegt waren. Eingespeist wurden ein originäres Programm des Betreibers, drei network

Erteilung einer Ausnahmegenehmigung. Auf die Klage des Kabelbetreibers wurde die Einspeiseverpflichtung als unzulässiger Eingriff in die Kommunikationsfreiheit des Kabelbetreibers aufgehoben. Das Gericht lehnte die Gleichsetzung des Kabelfernsehens mit terrestrischem Fernsehen ab. Der Eingriff in die Meinungsfreiheit konnte daher nicht mit der Knappheit der Frequenzen oder Kapazitäten gerechtfertigt werden.[168] Das Gericht überprüfte die Einspeiseverpflichtung hinsichtlich ihrer Auswirkungen auf die verlegerische Freiheit, die ein Kabelbetreiber - jedenfalls in einem gewissen Umfang - genießt. Die Frage, ob die Verpflichtungen direkte oder nur indirekte Eingriffe (incidental burdens) in die Meinungsfreiheit darstellen, beurteilte das Gericht aus der Sicht der Kabelbetreiber: Die inhaltsneutralen Einspeiseverpflichtungen würden die Kabelbetreiber zu Meinungsäußerungen zwingen. Diese müßten die Fernsehprogramme einspeisen, und zwar ohne Rücksicht auf die Interessen ihrer angeschlossenen Teilnehmer, für die sie die Programmpakete in verlegerischer Auswahl zusammenstellten. Die entscheidende Stelle des Urteils lautet wie folgt:

> »The rules coerce speech: they require the operator to carry the signals of local broadcasters regardless of their content and irrespective of whether the operator considers them appropriate programming for the community it serves. The difficulty is not so much that the rules force operators to act as a mouthpiece for ideological perspectives they do not share [...]. The more certain injury stems from the substantial limitations the rules work on the operator's otherwise broad discretion to select the programming it offers to its subscribers.«[169]

Die Regelungen, so das Gericht weiter, griffen zudem in die Kommunikationsfreiheit der Kabelbetreiber ein, da sie die Meinungsäußerungen der Fernsehanbieter gegenüber denen der Kabelbetreiber bevorzugten. Insbesondere aber führe die Kapazitätsausfüllung durch die einspeiseberechtigten Fernsehprogramme dazu, daß der Kabelbetreiber seine angeschlossenen Teilnehmer nicht mit eigenen Programmen erreichen könne:

> »Although the goals of the rules - preserving local broadcasting - can be viewed as unrelated to the suppression or protection of any set of ideas, the rules nonetheless profoundly affect values that lie near the heart of the First Amendment. They favour one

---

affiliate-Programme aus Seattle, drei network affiliate-Programme aus Spokane, die mit denen aus Seattle fast identisch waren (»largely duplicative«), ein öffentliches Programm aus Spokane und vier andere Programme. Nur die 4 Programme aus Spokane konnten auch terrestrisch empfangen werden. Die drei auszutauschenden Programme waren die drei kommerziellen Programme aus Spokane. Damit war die Belegung vergleichbar mit der Situation deutscher Kabelnetze, in denen die öffentlich-rechtlichen Anstalten mit ihren 1. und 3. Fernsehprogrammen auch mehrmals mit fast identischen Programmen eingespeist werden.

168 Quincy Cable TV, Inc. v. F.C.C., 768 F.2d 1434 (D.C. Cir. 1985), cert. denied sub nom. National Association for Broadcasters v. Quincy Cable TV, Inc. 476 U.S. 1169 (1986).
169 Quincy Cable TV, Inc. v. F.C.C., 768 F. 2d 1434, 1452 (D.C. Cir. 1985).

group of speakers over another. They severely impinge on editorial discretion. And, most importantly if a system's channel capacity is substantially or completely occupied by mandatory signals, the rules prevent cable programmers from reaching their intended audience even if that result directly contravenes the preference of cable subscribers.«[170]

Schließlich rügte das Gericht die - bekanntlich auch in Deutschland - umstrittene Pflicht, identische Programme einzuspeisen.[171]

Den wörtlichen Ausführungen läßt sich entnehmen, daß nicht mehr an die technische Definition des Kabelfernsehens als reiner Übertragungsträger angeknüpft wird, sondern an die Nachricht. Die Zusammenstellung des Programmpakets ist also Audruck der verlegerischen Freiheit des Kabelbetreibers. Die Einspeiseverpflichtung greift in diese Freiheit ein, da der Betreiber gezwungen ist, entgegen seiner unternehmerischen Entscheidung und entgegen dem Wunsch seiner Teilnehmer bestimmte Programme einzuspeisen.[172] Damit haben die inhaltsneutralen Regelungen direkte Auswirkungen auf die Verbreitung einer Meinung, da der Kabelbetreiber keinen Einfluß auf das von ihm (teilweise) verbreitete Programm hat.[173] Insbesondere dürfen die Einspeiseverpflichtungen nicht dazu führen, daß die gesamte Kapazität des Netzes durch fremde Programme ausgeschöpft wird.

---

170 Quincy Cable TV, Inc. v. F.C.C., 768 F. 2d 1434, 1453 (D.C. Cir. 1985).
171 Quincy Cable TV, Inc. v. F.C.C., 768 F. 2d 1434, 1460 (D.C. Cir. 1985):« The 18th station is entitled to carriage no less than the first even if its programming is virtually duplicative of the viewing fare already transmitted over the system.«
172 Dazu verweist das Gericht auf die Entscheidung des US Supreme Court Buckley v. Valeo, 424 U.S. 1, 48-49 (1976): »[T]he concept that government may restrict the speech of some elements of our society in order to enhance the relative voice of others is wholly foreign to the First Amendment [...].«
173 Trotz dieser eindeutigen Einstufung der must-carry rules konnte das Gericht eine abschließende Festlegung offenlassen, ob die vorliegenden must-carry rules direkte oder nur indirekte Eingriffe in die Freiheit der Meinungsäußerung sind. Selbst wenn sie nur indirekte Beschränkungen darstellten, seien sie nach dem für indirekte Eingriffe vom US Supreme Court entwickelten O'Brien-Test rechtswidrig (dazu oben 1. Abschnitt A. IV. 3.). Die FCC habe nicht beweisen können, daß als Rechtfertigung der Beschränkungen ein »substantial governmental interest« existierte. Das Gericht rügte insbesondere, daß die FCC trotz ihrer jahrelangen Behauptung, Kabelfernsehen in einem offenen, unregulierten Markt stelle eine Gefahr für lokales Fernsehen dar, keine ausreichenden substantierten Beweise erbrachte, so daß es ihrer »amorphen« Behauptung einer Gefahr nicht folgen könne. Quincy Cable TV, Inc. v. F.C.C., 768 F. 2d 1434, 1456ff, 1461 (D.C. Cir. 1985).

3. *Die geänderten Regelungen und das Verfahren Century Communication Corp.*

Nachdem die Quincy-Entscheidung nicht ausgeschlossen hatte, daß geänderte Einspeiseverpflichtungen mit dem ersten Zusatzartikel vereinbar sind, erließ die FCC neue Regelungen.[174]
Die Grundstruktur dieser Regelungen unterschied sich von den bisherigen dadurch, daß nunmehr die Anzahl der Kanäle, die zur Verfügung gestellt werden mußten, in Relation zur Gesamtkapazität des Netzes festgelegt war. Bei einer Kapazität zwischen 21 und 26 Kanälen mußten bis zu 7, bei 27 und mehr Kanälen mußten bis zu 25% der Kanäle zur Verfügung gestellt werden.[175] Die Veranstalter mußten im Umkreis von 50 Meilen von der Kabelkopfstation ansässig sein, und ihre Programme mußten eine Mindestzuschauerzahl erreichen.[176] Sofern mehr Programme eingespeist werden sollten als der Betreiber Kanäle zur Verfügung stellen mußte, konnte er identische Programme von Veranstaltern, die demselben Fersehsender (TV-network) angegliedert waren, zurückweisen.[177] Bei einer Kabelkapazität von bis zu 54 Kanälen mußte nur noch ein Kanal, darüber zwei Kanäle nichtkommerziellen Sendern zur Verfügung gestellt werden.[178]
Völlig neuartig war schließlich die Verpflichtung der Kabelbetreiber, ihren Teilnehmern einen Schalter am Fernsehapparat zu installieren, den sogenannten A/B switch, mit dem die Teilnehmer per Knopfdruck zwischen terrestrischem Empfang und Kabelempfang wählen konnten.[179] Bei Gebrauch des Schalters konnten alle lokalen Sender, einschließlich der nicht im Kabelnetz

---

174 Diese Regelungen waren ein Kompromiß zwischen der FCC, der National Association of Broadcasters und der National Cable Television Association, *Brenner/Price*, § 6.06[2][a].
175 Amendment of Part 76 of the Commission's Rules Concerning Carriage of Television Broadcast Signals by Cable Television Systems, Report and Order in Docket No. 85-349, 1 F.C.C.Rcd 864, Rn. 150 - 152 (1986) (im folgenden FCC - Amended Must-Carry), kodifiziert als 47 C.F.R. § 76.56.
176 FCC - Amended Must-Carry, 1 F.C.C.Rcd 864 (1986), Rn. 145-146, kodifiziert als 47 C.F.R. § 76.5 (d)(1)(ii). Der Standard war: »average share of total viewing hours of at least 2 percent and a net weekly circulation of 5 percent in noncable households«.
177 FCC - Amended Must-Carry, 1 F.C.C.Rcd 864 (1985), Rn. 153.
178 47 C.F.R. § 76.56.
179 FCC - Amended Must-Carry, 1 F.C.C.Rcd 864 (1986), Rn. 140; Amendment of Part 76 of the Commission's Rules Concerning Carriage of Television Broadcast Signals By Cable Television Systems, Memorandum Opinion and Order in Docket No. 85.349, 2 F.C.C.Rcd 3593 (1987), (im folgenden: FCC - Must-Carry Revision), Rn. 80-94, kodifiziert als 47 C.F.R. § 76.66. Mit der Installation des A/B switch mußte ein Informationsblatt an die Verbraucher verteilt werden.

verbreiteten, empfangen werden.[180] Diese Regelungen sollten fünf Jahre in Kraft bleiben, um die Verbraucher an den Einsatz des Schalters zu gewöhnen. Die ursprüngliche Rechtfertigung der Einspeiseverpflichtungen, ein Segment der Fernsehindustrie durch substantielle Einschränkung der Dienstleistung eines anderen Segments[181] zu schützen, wurde von der FCC nicht aufrechterhalten. Vielmehr sollten die modifizierten Regelungen die Umwandlung eines regulierten in einen offenen Markt ermöglichen. Die Verbraucher, so die FCC, würden aufgrund der lange bestehenden Einspeiseverpflichtung davon ausgehen, daß alle lokalen Programme im Kabelnetz verbreitet würden. In einer Übergangszeit müßten sie daran gewöhnt werden, bestimmte lokale Programme nur terrestrisch empfangen zu können.[182]

Das zuständige Gericht hielt auch diese modifizierten Einspeiseverpflichtungen für verfassungswidrig. Lediglich die Verpflichtung zur Installation des Schalters (einschließlich der Verbraucherinformation) sei mit dem ersten Zusatzartikel vereinbar.[183] Zwar betonte das Gericht, daß die aktuellen Verpflichtungen weniger einschränkend seien als die vorherigen, da nur maximal ein Drittel der Kanäle zur Verfügung gestellt werden müßten und da der Standard der ausreichenden Sehbeteiligung den Kabelbetreiber vor unattraktiven und damit nicht profitablen Programmen bewahre. Dennoch seien auch die modifizierten Regelungen nicht mit den Grundrechten der Kabelbetreiber vereinbar. Denn die Einschätzung der FCC, so das Gericht, basiere nicht auf hinreichenden Beweisen, sondern auf der zweifelhaften Behauptung (highly dubious assertion), daß die Verbraucher die terrestrischen Programme lediglich im Kabelnetz suchten. Doch sei diese Annahme nicht zutreffend, da die Verbraucher die Programme ihrer Wahl empfingen, ohne daß es Einspeiseverpflichtungen der Netzbetreiber bedürfe. Damit wies das Gericht insbesondere das Argument zurück, die Verbraucher müßten sich in einer fünfjährigen Übergangszeit an einen offenen Fernseh- und Kabelmarkt gewöhnen. Im übrigen verwies das Gericht auf Berichte der Federal Trade Commission (FTC) und des Department of Justice, wonach das Fehlen von Ein-

---

180 FCC - Amended Must-Carry, 1 F.C.C.Rcd 864 (1986), Rn. 163 und 138.
181 FCC - Amended Must-Carry, 1 F.C.C.Rcd 864 (1986), Rn. 119.
182 FCC - Amended Must-Carry, 1 F.C.C.Rcd 864 (1986), Rn. 121. Das Gericht, das diese veränderten Vorschriften zu überprüfen hatte, faßte die Argumentation der FCC zusammen:
»Rather, the Commission now argued that must-carry rules were needed to guarantee such access during a shorter-term transition period during which viewers could become accustomed to an existing and inexpensive but largely unknown piece of equipment known as the 'input-selector device'«. Century Communications Corp. v. F.C.C., 835 F.2d 292, 296 (D.C.Cir. 1987).
183 Century Communications Corp. v. F.C.C., 835 F.2d 292, 304 (D.C.Cir. 1987); clarified 837 F.2d 517 (1988), cert. den. 108 S.Ct. 2014 (1988).

speiseverpflichtungen die lokalen Fernsehstationen nicht schädigen würde. Da zudem Kabelbetreiber ohnehin Programme lokaler Stationen einspeisten, folgte das Gericht auch in diesem Verfahren nicht der Auffassung der FCC, daß die Einspeiseverpflichtungen lokale Fernsehstationen schützten, ohne diese in verfassungswidriger Weise zu bevorzugen.[184]

Im Anschluß an diese Entscheidungen nahm die FCC mit Wirkung zum 1. November 1989 sämtliche Einspeiseverpflichtungen zurück.[185] Wenn ein Kabelbetreiber lokale Fernsehprogramme anbietet, was ihm nach den neuen Regelungen freisteht, dann müssen die Programme unverändert weiterverbreitet werden.[186] Aufrechterhalten hat die FCC lediglich die nicht für unwirksam erklärten Regelungen über die Installation des A/B-Schalters und über die Verbraucherinformation. In den Informationen an die Verbraucher müssen die Betreiber die technischen Möglichkeiten und die Bedienung des A/B-Schalters erläutern. Zudem müssen sie die Programme angeben, die lediglich terrestrisch empfangen werden können.[187]

II. Die gesetzliche Neuregelung: Verbindung von Einspeiseverpflichtung und Zwangslizenz

1. Die Gesetzesinitiativen

Alarmiert durch eine Vielzahl von Beschwerden seitens lokaler Fernsehsender, aber auch seitens der Verbraucher brachten Abgeordnete und Senatoren Entwürfe zur Einführung einer gesetzlichen Einspeiseverpflichtung in den Kongreß ein. Das Berufungsgericht hatte in einem weiteren Verfahren diesen

---

184 Century Communications Corp. v. F.C.C., 835 F.2d 292, 299-302 (D.C.Cir. 1987). Wörtlich heißt es: »More generally, we cannot accept, without evidence to the contrary, the sluggish profile of the American consumer that the Commission's argument necessarily presupposes. In a culture in which even costly items like the video-cassette recorder, the cordless telephone, the compact disc-player and the home computer have spread like wildfire, it begs incredulity to simply assume that consumers are so unresponsive that within the span of five years they would not manage to purchase an inexpensive hardware-store switch upon learning that it could provide access to a considerable storehouse of new television stations and shows.«
185 Amendment of Part 15 of the Commission's Rules Concerning Carriage of Television Broadcast Signals by Cable Television Systems and Concerning Input Selector Switches Used in Conjunction with Cable Television Service, Order in Docket Nos. 85-349 and 87-107, 4 F.C.C.Rcd 4552 (1989), kodifiziert als 47 C.F.R. § 76.66 (1989).
186 47 C.F.R. § 76.62 (1989).
187 47 C.F.R. § 76.66 (c)(6) (1989). Die Betreiber müssen nur solche Programme angeben, die in ihrem Verbreitungsgebiet mit einer bestimmten Feldstärke ausgestrahlt werden (Grade B contour) und die eine bestimmte Sehbeteiligung erreichen (significantly viewed).

Weg gewiesen und entschieden, daß Einspeiseverpflichtungen nicht automatisch gegen den ersten Zusatzartikel verstoßen. Insbesondere deutete das Gericht an, daß die Einspeiseverpflichtung dann verfassungsmäßig sein könne, wenn sie mit einer Inanspruchnahme der Zwangslizenz durch die Kabelbetreiber verknüpft werde.[188]

Verschiedene Gesetzentwürfe der Jahre 1989 und 1990 (101st Congress) erlaubten den Kabelbetreibern, nur dann auf die gesetzliche Lizenz zurückzugreifen, wenn sie Programme lokaler Fernsehstationen in das Kabelnetz einspeisten. Ohne diese Einspeisung sollten die Betreiber alle Verbreitungsvereinbarungen auch mit den entfernten Fernsehsendern herbeiführen (retransmission consent) und entsprechend individuell ausgehandelte Vergütungen abführen (retransmission fees).[189] Ein anderer Entwurf enthielt eine Einspeiseverpflichtung nur für Programme öffentlicher Fernsehstationen.[190] Daneben wurde erstmals eine modifizierte Einspeiseverpflichtung unter Beibehaltung der Zwangslizenz für Kabelbetreiber als Gesetzentwurf eingebracht, die sogenannte if carry/must pay rule: Danach besteht keine Pflicht zur Einspeisung von örtlich empfangbaren Programmen. Sobald ein Betreiber aber in seinem Netz ein Programm weiterverbreitet, muß er zugleich eine zum Verhältnis seiner Gesamtkapazität stehende Anzahl örtlicher Sender einspeisen. Für die Einspeisung sollen die Kabelbetreiber an die FCC Gebühren abführen (retransmission fees).[191] Ein wichtiger Senatsentwurf wurde Ende September 1990 im Senat gestoppt, nachdem der damalige Präsident Bush mit einem Veto gedroht hatte.[192] Dieser Entwurf hielt die Zwangslizenz für Kabelbetreiber aufrecht, verpflichtete sie jedoch, bis zu einem Drittel ihrer Kapazität für zugangsberechtigte Fernsehstationen zur Verfügung zu stellen. Die Berechtigung zur Einspeisung knüpfte nicht an eine Mindestzuschauerbeteiligung an, sondern an die Möglichkeit zum örtlichen Empfang der Programme. Wenn die Zahl der einspeiseberechtigten Programme die Anzahl der zur Verfügung zu stellenden Kanäle überstieg, dann konnte der Betreiber eine Aus-

---

188 United Video, Inc. v. FCC, 890 F. 2d 1173 (D.C. Cir. 1989).
189 Entwurf des Repräsentantenhauses H.R. 109, abgedr. in 37 PTCJ 241, 247 (1989); Senatsentwurf S. 177, abgedr. in 37 PTCJ 303 (1989).
190 Entwurf des Repräsentantenhauses H.R. 4415, abgedr. in 39 PTCJ 452, 460 (1990). Andere Entwürfe sind zusammengefaßt bei *Belvin/Morris*, in Cable TV Law 1990, S. 513, 518 ff.
191 So § 841 »Retransmission Requirements« und § 832 »Submission of Statement of Account and Retransmission Fees« des Senatsentwurfs S. 2357 vom 28. März 1990, »Cable Subscriber Protection and Broadcast Retransmission Act of 1990«, abgedr. in 39 PTCJ 452 f., 460 ff. (1990). Die retransmission fees sollte die FCC zu 20% an die Urheberrechtsinhaber, zu 80% an die lokalen Fernsehsender ausschütten.
192 Senatsentwurf S. 1880 vom 15. November 1989 »Cable Television Consumer Protection Act of 1989«, abgedr. bei *Belvin/Morris*, in Cable TV Law 1990, S. 513, 537 ff.

wahl unter den Programmen treffen. Im Gegensatz zu anderen Entwürfen war keine Zahlungsverpflichtung der Betreiber vorgesehen, andererseits mußten die lokalen Programme auch kostenlos eingespeist werden.
Der Bericht des Senatsausschusses zu diesem Gesetzentwurf begründete eine gesetzliche Einspeiseverpflichtung mit der wirtschaftlichen Position der Kabelbetreiber (»bottleneck position«). Sie dürften ihre Marktmacht, so der Bericht, nicht dazu ausnutzen, die Einspeisung wichtiger lokaler Fernsehprogramme zu verweigern. Der Bericht verwies zur weiteren Begründung auf eine Erhebung der FCC. Danach hatten im Jahr 1988 von ungefähr 4.300 Kabelsystemen etwa 20% einer oder mehreren Fernsehstationen den Zugang zum Netz verweigert, und insgesamt waren 1.820 Programme von Fernsehsendern nicht weiterverbreitet worden.[193]

2. *Die Stellungnahmen zu einer gesetzlichen Einspeiseverpflichtung*

In den öffentlichen Anhörungen zu den Gesetzentwürfen war die Einführung einer Verbreitungsvereinbarung (retransmission consent) zwischen Kabelbetreiber und insbesondere entfernten Fernsehsendern und die Verknüpfung dieser Vereinbarung mit der gesetzlichen Einspeiseverpflichtung zwischen den verschiedenen Interessengruppen sehr umstritten.

a) *Die Federal Communications Commission*

In ihrem umfassenden Bericht über Kabelfernsehen wies die FCC erneut auf den Zusammenhang zwischen der gesetzlichen Lizenz und einer Einspeiseverpflichtung hin.[194] Da Kabelfernsehen immer mehr Werbeanteile gewinne, erfolgreich originäre Programme verbreite und gleichzeitig Anspruch auf gesetzliche Lizenz an terrestrischen Programmen habe, sei es zu einem Ungleichgewicht zwischen lokalem Fernsehen und Kabelfernsehen gekommen. Dieses Ungleichgewicht könne kurzfristig durch eine Wiedereinführung der Einspeiseverpflichtung behoben werden, die mit der Inanspruchnahme der Zwangslizenz zugunsten der Kabelbetreiber verknüpft werden müsse.
Die FCC hält insgesamt aber eine Abschaffung der gesetzlichen Lizenz für notwendig. Diese sei eine Subventionierung des Kabelfernsehens, die es den

---

193 Zitiert nach FCC - Reexamination to the Effective Competition Standard for the Regulation of Cable Television Basic Service Rates, Report and Order in Docket No. 90-4, 6 F.C.C.Rcd 4545, 4565, Rn. 106 f. (1991). Die FCC weist darauf hin, daß darin auch solche Sender enthalten sind, die nach den 1985 aufgestellten Regelungen (post-Quincy regulations) nicht einspeiseberechtigt waren.
194 FCC - Cable Competition Report 1990, Rn. 143 ff., 153 ff.

Kabelbetreibern erlaube, bei geringen Kosten Programme entfernter Sender zu nutzen, für die lokale Fernsehanstalten möglicherweise große Summen aufbringen müßten.[195] Die FCC plädiert dafür, langfristig die Marktkräfte anstelle staatlicher Regulierung stärker zu betonen. Nach ihrer Ansicht sollte dann jeder Kabelbetreiber mit den Fernsehstationen eine Verbreitungsvereinbarung treffen, bevor die Programme eingespeist werden. Sie geht davon aus, daß die Zuschauer von einem deregulierten Markt ohne Zwangslizenz und ohne Einspeiseverpflichtung profitieren würden, da sie bessere Programme erhielten, die durch optimale Verteilung der Medien verbreitet würden. Die Kernaussagen der FCC lauten:

> »Notwithstanding the need for must-carry rules coupled with the compulsory license at this time, the long term-interests of the viewing public, in our judgement, demand that the government should withdraw from dictating contractual relationships between local stations and cable television distributors. [...]
> Imposing retransmission consent provisions would warrant elimination of the compulsory copyright, which would have the additional advantage that with full copyright liability, consumers would benefit from a menu of programming more closely matched to their preferences and delivered by a more efficiently utilized group of transmission media.«[196]

b) *U.S. Register of Copyrights*

Aus urheberrechtlicher Sicht wurde vorgebracht, daß eine einzelvertragliche Pflicht der Kabelbetreiber und Fernsehsender zur Einigung (retransmission consent) das System der gesetzlichen Lizenz nach dem Copyright Act indirekt aushöhlen würde. Die Fernsehstationen könnten die Einspeisungsvereinbarung mit den Kabelbetreibern blockieren und gleichzeitig die Inanspruchnahme der Zwangslizenz verhindern. Darüber hinaus müßten die Kabelbetreiber nicht nur die ausgehandelten retransmission fees bezahlen, sondern auch Urheberrechtsvergütungen, was die Betreiber doppelt belaste.[197]

---

195 Wörtlich: »Even if must-carry rules are enacted, under the current copyright regime local broadcasters cannot compete on an even footing with cable systems. The compulsory license allows cable systems to use programming at little cost for which local broadcasters might have paid substantial sums, and also provides cable with a subsidy for importing distant broadcast signals that closely resemble local stations and which thus compete directly with the local stations for viewers. [...] Additionally, the compulsory license fails to recognize the added value local broadcasters provide when they construct successful programming schedules mixing local and national programming the value of the whole is greater than the mere sum of the parts.«, FCC - Cable Competition Report 1990, Rn. 156.
196 FCC - Cable Competition Report 1990, Rn. 155 und 157. Bereits 1989 hatte die FCC einen Zusammenhang von Zwangslizenz und must-carry rule festgestellt und dem Kongreß geraten, die gesetzliche Lizenz abzuschaffen, Compulsory Copyright License for Cable Retransmission, Report in GEN.Docket No. 87-25, 4 F.C.C.Rcd 6562 (1989).
197 Dorothy Schrader, Associate Registrar of Copyrights for Legal Affairs, in einem Hearing des House Subcommittee on Intellectual Property and Judicial Administration

c) *Die Fernsehsender*

In ihrer Stellungnahme zu den neuesten Gesetzentwürfen machte die National Broadcasting Association (NAB) geltend, daß eine Kombination von Einspeiseverpflichtung und Verbreitungsvereinbarung (combination of must-carry rule and retransmission consent) das Ungleichgewicht zwischen terrestrischem Fernsehen und Kabelfernsehen korrigieren könne. Nach der derzeitigen Rechtslage »subventionierten« die terrestrischen Fernsehanstalten die Kabelbetreiber, also ihre Wettbewerber, über die gesetzliche Lizenz, während es diesen offen stehe, die Programme bestimmter Fernsehsender nicht einzuspeisen. Zudem müßten die Teilnehmer der Kabelbetreiber für die attraktiven Fernsehprogramme Gebühren bezahlen, während die terrestrischen Sender die gleichen Programme nur kostenlos ausstrahlen könnten. Die einzige Möglichkeit, diese Subventionierung aufzuheben, bestehe darin, den Fernsehanstalten zu erlauben, über die Verbreitungsvereinbarung (retransmission consent) für ihre Programme einen echten Wertausgleich zu erhalten. Da es zu den Kabelbetreibern noch keine echte Multikanal-Konkurrenz gebe, müßten die einzigen Wettbewerber, nämlich die lokalen Fernsehsender, geschützt und der Zugang zu den Kabelnetzen gesetzlich garantiert sein.[198] Die Association of Independent Broadcasters (Vertreter der network-unabhängigen Fernsehstationen) forderte nicht nur die gesetzliche Verankerung der Einspeiseverpflichtung, sondern auch, daß die Verbraucher ein Programm auf demselben Fernsehkanal (channel number) im Kabelnetz sehen könnten, auf dem sie dieses über die Antenne empfingen. In ihrer Stellungnahme wies der Verband verschiedene

---

vom 10. Juli 1991, zit. nach: House Panel Holds Oversight Hearing On Copyright, Telecommunications Issues, 42 PTCJ 253, 254 (1991).
198 Testimony of the National Association of Broadcasters, H.R. 1303 Hearings 1991. Die von der NAB in Auftrag gegebene und der Stellungnahme beigefügte Studie »The Economic Impact of Cable on Broadcasting« (1991) vertritt die Auffassung, daß Kabelbetreiber einen Anreiz haben, einen oder mehrere unabhängige Lokalstationen (local independent) sowie Sender, welche die Networkprogramme kopiert ausstrahlen (duplicate network television), nicht mehr einzuspeisen. Nach dieser Studie besteht dieser Anreiz für die Kabelbetreiber dann, wenn für sie eine oder mehrere der folgenden Voraussetzungen vorliegen (S. 22):
»(1) this would increase the spot advertising revenues obtained from selling basic channel audience to advertisers;
(2) this would increase pay subscriptions (and/or reduce the decline in pay subscriptions);
(3) deletion of a local station will reduce the audience of that station significantly enough to make advertising on cable-only channels more attractive to local advertisers;
(4) this would increase the network advertising revenues obtained from one or more cable-only services in which a system's owner (i.e., MSO) has an equitiy interest; and/or
(5) in order to make room for some type of cable-only program services.«

Fälle nach, in denen eine Änderung in der Kabelpositionierung des Senders zu abnehmender Sehbeteiligung geführt habe, während der gleiche Sender die »terrestrische« Sehbeteiligung gleichzeitig habe erhöhen können. Insbesondere die zunehmende horizontale und vertikale Integration der Kabelbetreiber verbunden mit ihrer exklusiven Stellung führe dazu, daß populäre Sportsendungen und Programme nicht mehr terrestrisch ausgestrahlt würden (bypassing off-air broadcasting) und somit von 40% aller amerikanischen Haushalte, die nicht über einen Kabelanschluß verfügten, nicht zu sehen seien.[199]

d) *Die Kabelbetreiber und Kabelprogrammveranstalter*

Demgegenüber verweisen die Kabelbetreibergesellschaften auf die weitreichenden Lizenzbedingungen der lokalen Zulassungsbehörden, denen sie unterworfen sind. Diese Bedingungen - so die Betreiber - reichten von technischen Voraussetzungen bis zu Vorschriften, Kanäle für örtliche Programme zur Verfügung zu stellen. So weise der Lizenzvertrag für Los Angeles Area I (103.000 Anschlüsse) 28 Kündigungsgründe auf, insbesondere für den Fall, daß lokale Fernsehstationen unberechtigterweise nicht eingespeist würden. Einer gesetzlichen Regelung bedürfe es nicht. Im übrigen nehme die Zusammenarbeit mit den lokalen Fernsehstationen zu. Wenn insbesondere den großen Fernsehsendern Zuschauer und damit Werbeeinnahmen verloren gingen, so sei dies nicht auf unfaires oder wettbewerbswidriges Verhalten der Kabelbetreiber zurückzuführen, sondern darauf, daß die Verbraucher vielfältigeres Kabelfernsehen wünschten, das ihnen die Fernsehsender nicht bieten könnten.

Nach ihrer Ansicht werden sich die Kabelgebühren durch die zu erwartenden Verbreitungsgebühren (retransmission fees) um bis zu 5 $ erhöhen.[200] Allerdings ist inzwischen bezweifelt worden, daß die »must-carry/retransmission consent«-Regel größere finanzielle Auswirkungen auf die Kabelbetreiber haben wird. Experten gehen davon aus, daß die Einspeisungsvereinbarungen zusätzliche Kosten von bis zu 1,50 $ pro Teilnehmer mit sich führen und sich

---

199 Testimony of James Hedlund, Association of Independent Television Stations, Inc., H.R. 1303 Hearings 1991, S. 8 ff., 26 ff., 32 ff. Als Beispiel nicht mehr ausgestrahlter Sportsendungen erwähnt Hedlund die Spiele der Basketballmannschaft von Philadelphia der ersten Liga, von denen keines mehr terrestrisch sondern lediglich als pay-per-view über spezielle Kabelkanäle verbreitet werden sollte. Erst massiver Protest, nicht zuletzt von Kongreßabgeordneten, hat dazu geführt, daß einige Spiele nunmehr auch terrestrisch ausgestrahlt werden (a.a.O. S. 36).
200 »Retransmission Consent: Rocky House Reception«, Broadcasting, July 1, 1991, S. 21, 22.

die Einnahmen (average operator cash flow) von 11,50 $ auf 10 $ pro Teilnehmer sowie die Gewinnspanne der Betreiber von durchschnittlich 46 % auf 40 % verringern könnten. Anderen Stellungnahmen zufolge werden die monatlichen Belastungen der Betreiber nur 10 Cents pro Teilnehmer betragen.[201]
Die Kabelbetreiber sahen im Ergebnis in den geplanten Änderungen keine Korrektur von Ungleichheiten im Wettbewerb mit den lokalen Fernsehstationen, sondern eine zusätzliche finanzielle Unterstützung der großen Fernsehsender durch die Kabelbetreiber.[202] Diese Einschätzung wird auch von unabhängigen Experten geteilt. Diesen zufolge bedeuten die Regelungen keine nennenswerten Vorteile für die Mehrzahl der Fernsehstationen. Lediglich die mit den Fernsehsendern verbundenen Stationen (network-affiliates) könnten die Kabelbetreiber zu einer Vereinbarung mit entsprechender Honorierung zwingen, während den unabhängigen Stationen nichts anderes übrig bliebe, als eine Verbreitung ihrer Programme über die Einspeiseverpflichtung zu erreichen.[203] Auch die Media Group, die Unternehmen mit Beteiligungen an Kabel- und Fernsehstationen sowie an Zeitungen vertritt, bezweifelt, daß die neuen Regelungen finanzielle Vorteile für die lokalen Fernsehstationen mit sich bringen, da die von den Kabelbetreibern zu zahlenden Gebühren in erster Linie den Programmherstellern zugute kämen. Danach wäre das Verbreitungsentgelt (retransmission fee) eine Unterstützung der Filmindustrie.[204]

3. Die Regelungen des Cable TV Competition Act 1992

Vor diesem Hintergrund war auch innerhalb des Kongresses die gesetzliche Einführung einer Einspeiseverpflichtung und einer Verbreitungsvereinbarung zwischen Kabelbetreiber und Fernsehanstalt nicht unumstritten. Dies zeigt sich schon daran, daß der Senat eine entsprechende individualvertragliche Einigung in seinem Gesetzentwurf (S. 12)[205] vorsah, während das Repräsentantenhaus nur eine Einspeiseverpflichtung vorschreiben wollte (H.R. 4850)[206] und erst der Vermittlungsausschuß die Senatslösung annahm.[207]

---

201 »Could Cable Live with S. 12?«, Broadcasting, Feb. 10, 1992, S. 38 f.
202 Amos Hofstetter, Chairman and CEO, Continental Cablevision, Inc., H.R. 1303 Hearings 1991, S. 11 ff., 35 ff.
203 »Could Cable Live With S. 12?«, Broadcasting, February 10, 1992, S. 38 ff.
204 S. »Going to the Mat over Tough Cable Bill«, Broadcasting, May 13, 1991, S. 27, 28.
205 Abgedruckt als Teil des S. 12 Senate Report 1991.
206 Abgedruckt als Teil des H.R. 4850 House Report 1992.
207 S. 12 Conference Report 1992, S. 75 ff.

Nach der nunmehr seit dem 4. Dezember 1992 geltenden gesetzlichen Neuregelung haben die Fernsehsender das Recht, mit den Kabelbetreibern eine Vergütung (compensation) für die Verbreitung ihrer Programme auszuhandeln (retransmission consent). Ein Jahr nach Inkrafttreten des Gesetzes und danach alle drei Jahre muß der Fernsehsender entscheiden, ob er eine Einspeisung über diese Verbreitungsverträge mit den Kabelbetreibern erreicht oder die ebenfalls verabschiedete Einspeiseverpflichtung (must-carry rule) in Anspruch nimmt.[208] Aufgrund dieser Einspeiseverpflichtung muß der Kabelbetreiber die Programme der lokalen Fernsehsender, die keinen Gebrauch von der individuellen Verbreitungsvereinbarung machen, in das Kabelnetz einspeisen. Die Betreiber müssen ein Drittel ihrer Kapazitäten für diese Verpflichtung reservieren. Die eingespeisten Programme müssen grundsätzlich auf denselben Kanälen (channel number) im Netz gelegen sein, auf denen sie terrestrisch verbreitet werden. Allerdings sind die Kabelbetreiber nicht verpflichtet, Sender mit inhaltlich gleichem Programm einzuspeisen (duplicative stations). Werden mehr Begehren an den Kabelbetreiber gerichtet, als Kanäle im Netz reserviert werden müssen, kann der Betreiber eine Auswahl zwischen den Programmen treffen. Er darf keine besonders attraktiven Programmsegmente aussuchen, sondern ist verpflichtet, das gesamte Programm des lokalen Senders unverändert in das Netz einzuspeisen. Zur Einspeisung berechtigt sind Fernsehstationen, die entweder im gleichen Fernsehmarkt senden, in dem das Verbreitungsgebiet des Kabelnetzes liegt, oder die in einem Umkreis von 50 Meilen von der Kabelkopfstation ausstrahlen und die Station mit einer bestimmten Stärke erreichen (qualified local commercial broadcast station). Die Verbreitung auf diesen Kanälen ist für die Fernsehstation kostenfrei. Das Gesetz hat das System der Zwangslizenz des Copyright Act 1976 unberührt gelassen.[209]

Der Kongreß hat bei der Verabschiedung des Cable TV Competition Act 1992 betont, daß die Kabelbetreiber einen Anreiz hätten, Programme lokaler Sender nicht in ihr Netz einzuspeisen. Kabelbetreiber und Sender würden um Werbeeinnahmen konkurrieren. Daher sei es erforderlich und im öffentlichen Interesse geboten, Einspeiseverpflichtungen gesetzlich festzuschreiben. Ansonsten sei das wirtschaftliche Überleben lokaler Fernsehstationen gefähr-

---

208 Durch Sec. 6 Cable TV Competition Act 1992 neugeschaffener 47 U.S.C. § 325 (b). Nichtkommerzielle Sender erhalten ebenfalls einen must-carry-Status, können aber keine individuellen Verträge aushandeln (durch Sec. 5 Cable TV Competition Act 1992 neugeschaffener 47 U.S.C. § 535). S. *Allard*, 15 Hastings Comm/Ent L.J., 305, 333 ff. (1993).
209 Durch Sec. 4 Cable TV Competition Act 1992 neugeschaffener 47 U.S.C. § 534.

det.[210] In den Gesetzesmaterialien haben Senat und Kongreß die Auffassung vertreten, daß die verabschiedeten »must-carry/retransmission consent-Regelungen« mit der Verfassung vereinbar sind. Unabhängig von dem bisher ungelösten Problem des verfassungsrechtlichen Status der Kabelbetreiber seien die Regelungen ein gerechter Ausgleich zwischen dem Recht der Betreiber, in Ausübung verlegerischer Freiheit ihre Angebote zusammenzustellen, und dem Recht der Zuschauer, Zugang zu einer Vielzahl von Quellen zu erhalten. Die Einspeiseverpflichtung sei eine wirtschaftsrechtliche Regelung, die vergleichbar den Antitrust-Vorschriften ein wettbewerbliches Gleichgewicht zwischen Kabelfernsehen und terrestrischem Fernsehen herstellt.[211] In jedem Fall seien die Einspeiseverpflichtungen nur indirekte Beschränkungen der Grundrechte der Kabelbetreiber und deshalb mit dem ersten Zusatzartikel vereinbar. Der Erhalt des terrestrischen Fernsehens sei eine wichtige staatliche Aufgabe.[212] Bei zunehmender Abwanderung qualitativ guter Programme zum Kabelfernsehen seien nämlich Haushalte ohne Kabelanschluß von diesen Programmen ausgeschlossen. Im Unterschied zu den gerichtlich aufgehobenen Einspeiseverpflichtungen müßten die Kabelbetreiber nicht ihre gesamte Kapazität zur Verfügung stellen, sondern lediglich ein Drittel.[213]

4. Das Verfahren Turner Broadcasting System, Inc. v. FCC

Die Einspeiseverpflichtungen des Cable TV Competition Act 1992 waren unlängst Gegenstand eines US Supreme Court-Verfahrens. Das Untergericht hatte festgestellt, daß diese Regelungen mit dem ersten Zusatzartikel vereinbar sind; dagegen wandte sich das Unternehmen Turner Broadcasting System.[214]

---

210 Cable TV Competition Act 1992, Sec. 2 (14)-(18); S. 12 Conference Report 1992, S. 75.
211 S. 12 Senate Report 1991, S. 55; H.R. 4850 House Report 1992, S. 60.
212 S. 12 Senate Report 1991, S. 57 ff.; H.R. 4850 House Report 1992, S. 62 unter Hinweis auf Capital Cities v. Crisp, 467 U.S. 691, 714 (1984) und Metro Broadcasting, Inc. v. FCC, 110 S.Ct. 2997 (1990).
213 H.R. 4850 House Report 1992, S. 64 ff.
214 Turner Broadcasting System, Inc. v. FCC, _U.S._ (1994) (Slip Opinion, S. 14). Die District Court-Entscheidung ist in 819 F.Supp. 32 (D.D.C. 1993). Turner Broadcasting System hatte zunächst in einem einstweiligen Verfahren versucht, die Durchsetzung der Regelungen zu verhindern. Dieser Antrag wurde mit der Begründung zurückgewiesen, die Regelung sei kein so offensichtlicher Eingriff in die Rechte der Kabelbetreiber, um den Erlaß der Verfügung rechtfertigen zu können. Das Gericht verwies die Klägerin daher auf das Hauptsacheverfahren, Turner Broadcasting System, Inc. v. FCC, 113 S.Ct. 1806 (1993).

a) Zunächst betonte Richter Kennedy für die Mehrheit der Richter,[215] daß die Aktivitäten der Kabelbetreiber und Kabelprogrammveranstalter den Schutz des ersten Zusatzartikels genössen. Die Einspeiseverpflichtungen griffen in dieses Grundrecht ein, da sie die umfassende Kontrolle der Kabelbetreiber über ihre Kanäle beschränkten und es den Kabelprogrammveranstaltern erschwerten, auf den verbleibenden Kanälen zu konkurrieren. Im Gegensatz zu den dargestellten Entscheidungen (Quincy Cable und Century Communications), die zu früheren Fassungen der Einspeiseverpflichtungen ergingen, erachtete der U.S. Supreme Court die Regelungen des Cable TV Competition Act 1992 als inhaltsneutrale Einschränkungen (content-neutral restrictions). Der Grund dieser Einstufung sei, so die Mehrheit der Richter, daß die Kabelbetreiber zwar terrestrische Fernsehprogramme verbreiten müßten, diese Verpflichtung sei jedoch unabhängig von dem Inhalt des Kabelprogramms oder des terrestrischen Programms. Die Kabelbetreiber seien völlig frei, alle Programme zu verbreiten, die ihre Zuschauer erwünschten; sie müßten nur einen, vom Gesetz vorgesehenen, geringen Anteil ihrer Kapazitäten für terrestrisches Fernsehen zur Verfügung stellen. Damit sei vom Gesetzgeber keine Position zugunsten einer bestimmten Meinungsäußerung verbunden. Im übrigen würden die Kabelbetreiber nicht gezwungen, die von ihnen verbreiteten Programme zu ändern und die Zuschauer könnten ohnehin erkennen, ob bestimmte Programme von terrestrischen Fernsehanstalten stammten oder von Kabelprogrammveranstaltern.

Letztlich folgt die Mehrheit der Supreme Court-Richter der dargestellten Einschätzung des Kongresses: Im Kern sieht der Supreme Court die Einspeiseverpflichtungen als Korrektiv der mangels alternativer Kabelübertragungswege entstandenen Monopolstellung der Kabelbetreiber und der dadurch für die terrestrischen Sender entstandenen wirtschaftlichen Gefahr an.[216] Die entscheidende Ausführung lautet:

»The must-carry provisions, as we have explained above, are justified by special characteristics of the cable medium: The bottleneck monopoly power exercised by cable operators and the dangers this power poses to the viability of broadcast television.«

Allerdings kam selbst die Mehrheit der Supreme Court-Richter nicht zu einer positiven Feststellung der Verfassungsmäßigkeit der Einspeiseverpflichtungen:

---

215 Die entscheidenden Passagen des Mehrheitsvotums (III-A und III-B) wurden im Ergebnis von fünf Richtern getragen, wobei sich jedoch nur drei Richter dem Votum insgesamt anschlossen, ein Richter die Ausführungen im Grundsatz teilte und ein Richter nur das Ergebnis teilte (dieser stimmte dem Mehrheitsvotum nur deswegen zu, weil andererseits keine Entscheidung getroffen werden konnte). Vier Supreme Court-Richter verfaßten ein abweichendes Votum und schlossen sich der Mehrheit nicht an.
216 Turner Broadcasting System, Inc. v. FCC, _US_, (1994) (Slip Opinion, Seiten 11-38, 37).

Nach den Abwägungsmaßstäben bei indirekten Einschränkungen[217] müsse die FCC und die Regierung nachweisen, und dies habe auch der District Court nicht ausreichend beachtet, daß die lokalen Fernsehstationen tatsächlich von dem Konkurs bedroht sind, ihre Lizenzen zurückgegeben oder ihre Aktivitäten eingeschränkt haben oder sonstwie wesentlich in ihren Fernsehaktivitäten beeinträchtigt worden sind. Im übrigen würden weitere Nachweise fehlen, inwieweit die Einspeiseverpflichtungen die Aktivitäten der Kabelbetreiber beeinträchtigen. Da diese Beweise bisher nicht vorgelegt worden seien, so die Mehrheit der Supreme Court-Richter abschließend, müsse der Fall an den District Court zur weiteren Aufklärung zurückverwiesen werden.[218]

b) In ihrem abweichenden Votum hielten vier Supreme Court-Richter die Einspeiseverpflichtungen für direkte Einschränkungen der Meinungsfreiheit der Kabelbetreiber und Kabelprogrammveranstalter. Die Regelungen und insbesondere die Gesetzesbegründungen des Kongresses zeigten, so Richterin O'Connor in ihrem Votum, eine Bevorzugung der Programme des terrestrischen Fernsehens gegenüber den Kabelprogrammen, die mit dem Inhalt des terrestrischen Fernsehens gerechtfertigt worden sei. Selbst wenn der Kongreß die Programme lokaler Fernsehsender bedeutsam und erhaltenswert einstufe, so könnten diese nicht über eine Regelung gefördert werden, die andere Meinungsäußerungen beeinträchtige. Da die Einspeiseverpflichtungen ihrer Ansicht nach direkte Einschränkungen seien, müßte nach der eindeutigen Rechtsprechung des Supreme Court ein strenger Abwägungsmaßstab herangezogen werden, dem die streitigen Regelungen keinesfalls genügten.[219]
Selbst wenn, so die abweichende Auffassung weiter, die Einspeiseverpflichtungen mit der Mehrheit als indirekte Einschränkungen angesehen werden könnten, seien sie mit dem ersten Zusatzartikel nicht vereinbar: Wenn der US Kongreß das lokale Fernsehen fördern wolle oder Kabelbetreiber an einer Benachteiligung mit ihnen nicht verbundener Programmveranstalter hindern

---

217 S. ausführlich oben, 1. Abschnitt, A, IV. 3.
218 Turner Broadcasting System, Inc. v. FCC, _US_ (1994) (Slip Opinion, S. 38-45).
219 Turner Broadcasting System, Inc. v. FCC, _U.S._ (1994) (Slip Concur/Dissent, S 1-9). Die entscheidenden Passagen lauten: »The First Amendment does more than just bar government from intentionnally suppressing speech of which it disapproves. It also generally prohibits the government from excepting certain kinds of speech from regulation because it thinks the speech is especially valuable.« (S. 4). Und »The controversial judgement at the heart of the statute is not that broadcast television has some value - obviously it does - but that broadcasters should be preferred over cable programmers.« (S. 6) sowie: »Finally, my conclusion that the must-carry rules are content-based leads me to conclude that there are impermissable restraints on the cable operators' editorial discretion as well as on the cable programmers' speech.« (S. 8).

wolle, so könne dies durch enggefaßte spezielle Regelungen geschehen. Der Kongreß könne jedoch Kabelbetreiber oder Kabelprogrammveranstalter nicht zwingen, bestimmte Meinungen zu verbreiten. Die Einspeiseverpflichtungen seien daher unverhältnismäßig.

c) Die Entscheidung des Supreme Court muß nicht zuletzt aufgrund ihres denkbar knappen Ausgangs eingeschränkt ausgelegt werden. Zwar hat die Mehrheit im Ergebnis der Einschätzung des Kongresses zugestimmt, daß die Einspeisungsverpflichtungen (in der derzeitigen Fassung) als indirekte Einschränkung der Meinungsfreiheit der Kabelbetreiber und Kabelprogrammveranstalter eingestuft werden können. Jedoch fehlten dem Gericht bisher jegliche Beweise für das tatsächliche Bestehen einer wirtschaftlichen Gefahr für die terrestrischen Fernsehanstalten und damit für das Vorliegen eines substantiellen öffentlichen Interesses an den Einspeiseverpflichtungen. Im Kern sieht die Mehrheit die derzeitigen Regelungen als medienspezifische Korrekturen der übermäßigen Marktmacht der Kabelbetreiber an. Diese Position der Betreiber, dies verkennt auch die Mehrheit nicht, ist durch die (beschriebenen) gesetzlichen ökonomischen Anreize und durch die Vergabe exklusiver Betreiberlizenzen entstanden. Dies ist nach Auffassung des Gerichts die Rechtfertigung für die Einspeiseverpflichtungen. Damit ist die Entscheidung eine klare Aufforderung, diese Monopolstellung zugunsten eines Netzwettbewerbs aufzuheben.

5. *Zusammenfassung: Das Verhältnis von Wettbewerb, Zugangsbedingungen und Regulierung des Marktes*

Aufgrund der Einspeiseverpflichtungen (must-carry rules) müssen die Kabelbetreiber lokale Fernsehprogramme in ihr Netz einspeisen. Die Betreiber haben keinen Einfluß auf den Inhalt dieser Programme und sind dafür nicht verantwortlich. Derartige Zugangsregelungen zum Kabelnetz sind sonst nur im Telekommunikationsbereich (common carriers) bekannt. Während die FCC diese Verpflichtungen als wichtigste Regulierung zum Schutz örtlicher Fernsehanbieter einstuft, haben die Gerichte diese Verpflichtungen in den jeweils gültigen Fassungen als unwirksamen Eingriff in die verlegerische Freiheit der Kabelbetreiber verworfen. Obwohl es in den Verfahren letztlich unentschieden geblieben ist, betrachten die Gerichte diese Verpflichtungen als direkte Eingriffe in die Freiheit der Betreiber, da sie den Betreiber daran hindern, das für ihn unternehmerisch attraktivste Programmangebot zusammenzustellen.

Die Diskussion um die Wiedereinführung der gesetzlichen Einspeiseverpflichtung war geprägt von der Schwierigkeit, ein Gleichgewicht zwischen freiem Wettbewerb und Marktregulierung zu erreichen. Die zugunsten der Kabelbetreiber nach dem Copyright Act 1976 bestehende gesetzliche Lizenz zur Verbreitung der Programme wird von der FCC und den Fernsehsendern als Subventionierung der Kabelbetreiber angesehen. Auf der Basis der Zwangslizenz können sie die Programme in ihr Netz einspeisen (secondary transmission) und führen dafür gesetzlich festgelegte Vergütungen ab, die unter dem Marktpreis liegen. Gleichzeitig erhöht sich dadurch die Attraktivität des Kabelprogramms.[220]

Dieser Wettbewerbsvorsprung der Kabelgesellschaften soll durch die gesetzliche Verankerung der Einspeiseverpflichtung (must-carry rule) im Cable TV Competition Act 1992 ausgeglichen werden: Dadurch haben die lokalen Veranstalter ein Recht auf Zugang ihrer Programme zum Kabelnetz. Die Anzahl der Kanäle, die ein Betreiber für diese Programme bereitstellen muß, ist auf ein Drittel seiner Gesamtkapazität begrenzt.

Da das Gesetz das System der urheberrechtlichen Zwangslizenz unberührt läßt, werden die so verbreiteten Programme vergütungsfrei eingespeist. Statt dessen können die Fernsehstationen auch den Weg wählen, über individuell ausgehandelte Verbreitungsverträge (retransmission consent) ihre Programme im Kabelnetz zu verbreiten. Für die Verbreitung dieser Programme müssen die Kabelbetreiber die vertraglich ausgehandelten Preise zahlen. Die lokale Fernsehstation wird demnach entscheiden müssen, ob sie den Weg über die Einspeiseverpflichtung ohne Vergütungspflicht seitens des Kabelbetreibers oder über die individuelle Verbreitungsvereinbarung mit entsprechender Vergütung wählt. Diese Entscheidung wird von der Attraktivität der Programme abhängen: Die Einspeisung erfolgreicher, attraktiver Programme, ohne die kein Kabelbetreiber (zahlende) Kabelkunden gewinnnen kann, dürfte individuell ausgehandelt werden. Demgegenüber dürften die - aus Sicht des

---

[220] FCC - OPP Paper 1991, S. 4096: »The compulsory copyright license allows cable systems to acquire the programming of broadcast stations for license fees that are believed to be, in general, below the market price for the programs. [...] Cable systems thus benefit from programming that broadcasters paid for but that the cable systems, for the most part, did not. This underpriced programming gives cable systems a competitive advantage relative to broadcasters. [...] If the cable systems had to pay the market price for the programming, they might choose to purchase original programming, presenting viewers with a different range of choices.«
Die FCC empfahl bereits vor einiger Zeit, die Zwangslizenz ersatzlos aufzuheben, Compulsory Copyright License for Cable Retransmission, 4 F.C.C.Rcd 6562 (1989) und auch *Geller*, 37 Fed. Comm. L.J. 73, 80 (1985) forderte, die Lizenz als eine rechtspolitische Fehlleistung aufzuheben.

Kabelbetreibers und seiner angeschlosssenen Teilnehmer - unattraktiven Programme nur über die Einspeisepflicht der Kabelbetreiber verbreitet werden. Der Kongreß hält die nunmehr verabschiedeten Regelungen für vereinbar mit dem ersten Zusatzartikel, da sie inhaltsneutrale wirtschaftsrechtliche Regelungen und keine direkten Beschränkungen der Meinungsfreiheit seien. In jedem Fall seien die Regelungen von einem substantiellen öffentlichen Interesse getragen und mit den Antitrust-Vorschriften vergleichbar. Der US Supreme Court stufte im Juni 1994 die Einspeiseverpflichtungen als indirekte Einschränkungen der Meinungsfreiheit ein. Mangels Beweises einer tatsächlichen Gefahr für die terrestrischen Fernsehanstalten gelangte das Gericht jedoch nicht zu einer positiven Feststellung der Verfassungsmäßigkeit dieser Verpflichtungen. Das Gericht folgte der Einschätzung des Kongresses nicht, daß die Einspeiseverpflichtungen industriespezifische Antitrust-Vorschriften seien. Mit diesen Einspeiseverpflichtungen würden, so das Gericht, den Kabelbetreibern und Kabelprogrammveranstaltern Verpflichtungen auferlegt, die über die neutralen Wettbewerbsgesetze hinausgingen.[221] Das Gericht betonte, daß die Verbreitungsverpflichtungen im Kern dazu dienen, den Gefahren der Monopolstellung der Kabelbetreiber zu begegnen.

Ferner bestehen wirtschaftspolitische Einwände gegen die Schlüssigkeit des Konzepts der must-carry/retransmission consent-Regelung im Cable TV Competition Act 1992. Die Vorschriften sollen lokales Fernsehen vor der Übermacht der Kabelbetreiber schützen. Die Einführung der urheberrechtlichen Zwangslizenz im Jahre 1976 geschah, um eine damals schwache Kabelbetreiberindustrie vor der Übermacht der großen Fernsehsender und lokalen Fernsehstationen zu schützen und ihr gesetzlichen Zugriff auf die Programme zu verschaffen. Nachdem die Kabelbetreiber nunmehr wirtschaftlich erstarkt sind, hätte es einer Aufhebung der Zwangslizenz bedurft. So hat auch die FCC in jüngster Zeit die Auffassung vertreten, daß es erforderlich sei, den Marktkräften mehr Gewicht zu verleihen und statt Wiedereinführung einer gesetzlichen Einspeiseverpflichtung die Zwangslizenz aufzuheben und den Kabelmarkt für andere Multikanalbetreiber zu öffnen.[222] Demgegenüber folgt der Kongreß dieser Möglichkeit offensichtlich nicht. Das Hauptargument gegen eine noch stärkere Betonung der Marktkräfte ist, daß bisher noch kein Wettbewerb im Kabelnetzbereich vorhanden ist und daß die lokalen Fernsehanstalten als wichtige Programmanbieter unmittelbaren und aktuellen Schutz benötigen. Deswegen sollen auch - wie dargestellt - lokale Veranstalter

---

221 Turner Broadcasting System, Inc. v. FCC, _U.S._ (1994) (Slip Opinion, S. 16).
222 FCC Chairman Alfred Sikes, »FCC Reconsiders Restoring Must-Carry Rules«, Broadcasting, July 22, 1991, S. 32.

erfolgreicher Programme auf ihr gesetzliches Einspeisungsrecht verzichten können und statt dessen mit den Kabelbetreibern eine Verbreitungsvereinbarung (retransmission consent) mit individueller Vergütung aushandeln. Ob die Veranstalter damit eine zusätzliche Einnahmemöglichkeit erhalten, muß allerdings bezweifelt werden. In den öffentlichen Anhörungen haben Experten dargelegt, daß lediglich die großen Fernsehsender oder die Filmstudios von den Regelungen profitierten: Nach der Mehrzahl der Verträge zwischen Programmherstellern und Fernsehstationen müßten die Einnahmen aus Untervermietungen des lizenzierten Programms ganz oder teilweise an die Programmhersteller abgeführt werden, so daß die Einführung der Verbreitungsvergütung (retransmission fee) eine Unterstützung der großen Sender und der Filmproduzenten bedeutet.[223] Die Richtigkeit dieser Annahme zeigt schon die Verteilung der Vergütungen aus der gesetzlichen Lizenz. Der größte Teil der Einnahmen geht an die Produzenten der Shows und an die Sportveranstalter, während die Fernsehstationen nur etwa 5% für die von ihnen produzierten Programme erhalten.[224] Wenn die Verträge zwischen den Produzenten und den Fernsehsendern die beschriebenen Klauseln enthalten, werden dementsprechend auch nur etwa 5% der Vergütung an die lokalen Sender abfließen.[225]

Letztlich sprechen daher gewichtige Gründe dafür, die gesetzliche Lizenz zugunsten der Kabelbetreiber aufzuheben und keine Regelung über Einspeisungsverpflichtungen aufzunehmen. Dann bliebe der Ausgleich der betroffenen Interessen den Marktkräften überlassen, so daß sich die Kabelbetreiber mit den lokalen und entfernten Fernsehstationen über Einspeisung, Vergütung sowie Rangstelle einigen müßten. Die Fernsehsender könnten sich mit den Kabelbetreibern über die Verbreitung ihrer Programme einigen und hätten vollen Anspruch auf Vergütung ihrer Leistungen. Einer staatlichen Regulierung bedürfte es dann nicht.[226]

---

[223] »Retransmission Consent-The Buck Stops Where?«, Broadcasting, Feb. 17, 1992, S. 4. *Allard*, 15 Hastings Comm/Ent L.J. 305, 339 (1993).
[224] FCC - OPP Paper 1991, S. 4095.
[225] Im übrigen dürfte auch das Nebeneinander von Zwangslizenz und Verbreitungsvereinbarung in der jetzigen Fassung unzulässig sein. Da die Kabelbetreiber nach dem Copyright Act 1976 eine gesetzliche Lizenz zur Verbreitung der Programme haben, andererseits die Fernsehsender nach dem Cable TV Competition Act 1992 die Verbreitung verhindern können, ist ein unlösbarer Konflikt entstanden, so auch Senator DeConcini, Chairman des Senat Subcommittee on Patents, Copyright and Trademarks: »In short, retransmission consent removes the 'compulsory' from the compulsory license.« zitiert nach 44 PTCJ 525 (1992).
[226] FCC - OPP Paper 1991, S. 4103: »Full copyright liability for cable systems and retransmission consent for local broadcasters might give broadcasters an additional source of revenue.« Siehe auch *Allard*, 15 Hastings Comm/Ent L.J. 305, 340 (1993).

E. *Konzentration und Medienwettbewerb in der Kabelkommunikation*

Die Vorschriften des Cable Act und die Entscheidungen der Gerichte haben ein Zurückdrängen staatlicher Aufsicht bewirkt. Dies hat zwangsläufig die Bedeutung des inhaltsneutralen Wirtschaftsrechts verstärkt, die umfassende Verbreitung von Nachrichten und Informationen in der Öffentlichkeit zu gewährleisten.
Die daraus resultierenden spezifischen Wettbewerbsprobleme der Kabelkommunikation sollen im Anschluß an eine umfassende Darstellung der Marktsituation im Kabelfernsehen und einem Überblick über die US-amerikanischen Antitrust-Gesetze und deren Anwendbarkeit auf die verfassungsrechtlich geschützten Betätigungen der Kabelbetreiber erörtert werden. Im Vordergrund stehen die in den letzten Jahren in das Zentrum der öffentlichen Diskussion gerückten Konzentrationsprozesse. Die Verhinderung wettbewerbsbeschränkender Auswirkungen dieser Konzentrationen ist in den USA traditionell Aufgabe des Fusionskontroll- und des Kartellrechts. Dabei stellt sich die nicht nur in den USA diskutierte Frage, ob und inwieweit das allgemeine Fusionskontrollrecht von medienspezifischen Konzentrationskontrollen flankiert werden muß.
Die zukünftige Wirtschaftsordnung einer integrierten Breitbandkommunikation wird vor allen Dingen über die Ausgestaltung dieses Verhältnisses wettbewerbsrechtlicher und medienspezifischer Konzentrationskontrolle zu entscheiden haben. Die Entwicklung der Kabelkommunikation in den letzten Jahren bietet dafür erste Anhaltspunkte.

I. *Wirtschaftliche und inhaltliche Entfaltung des Kabelfernsehens*

Die Deregulierung durch den Cable Act hat zu einer Stärkung des Mediums Kabelfernsehen geführt. Noch 1975 waren lediglich 13% aller Haushalte verkabelt (unter 10 Millionen Anschlüsse), bis 1983 stieg die Verkabelung auf 40% (34 Millionen Anschlüsse), bis sie 1991 weiter auf 60% oder fast 56 Millionen Haushalte zunahm. Während die großen Fernsehsender 1980 noch 97% aller Fernsehzuschauer im Abendprogramm erreichten, fiel diese Sehbeteiligung auf 75% im Jahre 1990, und sie wird weiter sinken. Die Kabelbetreiber hatten 1990 bereits mehr Zuschauer als die unabhängigen Fernsehstationen (independant stations).[227] Waren die meisten Kabel-

---

[227] NCTA, S. 2-A; *Auletta*, S. 195, 560. Damit haben die vier großen Fernsehsender (ABC, CBS, NBC and Fox) immer noch mehr Zuschauer als die Kabelbetreiber. Doch ziehen die Kabelgesellschaften das jüngere, für die Werbung interessante Publikum an.

programmveranstalter 1984 noch nicht gegründet oder - wie Turner Broadcasting Systems (CNN) - in wirtschaftlichen Schwierigkeiten, so erreichten ihre Einnahmen 1987 bereits die der großen Fernsehsender oder lagen sogar darüber.[228]
Seit 1984 stiegen die Investitionen in den Ausbau der Kabelnetze, und zwar von 1986 bis 1989 um 110%, d.h. von jährlich 246 Millionen $ auf 515 Millionen $. Dasselbe gilt für den Programmbereich. Die Investitionen der Kabelprogrammveranstalter erhöhten sich von 1986 bis 1988 um 69% auf jährlich 745 Millionen $.[229] Schließlich nahm die Vielfalt der Programmangebote zu. Untersuchungen haben belegt, daß sich die Programmvielfalt in den Kabelkanälen (channel diversity) von 1976 bis 1986 bedeutsam erhöht hat. Die Zahl der Programme verdreifachte sich in dieser Zeit.[230]

II. *Konzentrationsprozesse und deren Auswirkungen*

Die zunehmende Verflechtung in der US-amerikanischen Kabelindustrie und deren Auswirkungen sind seit Inkrafttreten des Cable Act 1984 vehement und sehr kritisch diskutiert worden. Diese Diskussion und die daraufhin vom Kongreß im Jahre 1992 verabschiedeten Gesetzesänderungen können nur nachvollzogen und gewürdigt werden, wenn die in Europa wenig bekannte horizontale und vertikale Konzentration in der Industrie hinreichend bekannt ist. Diese tatsächliche Situation auf dem US-amerikanischen Kabelfernsehmarkt soll im folgenden umfassend erörtert werden.

1. *Horizontale Konzentration*

a) *Begriffsbestimmung*

Als horizontale Konzentration werden im Kabelbereich solche Zusammenschlüsse qualifiziert, bei denen ein Kabelbetreiber durch den Erwerb einer Mehrheitsbeteiligung oder auf andere Weise die Kontrolle über einen anderen Betreiber eines Kabelnetzes erwirbt. Auf dieser horizontalen Ebene stehen die

---

Aufgrund der unternehmenspolitischen Fehler der großen Fernsehsender im Verhältnis zum neuaufgekommenen Kabelfernsehen sind die Fernsehsender als »three blind mice« bezeichnet worden (so der Titel des Buches von *Auletta*). Siehe auch *Coustel*, 1993 Telecommunications Policy 200, 203.
228 *Auletta*, S. 239.
229 *Lloyd*, 8 Cardozo Arts & Entertainment L.J. 337, 343 (1990). 1986 war das letzte Jahr der Gebührenregulierung durch lokale Behörden.
230 *De Jong/Bates*, 35 J. of Broadcasting & Electronic Media 159, 165 (1991).

Kabelsysteme (cable TV systems) neben anderen Medienanbietern wie etwa Theater oder Fernsehstationen.[231] Der Konzentrationsprozeß kann durch externes Wachstum in Form von Zusammenschlüssen mit bisher selbständigen Kabelbetreibern erfolgen oder durch internes Wachstum, indem ein Betreiber zusätzliche Lizenzen für den Betrieb weiterer Kabelnetze erwirbt. Quantifiziert wird die Konzentration eines Kabelbetreibers auf der horizontalen Ebene durch seinen Anteil an der Gesamtzahl der angeschlossenen Teilnehmer.

Diese Konzentration kann auf lokaler, regionaler oder nationaler Ebene stattfinden. Da Lizenzen für lokal begrenzte Märkte vergeben werden, sind die sich zusammenschließenden selbständigen Unternehmen in der Regel in verschiedenen Gebieten tätig.

b) *Die Marktsituation*

In ihrem Cable Competition Report an den Kongreß konstatierte die FCC 1990, daß die landesweite Konzentration in der Kabelindustrie seit der Verabschiedung des Cable Act im Jahre 1984 wesentlich zugenommen (significantly increased) habe.

Der größte Kabelbetreiber in den USA, TCI (TeleCommunications Inc.) verdoppelte sein Volumen seit 1984 und versorgte 1992 landesweit über 11 Millionen Teilnehmer (22% Marktanteil). Das Unternehmen Time Warner hatte 1992 über 6 Millionen Teilnehmer oder 11% Marktanteil.[232] Diese beiden Kabelbetreiber versorgten also 1992 fast 34% aller verkabelten Haushalte. Weiterhin konnten die 4 größten Kabelbetreiber ihren Anteil an der Gesamtzahl der verkabelten Haushalte seit 1984 um 60% erhöhen, und zwar von 28,7% auf 46,6% Marktanteil. Die 10 größten Kabelunternehmen versorgten 1990 über 32 Millionen der insgesamt 53 Millionen angeschlossenen Teilnehmer, was einen Marktanteil von 61,8% gegenüber 41,3% im Jahre 1984 bedeutet.[233] Die genaue Aufschlüsselung der Marktstruktur der Kabelbetreiber ergibt sich aus folgender Tabelle:

---

231 *Brenner/Price*, § 6.11 [1].
232 »Cable's Top 50«, Broadcasting, Dec. 11, 1989, S. 42 und March 25, 1991, S. 54; NCTA, S. 14-A; siehe auch die Anhörung von *P. Padden*, Präsident der »Association of Independent Television Stations«, Senate - Media Concentration Hearings 1989, S. 307.
233 FCC - Cable Competition Report 1990, Rn. 73, 74. *Coustel*, 1993 Telecommunications Policy 200, 205.

Teilnehmer und Marktanteile der größten Kabelbetreiber[234]

Kabelbetreiber	Angeschlossen Teilnehmer (Mio.)	Marktanteil in %
TCI	10,06	22,16
Time Warner	6,72	11,58
Continental Cable	2,81	4,83
Comcast Corp.	1,69	8,29
Cox Cable	1,68	3,03
Cablevision Syst.	1,65	2,84
Storer Communic.	1,65	-
Jones Intercable	1,5	2,74
Newhouse Broad.	1,3	-
Adelphia Communic.	1,15	-
Cablevision Indus.	1,15	1,95
Times Mirror Cable	1,18	2,1
Viacom Cable	1,09	-

2. Vertikale Integration

a) *Begriffsbestimmung*

Vertikale Integrationsprozesse erfassen Zusammenschlüsse von Unternehmen, die auf verschiedenen Wirtschaftsstufen tätig sind und - klassischerweise - in einer Käufer-Verkäufer-Beziehung stehen. Im Bereich des Kabelfernsehens sind etwa Zusammenschlüsse eines Kabelbetreibers mit einem Kabelprogrammveranstalter oder eines Fernsehsenders (network) mit einer Rundfunkstation oder einem Filmstudio denkbar. [235]
Eine Reihe von Kabelbetreibern in den USA beherrscht einen oder mehrere Kabelprogrammveranstalter, die wiederum (zumindest teilweise) seine Pro-

---

[234] Die Rangfolge resultiert aus der Anzahl der am 31.1.1992 angeschlossenen Teilnehmer, vgl. NCTA, S. 14-A. Die Marktanteile sind auf dem Stand vom Juni 1990, vgl. Appendix G, Tabelle I, FCC - Cable Competition Report 1990. Dies erklärt Abweichungen innerhalb der Aufstellung.
[235] *Saylor*, Cable TV Law 1990, S. 83; FCC - Cable Competition Report 1990, Rn. 82 ff., die als vertikale Integration »common ownership of cable systems and program networks, channels or services« versteht.

grammlieferanten sind. Programmveranstalter im Kabelbereich sind die sogenannten cable programming oder non-broadcast services, auch cable networks genannt. Prominente Beispiele sind die erfolgreichen Programme wie CNN (Cable News Network: Nachrichten), MTV (Music Television), HBO (Home Box Office: Pay-TV), Nickelodeon (Kinderprogramm) oder C-SPAN (Parlamentsberichte). Andere Formen vertikaler Integration im Fernsehbereich sind: Produktionsstudio und Fernsehprogrammveranstalter; Produktionsstudio und Kabelprogrammveranstalter; Fernsehstation und Fernsehprogrammhersteller; Kabelprogrammveranstalter und Kabelbetreiber; Sportteam und Kabelprogrammveranstalter.[236]

b) *Die Marktstruktur*

In den letzten Jahren hat die vertikale Integration im Kabelfernsehbereich zugenommen. Die größten Kabelbetreiber (MSOs) halten immer größere Anteile an den besonders erfolgreichen Programmveranstaltern.
Dieselben Kabelbetreiber, die horizontal gewachsen sind, haben gleichzeitig mehr und mehr Anteile an Kabelprogrammveranstaltern erworben. So ist TCI an 22, Time Warner an 8 und Cox Cable - der fünftgrößte Kabelbetreiber - an 6 Kabelprogrammveranstaltern (cable networks) beteiligt. Der Kabelbetreiber Viacom hält Anteile an 10 Programmveranstaltern.[237]
Betrachtet man die Beteiligungsstruktur an den erfolgreichen Programmveranstaltern, so ergibt sich folgendes Bild:
Von den 10 erfolgreichsten Programmveranstaltern der USA sind nur drei, von den 20 erfolgreichsten nur sieben Veranstalter nicht mit Kabelbetreibern vertikal integriert. An allen übrigen halten Kabelbetreiber Mehrheits- oder Minderheitsbeteiligungen. Hervorzuheben sind die Beteiligungen von TCI, Time Warner und Viacom an den Kabelprogrammveranstaltern der Turner Broadcasting Systems, welche die in den USA erfolgreichsten und populärsten Programme veranstalten: TCI ist mit 21,8%, Time Warner mit 18,1% und Viacom mit ca. 5% an den Veranstaltern CNN (54,4 Millionen Teilnehmer), SuperStation TBS (54,0 Millionen Teilnehmer), TNT (44,5 Millionen Teilnehmer) sowie Headline News (41,8 Millionen Teilnehmer 1990) beteiligt.
Von den Programmveranstaltern, die der Kabelbetreiber Viacom allein beherrscht, sind 3 Programme unter den 20 meistgesehenen Programmen: Nickelodeon mit 51,5 Millionen; MTV mit 50,4 Millionen und Video Hits-

---

236 *Saylor*, Cable TV Law 1990, S. 83.
237 FCC Cable Competition Report 1990, Rn. 77 ff. mit den Tabellen Table VII und Table VIII des Appendix G.

One mit 34,6 Millionen Teilnehmern (1990). Viacom hält zusätzlich noch Anteile zwischen 5% und 33% an weiteren 5 Programmveranstaltern unter den 20 erfolgreichsten. TCI und Time Warner halten in unterschiedlichen Beteiligungen Anteile an insgesamt 6 der 20 populärsten Kabelprogramme.[238] Diesen Beteiligungen stellt die National Cable Television Association (NCTA) die absoluten Zahlen gegenüber: Von 66 nationalen Programmveranstaltern operieren 30 oder (46%) und von den 35 regionalen Veranstaltern 13 (oder 37%) ohne jegliche Beteiligung von Kabelbetreibern. Im übrigen verweist die NCTA darauf, daß an den erfolgreichen Kabelprogrammveranstaltern wie ESPN, USA Network und The Disney Channel zwar nicht Kabelbetreiber Beteiligungen halten, wohl aber Filmstudios (MCA und Paramount an USA, Disney an Disney Channel) und Fernsehsender (Capital Cities/ABC an ESPN).[239] Auch der Fernsehsender NBC habe ein eigenes Kabelprogramm (CNBC) geschaffen.[240]

Die Struktur der vertikalen Konzentration zwischen Kabelbetreibern und -programmveranstaltern im US-amerikanischen Kabelfernsehen läßt sich wie folgt zusammenfassen:

---

238 TCI hat kürzlich eine weitere Diversifizierung seiner vertikalen Beteiligungen unternommen, als es zusammen mit der News Corp. eine Mehrheitsbeteiligung an einem der wichtigsten cable service in dem zukunftsträchtigen pay-per-view (PPV) Markt, Reiss Media Enterprises, bekanntgab. »TCI, News Corp. buy Stake in Reiss«, Broadcasting, April 6, 1992, S. 11.
239 Dieser Programmveranstalter wird von dem Fernsehsender ABC/Capital Cities beherrscht. ABC ist in Deutschland über die Tele München (Herbert Kloiber/ABC/Capital Cities) zu 27,5% an dem Ende 1992 zugelassenen Sender *RTL 2* beteiligt.
240 Stellungnahme von James Mooney, National Cable Television Association, Senate - Media Concentration Hearings 1989, S. 165.

Vertikale Beziehungen zwischen
Kabelbetreibern und Kabelprogrammveranstaltern[241]

Veranstalter (top 20)	Teilnehmer (in Mio.)	Betreiber mit Anteilen an Veranstalter (in %)
ESPN	55,9	0
CNN	54,4	TCI (21,8) Time Warner (18,1), Viacom (<5)
SuperStation TBS	54,0	TCI(21,8), Time Warner (18,1), Viacom (<5)
USA Network	51,5	0
Nickelodeon/Nick	50,8	Viacom (100)
MTV	50,4	Viacom (100)
Nashville Network	50,0	0
C-SPAN	49,7	0
Discovery Channel	49,7	TCI(49,2); Newhouse(24,8); Cox
Family Channel	49,1	TCI(17)
Lifetime	47,0	Viacom(33); Hearst(33)
TNT	44,5	TCI(21,8), Time Warner (18,1), Viacom (<5)
A&E Cable Network	44,0	0
Weather Channel	43,0	0
Headline News	41,8	TCI(21,8), Time Warner (18,1), Viacom (<5)
Video Hits One	34,6	Viacom (100)
QVC Network	33,9	TCI(21,8), Time Warner (18,1), Viacom (<5)

3. Ursache der vertikalen und horizontalen Konzentration

Nach Ansicht der FCC ist die mit dem Cable Act 1984 eingeleitete Deregulierung des Kabelfernsehmarktes die wichtigste Ursache der horizontalen und vertikalen Konzentration.

Die landesweite horizontale Konzentration sei - so die FCC - von 1972 bis 1984 kaum, seit 1984 indessen sprunghaft angestiegen. Im Jahre 1972 hatte der damals größte Kabelbetreiber einen Marktanteil von 9,9%, der bis 1984 (9,2%) und 1985 (9,0%) stabil geblieben sei. Im Jahre 1988 habe der Anteil bereits 20,9%, 1989 und 1990 über 22% betragen. Die gleiche Tendenz gelte für die 4 größten Betreiber. Diese hätten 1972 zusammen einen Anteil von

---

241 Entnommen Appendix G Tabelle VII, FCC - Cable Competition Report 1990.

23,9% gehabt, der sich bis 1984 leicht auf 28,7% und 1985 auf 34,9% erhöht habe. Im Jahre 1988 habe der Anteil dann bereits 38,4%, 1989 über 43%, 1990 sogar 46,6% betragen. Ähnliches gelte für den Anteil der 10 größten Betreiber, die zusammen zunächst 49,5% und 51,3% (1984 und 1985), dann 58,3% und zuletzt 61,8% Marktanteile hielten. Die 10 größten Betreiber hätten 1980 noch weniger als 50%, im Jahre 1990 jedoch mehr als 61% aller verkabelten Haushalte versorgt.[242]

Die gleiche Tendenz läßt sich für die vertikalen Integrationsprozesse beobachten. Noch 1982 stellte das angesehene Forschungsinstitut Rand Corporation fest, daß die vertikale Integration im Kabelfernsehmarkt kein aktuelles Problem sei und daß kein Kabelbetreiber (MSO) ausreichend Marktanteile habe, um in den Kabelprogrammarkt einzudringen.[243] Nach Ansicht der FCC ist der Cable Act 1984 eine »Demarkationslinie« der vertikalen Integration des Kabelfernsehmarktes.[244] Vor dem Inkrafttreten des Cable Act 1984, so die FCC, hätten eine Reihe von unabhängigen Kabelprogrammveranstaltern existiert, und nur 14 von 37 (38%) vor dem Inkrafttreten gegründete Programmveranstalter würden heute von Kabelbetreibern beherrscht. Im Gegensatz dazu würden 21 von 33 (64%) der Programmveranstalter, die nach 1984 entstanden seien, von Kabelbetreibern kontrolliert.[245] Die FCC mutmaßt, daß die Zunahme vertikaler Integration mit dem sich nach dem Inkrafttreten des Cable Act verstärkenden Wettbewerb im Kabelfernsehen zusammenhängt. Zwar sei das erfolgreichste Programm, ESPN, nicht von einem Kabelbetreiber kontrolliert, doch zeige die Statistik eindeutig, daß die erfolgreichsten unabhängigen Programme in angeschlossener Teilnehmer- und Zuschauerzahl weit früher als 1984 gegründet worden seien und sich am Markt durchgesetzt hätten. Alle anderen Programmveranstalter seien nach 1984 gegründet worden.[246]

---

242 FCC - Cable Competition Report 1990, Tabelle III, Appendix G; ebenso NTIA Telecom 2000, S. 555.
243 *Besen/Johnson*, An Economic Analysis of Mandatory Leased Channel Access for Cable Television, Rand Corporation, Santa Monica 1982, S. 19/20, zitiert nach *Lampert*, 44 Fed. Comm. L.J. 245, 259/260 (1992).
244 FCC - Cable Competition Report 1990, Rn. 79.
245 FCC - Cable Competition Report 1990, Rn. 80, 81 mit Table IV, V und VI, Appendix G. Siehe auch Wall Street Journal (May 4, 1988, S. 28): »Cable system owners have taken minority equity interest in virtually every new programming channel that has started in the past two years.«
246 FCC - Cable Competition Report 1990, Rn. 81.

4. Auswirkungen auf den Wettbewerb und Verbundvorteile

Entscheidend für die Bewertung der Konzentrationsprozesse im Bereich des Kabelfernsehens ist der Zugang zu diesem Medium.[247] So hat die FCC immer wieder darauf hingewiesen, daß ein uneingeschränkter Zugang zum lokalen Kabelnetz Voraussetzung einer hinreichenden Programmauswahl sei. Diese Auswahl an Programmen gewährleiste dem Verbraucher die - verfassungsrechtlich vom ersten Zusatzartikel geforderte - größtmögliche Verbreitung verschiedener Programme.

a) Das Zusammentreffen von vertikaler Integration und exklusiver und de-facto-exklusiver Betreiberlizenz

In den Anhörungen zu den Gesetzentwürfen im Kongreß haben die Fernsehanstalten und insbesondere die unabhängigen Fernsehsender darauf hingewiesen, daß die vertikale Integration der Kabelbetreiber nicht die einzige Ursache der nach ihrer Ansicht negativen Auswirkungen der Konzentrationsprozesse sei. Vielmehr sei die überwiegende Mehrheit der Betreiberlizenzen exklusive oder zumindest de-facto-exklusive Lizenzen, da nur eine Lizenz vergeben werde. Nach ihrer Ansicht wird der Effekt der vertikalen Integration dadurch verstärkt, daß »am Ende der vertikalen Kette ein Monopolbetreiber steht«, nämlich der jeweilige Kabelbetreiber:

»Cable's local monopoly pipeline multiples the power of vertical integration.«

Im Gegensatz zu ebenfalls vertikal integrierten Fernsehveranstaltern, könne der Netzbetreiber nach seinem Ermessen einspeisen, ohne daß die angeschlossenen Teilnehmer eine Alternative hätten. Die terrestrisch ausstrahlenden Fernsehanstalten könnten demgegenüber nicht allein bestimmen, was ausgestrahlt würde, da es eine Vielzahl vergebener Frequenzen gebe. Daher sei die Wahrscheinlichkeit, eine vertikale Integration zum Nachteil der Verbraucher auszunutzen, bei der exklusiven Stellung der Netzbetreiber ungleich höher als beim terrestrischen Fernsehen.[248]

Diese Befürchtungen lassen sich mit den Beobachtungen im Bereich des Wettbewerbs mit vertikal integrierten Dienstleistungsmonopolen im US-amerikanischen Telekommunikationsverkehr vergleichen. Auch hier sind Unternehmen für den Zugang zum Markt auf die Nutzung eines Leitungssystems angewie-

---

247 *Pool*, S. 166: »The problem of access may become the Achilles heel of what could otherwise be a medium of communication every bit as free as print.«
248 *James Hedlund*, Association of Independent Television Stations, H.R. 1303 Hearings 1991, S. 10.

sen, das von einem Monopolisten kontrolliert wird, der gleichzeitig Wettbewerber ist.[249] Während es aber im Fernmeldebereich aufgrund des Kontrahierungszwangs (common carrier obligation) weitestgehend darum geht, Kampfpreise und Quersubventionierungen zu verhindern, steht beim Kabelfernsehen das Ermessen des Netzbetreibers bei der Einspeisung im Vordergrund.[250] Der vertikal integrierte Betreiber kann die Wettbewerbsfähigkeit der (unabhängigen) Programmveranstalter auf doppelte Weise beeinflussen: durch die Entscheidung, ein Programm nicht oder nur zu ungünstigen Bedingungen in das Netz einzuspeisen, sowie durch Klauseln in den Verbreitungsbedingungen, wonach die Programmveranstalter nicht mit den von ihm beherrschten Programmen konkurrieren dürfen.

b) *Zugangsbeschränkungen für Programmveranstalter*

Die FCC kam anläßlich ihrer Untersuchungen im Cable Competition Report zu dem Ergebnis, daß es ziemlich klar sei, daß vertikal integrierte Kabelbetreiber die Möglichkeit hätten, den Wettbewerb mit bestimmten Programmdiensten zu beschränken. Dieses Ergebnis stützt sie auf Berichte von unabhängigen Programmveranstaltern, daß einige Kabelbetreiber (MSOs) Anreiz und Möglichkeiten hätten, die landesweite Verbreitung von solchen Programmen zu verhindern oder zu behindern, die direkt mit den eigenen vertikal beherrschten Programmen konkurrierten.[251]

Der FCC lagen konkrete Einspeisungsvereinbarungen vor, in denen Kabelbetreiber ihre eigenen Programme bevorzugten. Einige dieser Verträge enthielten sogenannte »deletion rights«, also Rechte des Betreibers, Programme nicht weiter im Netz zu verbreiten. Die Betreiber konnten diese Rechte ausüben, wenn der (unabhängige) Programmveranstalter sein Programm so änderte, daß es unvereinbar mit der Programmbeschreibung war. Solche Klauseln enthielten die Verträge mit den (vertikal) abhängigen Programmen nicht. Andere Einspeisungsverträge schrieben ausdrücklich vor, daß die eigenen Programme anders behandelt würden als die unabhängigen.

Daneben konnte die FCC von tatsächlicher Bevorzugung eigener Programmveranstalter berichten: Der siebtgrößte amerikanische Kabelbetreiber, Jones Intercable, nahm das unabhängige Programm USA Network aus seinem

---

249 *Mestmäcker*, in FS für Steindorff, S. 1051.
250 Zu den im Kabelfernsehen wie in allen Bereichen auftretenden Problemen mit Kampfpreisen S. *Saylor*, Cable TV Law 1992, S. 541 ff. Die Behandlung von Quersubventionierungen wurde im Kabelbereich nach der Öffnung des Übertragungsmarktes für die Telefongesellschaften Anfang Oktober 1992 aktuell. Dazu unten Kapitel 4 B.
251 FCC - Cable Competition Report 1990, Rn. 118 - 128, 127.

Kabelangebot in verschiedenen Netzen heraus, nachdem USA Network eine Erhöhung des (von Jones Intercable) zu leistenden Vertragspreises für die Einspeisung verlangt hatte. Zu diesem Zeitpunkt war USA Network eines der meistgesehenen Kabelprogramme. Jones Intercable speiste schließlich USA Network in keinem Netz mehr ein, sondern nahm statt dessen das Programm TNT in das Kabelangebot auf, obwohl der von Jones zu zahlende Betrag an TNT höher war, als der von USA Network geforderte. TNT ist ein Programm der Turner Broadcasting Systems (TBS), an der Jones Intercable geringfügig beteiligt ist.[252]

Ein anderer Fall betraf zwei der größten Betreiber, Time Warner und Viacom. Ein Tochterunternehmen von Time Warner, Manhattan Cable TV, weigerte sich, das Kinoprogramm Showtime des Konkurrenten Viacom einzuspeisen, das direkt mit dem Programm von Time Warner, HBO, konkurriert. Nach einer Erweiterung der Kapazitäten erklärte sich Manhattan Cable zunächst bereit, Showtime zu verbreiten. Dies geschah jedoch nicht, vielmehr wurde statt dessen das eigene Kinoprogramm Cinemax eingespeist.[253] Wenige Jahre später verbreitete Time Warner selbst die mit dem Betreiber Viacom vertikal integrierten Pay-TV-Programme (Showtime und The Movie Channel) nicht, um - so die Behauptung von Viacom - über zwei von ihr beherrschte Konkurrenzprogramme (HBO und Cinemax) den Premiumprogrammmarkt zu monopolisieren.[254] [255]

Neben den konkurrierenden Kabelbetreibern beklagten insbesondere Betreiber anderer Übertragungsmedien, daß sie den vertikal integrierten Programmveranstaltern höhere Preise zahlen müßten und schlechtere Vertragsbedingungen erhielten als die Kabelbetreiber. Dazu zählen insbesondere die »wireless cable systems«.[256] Der Zugang zu attraktiven Kabelprogrammen,

---

[252] USA Network verklagte Jones Intercable erfolgreich wegen Vertragsverletzung, USA Network v. Jones Intercable, Inc., 729 F.Supp. 304 (S.D.N.Y. 1990).
[253] New York Citizens Committee v. Manhattan Cable TV, 651 F.Supp. 802 (S.D.N.Y. 1986).
[254] Dieser Fall (Viacom International Inc. v. Time Inc. et al., 89 Civ 3139 (S.D.N.Y., filed May 8, 1989) wurde Mitte 1992 außergerichtlich verglichen, »Viacom, Time Warner Bury The Hatchet«, Broadcasting, Aug. 24, 1992, S.4.
[255] Zur rechtlichen Würdigung der in den vorangehenden Fußnoten zitierten Fälle vgl. unten E. II.
[256] *Multichannel Multipoint Distribution Systems* - oder wie sie sich selber bezeichnen - *Wireless Cable Systems* bieten - vereinfacht ausgedrückt - Satellitenfernsehen über terrestrische Fernsehfrequenzen und nicht über Koaxialkabel an. Das typische wireless cable-System empfängt die Satellitenprogramme an einer Kopfstation durch leistungsstarke Satellitenempfangsantennen. Von diesen Kopfstationen werden die Programme in verschlüsselter Form über bestimmte, von der FCC vergebene, Frequenzen an die Hausantennen geliefert und von dort zusammen mit den übrigen terrestrischen Programmen an die individuellen Fernsehempfangsgeräte. Dem wireless cable-System angeschlossene

die von Betreibern beherrscht würden, wie das Programm TNT (Turner Network Television) der Turner Broadcasting Systems, sei für die wireless cable-Systeme nicht erreichbar, die in lokalen Märkten mit den Kabelbetreibern konkurrierten. TNT weigere sich, sein Programm an einen Konkurrenten der Kabelbetreiber zu lizenzieren. Da die Kabelbetreiber über die von ihnen kontrollierten Programmveranstalter den Sportprogrammarkt beherrschten, sei ihren Konkurrenten der Zugang zu diesem Markt praktisch verschlossen.[257]

c) *Die Fälle CNBC und The Learning Channel*

Das von dem Fernsehsender NBC im Jahre 1985 gestartete Kabelprogramm, das später den Namen CNBC erhielt, ist der meistdiskutierte Fall der Auswirkungen vertikaler Integration auf die Kabelprogramme.

NBC plante, seine umfangreichen Investitionen in (terrestrischen) Nachrichtensendungen für ein Kabelprogramm zu nutzen, das Nachrichten aller Art im 24-Stunden-Service verbreiten sollte. Es sollte mit dem Programm der Turner Broadcasting System CNN konkurrieren, das zwar erfolgreich war, aber sehr hohe Verbreitungsgebühren von den Kabelbetreibern forderte.[258] NBC nahm Verhandlungen mit den größten Kabelbetreibern, insbesondere mit TCI auf. Die Betreiber zeigten entsprechendes Interesse an einem solchen Nachrichtenprogramm. Aufgrund dieses zukünftigen Wettbewerbers senkte CNN Ende 1985 seine Preise, und TCI brach sämtliche Verhandlungen ab.[259] Wenige Monate später bestätigte der Vorstandsvorsitzende von TCI, einen Sitz im Board of Directors von Turner Broadcasting übernommen zu haben, nachdem TCI dort Anteile erworben hatte.[260] Heute sind - wie gesehen - die Kabelbetreiber TCI, Time-Warner und Viacom zu fast 50% an Turner Broadcasting beteiligt. Aufgrund der Beteiligungen der Kabelbetreiber an CNN hatten diese kein Interesse mehr, das konkurrierende Programm von NBC einzuspeisen. Daraufhin änderte NBC sein Konzept von einem reinen Nachrichtenkanal in ein auf Verbraucher- und allgemeine Wirtschaftsnachrichten spezialisiertes Programm (Consumer News and Business Channel, CNBC). Mit dieser Struktur wurde das Programm von den Kabelbetreibern akzeptiert.

Teilnehmer erhalten einen Decoder, der die Programme entschlüsselt (set-up decoder oder channel selector box).
257 Stellungnahme von Robert Bilodeau, Wireless Cable Association, H.R. 1303 Hearings 1991, S. 8f.
258 »NBC Ponders Plan for Cable News Service«, Broadcasting, Aug. 26, 1985, S. 33-34.
259 »Glimmering Hopes«, Broadcasting, Dec. 16, 1985, S. 7.
260 »Malone to Join Board of Turner Broadcasting«, Broadcasting, Apr. 14, 1986, S. 10.

Die Einspeisungsvereinbarung zwischen dem Kabelbetreiber TCI einerseits und NBC andererseits sah vor, daß NBC eine Beteiligung an einem Kabelprogrammunternehmen von TCI, Tempo Television, zum Preis von 20 Millionen $ erwerben mußte.[261] Die FCC veröffentlichte eine vertragliche Programmbeschreibung, die Kabelbetreiber gegenüber CNBC verwenden. Diese Beschreibung garantierte, daß CNBC nicht mit dem allgemeinen Nachrichtenkanal CNN konkurrierte.[262] Die Folge einer vertragswidrigen Programmänderung dürfte gewesen sein, daß die Kabelbetreiber entsprechend den bereits erwähnten deletion rights das Programm aus dem Kabelangebot streichen durften. Der chief executive officer von NBC erklärte dazu in den Senatsanhörungen, daß die Kabelbetreiber, die CNBC eingespeist hätten, diese Klausel in ihren Einspeiseverträgen vorgeschrieben hätten.[263] Demgegenüber fehle in den Verträgen eine Klausel, die einen Wettbewerb zu den unabhängigen Programmen Financial News Network (FNN) und ESPN untersage.[264] Inzwischen hat CNBC den Konkurrenten FNN übernommen und den Sender aufgelöst.[265]

Dieser Fall veranschaulicht einerseits die übermächtige Marktmacht der Kabelbetreiber, die auch auf die Programmveranstalter Einfluß nehmen können.[266] Andererseits wird aber betont, daß dieser Fall das Funktionieren der

---

261 Der chairman und chief executive officer von NBC dementierte in Senatsanhörungen nicht, daß dieser Beteiligungserwerb eine Bedingung für die Einspeisung durch TCI war. Er erklärte lediglich, daß für NBC auch Beteiligungen an anderen Unternehmen möglich gewesen wären, Wright, Senate - Media Concentration Hearings 1989, S. 610.
262 Wörtlich ist vorgeschrieben, daß »[i]t is understood and agreed that it is not the intent of [CNBC] to allow [the service] to become, and the CNBC Service or no segment thereof shall become, a general news service covering events unrelated to [business, financial, consumer and other specified news events].« Zitiert nach FCC - Cable Competition Report 1990, Rn. 120.
263 R. Wright, Chairman and CEO, NBC, Senate - Media Concentration Hearings 1989, S. 610.
264 FCC - Cable Competition Report 1990, Rn. 122.
265 FNN war in Konkurs gegangen und hatte Schutz unter § 11 des U.S. Bankruptcy Code erhalten. In diesem Verfahren gab der Konkursrichter NBC den Zuschlag zur Übernahme des Programms, »CNBC Settles on Three-Pronged Approach«, Broadcasting, March 11, 1991, S. 50 und »CNBC's Bid For FNN Chosen«, Broadcasting, May 13, 1991, S. 21. Nach Auflösung von FNN stellte auch die Federal Trade Commission (FTC) das Kartellverfahren am 18.4.1991 ein, Financial News Network, Inc., 5 Trade Regulation Reports (CCH) § 22, 979 (1991).
266 *Lampert*, 44 Fed.Comm.L.J. S. 245, 261 (1992). Der Senator und heutige US-Vizepräsident *Albert Gore* erklärte in den Senatsanhörungen wörtlich: »[T]his is an example of the kind of shakedown [...] that cable engages in. And they just have the power and the arrogance to hold up one of the major networks and force them to agree not to compete and not to show news on cable television because the biggest MSO owns part of CNN and does not want the competition, and they just tell them, we not even let you enter the market unless you agree not to compete.

Marktkräfte beweise. Statt zweier gleichartiger allgemeiner Nachrichtenprogramme sei ein spezialisiertes Programm entstanden. Das bereits bestehende Angebot werde dadurch ergänzt und nicht dupliziert. Da bereits die Mehrheit aller Fernsehzuschauer ohnehin die allgemeinen Nachrichtenprogramme von CNN und vor allem NBC (über Hausantenne) empfange, habe kein Anreiz bestanden, ein weiteres Nachrichtenprogramm aufzunehmen. Das Verhalten von NBC selbst stütze diese Ansicht. Denn CNBC habe, so diese Auffassung weiter, nicht versucht, Zugang zu den Netzen auf der Grundlage der gesetzlichen Mietkapazitäten zu erreichen, da es an einem solchen Zugang nicht interessiert war. Obwohl diese Möglichkeit offengestanden hätte, wählte NBC den Weg, das Konzept des Programms zu ändern, um so aufgrund der neuen Struktur Netzzugang zu erreichen.[267]

Die Weigerung des Kabelbetreibers TCI, ein Programm nicht einzuspeisen, war ebenfalls Auslöser im Fall *The Learning Channel*. Für dieses Schul- und Erziehungsprogramm hatte der Kabelprogrammveranstalter Lifetime einen Kaufpreis von 50 Millionen $ geboten. Als TCI bekanntgab, es wolle The Learning Channel nicht mehr in seinen Netzen verbreiten, nahm die Muttergesellschaft von Lifetime (Hearst/ABC-Viacom Entertainment Services) Abstand von der geplanten Übernahme. Daraufhin kaufte der Veranstalter Discovery Channel das Programm für 30 Millionen $. TCI ist an Discovery zu 49% beteiligt.[268]

Das Verhalten der Kabelbetreiber ist identisch mit der Praxis der großen Fernsehsender (networks) bis 1970. Damals hatte die FCC festgestellt, daß die Sender innerhalb eines Zeitraums von 5 Jahren grundsätzlich kein Unterhaltungsprogramm akzeptierten, wenn sie daran nicht selbst finanziell beteiligt waren.[269] Die Ursache dieser Praxis war die Konzentrationsentwicklung der damaligen konkurrenzlosen Sender, deren Anteil etwa am Fernsehabendprogramm mehr als 96% betrug.[270]

And, by the way, we have this mostly worthless company that we are trying to unload on somebody. How about giving $20 Millionen on the side for it.«
Senate - Media Concentration Hearings 1989, S. 610.
267 *Cate*, in: Cable Television Leased Access, S. 45. Zu den leased access requirements und der damit verbundenen Pflicht der Kabelbetreiber, Kanäle für Programmveranstalter zu reservieren, S. bereits oben 2. Abschnitt B. II. 3.
268 TCI wurde Ende Juni 1992 auf Schadensersatz in Höhe von 26,5 Millionen $ verklagt, da es durch »monopolistisches Verhalten« auf den Kauf des Kabelprogramms unerlaubt eingewirkt habe, »TCI sued for $ 26.5 Million over Learning Channel Sale«, Broadcasting, July 6, 1992, S. 5. Dieser Fall weist Parallelen zu mit dem Verfahren Viacom International v. Time, Inc. auf, der außergerichtlich verglichen wurde. S. zu diesen Fällen unten E II.
269 Mt. Mansfield TV, Inc. v. FCC, 442 F.2d 470, 482/483 (2nd Cir. 1970).
270 *Mestmäcker*, Medienkonzentration, S. 198.

d) *Übermäßige Preisnachlässe*

In den Senatsanhörungen wurde beklagt, daß die großen Kabelbetreiber aufgrund der starken horizontalen Konzentration in der Lage seien, beim Ankauf der Programmrechte Preisnachlässe gegenüber den Programmveranstaltern zu erreichen. Demgegenüber scheiterten kleinere Betreiber bei dem Versuch, ihren Programmbezug zu koordinieren und dadurch ebenfalls Preisnachlässe zu erreichen, da die größten Kabelprogrammveranstalter mit jedem Betreiber individuelle Preise aushandeln wollten. Unter diesen Programmveranstaltern, die jeder Betreiber einspeisen müsse, seien ESPN, HBO, Cinemax, CNN sowie USA Network, an denen wiederum - bis auf ESPN und USA Network - die großen Kabelbetreiber beteiligt seien. Auf diesem Weg erhielten die großen zu Lasten kleinerer Betreiber Preisrabatte beim Ankauf der Programmrechte von den Programmveranstaltern, an denen sie beteiligt seien.[271] Diese Rabatte würden von den großen vertikal integrierten Kabelbetreibern als »monopoly rents« einbehalten und nicht etwa den angeschlossenen Teilnehmern zugute kommen.[272]

e) *Verbundvorteile*

Im Gegensatz zu diesen negativen Auswirkungen werden die Vorteile der horizontalen und vertikalen Konzentration herausgestellt.
Nach Ansicht der FCC erzielen die Kabelbetreiber aufgrund der Konzentrationsprozesse Größenvorteile und können verstärkt in die Entwicklung und Produktion neuer Programme investieren.[273] Sie identifiziert vier Verbundvorteile, die nach ihrer Ansicht wesentlich zur programmlichen und wirtschaftlichen Entfaltung des Mediums Kabelfernsehen in den USA beigetragen hätten:[274]
(a) Zunächst hätten vertikale Integrationen die Vielfalt des Programmangebots erhöht, indem Programmveranstalter in wirtschaftlich schwierigen Situationen Finanzierungen erhielten. Dazu zählten insbesondere der Veranstalter Turner Broadcasting Systems (CNN, CNN HeadlineNews, TNT) sowie der

---

271 Schriftliche Stellungnahme der National Cable Television Cooperative, Inc. vom 27. 3. 1990, Senate - Consumer Protection Hearings 1990, S. 576-577.
272 *Lampert*, 44 Fed. Comm. L.J. S. 245, 264-265 (1992).
273 Wörtlich heißt es: »Higher concentration levels in the cable industry have enabled companies to take advantage of valuable economies of scale and foster investment in more and better programming sources, which lead to more investment in programming, more original programming and a wealth of new viewing options for consumers.«, FCC - Cable Competition Report 1990, Rn. 82.
274 FCC - Cable Competition Report 1990, Rn. 83-86.

Veranstalter von The Discovery Channel. Beide seien nur durch finanzielle Beteiligung der Kabelbetreiber (in diesen Fällen TCI) vor dem Konkurs bewahrt worden. Dazu gehöre auch die finanzielle Unterstützung des Minderheitenprogramms Black Entertainment Television (BET).

(b) Die Entstehung neuer Programme werde gefördert, da die vertikal und horizontal integrierten Betreiber wichtige Informationen über Sehbeteiligung sowie Programmwünsche austauschten und so Kosten bei der Programmanschaffung senken könnten.

(c) Die Betreiber seien aus kaufmännischen Überlegungen an einer stetigen Qualitätsverbesserung ihrer Programme interessiert, um deren Attraktivität zu erhöhen. Den Betreibern entstünden vor allem Fixkosten. Daher wüchsen die Umsätze in größerem Maße als die Kosten, wenn die bestehenden Netze stärker ausgelastet werden könnten.[275]

(d) Im übrigen hätten die Betreiber kein Interesse, den von ihnen beherrschten Veranstaltern keine oder zu geringe Entgelte für die Programme zu zahlen.

Eine Studie im Auftrag der National Cable Television Association (NCTA) kam überdies zu dem Ergebnis, daß die vertikal integrierten Betreiber keine Marktzutrittsbarrieren in den Programmveranstaltungsmarkt darstellten. Grundsätzlich könne selbst der größte Kabelbetreiber (TCI) das Entstehen von Programmen nicht verhindern, da es genügend alternative Übertragungsmedien gebe. Zwar neigten die größten Betreiber mit stark ausgeprägten Beteiligungen an Veranstaltern dazu, verstärkt ihre eigenen Programme in günstigen, publikumswirksamen Kanälen zu verbreiten. Dadurch könnten sie mit eigenen Programmen das gesamte Programmspektrum abdecken. Dennoch sei nicht erkennbar, daß die Betreiber nicht vertikal integrierte Veranstalter diskriminierten oder ihre Beteiligungen dazu nutzten, konkurrierende (unabhängige) Veranstalter auszuschließen. Auch sei die Beteiligung der Betreiber keine Schranke für den Zutritt zum Übertragungsmarkt. Die Programme, an denen Kabelbetreiber Anteile hielten, seien auch für alternative Übertragungsmedien wie wireless cable- oder Satellitensysteme zugänglich. Eine Auswertung der Programmstruktur der wireless cable-Systeme zeige, daß selbst in Gebieten, in denen diese mit Kabelsystemen unmittelbar konkurrierten, die wireless cable-Betreiber Programme verbreiteten, an denen ihre unmittelbaren Konkurrenten beteiligt seien. Die Studie empfiehlt, keine medienspezifischen Regelungen zu erlas-

---

275 Zu Recht weist die FCC darauf hin, daß dieser Anreiz auch bei Programmveranstaltern besteht, an denen Betreiber keine Anteile halten. Da aber die Investitionen in nicht vertikal integrierte Programmveranstalter auch konkurrierende Betreiber begünstigen würden, ohne daß diese selbst Investitionen tätigten (free riders), sei dieser Anreiz entscheidend geringer.

sen, da solche Regelungen potentielle Effizienzsteigerungen der Kabelindustrie in den letzten Jahren beseitigen könnten.[276]

III. Die Anwendung der Antitrust-Gesetze im Kabelfernsehbereich

Vergleichbar mit der Situation im deutschen Recht kommt es im amerikanischen Recht zu einer Überlagerung von fusionskontrollrechtlicher und medienspezifischer Konzentrationskontrolle. Dadurch besteht in den USA die auch in Deutschland bekannte Überschneidung der Zuständigkeiten verschiedener Behörden, nämlich des Justizministeriums und der Federal Trade Commission (FTC) auf der einen und der Federal Communications Commission (FCC) auf der anderen Seite. Die unter den beiden republikanischen Präsidenten Reagan und Bush zu verzeichnende deutliche Zurückhaltung des Justizministeriums und der FTC bei der Konzentrationskontrolle führte auch in den USA zu der - im Ergebnis vom Kongreß verneinten - Frage, ob die Instrumentarien des Fusionskontroll- und Kartellrechts ausreichen, die beschriebenen Konzentrationsprozesse im Kabelfernsehen wirksam einzudämmen.

1. Die Antitrust-Gesetze in ihrer medienspezifischen Ausprägung

a) Der Sherman und der Clayton Act

Die zentralen Vorschriften gegen Wettbewerbsbeschränkungen sind im Sherman Act von 1890[277], im Clayton Act von 1914[278] sowie im Federal Trade Commission Act (FTC Act) von 1914[279] niedergelegt. Diese Normen sind nebeneinander anwendbar. Die amerikanischen Antitrust-Gesetze statuieren vergleichbar den Vorschriften der Artikel 85 und 86 des EG-Vertrages breit gefaßte Beschränkungsverbote, deren genaue Ausfüllung durch die Rechtsprechung erfolgt.

---

276 *Benjamin Klein*, S. 2 ff. Wörtlich heißt es abschließend: »To abort this progress through legislation restricting vertical ownership links among MSOs and cable network programmers, links which have obviously benefitted consumers in terms of increased availability of cable networks, is unnecessary for the promotion of competition and carries the risk of stagnating an otherwise vibrant industry«, ebda. S. 57.
277 15 U.S.C. §§ 1-7.
278 15 U.S.C. §§ 12-27.
279 15 U.S.C. § 51.

Der Sherman Act ist die grundlegende Vorschrift im amerikanischen Antitrust-Recht, die den unbeschränkten Wettbewerb als Grundregel des gesamten Wirtschaftslebens garantieren soll.[280]

Grundsätzlich verbietet Sec. 1 des Sherman Act horizontale und vertikale Absprachen zwischen unabhängigen Unternehmen.[281] Sec. 2 begründet ein allgemeines Monopolisierungsverbot und erfaßt auch das einseitige Handeln einzelner.[282] Er unterbindet nicht erst das rechtswidrige Ausnutzen von Marktmacht, sondern bereits ihr Entstehen oder ihre Aufrechterhaltung. Nach der Rechtsprechung des US Supreme Court gibt es Kartellrechtsverstöße, die ohne weitere wettbewerbsrechtliche Analyse etwa des zugefügten Schadens oder der wirtschaftlichen Hintergründe des Verhaltens verboten sind (per-se violations). Dazu gehören etwa Preisabsprachen oder Marktaufteilungen durch Wettbewerber. Demgegenüber verstoßen andere Wettbewerbsbeschränkungen nach der sogenannten rule-of-reason-Dogmatik nur dann gegen den Sherman Act, wenn das Verhalten eine unbegründete Beschränkung des Handels ist (unreasonable restraints of trade).[283]

Der Clayton Act soll den Sherman Act ergänzen und verbietet bestimmte Wettbewerbsbeschränkungen, die nicht vom Sherman Act erfaßt werden. Durch ihn soll eine Monopolisierung bereits in ihrem Anfangsstadium verhindert werden. Sec. 7 Clayton Act ist die zentrale Bestimmung der amerikanischen Fusionskontrolle. Diese Vorschrift verbietet Zusammenschlüsse, die auf einem sachlich und räumlich abgegrenzten Markt eine wesentliche Wettbewerbsverringerung oder das Entstehen eines Monopols erwarten las-

---

280 Wörtlich faßt der Supreme Court den Zweck des Gesetzes wie folgt zusammen: »The Sherman Act was designed to be a comprehensive charter of economic liberty aimed at preserving free and unfettered competition as the rule of trade. It rests on the premise that the unrestrained interaction of competitive forces will yield the best allocation of our economic resources, the lowest prices, the highest quality and the greatest material progress, while at the same time providing an environment conducive to the preservation of our democratic political and social institutions. But even were that premise open to question, the policy unequivocally laid down by the Act is competition.«
Northern Pacific Railway v. United States, 356 U.S. 1, 4 (1958). Siehe auch *Areeda/Kaplow*, S. 5 ff.
281 15 U.S.C. § 1 (1992 Pocket Part): »Every contract, combination in the form of trust or otherwise, or conspiracy, in restraint of trade or commerce among the several States, or with foreign nations, is declared to be illegal (...).«
282 15 U.S.C. § 2 (1992 Pocket Part): »Every person who shall monopolize, or attempt to monopolize, or combine or conspire with any other person or persons, to monopolize any part of the trade or commerce among the several States, or with foreign nations, shall be deemed guilty of a felony, and, on conviction thereof, shall be punished by fine (...).«
283 S. ausführlich Antitrust Law Developments (*Tom*, ed.), S. 30 ff; *Areeda/Kaplow*, S. 188 ff.

sen.[284] Ein Zusammenschluß ist der Erwerb von Vermögen oder von Anteilen, ohne daß von Gesetzes wegen - etwa wie im deutschen oder europäischen Fusionskontrollrecht - eine Mindestbeteiligung oder Kontrollerwerb vorausgesetzt wird.[285] Nach dem Hart-Scott-Rodino Amendment[286] zum Clayton Act sind alle Zusammenschlüsse einer bestimmten Größe einer präventiven Anmeldung unterworfen.

Damit ist auch die amerikanische Zusammenschlußkontrolle durch Einzelmarktbezug und das Prognoseerfordernis gekennzeichnet. Allerdings reicht für Sec. 7 eine Wahrscheinlichkeit einer Wettbewerbsbeschränkung bereits aus, und im Zentrum einer Untersagungsprüfung steht nicht die Marktbeherrschung, sondern die Feststellung einer Wettbewerbsminderung.

Der FTC Act enthält in Sec. 5 eine umfassende Generalklausel, die »unfair methods of competition« und »unfair or deceptive acts or practices«, die den Geschäftsverkehr beeinflussen, verbietet.[287] Nach der Rechtsprechung schützt diese Vorschrift die Wirksamkeit des Wettbewerbs, die Unternehmen vor unlauteren Wettbewerbspraktiken (ähnlich dem deutschen UWG) sowie die Verbraucher. Die Federal Trade Commission kann also Praktiken untersagen, die nicht die Schwelle einer Wettbewerbsbeschränkung erreichen, sondern unfair sind oder öffentlichen Werten (public values) zuwiderlaufen.[288]

Diese Gesetze sind grundsätzlich auf jegliche Wettbewerbsbeschränkungen anwendbar, ohne daß sie medienspezifische Vorschriften enthalten. Über die bereits dargestellten Verflechtungsbeschränkungen im Cable Act (cross-ownership limitations) gibt es keine weiteren speziellen Wettbewerbsvorschriften für Kabelfernsehen. Zuständige Behörden sind die Antitrust Division im Justizministerium und die Federal Trade Commission, wobei in vielen Fällen beide Behörden zuständig sind. Die FCC hingegen ist nicht befugt, die Antitrust-Gesetze anzuwenden oder durchzusetzen. Sie ist allerdings verpflichtet,

---

284 15 U.S.C. § 18 (1992 Pocket Part): »No person engaged in commerce or in any activity affecting commerce shall acquire, directly or indirectly, the whole or any part of the stock or other share capital [...] where in any line of commerce, or [...] in any section of the country, the effect of such acquisition may be substantially to lessen competition, or to tend to create a monopoly.« Daneben können auch der Sherman Act und der FTC Act einschlägig sein. Dies ist wichtig, weil Sec. 7 Clayton Act keine Strafvorschriften enthält.
285 S. United States v. E.I. du Pont de Nemours & Co., 353 U.S. 586, 592 (1957): »[A]ny acquisition by one corporation of all or any part of the stock of another corporation [...] is within the reach of Sec. 7 Clayton Act«. Allerdings hat sich in der Praxis die Regel herausgebildet, daß nur ein Erwerb von mindestens 20% der Anteile den Tatbestand des Sec. 7 Clayton Act erfüllt, S. Antitrust Law Developments (*Tom*, ed.), S. 281.
286 15 U.S.C. § 18a (1992 Pocket Part).
287 15 U.S.C. § 45 (a)(1) (1992 Pocket Part).
288 S. FTC v. Motion Picture Advertising Serv. Co., 344 U.S. 392, 394-95 (1953); FTC v. Sperry & Hutchinson Co., 405 U.S.233, 239 und 244 (1973).

die Wirkung der Antitrust-Gesetze in ihren Entscheidungen zu berücksichtigen.[289] Wie das AT&T-Entflechtungsverfahren zeigt, sind die Antitrust-Gesetze des Sherman und des Clayton Act auch im Medien- und Telekommunikationsbereich von herausragender Bedeutung: Dieses Verfahren wurde im wesentlichen auf die Monopolisierung durch AT&T als Verstoß gegen Sec. 1 Sherman Act gestützt und von der Antitrust Division des Justizministeriums und nicht von der FCC geführt.[290] Es darf aber nicht übersehen werden, daß die weitaus größte Zahl der kartellrechtlichen Verfahren nicht von den Behörden, sondern von Privatpersonen in zivilen Schadensersatz- und Unterlassungsklagen angestrengt wird.[291]

b) *Antitrust-Vorschriften und Kommunikationsfreiheit: Die Entscheidung Associated Press v. United States*

Die im deutschen und europäischen Recht lange Zeit kontrovers geführte Diskussion, ob der verfassungsrechtliche Schutz der Rundfunkfreiheit (und dessen Ausfüllung durch landesrechtliche Rundfunkgesetze) die Anwendung der Wettbewerbs- und Kartellrechtsvorschriften ausschließt,[292] entschied der US Supreme Court für das amerikanische Recht frühzeitig eindeutig negativ. Gegenstand dieses Verfahrens war die Prüfung der Kartellrechtswidrigkeit des Verhaltens von Associated Press (AP) einer Vereinigung von damals 1200 Zeitungsverlagen. AP hatte sich geweigert, Informationen an Nichtmitglieder weiterzugeben sowie Verlage in die Vereinigung aufzunehmen, die mit Mitgliedern konkurrierten. AP machte in dem Verfahren geltend, der erste Zusatzartikel schließe in seiner Ausprägung als Schutz der Presse vor staatlichen Eingriffen die Anwendbarkeit des Sherman Act aus. Der Supreme Court entschied jedoch, daß die Pressefreiheit nicht so weit reichen könne, Vorschriften gegen Wettbewerbsbeschränkungen nicht anzuwenden. Der Zweck der Verfassung, eine möglichst umfassende Verbreitung von Informationen aus verschiedenen und gegensätzlichen Quellen zu gewährleisten, stimme - so das Gericht - mit dem Zweck der Antitrust-Gesetze überein. Der US Supreme Court erläuterte die Vereinbarkeit der Wettbewerbsvorschriften mit der Pressefreiheit wie folgt:

---

289 S. United States v. Radio Corp. of America, 358 U.S. 334 (1959) und Teleprompter Corp., 87 F.C.C.2d 531, 541 (1981), aff'd 89 F.C.C.2d 417 (1982).
290 S. ausführlich zu diesem Verfahren, 4. Abschnitt B.I.3.: Das AT&T-Entflechtungsverfahren.
291 *von Arnheim*, S. 35. Ausführlich zu den Zuständigkeiten und den verfahrensrechtlichen Regelungen, *Schmidt*, S. 184 ff.
292 Zusammenfassend *Bremer/Esser/Hoffmann*, S. 65 ff., 94 ff.

»Finally, the argument is made that to apply the Sherman Act to this association of publishers constitutes an abridgment of the freedom of the press guaranteed by the First Amendment. [...] It would be strange indeed however if the grave concern for freedom of the press which prompted adoption of the First Amendment should be read as a command that the government is without power to protect that freedom. The First Amendment, far from providing an argument against application of the Sherman Act, here provides powerful reasons to the contrary. [...] Freedom to publish is guaranteed by the Constitution, but freedom to combine to keep others from publishing is not. [...] The First Amendment affords not the slightest support for the contention that a combination to restrain trade in news and views has any constitutional immunity.«[293]

Seit dieser Entscheidung steht fest, daß die Antitrust-Gesetze aufgrund ihres inhaltsneutralen Charakters auf Presse- und andere Medienkonzentrationen Anwendung finden. Die Berücksichtigung der freien Meinungsbildung führt also nicht etwa dazu, daß die Kriterien des Rechts gegen Wettbewerbsbeschränkungen von der Garantie der Meinungsfreiheit verdrängt werden: Vielmehr wird in der konsequenten Anwendung der Wettbewerbsvorschriften eine der wichtigsten Voraussetzungen für den Schutz der Meinungsfreiheit gesehen.[294]

2. *Relevante materielle Eingriffs- und Untersagungskriterien*

Die kartell- und fusionskontrollrechtlichen Normen sind vor dem Hintergrund der dargestellten Konzentrationsprozesse nicht nur in ihrer Anwendung und Durchsetzung durch die zuständigen Behörden der Antitrust Division und der FTC von Bedeutung. Vielmehr beziehen sich die medienspezifischen Regelungen im Cable TV Competition Act 1992, die im anschließenden Kapitel behandelt werden, auf die in den Antitrust-Gesetzen enthaltenen. Zudem wenden die FCC die Mediengesetze unter Berücksichtigung der kartellrechtlichen Grundprinzipien an. Die Eingriffs- und Untersagungskriterien der allgemeinen Antitrust-Gesetze sollen daher im folgenden erörtert werden, bevor auf die nicht minder wichtige Abgrenzung der relevanten sachlichen und räumlichen Märkte eingegangen wird.

a) *Untersagung von Zusammenschlüssen*

Zusammenschlüsse werden nach Sec. 7 Clayton Act von den Gerichten und zuständigen Behörden auf der Grundlage der Unterscheidung zwischen horizontalen Zusammenschlüssen von Unternehmen, die auf dem gleichen Markt tätig sind, konglomeraten Zusammenschlüssen von Unternehmen, die

---

[293] Associated Press v. U.S., 326 U.S. 1, 19/20 (1945); dazu *Heller*, 3 Cardozo Arts & Entertainment L.J. 125, 146 f. (1984).
[294] *Mestmäcker*, Pressefreiheit, S. 260.

auf verschiedenen Märkten tätig sind, und vertikalen Akquisitionen kontrolliert. Nach der Rechtsprechung des US Supreme Court sind folgende Kriterien bei der Prüfung und Untersagung *horizontaler Zusammenschlüsse* maßgeblich: die Marktanteile der Zusammenschlußbeteiligten, die Marktanteile der vier oder acht größten Unternehmen, der Konzentrationsgrad des Marktes sowie, je nach Fallgestaltung, weitere Wettbewerbsparameter wie die künftige Wettbewerbsfähigkeit nach dem Zusammenschluß.[295] Die FTC und die Antitrust Division des Justizministeriums beurteilen mögliche wettbewerbliche Auswirkungen eines horizontalen Zusammenschlusses auf der Grundlage der Marktkonzentration. Die Behörden betrachten die Gesamtkonzentration des relevanten Marktes nach dem Zusammenschluß sowie die Konzentrationserhöhung, die der Zusammenschluß bewirkt hat. Die Gesamtkonzentration und der Anstieg der Konzentration werden nach dem Herfindahl-Hirschman-Index (HHI) gemessen.[296] Märkte mit einem Herfindahl-Hirschman-Index von über 1.800 gelten als hoch konzentriert, zwischen 1.800 und 1.000 als mäßig und unter 1.000 als gering konzentriert.[297] Zusammenschlüsse auf schwach konzentrierten Märkten werden ohne weitere Prüfung nicht angegriffen, da sie keinen wettbewerbsmindernden Effekt haben. Bei Zusammenschlüssen, die eine Erhöhung des HHI von 100 oder mehr Punkten auf einem mäßig konzentrierten oder von weniger als 50 Punkten auf einem stark konzentrierten Markt bewirken, werden andere Wettbewerbsparameter herangezogen, die eine Wettbewerbsminderung belegen können, wie etwa Auswirkungen auf

---

[295] U.S. v. Philadelphia National Bank, 374 U.S. 321 (1963).
[296] DoJ/FTC, 1992 Horizontal Merger Guidelines, S. 28. Der HHI wird berechnet, indem die quadrierten Marktanteile aller Unternehmen zusammengerechnet werden. Da der HHI damit zugleich die Marktanteile der vier größten Unternehmen enthält, legen die Behörden ihren Analysen die Konzentrationsrate (CR) der vier oder acht größten Unternehmen nicht gesondert zugrunde.
Auch die deutsche Monopolkommission berücksichtigt in ihren Hauptgutachten bei den Bewertungen horizontaler Konzentrationen eine modifizierte Berechnung des HHI s. *Monopolkommission*, 8. Hauptgutachten 1988/1989, Wettbewerbspolitik vor neuen Herausforderungen, Baden-Baden 1990, Rn. 230 ff.
[297] DoJ/FTC, 1992 Horizontal Merger Guidelines, S. 29 ff. Diese Bewertung der Zusammenschlüsse auf der Grundlage der Konzentrationsgrade wird auch von der FCC geteilt, FCC - Cable Competition Report 1990, Rn. 75. Zusätzlich stützt die FCC ihre Konzentrationsbewertung auf den Marktanteil der beteiligten Unternehmen, den sogenannten »q-ratio« der Unternehmen (der Marktwert des Kabelunternehmens wird in Relation zu dem Aufkaufwert der Aktien (assets replacement costs) gesetzt), ebda. Rn. 55 ff. Wenn der Wert größer als 1 ist, liegt Marktmacht vor. Diese q-ratio lehnt das Justizministerium ab, da es nach seiner Ansicht kein verläßlicher Indikator der Marktmacht eines Unternehmens sei, S. *Saylor*, Cable TV Law 1992, S. 518.

Marktzutritte. Zusammenschlüsse mit höheren Konzentrationsgraden werden als wettbewerbsmindernd betrachtet.[298]

Konglomerate Zusammenschlüsse sind Konsolidierungen von Unternehmen, die weder direkte Konkurrenten noch vertikal miteinander verbunden sind. Konglomerate Zusammenschlüsse treten auf, wenn Firmen fusionieren, die auf unterschiedlichen sachlichen oder geographischen Märkten tätig sind: etwa Zusammenschlüsse von Presse- und Kabelunternehmen im gleichen geographischen Markt oder von Kabelunternehmen in unterschiedlichen geographischen Märkten.[299] Konglomerate Zusammenschlüsse können zu Wettbewerbsminderungen führen, wenn es Markterweiterungszusammenschlüsse (product oder geographic extension mergers) sind, bei denen ein auf einem Markt starkes Unternehmen seine Stellung auf anderen Märkten verstärkt und der Zusammenschluß zu einer Beeinträchtigung tatsächlicher oder potentieller Wettbewerber führen wird.[300]

Die wettbewerbsmindernden Wirkungen *vertikaler Akquisitionen* werden anhand der relevanten Marktanteile auf den beiden Wirtschaftsstufen und des Ausmaßes der Behinderung von Wettbewerbern durch Verminderung der Alternativen bei Bezugsquellen oder Absatzmöglichkeiten beurteilt. Solche Akquisitionen werden untersagt, wenn sie bereits allein oder durch andere Zusammenschlüsse zu einem Verstopfen der verfügbaren Absatzkanäle oder Rohstoffquellen führen (»clog on competition«).[301]

Die Antitrust Division des Justizministeriums betrachtet vertikale Zusammenschlüsse grundsätzlich als wettbewerbsfördernd. Nach Ansicht des Ministeriums könne der Erwerb eines Zulieferers zwar Markteintrittsschranken erhöhen, da potentielle Konkurrenten u.U. in zwei Märkte gleichzeitig eintreten müßten. Auch könne der Erwerb eines Großhändlers zu kollusivem Zusammenwirken von Konkurrenten führen.[302] Das Ministerium betont allerdings, daß diese Wirkungen vertikaler Akquisitionen nur selten zu negativen Auswirkungen auf horizontaler Ebene führen würden. Die wettbewerbsfördernden Wirkungen vertikaler Zusammenschlüsse würden nur in Ausnahmefällen zurückgedrängt. Das Justizministerium werde vertikale Zusammenschlüsse daher nur in konzentrierten Märkten (HHI-Index über 1.800) aufgreifen.[303]

---

298 DoJ/FTC, 1992 Horizontal Merger Guidelines, S. 30 f., 33 ff.
299 *Shumadine/Kelley/Bryant/Stilles*, S. 292; *Spieler*, S. 129.
300 FTC v. Procter & Gamble Co., 386 U.S. 568, 581 (1967).
301 United States v. E.I du Pont de Nemours & Co., 353 U.S. 586, 595 (1957); Brown Shoe Co. v. United States, 370 U.S. 294, 323-24 (1962).
302 S. DoJ, 1984 Guidelines, § 4.2.
303 DoJ, 1984 Guidelines, § 4.213 und § 4.221.

b) *Monopolisierung*

Sec. 1 Sherman Act untersagt Wettbewerbsbeschränkungen durch Vereinbarungen oder sonstiges Zusammenwirken von Unternehmen. Sec. 2 Sherman Act hingegen verbietet die Monopolisierung oder den Versuch der Monopolisierung eines Marktes, sei es durch ein oder mehrere zusammenwirkende Unternehmen.[304]
Um mit einer Klage gestützt auf Sec. 2 Sherman Act durchzudringen, muß der Kläger eine Monopolstellung des Beklagten sowie dessen Monopolisierungsabsicht nachweisen. Problematisch ist die Abgrenzung zulässigen wettbewerblichen Handelns des Unternehmens von einer unzulässigen Ausnutzung der Monopolstellung. Im Telekommunikations- wie im Kabelfernsehbereich sind neben den Kampfpreisen besonders zwei Handlungsformen angegriffen worden, nämlich die mit einer Geschäftsverweigerung (refusal to deal) oft zusammenhängende wettbewerbsbeschränkende Ausnutzung eines Monopols über eine wesentliche Einrichtung (essential facility) sowie die Ausnutzung einer Monopolstellung auf einem Markt zur Monopolisierung eines anderen Marktes (monopoly power leveraging).

aa) *Geschäftsverweigerung und Essential Facilities-Doktrin*

Die grundsätzliche und allgemeine Weigerung eines Herstellers oder Dienstleistenden, mit anderen geschäftlich zu verkehren, ist angemessen (reasonable) und nicht kartellrechtswidrig, solange das Unternehmen keine Monopolstellung schaffen oder ausnutzen will.[305] Eine Geschäftsverweigerung kann allerdings nach der im Telekommunikationsbereich sehr wichtigen essential facilities-Doktrin kartellrechtswidrig sein. Danach kann eine Geschäftsbeziehung erzwungen werden, wenn der Beklagte eine Monopolstellung über eine wesentliche Einrichtung (essential facility) hat und diese in wettbewerbsbeschränkender Weise ausnutzt.
Die Leitentscheidung im Telekommunikationsbereich ist *MCI Communications v. AT&T*. Gegenstand dieses Verfahrens war die Weigerung von AT&T, das Telefonnetz des (neu zugelassenen) Wettbewerbers im Telefonverkehr, MCI, mit dem eigenen Netz zu verbinden. MCI argumentierte, daß es nur dann überhaupt gegen AT&T konkurrieren könne, wenn die entsprechenden Vermittlungen zwischen den Netzen hergestellt seien. Die Gerichte gaben dem Begehren statt und erzwangen die Verbindung der Netze, da die

---

304 S. *Areeda/Kaplow*, S. 469 ff.
305 U.S. v. Colgate & Co., 250 U.S. 300, 307 (1951).

Weigerung von AT&T eine Monopolisierung im Sinn des Sec. 2 Sherman Act sei. Das Berufungsgericht faßte die Essential Facilities-Doktrin wie folgt zusammen:

> »A monopolist's refusal to deal under these circumstances is governed by the so-called essential facilities doctrine. Such a refusal may be unlawful because a monopolist's control of an essential facility (sometimes called a 'bottleneck') can extend monopoly power from one stage of production to another, and from one market into another. Thus, the antitrust laws have imposed on firms controlling an essential facility the obligation to make the facility available on nondiscriminatory terms.«[306]

Damit war das Monopolunternehmen (AT&T) nach dieser Doktrin verpflichtet, dem Wettbewerber Zugang zu der Einrichtung (dem Netz) zu gewähren. Das Gericht prüfte unter Verweis auf die frühere Rechtsprechung das Begehren von MCI anhand von fünf Bedingungen, die es im konkreten Fall als erfüllt ansah. Sie sind seit dieser Entscheidung Voraussetzungen einer auf die Essential Facilities-Doktrin gestützten Klage:

1. Der Beklagte hat Monopolkontrolle über eine Einrichtung.
2. Die Nutzung dieser Einrichtung muß für die wettbewerblichen Aktivitäten des Klägers auf dem relevanten Markt notwendig sein.
3. Der Kläger hat keine Möglichkeit, eine solche Einrichtung für sich selbst zu schaffen.
4. Der Beklagte verweigert dem Kläger Zugang zu dieser Einrichtung.
5. Der Beklagte wird durch die Inanspruchnahme nicht unzumutbar beeinträchtigt.[307]

Solche Einrichtungen können etwa Telekommunikations- oder Stromnetze sein. Im Anschluß an die MCI-Entscheidung wird eine Einrichtung als wesentlich eingestuft, wenn sie für die wettbewerblichen Aktivitäten des Konkurrenten notwendig ist und dieser ohne Zugang zu der Einrichtung auf dem relevanten Markt nicht konkurrieren kann.[308] Die fehlende Möglichkeit des klagenden Wettbewerbers, diese Einrichtung für sich selbst zu schaffen, muß auf praktischen oder vernünftigen Gründen beruhen. Eine Klage kann jedoch nicht alleine darauf gestützt werden, daß der Zugang zu der Einrichtung des Monopolunternehmens »ökonomisch sinnvoller« als andere Alternativen sei. Nur wenn eine Alternative aus ökonomischen, technischen oder prak-

---

306 MCI Communications Corp. v. AT&T, 708 F.2d 1081, 1132 (7th Cir. 1983), cert. denied. 464 U.S. 891 (1983) unter Hinweis auf Otter Tail Power Co. v. United States, 410 U.S. 366 (1973) und United States v. Terminal Railroad Association, 224 U.S. 383 (1912).
307 MCI Communications Corp. v. AT&T, 708 F.2d 1081, 1132-33 (7th Cir. 1983), cert. denied. 464 U.S. 891 (1983).
308 S. Cities of Anaheim v. Southern Cal. Edison Co., 1990-2 Trade Cases (CCH) § 69, 246 (C.D. Cal. 1990).

tischen Gründen nicht möglich (feasible) ist, kann dem Zugangsbegehren entsprochen werden.[309]

bb) *Ausweitung einer Monopolstellung*

Ein weiteres Verhalten, das als unzulässige Monopolisierung im Sinn des Sec. 2 Sherman Act angesehen wird, ist der Versuch, eine Monopolstellung auf einem Markt auf einen anderen Markt zu erstrecken. Der Supreme Court untersagte in einem frühen Verfahren einem Kinobesitzer, mit den Filmstudios exklusive Verbreitungsverträge abzuschließen. Der Kinobesitzer hatte in einigen Städten eine Monopolstellung und die exklusiven Verbreitungsrechte für Städte erworben, in denen seine Kinos mit anderen konkurrierten.[310] Diese sogenannte monopoly power leveraging-Doktrin wird seither in ständiger Rechtsprechung anerkannt. Allerdings ist umstritten und bisher höchstrichterlich nicht geklärt, ob ein Verstoß gegen Sec. 2 Sherman Act den Versuch des Monopolunternehmens voraussetzt, auf dem anderen Markt ebenfalls eine Monopolstellung zu erringen oder ob es bereits ausreicht, wenn auf dem anderen Markt lediglich Wettbewerbsvorteile ausgenutzt werden.[311]

c) *Wettbewerbswidrigkeit vertikaler Verträge*

Vertikale Verträge werden als grundsätzlich wettbewerbsfördernd angesehen, da sie Kosten senken und Markteintritte fördern.[312] Sofern Preisbeschränkungen (price restraints) als Folge von vertikalen Beteiligungen vereinbart werden, sind sie allerdings wettbewerbswidrig.[313]
In konzentrierten Märkten können zudem exklusive Verbreitungsverträge zwischen den verbundenen Unternehmen zum Marktausschluß konkurrierender Anbieter führen. Wenn aber der Marktzutritt für unabhängige Unternehmen auf beiden Stufen der vertikalen Beziehung (etwa Programmveranstalter und

---

309 Alaska Airlines v. United States Airlines, 948 F.2d 536, 544-46 (9th Cir. 1991); Twin Labs v. Weider Health & Fitness, 900 F.2d 566, 570 (2d Cir. 1990).
310 United States v. Griffith, 334 U.S. 100, 103-04, 108 (1948); Schine Chain Theatres, Inc. v. United States, 334 U.S. 110, 117-118 (1948).
311 S. Berkey Photo, Inc. v. Eastman Kodak Co., 603 F.2d 263, 275 (2d Cir. 1979), cert. denied 444 U.S. 1093 (1980) auf der einen Seite (Wettbewerbsvorteil ausreichend) und Alaska Airlines v. United Airlines, 948 F.2d 536 (9th Cir. 1991) auf der anderen Seite (Monopolunternehmen muß auch auf dem anderen Markt Monopolstellung anstreben oder erhalten wollen).
312 DoJ - 1985 Vertical Restraint Guidelines, § 3.1.
313 DoJ - 1985 Vertical Restraint Guidelines, §§ 3.1. und 3.22.

Betreiber) einfach möglich ist, wird eine Wettbewerbsbeschränkung verneint.[314]

3. Marktabgrenzung im Kabelfernsehbereich

Die Bestimmung des sachlich und räumlich relevanten Marktes ist sowohl für die Zusammenschlußkontrolle als auch für Kartellverfahren essentiell. Eine Marktabgrenzung ist lediglich bei Vorliegen der per-se-Tatbestände nach Sec. 1 Sherman Act nicht erforderlich, da diese - wie dargestellt - ohne weitere Prüfung insbesondere der Wettbewerbsverhältnisse auf dem betroffenen Markt verboten sind. Schließlich ist die Bestimmung des sachlich relevanten Marktes für die medienspezifische Kontrolle von Bedeutung.

Im Medienbereich ist die Marktabgrenzung aufgrund des Zusammenspiels zwischen medienspezifischen und wirtschaftlichen Komponenten schwierig und im Kabelfernsehbereich nicht gelöst.

a) *Relevante sachliche Märkte*

aa) *Bestimmung des sachlich relevanten Marktes im US-amerikanischen Recht*

Der relevante Markt wird sachlich im Hinblick auf ein bestimmtes Erzeugnis oder eine bestimmte Dienstleistung abgegrenzt. Berücksichtigt werden die besonderen Merkmale und der besondere Verwendungszweck der Ware oder der Dienstleistung. Die genaue Marktabgrenzung erfolgt grundsätzlich wie im deutschen und europäischen Recht. Solche Güter werden demselben Markt zugeordnet, die aus Sicht der Nachfrager austauschbar, also substituierbar sind. Ob eine Austauschbarkeit besteht, bestimmt sich nach dem Bedarfsmarktkonzept oder Konzept der funktionellen Austauschbarkeit (reasonable interchangeability of use) und dem Konzept der Kreuz-Preis-Elastizität (cross-elasticity of demand).[315]

---

314 DoJ - 1985 Vertical Restraint Guidelines, § 4.22. Grundlage der Beurteilung ist eine zweistufige Analyse. Auf der ersten Stufe wird der relevante Referenzmarkt hinsichtlich seiner Struktur bewertet (market structure screen), und anschließend wird die vertikale Absprache auf ihre wettbewerbsbeschränkende Auswirkung untersucht. Vergleichbar mit dem HHI wird die Marktstruktur durch den Vertical Restraints Index (VRI) anhand der Marktanteilsbasis der beteiligten Unternehmen bestimmt, ebda. §§ 4.1 und 4.2.
315 United States v. E.I. duPont de Nemours & Co., 351 U.S. 377 (1956); Brown Shoe v. U.S., 370 U.S. 294, 325 (1962); United States v. Continental Can Co., 378 U.S. 441, 449 (1964).

Nach dem Bedarfsmarktkonzept werden solche Waren oder Dienstleistungen zu einem Markt gerechnet (marktgleichwertige Waren oder Dienstleistungen), die der Verbraucher aufgrund ihrer Eigenschaften, ihrer wirtschaftlichen Verwendungszwecke und ihrer Preise für die Deckung eines bestimmten Bedarfs miteinander vergleicht und als gegeneinander austauschbar ansieht.[316] Das Konzept der Kreuz-Preis-Elastizität beruht auf dem Gedanken, daß sich die Ausweichmöglichkeiten der Nachfrager in ihren Reaktionen auf Preisbewegungen zeigen. Führt eine geringe Preiserhöhung eines Produkts zu einer Abwanderung zu einem anderen Produkt, so deutet das auf Ausweichmöglichkeiten und damit auf einen sachlich gleichen Markt hin.[317] Eine hohe Kreuzelastizität zwischen Waren indiziert also, daß sie demselben relevanten Markt angehören. Solche Produkte gehören nicht zu einem sachlichen Markt, auf die Verbraucher selbst dann nicht zurückgreifen, wenn sich die Waren einer bestimmten Produktgruppe verteuern. Das amerikanische Justizministerium und die FTC legen nach ihren neuesten Horizontal Merger Guidelines ihren Untersuchungen eine Spielart dieses Konzepts zugrunde. Sie fassen in einem Markt alle die Produkte zusammen, deren Preis ein Unternehmen gering, aber dennoch bedeutsam und nicht nur vorübergehend profitabel erhöhen kann.[318] Sowohl das Bedarfsmarktkonzept als auch das Konzept der Kreuz-Preis-Elastizität hat Nachteile bei der Marktabgrenzung, so daß beide Konzepte von den Gerichten gleichzeitig herangezogen werden.[319] Dabei ist beim Kabelfernsehen die Sicht des Kabelteilnehmers von entscheidender Bedeutung.[320]

bb) *Die Kabelfernsehmärkte*

Eine einheitliche Entscheidungspraxis bei der Abgrenzung relevanter Produktmärkte im Medienbereich oder im Kabelfernsehen gibt es nicht. Die Marktabgrenzungen sind einzelfallbezogen und können nur beschränkt verallgemeinert werden. Abstrakt richtige und allgemein gültige Charakterisierungen sind nicht möglich. Das trifft um so mehr auf Teilmarktabgrenzungen zu.[321]

---

316 *Saylor*, Cable TV Law 1990, S. 105; im deutschen Recht *Möschel*, in *Immenga/ Mestmäcker*, § 22 Rn. 24.
317 *Möschel*, in *Immenga/Mestmäcker*, § 22 Rn. 33.
318 DoJ/FTC, 1992 Merger Guidelines, S. 10 ff., 12.
319 *Saylor*, Cable TV Law 1990, S. 105.
320 New York Citizens Committee v. Manhattan Cable TV, 651 F. Supp. 802, 808 (S.D.N.Y. 1986).
321 *Spieler*, S. 124.

Grundsätzlich gibt es im amerikanischen Recht wie im deutschen und europäischen Recht keinen einheitlichen »Medienmarkt«, der die verschiedenen Medien erfaßt. Vielmehr wird das Kabelfernsehen bei der Marktabgrenzung als eigenständiges Kommunikationsmedium verstanden. Dabei ist das besondere System des Kabelfernsehens in den Vereinigten Staaten wichtig, das von dem bereits dargestellten Dreiecksverhältnis zwischen Programmveranstalter, Netzbetreiber und angeschlossenem Teilnehmer geprägt ist. Die Betreiber müssen die Tantiemen an die Kabelprogrammveranstalter abführen. Die Höhe wird nach der Gesamtzahl der angeschlossenen Teilnehmer (per-subscriber fee) bestimmt. Die Betreiber selbst erheben bei ihren Teilnehmern die Kabelgebühren. Deren Höhe ist von dem gewünschten Programmpaket abhängig, das ein Teilnehmer gewählt hat. Die Programmveranstalter wiederum vergeben Werbezeiten als Einnahmequelle.[322]

(1) *Die Marktabgrenzung der FCC*

Die FCC grenzt die Märkte auf der Grundlage der verschiedenen Dienste ab, die im Kabelfernsehen angeboten werden. Sie trennt zwischen Programmärkten und dem Übertragungsmarkt.

(a) *Programmärkte*

In programmlicher Hinsicht grenzt die FCC drei Märkte ab, die für die angeschlossenen Teilnehmer nicht funktionell austauschbar, sondern komplementär sind. Dies sind die Märkte für »Basis«-Programme (basic programming services), »Premium«-Programme (premium programming services) und »Spezial«-Programme (specialized services).[323]
Die *Basiskabelprogramme* unterscheiden sich bereits von den übrigen beiden Programmarten, da sie jeder Kabelbetreiber aufgrund der Vorschriften des Cable TV Competition Act 1992 anbieten muß. Dies sind die Programme, die auch terrestrisch empfangbar sind sowie die Programme, die in den Mietkanälen verbreitet werden (leased access programs). Sie werden den Teilnehmern für einen Basistarif (basic rate) ohne zusätzliche Kosten angeboten. Der Tarif kann im Gegensatz zu den Preisen für die anderen beiden

---

322 Ausführlich ist diese Ordnung im 2. Abschnitt, A I.: »Das Kabelfernsehsystem in den Vereinigten Staaten« beschrieben.
323 FCC - Cable Competition Report 1990, Rn. 50; *Blaskopf*, 4 Cardozo Arts & Entertainment L.J. 75, 83 ff., 87 (1985).

Programmpakete staatlich begrenzt werden.[324] Der Preisunterschied zu diesen Programmarten verhindert aus Sicht der Verbraucher eine Austauschbarkeit.[325] Die mit den Basiskabelprogrammen austauschbaren Leistungen sind demgegenüber die Basisprogramme, die per Satellit verbreitet werden, und, wenn auch mit Einschränkungen, die herkömmlichen terrestrisch verbreiteten Programme.[326]

Die *Spezialkabelprogramme* sind auf Segmente spezialisierte und ausschließlich diese behandelnde Programme. Die Programme sind originäre Kabelprogramme, die nicht terrestrisch ausgestrahlt werden, und die im Laufe der Zeit zu den attraktivsten Programmen geworden sind. Dazu gehören etwa CNN (Nachrichten), ESPN und TNT (Sport), C-Span (Parlamentsberichte), MTV (Musik) oder Nickelodeon (Kinderprogramme). Die Betreiber bestimmen die Preise für diese Dienste selbst. Zwischen den Spezialprogrammen und den Premiumprogrammen besteht ein preislicher Unterschied, und beide Programmarten werden von den Verbrauchern nicht als austauschbar angesehen. Vielmehr sind die Spezialkabelprogramme die eigentlichen (attraktiven) Hauptbestandteile jedes Kabelangebotes, auf die kein Teilnehmer verzichten will und die demzufolge jeder Kabelbetreiber einspeisen muß. Zwar können auch terrestrisch Nachrichten, Sportereignisse oder Kinderprogramme empfangen werden. Jedoch werden diese terrestrischen Programme nicht als austauschbar zu den Spezialkabelprogrammen angesehen, da sich die Kabelprogramme inzwischen die attraktivsten Sportübertragungs- und Filmrechte gesichert haben.[327] Unter Ausklammerung der terrestrisch empfangbaren Programme und der Premiumprogramme werden die Basis- und die Spezialkabelprogramme auch oft in einer Basisprogrammsparte zusammengefaßt.[328]

Die *Premiumprogramme* sind die Pay-TV-Dienste, also Kinofilme oder Sportübertragungen, die ohne Werbeunterbrechungen gezeigt werden.[329] Die angeschlossenen Teilnehmer müssen für diese Programme ein zusätzliches

---

324 Die kommunale Behörde kann dann den Preis festlegen, wenn kein »ausreichender Wettbewerb« im Sinn des Cable TV Competition Act 1992 besteht, s. ausführlich oben Kapitel B.
325 New York Citizens Comm'ee v. Manhattan Cable TV, 651 F. Supp. 802, 808 (S.D.N.Y. 1986); Friedmann v. Adams Russell Cable Services - New York, Inc., 624 F.Supp. 1195, 1196 (S.D.N.Y. 1986).
326 FCC - Cable Competition Report 1990, Rn 52.
327 Dazu gehören insbesondere die Endspiele der Baseball- oder Basketballiga (im Kabelsender TNT), FCC - Cable Competition Report 1990, Rn. 52.
328 S. etwa die Aufstellung der National Cable Television Association, NCTA S. i-C.
329 FCC - Cable Competition Report, Rn. 52. Dazu gehören die Programme wie *Cinemax, Disney Channel, Encore, HBO, Movie Channel, Showtime, TV Japan.* Einen Überblick über die Entwicklung des Pay-TV und dessen Regulierung gibt *Gershon,* 1990 Communications and the Law 3 (June 1990).

Entgelt entrichten. Sie können die Programme je nach ihren individuellen Wünschen auswählen. Der Verwendungszweck zwischen den jeweils ausgesuchten Premiumprogrammen und den Spezialprogrammen ist unterschiedlich, so daß insgesamt keine Austauschbarkeit besteht. Demgegenüber sind nach Ansicht der FCC die von Videotheken angebotenen Filme austauschbare Leistungen, zumal Videorekorder in den USA weit verbreitet sind. Zwar bestünden - so die FCC - zwischen beiden Medien Unterschiede: Die in Videotheken ausgeliehenen Filme könnten zu Hause jederzeit gesehen werden, während die Filme meistens zuerst in den Kabelkanälen und dann über Videotheken verbreitet würden. Dennoch sei von einer, wenn auch eingeschränkten, Austauschbarkeit auszugehen.[330]

(b) *Übertragungsmarkt*

Auf einer anderen Marktstufe hält das Medium Breitbandkabel eine spezielle *Übertragungsdienstleistung* (»retransmission service«) bereit. Gegenüber den herkömmlichen Antennen hat das Breitbandnetz eine deutlich bessere Qualität und umfassendere Übertragungsmöglichkeiten aufgrund größerer Kapazitäten. Dennoch sieht die FCC die terrestrische Verbreitung als austauschbare Leistung an.[331]

Dieser Übertragungsmarkt wird einer Auffassung zufolge weiter in drei Teilmärkte untergliedert, deren Leistungen nicht funktionell austauschbar, sondern komplementär seien: Wortübertragung (voice transmission), Datenübertragung (data transmission) und traditionelle Videoübertragung (traditional video transmission).[332] Die traditionelle Videoübertragung, so wird argumentiert, diene den Verbrauchern zum Empfang von Unterhaltung und Information. Demgegenüber würden Datenübertragungsdienste zur Zwei-Weg-Kommunikation von Computerdaten genutzt und nur zu einem sehr geringen Teil auch von Verbrauchern zu privaten Zwecken.[333] Die Wortübertragung schließlich sei bereits aus gesetzlichen Gründen von den übrigen abgegrenzt, da - bisher - nur Telefondienstanbieter (common carrier) diese Basisdienste der Öffentlichkeit anbieten dürften. Zudem bestehe zwischen diesen Teilmärkten keine Kreuz-Preis-Elastizität, da eine Veränderung der Preise der jeweiligen Dienste auf der Nachfrageseite nicht zu einer Umstellung auf einen der ande-

---

330 FCC - Cable Competition Report 1990, Rn. 51.
331 FCC - Cable Competition Report 1990, Rn. 50.
332 *Werner*, 43 Fed. Comm. L.J., S. 215, 230 f. (1991).
333 FCC - 1988 OPP Paper, Rn. 18.

ren Dienste führen würde.[334] Es sei auszuschließen, so diese Auffassung weiter, daß eine Verteuerung der traditionellen Videodienste zu einer verstärkten Benutzung der Wort- oder Datenübertragung führen würde. Umgekehrt habe auch eine Preiserhöhung der Wortübertragung keine Auswirkungen auf die Videodienste und nur zu einem geringen Teil auf die Datenübertragung, da die Diensteanbieter auf die Datenübertragung in der Regel angewiesen seien.

(2) Andere Marktabgrenzungen

Die Gerichte grenzen die sachlichen Märkte ähnlich ab wie die FCC. Sie unterscheiden grundsätzlich zwei interdependente Märkte, den »retail market« und den »wholesale market«.[335] Auf dem »wholesale market« konkurrieren die Programmveranstalter, um ihre Programme an die Kabelbetreiber zu verkaufen. Dazu gehören die Fernsehsender und die Kabelprogrammveranstalter, wie etwa CNN oder ESPN. Davon ausgehend muß weiter unterschieden werden, welche Programme oder Dienstleistungen für die Marktgegenseite austauschbar sind oder ob eine Preiselastizität besteht.[336] Auf diesem Weg werden auch über diese Marktabgrenzung die verschiedenen Programmsegmente (Basis-, Premium-, und Spezialprogramme) als weitere Programmärkte abgegrenzt.[337] Insoweit werden die Pay-TV-Dienste oder Premiumprogrammdienste von den Basiskabelprogrammen abgegrenzt.[338] Zu

---

334 *Werner*, 43 Fed. Comm. L.J. S. 215, 231 (1991).
335 Wörtlich erläutert ein Gericht: »[...]three interdependent markets: the market in which [the cable operator, d. Verf.] sells a package of programming to subscriber (the 'retail' market), the market in which [the cable operator, d. Verf.] buys or leases programming from various sources (the 'wholesale' market), and the market in which programmers compete for the business of subscribers by [the cable operator's, d. Verf.] resale to subscribers.«
Nach Ansicht des Gerichts könnte auch von zwei Märkten gesprochen werden - »retail« und »wholesale market« -, wobei der »wholesale market« eingeschränkt sei auf den Verkauf des Produkts an den Verbraucher, New York Citizens Committee v. Manhattan Cable TV, 651 F.Supp 802, 807 mit Fn. 4 (S.D.N.Y. 1986). Dem folgend grenzen *Brenner/Price*, § 6.11 die gleichen Märkte ab.
336 New York Citizens Committee v. Manhattan Cable TV, 651 F.Supp. 802, 807 (S.D.N.Y. 1986).
337 New York Citizens Committee v. Manhattan Cable TV, 651 F.Supp. 802, 807/808 (S.D.N.Y. 1986); *Brenner/Price*, § 6.11[2], die allerdings von einem eigenständigen »program supply«-Markt ausgehen, letztlich aber die gleichen sachlichen Programmärkte unterscheiden.
338 Z Channel LTD. v. Home Box Office, 931 F.2d 1338, 1343 (9th Cir. 1991); Central Telecommunications v. TCI Cablevision, 800 F.2d 711, 726 (8th Cir. 1986), cert. denied 480 U.S. 910 (1987); Friedman v. Adams Russell Cable Services-New York, Inc., 624 F.Supp. 1195, 1196 (S.D.N.Y. 1986). New York Citizens Committee v. Manhattan Cable TV, 651 F.Supp. 802, 808 (S.D.N.Y. 1986) zählte zu diesen Diensten »pay cable television movie and non-sports entertainment services«. Im Bereich des

dem Markt der Pay-TV-Dienste zählen die Gerichte Kino-, Satelliten- und Fernsehprogramme sowie Videokassetten als austauschbare Leistungen.[339] Schließlich wird der Premiumprogrammarkt zum Teil noch weiter aufgeteilt. Nach einer (nicht abgeschlossenen) Untersuchung der Federal Trade Commission besteht ein Markt für »24 hour financial and business news«.[340] Auch zwei originäre Premiumprogramme für Sportübertragungen (ESPN und TNT) können ein eigenständiger Markt sein.[341]

Der »retail market« ist gekennzeichnet durch die spezielle Übermittlung oder Verbreitung der Programme an die Verbraucher.[342] Dieser Markt entspricht daher dem Übertragungsmarkt der FCC. Die Gerichte zählen zu diesem Übertragungsmarkt auch die Übermittlung durch Telefongesellschaften. Die Verbreitung von Fernsehsignalen durch Kabelfernsehnetze sei, so erläutert ein Gericht, nur ein erster Schritt zur Entwicklung eines integrierten Breitbandnetzes. Daher seien die Telefon- und Kabelgesellschaften Wettbewerber für die Übermittlung in Videoübertragungsnetzen.[343] Die Übertragung durch Satelliten wird von einem anderen Gericht demselben Markt mit dem Argument zugerechnet, letztlich werde die gleiche Dienstleistung nur durch eine technisch verschiedene Übertragungsweise erbracht.[344]

Die Antitrust Division des Justizministeriums teilt grundsätzlich die Marktabgrenzung der FCC. Allerdings besteht in der Frage der Einbeziehung

---

terrestrischen Fernsehens ist jüngst ein eigenständiger Markt für »Programme, die speziell für öffentliches Fernsehen gekauft werden« angenommen worden, Northeastern Education Television v. Educational Television, 758 F.Supp. 1568, 1579 (N.D.Ohio 1990).

339 Cable Holdings of Georgia, Inc. v. Home Video, Inc. 825 F.2d 1559, 1563 (11th Cir. 1987); Satellite Television v. Continental Cablevision, 714 F.2d 351, 355/356 (4th Cir. 1986), cert. den. 465 U.S. 1027 (1984) (»cinema, broadcast television, video disks and cassettes, and other types of leisure and entertainment-related business«). Das Gericht in U.S. v. Syufy Enterprises (903 F.2d 659, 665-666 Fn.9 (9th Cir. 1990)) entschied, daß aus der Sicht eines Filmhändlers (film distributor) Video, Kabelfernsehen und pay-per-view-Angebote nicht mit Erstausstrahlungen von Kinofilmen (first-run theatrical exhibition) austauschbar sind und daher nicht in einen Produktmarkt fallen, auch wenn dies aus Sicht der Zuschauer der Fall sein mag.

340 Das war im Fall der beschriebenen vorläufigen Untersuchung der FTC bei der Übernahme von Financial News Network (FNN) durch CNBC *Saylor*, Cable TV Law 1992, S. 507.

341 TV Communications Network, Inc. v. ESPN, Inc., 767 F.Supp. 1062, 1071 (D.Colo. 1991).

342 New York Citizens Committee v. Manhattan Cable TV, 651 F.Supp. 802, 807 (S.D.N.Y. 1986).

343 TV Signal Company of Aberdeen v. AT&T Co., 617 F.2d 1302, 1307, 1310 (8th Cir. 1980). Das Gericht hat allerdings die gegenteilige Ansicht des Beklagten, der relevante Markt beschränke sich auf die Übertragung von Pay-TV, nicht aus Rechtsgründen, sondern deswegen zurückgewiesen, da dieser nicht hinreichende Beweise erbracht habe.

344 Air Capital Cablevision v. Starlink Communications, 601 F.Supp. 1568, 1573 (D.Kansas 1985).

anderer Medien in die jeweiligen Märkte als Substitutionsdienste eine erhebliche Abweichung. Denn nach Ansicht des Ministeriums sind die übrigen Medien, insbesondere das terrestrisch verbreitete Fernsehen, für die Verbraucher nicht gegen Kabelfernsehen austauschbar. Das Fernsehen, so das Ministerium, habe nicht die Auswahl, die Variationsbreite sowie die Übertragungsqualität des Kabelfernsehens, um ein Substitut für die Verbraucher zu sein. Dies zeige sich schon an der Bereitschaft der Konsumenten, hohe Kabelgebühren zu zahlen, obwohl terrestrisches Fernsehen frei erhältlich sei. Ebensowenig seien Kinoprogramme oder Videokassetten als austauschbare Dienstleistungen anzuerkennen, da die Pay-Kabelprogramme wesentlich bequemer seien. Schließlich wendet sich die Antitrust Division dagegen, direkt empfangbare Satelliten (DBS) oder andere Multikanalträger in den Übertragungsmarkt einzubeziehen, da ihnen noch die Verbreitungsdichte fehle.[345]
Sobald jedoch eine Videoübertragung durch direkt strahlende Satelliten möglich wird, dürfte das Justizministerium diese in den relevanten Übertragungsmarkt einbeziehen. Das Ministerium betrachtet nämlich auch solche Unternehmen als Marktteilnehmer, die wahrscheinlich innerhalb eines Jahres in den relevanten Produktmarkt eintreten werden.[346]
Auch nach Ansicht des Kongresses hält derzeit kein anderes Übertragungsmedium eine austauschbare Leistung zum Kabelfernsehen bereit. Die wireless cable-Systeme (Multichannel Multipoint Distribution Systems, MMDS), so der Kongreß, hätten bereits eine technologisch bedingte Kapazitätsbegrenzung auf maximal 33 Kanäle. Deren Dienste könnten im übrigen aufgrund der Mikrowellentechnologie nicht in bergigem Gelände oder in Großstädten eingesetzt werden. Insgesamt seien bisher auch nur 45 Systeme mit insgesamt 350.000 angeschlossenen Teilnehmern aktiv tätig.[347] Auch den derzeit erhältlichen Satellitenempfängern (home satellite dishes) fehle es trotz zunehmender Popularität noch an einer flächendeckenden Verbreitung. Sollte sich allerdings die Qualität des C-Bandes verbessern und die Preise für Satellitenempfänger weiter sinken, dann könne es zu einer Austauschbarkeit aus Sicht der Verbraucher kommen.[348] Demgegenüber, so der Kongreß wei-

---

345 Department of Justice, Reply Comments in FCC - Cable Competition Inquiry, (MM-Dkt. 89-600), April 3, 1990, zitiert nach *Saylor*, Cable TV Law 1992, S. 517-18. Gegen eine Austauschbarkeit auch *Noam*, 34 Fed. Comm. L.J. 209, 240 (1982): »[C]able's unique technical features [...] provide it with a solid economic foundation unmatched by any of the broadcast media.«
346 DoJ/FTC - 1992 Merger Guidelines, S. 24.
347 H.R. 4850 House Report 1992, S. 44; S. 12 Senate Report 1991, S. 14/15; *Brenner*, 42 Fed. Comm. L.J. 365, 400 (1990).
348 Von 1980 bis 1992 stieg die Zahl der Satellitenempfänger von 5.000 auf 3,6 Millionen. Derzeit werden 75 unverschlüsselte und 75 verschlüsselte Dienste über Satellit angebo-

ter, lieferten die direkt strahlenden Satelliten (DBS) zwar bessere Qualität, und es seien aufgrund der höheren Leistung nur kleine Empfänger nötig. Derzeit würden aber noch keine Dienste über DBS angeboten. Allerdings könnten DBS mit fortschreitender Videokompression Mitte bis Ende der neunziger Jahre echte Multikanalkonkurrenten zu den Kabelbetreibern werden.[349] Für den Kongreß ist das entscheidende Argument gegen eine Austauschbarkeit der anderen Übertragungsmedien die fehlende Erreichbarkeit von derzeit populären Programmen: Die von den Kabelbetreibern kontrollierten Programme (insbesondere CNN, TNT oder Headline News der Turner Broadcasting Systems oder HBO oder Cinemax als Pay-TV-Programme) seien für wireless cable-Systeme entweder nicht oder nur zu sehr hohen Preisen zu erhalten. Daher bestehe für die Verbraucher keine Austauschbarkeit dieser Übertragungsmedien mit dem Kabelfernsehen.[350]

cc) *Zusammenfassung*

Die verschiedenen Ansätze zur Abgrenzung relevanter sachlicher Märkte im Kabelfernsehbereich belegen die Schwierigkeiten, die Vielschichtigkeit der Medien im allgemeinen und des Kabelfernsehens im besonderen in klar strukturierte Wettbewerbsbeziehungen zu übertragen. Im Ergebnis führen aber die verschiedenen Ansätze zur Annahme ähnlicher Märkte, so daß folgende Leitlinien herausgestellt werden können:
Es gibt einen *Übertragungsmarkt* für breitbandübermittelte Fernsehsignale, auf dem die Kabelbetreiber mit anderen Kommunikationsmedien wie terrestrisches Fernsehen, Satellitenfernsehen, wireless cable oder Telefon konkurrieren. Aufgrund des unterschiedlichen Verbreitungsgrades und der zum Teil fehlenden Erreichbarkeit populärer Programme sind diese Übertragungsmedien aus Sicht der Verbraucher nicht oder nur mit Einschränkungen gegen Kabelfernsehen austauschbar. Einige Gerichte nehmen sowohl die Videoübermittlung durch das Telefon als auch die Satellitenübertragung als austauschbare Dienste zur Kabelfernsehübermittlung an. Der Übertragungsmarkt läßt sich weiter in die Märkte für Wortübertragung (voice transmission), Datenübertragung (data transmission) und traditionelle Videoübertragung (traditional video transmission) abgrenzen.

---

ten. Die Preise für die Satellitenempfänger liegen bereits bei unter 1.000 $. S. H.R. 4850 House Report 1992, S. 45/56; gegen eine Austauschbarkeit auch *Brenner*, 42 Fed. Comm. L.J. 365, 401 (1990).
349 H.R. 4850 House Report 1992, S. 46; S. 12 Senate Report 1991, S. 16.
350 S. 12 Senate Report 1991, S. 14/15.

Bei den *Programmärkten* werden die jeweiligen Programmsparten der Kabelprogramme (Basis-, Spezial- und Premiumprogramme) als eigenständige Märkte angenommen. Die jeweiligen Programmsparten sind für die Verbraucher nicht austauschbar, und auch eine Preiselastizität besteht nicht. Damit gibt es im Gegensatz zur Situation im deutschen Rundfunkrecht[351] jedenfalls für Kabelfernsehen einen *Nachfragemarkt für Kabelfernsehleistungen*, der in die jeweiligen Programmsparten unterteilt wird. Gegenüber den Spezialkabelprogrammen sind die terrestrisch verbreiteten Programme nicht austauschbar und werden nicht in den Markt einbezogen. Gegenüber den Premium- oder Pay-TV-Programmen sind die in den Videotheken angebotenen Videofilme mit Einschränkungen austauschbar, da der Verbreitungsgrad von Videorekordern in den USA sehr hoch ist.

Zusätzlich besteht ein *Programmbeschaffungsmarkt*, in dem die Kabelbetreiber (cable operators) mit anderen Rundfunkveranstaltern, etwa Satellitenkanalbetreibern, Fernsehsendern oder wireless cable-Betreibern konkurrieren. Auf der Marktgegenseite stehen die spezialisierten Kabelprogrammveranstalter, die Hollywood-Studios sowie die Sportveranstalter. Schließlich bestehen noch *Rundfunkwerbemärkte*. Die Angebote der unterschiedlichen Anbieter dürften aus Sicht der Werbetreibenden austauschbar sein.[352]

b) *Relevante räumliche Märkte*

Ebenso wie die Abgrenzung des Produktmarktes ist die Bestimmung des geographischen Marktes wettbewerbsbezogen.[353] Grundsätzlich umfaßt dieser Markt das Gebiet, in dem das Unternehmen seine Ware oder Dienstleistung anbietet (Absatzgebiet) und der Verbraucher das bestimmte Produkt erwerben kann.[354] Daneben kann auch der Preis einer Ware oder Dienstleistung als Parameter herangezogen werden. Die unterschiedlichen Preise identischer Produkte desselben Herstellers können die Zugehörigkeit zu unterschiedlichen räumlichen Märkten begründen.[355] Nur die Produkte oder Dienste desselben

---

351 Das deutsche Bundeskartellamt nimmt mangels wirtschaftlichem Austausch zwischen dem Rundfunkveranstalter und dem Zuschauer keinen Rezipientenmarkt für Rundfunkleistungen an. Dazu *Möschel*, in *Immenga/Mestmäcker*, § 22 Rn. 30 und *Bremer/Esser/Hoffmann*, S. 84.
352 FCC - Cable Competition Report 1990, Rn. 88.
353 *von Arnheim*, S. 44.
354 Tampa Electric Co. v. Nashville Coal Co., 365 U.S. 320, 327 (1961); *Werner*, 43 Fed. Comm. L.J. 215, 234 f. (1991).
355 New York Citizens Committee v. Manhattan Cable TV, 651 F.Supp 802, 807 (S.D.N.Y. 1986): »[A] distinct market exists if sellers within the area are making price decisions protected from the need to take account of sellers outside the area.«

Marktes werden in die Wettbewerbsanalyse einbezogen. Dementsprechend grenzen die Antitrust Division und die FTC in Anlehnung an ihre sachliche Marktabgrenzung ein Gebiet als räumlichen Markt ab, in dem ein Unternehmen profitabel eine geringfügige, aber bedeutsame und nicht nur vorübergehende Preiserhöhung seines Produkts durchsetzen kann.[356] Im Medienbereich müssen zudem technische Faktoren berücksichtigt werden, wie etwa die Reichweite der terrestrischen Frequenz, die Abstrahlungsweite des Satelliten oder das Verbreitungsgebiet des Kabel- oder Telefonnetzes.

Bei der räumlichen Marktabgrenzung im Kabelfernsehen müssen die unterschiedlichen Produkte und Dienste unterschieden werden. Die jeweiligen Programme werden in der Regel national angeboten und beschafft, so daß der relevante geographische Markt der nationale Markt ist.[357] Davon muß nur bei speziellen lokalen Programmen eine Ausnahme gemacht werden, da diese nur in dem dafür bestimmten Gebiet verbreitet werden. Der Übertragungsmarkt ist durch die Vergabe der staatlichen Kabellizenz festgelegt, so daß der relevante räumliche Markt für die Übertragung von Kabelfernsehen das jweilige Lizenzgebiet ist.[358] Da die Lizenzbehörden in aller Regel nur eine Lizenz vergeben, ist der jeweilige Netzbetreiber in diesem Gebiet immun gegenüber den Preisen in anderen Lizenzgebieten.[359]

4. Bisherige Untersagungsverfahren

Die dargestellten horizontalen und vertikalen Konzentrationsprozesse im Kabelfernsehen waren vor dem Hintergrund der materiellen Eingriffs- und Untersagungskriterien Gegenstand verschiedener fusionskontroll- und kartellrechtlicher Verfahren.

---

356 DoJ/FTC - 1992 Merger Guidelines, S. 16.
357 Die Antitrust Division geht von einem *national program acquisition market* aus FCC - Cable Competition Report 1990, Rn. 75; ebenso *Bernstein*, 86 Columbia L.Rev. 1663, 1689 (1986). Im Bereich des terrestrischen Fernsehens wird der Programmeinkaufsmarkt für öffentliches Fernsehen als weltweiter räumlicher Markt eingestuft, Northeastern Education Television v. Educational Television, 758 F.Supp. 1568, 1579 (N.D.Ohio 1990).
358 *Bernstein*, 86 Columbia L.Rev. 1663, 1688 (1986).
359 Central Telecommunications v. TCI Cablevision, 800 F.2d 711, 717 (8th Cir. 1986), cert. denied 480 U.S. 910 (1987); New York Citizens Committee v. Manhattan Cable TV, 651 F.Supp. 802, 808 (S.D.N.Y. 1986). Nach Satellite Television v. Continental Cablevision, 714 F.2d 351, 356-357, (4th Cir. 1983) ist bei der Versorgung von mehreren Appartmentblocks durch ein Lizenzunternehmen eine Ausnahme zu machen. Im Wettbewerb mit einem Satellitenfernsehen sind daher auch mehrere Lizenzgebiete als räumlicher Markt anzusehen, in dem beide Übertragungsleistungen in effektivem Wettbewerb zueinander stehen.

a) *Fusionskontrollverfahren*

Die in den letzten Jahren vereinbarten Zusammenschlüsse der Kabelbetreiber oder Kabelprogrammveranstalter wurden weder von der FTC noch von der Antitrust Division des Justizministerium aufgegriffen, da die fusionskontrollrechtlichen Untersagungsvoraussetzungen nach Ansicht beider Behörden nicht vorlagen. Der räumliche und sachliche Markt, auf dem die Fusionen zwischen Kabelbetreibern untersucht wurden, war der nationale Programmbeschaffungsmarkt (national program acquisition market). Der Konzentrationsgrad dieses Marktes würde anhand des nationalen Zuschaueranteils der beteiligten Unternehmen bestimmt. Danach handelte es sich um einen gering konzentrierten Markt, da der HHI für die größten 50 Kabelbetreiber seit 1984 zwischen 457 und 1.000 Punkten und 1991 für die größten 20 Kabelbetreiber 491 Punkte betrug.[360] Auch der Konzentrationsgrad (CR) der größten 4 Unternehmen lag bei nur 36%, also noch unter 50%.[361] Die FCC teilte diese Ansicht und argumentierte weiter, daß die Konzentrationsprozesse auch keine wettbewerbsmindernden Auswirkungen auf die Werbemärkte hätten, da die Kabelbetreiber keine Werbung verkaufen würden und der Marktanteil der von ihnen beherrschten Programmveranstalter gegenüber den großen Fernsehsendern zu gering sei.[362]

Die Untersagungsvoraussetzungen lagen auch bei Zusammenschlüssen zwischen Programmveranstaltern nicht vor. Die Übernahme des Konkurrenten Satellite News Channel durch die Turner Broadcasting Systems und die anschließende Auflösung des Senders wurde nicht untersagt. Auch die Übernahme von FNN (Financial News Network) durch den neugegründeten Veranstalter vergleichbarer Nachrichtensegmente CNBC wurde nicht beanstandet.[363]

Demgegenüber bezeichnete eine Ansicht den Markt für Premiumdienste (pay-TV services) als hoch konzentriert mit einem HHI von 2.297 Punkten (1991), so daß ein Einschreiten des Justizministeriums erforderlich sei. Das Zögern des Ministeriums ließe sich danach nur damit begründen, daß sich die Konzentration seit 1980 verringert habe (um 500 Punkte) und daß nach den Stan-

---

360 FCC - Cable Competition Report 1990, Rn. 75 mit Appendix G, Table I und II.
361 H.R. 4850 House Report 1992, S. 42.
362 FCC - Cable Competition Report 1990, Rn. 88.
363 *Saylor*, Cable TV Law 1992, S. 506-507. Zur Einstellung des Verfahrens FNN/CNBC bereits oben I. C. 4.

dards des Ministeriums der Marktzutritt für neue Premiumdienste leicht sei.[364]

Die gleiche Problemstellung der nicht zu belegenden Wettbewerbsverminderung zeigte sich in privaten Verfahren. Aufgrund der sachlichen Marktabgrenzung im Kabelfernsehen kam es nicht zu einer Untersagung eines Zusammenschlusses zweier Kabelbetreiber. Das Gericht faßte in den maßgeblichen Übertragungsmarkt neben Kabelfernsehen noch die Übertragungsmedien des terrestrischen Fernsehens und des Satellitenfernsehens sowie Videorekorder mit ein. In seiner ablehnenden Entscheidung vertrat das Gericht die Ansicht, daß die fusionierten Unternehmen auf diesem Markt auch nach dem Zusammenschluß keine beherrschende Stellung hätten, so daß der Zusammenschluß keine Wettbewerbsminderung mit sich brächte.[365]

Vertikale Konzentrationen wurden ebenfalls nicht untersagt. Nach Ansicht des Justizministeriums und der National Telecommunication and Information Administration (NTIA) des Wirtschaftsministeriums würden die Vorteile der vertikalen Konzentration zwischen Kabelbetreiber und Kabelprogrammveranstalter überwiegen. Im Vordergrund ihrer wettbewerbsrechtlichen Beurteilung standen die erzielten Effizienzsteigerungen sowie die Möglichkeiten, neue und risikoreiche Programme zu finanzieren.[366] Diese Ansicht vertrat auch die FCC. Sie verwies ergänzend darauf, daß die erfolgreichsten Programmveranstalter von Betreibern beherrscht würden. Nur durch diese Beherrschung sei es möglich, das für die Entwicklung und Produktion der Programme erforderliche Kapital aufzubringen. Die auch international angesehenen Programme wie CNN, C-Span, Discovery Channel oder Black Entertainment Television seien ohne die Beteiligung der Betreiber nicht entstanden. Letztlich sei durch die vertikale Integration auch die Vielfalt der im Kabelfernsehen zum Ausdruck kommenden Meinungen erhöht worden.[367] Von anderer Stelle wurde zudem darauf hingewiesen, daß es für die Kabelbetreiber noch bis

---

364 *Atkin*, 1992 Telecommunications Policy 475, 479 f. In diese Untersuchung waren hauptsächlich folgende Veranstalter einbezogen: HBO, Showtime, Cinemax, Encore, Disney und TMC. Hinsichtlich des Marktzutritts für neue Dienste verweist der Autor auf den Pay-TV-Dienst Encore, der erst 1990 von dem Betreiber TCI eingeführt würde.
365 Cable Holdings of Georgia, Inc. v. Home Video, Inc., 825 F.2d 1559, 1563 (11th Cir. 1987).
366 Wörtlich heißt es: »[N]o clear evidence [...] that in all or even most cases the anticompetitive potential or effects of vertical integration and distribution agreements between cable systems and programmers outweigh the beneficial aspects of those relationships.« DoJ, Reply Comments in FCC Cable Inquiry, MM Doket No. 89-600, April 3, 1990, S. 53 und NTIA, Reply Comments in FCC Cable Inquiry, MM Doket No. 89-600, April 2, 1990, beides zitiert nach *Saylor*, Cable TV Law 1992, S. 481 und 483.
367 FCC - Cable Competition Report 1990, Rn. 82-86.

Ende der siebziger Jahre keine attraktiven Programme gab, da der Programmarkt fast komplett von den großen Fernsehsendern beherrscht wurde. Die Betreiber hätten daher in die Entwicklung neuer Programme investiert, um Anschlußteilnehmer zu gewinnen.[368]
Die FTC erließ bisher keine Untersagungen, da nach ihrer Ansicht die Beteiligungen der Kabelbetreiber an den Programmveranstaltern nicht zu Wettbewerbsbeschränkungen im Übertragungsmarkt (program distribution market) geführt hätten. Es bestünden nämlich ausreichende Marktzutrittsmöglichkeiten für Programmveranstalter, die etwa Satellitenübertragung wählen könnten. Lediglich in einem Fall eröffnete die FTC das Verfahren. Der größte Kabelbetreiber Tele-Communications, Inc. hatte von dem Betreiber Viacom 50% der Anteile an dem Pay-TV-Veranstalter Showtime Networks, Inc. übernehmen wollen. Die FTC fand keine negativen Auswirkungen auf den Wettbewerb in den Programm- oder Übertragungsmärkten. Das Verfahren wurde eingestellt, als die Übernahme von den Parteien nicht weiter verfolgt wurde.[369]

b) *Untersagte Absprachen*

In einem Verfahren drang das Justizministerium mit seiner Untersagung von Absprachen in einem Joint-Venture-Vertrag von verschiedenen Filmstudios durch, die einen neuen Kabelkinokanal (Premiere) gegründet hatten. Premiere sollte gegen die etablierten Pay-TV-Veranstalter HBO und Showtime konkurrieren. Das Ministerium vertrat die Ansicht, daß die Preis- und Sendeabsprachen zwischen den Studios und Premiere nicht mit der vertikalen Integration der Wettbewerber von Premiere im Premiumprogrammarkt gerechtfertigt werden könne. Die Gerichte folgten dieser Ansicht und stellten fest, daß die bestehenden Verbindungen zwischen den Veranstaltern HBO oder Showtime und selbst größten Kabelbetreibern nicht zu Marktzutrittsschranken führen würden, die einen Gebrauch wettbewerbswidriger Klauseln rechtfertigen könnten.[370]

---

368 *Lloyd*, 8 Cardozo Arts & Entertainment L.J. 337, 379 (1990). Zur Marktbeherrschung durch die Fernsehsender *Mestmäcker*, Medienkonzentration, S. 198.
369 FTC Stellungnahme an Senator Hollings vom 24. Juni 1988, zitiert nach *Saylor*, Cable TV Law 1992, S. 484.
370 U.S. v. Columbia Pictures Industries, Inc., 507 F.Supp. 412, 431 f. (S.D.N.Y. 1980), aff'd without opinion 659 F.2d 1063 (2d Cir. 1981).

c) *Einspeisungs- und Verbreitungsverweigerungen (refusal to carry und refusal to deal)*

Die dargestellten exklusiven Verbreitungsverträge (exclusive distribution agreements) und die damit verbundene Weigerung der Kabelbetreiber, die Programme der von ihnen nicht abhängigen Veranstalter in ihr Netz einzuspeisen, wurden kartellrechtlich angegriffen. Für konkurrierende Netzbetreiber, die sich im Übertragungsmarkt etablieren wollten, bestand (umgekehrt) das Problem, daß sich Programmveranstalter aufgrund bestehender Beherrschungsverhältnisse mit Kabelbetreibern weigerten, die Ausstrahlung der Programme zu lizenzieren. Im Zentrum der Auseinandersetzungen standen die in den USA für jeden Kabelbetreiber unabdingbaren Sport- oder Kinoprogramme (ESPN, TNT oder Showtime).

aa) Verschiedene Netzbetreiber griffen die Weigerung von Programmveranstaltern nach Sec. 2 Sherman Act an, ihnen Verbreitungslizenzen einzuräumen (refusal to deal). In einem Fall weigerten sich die Sportkanäle TNT (an dessen Muttergesellschaft TBS der Kabelbetreiber TCI Anteile hält) und ESPN (von ABC/Capital Cities beherrscht) mehreren Multikanalträgern, die mit TCI im örtlichen Übertragungsmarkt konkurrierten, Verbreitungsrechte für Sportübertragungen zu lizenzieren. Das angerufene Gericht entschied, daß, selbst wenn die Premiumprogramme ESPN/TNT einen eigenen Produktmarkt bildeten, die Verbreitungsverweigerung nicht gegen Sec. 2 des Sherman Act verstoßen würde. Die Weigerung, die Betreiber mit den Programmen zu beliefern, sei nämlich aus unternehmerischen Gründen erfolgt und daher nicht kartellrechtswidrig.[371] Der Abschluß der Verbreitungs- und Lizenzverträge konnte auch nicht auf die essential facilities-Doktrin des Sec. 2 Sherman Act gestützt werden. Zwar argumentierten die konkurrierenden Multikanalträger, daß die wichtigen Programme »wesentliche Einrichtungen« seien, um erfolgreich als Netzbetreiber konkurrieren zu können. Das Gericht folgte dieser Auffassung jedoch nicht. Der Tatbestand der essential facilities-Doktrin setze, so das Gericht, ein Wettbewerbsverhältnis zwischen Kläger und dem Monopolanbieter voraus. Bereits daran fehle es bei einer Klage zwischen einem Betreiber eines Übertragungsmediums und einem Programmveranstalter. Beide Parteien seien nämlich auf verschiedenen Marktstufen tätig.[372]

---

371 TV Communications Network, Inc. v. ESPN, Inc., 767 F.Supp. 1062, 1071 (D.Colo. 1991).
372 TV Communications Network, Inc. v. ESPN, Inc., 767 F.Supp. 1062, 1072 (D.Colo. 1991).

bb) Die Weigerung eines Betreibers, Programme eines Veranstalters in das Netz einzuspeisen (refusal to carry), ist grundsätzlich nach Sec. 1 Sherman Act nur dann rechtswidrig, wenn es unzulässiges, konzertiertes Zusammenwirken zwischen einem Betreiber und einem anderen Programmveranstalter ist. Ein solches unzulässiges Zusammenwirken wurde allerdings verneint, wenn der begünstigte Veranstalter und der Netzbetreiber in einem Beteiligungsverhältnis stehen oder beide von einem dritten Unternehmen beherrscht werden.[373]

Einem Verfahren lag die Konstellation zugrunde, daß sich ein Kabelbetreiber weigerte, terrestrisch empfangbare Programme zu verbreiten, die mit den von ihm beherrschten Programmen konkurrierten. Zunächst war das Gericht mit der Frage konfrontiert, ob die Aufhebung der Einspeiseverpflichtung der FCC (must-carry rule) gleichzeitig eine Immunität gegenüber kartellrechtlichen Verfahren bedeutet. Es entschied, daß weder die Einspeiseverpflichtung noch deren Aufhebung einen Kabelbetreiber schützen würden, dessen Programmauswahl von wettbewerbswidrigen Motiven geleitet sei.[374] Die Behauptung, der beklagte Kabelbetreiber versuche mit seiner Einspeisungsverweigerung seine Monopolstellung als Netzbetreiber nach Sec 2 Sherman Act auszunutzen, wies das Gericht jedoch zurück: Es sei nicht ersichtlich, daß derartige Marktzutrittsschranken im lokalen Übertragungsmarkt bestünden und weder der Kläger noch ein anderes Unternehmen die Programme verbreiten könnten.[375] Damit dürfte die Ansicht überholt sein, ein Netzbetreiber handele wettbewerbswidrig, wenn er ein Fernsehprogramm nicht einspeist, das dadurch zur Aufgabe gezwungen wird.[376]

Eine andere Möglichkeit, eine Einspeiseverweigerung anzugreifen, bietet die essential facilities-Doktrin nach Sec. 2 Sherman Act. Zwar konnte sich ein Kabelbetreiber gegen den Vorwurf wettbewerbswidrigen Verhaltens nicht darauf berufen, daß seine Stellung als alleiniger Netzbetreiber auf die staatliche Lizenzvergabe und Tarifkontrolle der Basisdienste zurückzuführen war: Denn auch in staatlich regulierten Märkten, so das Urteil, könne ein Netzbetreiber

---

373 Copperweld Corp. v. Independence Tube Corp., 467 U.S. 752 (1984).
374 Midland Telecasting Co. v. Midessa Television Co., 617 F.2d 1141, 1147 (5th Cir. 1980): »[...] FCC carriage rules did not operate to create an antitrust immunity [...]«; Sunbelt Television, Inv. v. Jones Intercable, Inc., 1991-2 Trade Cases § 69,645 (C.D. Cal. 1991).
375 Sunbelt Television, Inc. v. Jones Intercable, Inc., 1991-2 Trade Cases § 69,645 (C.D. Cal. 1991); U.S. v. Syufy Enterprises, 903 F.2d 659, 666-67 (9th Cir. 1990); Satellite Television v. Continental Cablevision, 714 F.2d 351, 353 (4th Cir. 1983), cert. denied 465 U.S. 1027 (1984), hielt deswegen exklusive Verträge zwischen Kabelunternehmen und Hauseigentümern nicht für wettbewerbswidrig.
376 So noch Midland Telecasting Co. v. Midessa Television Co., 617 F.2d 1141, 1144-45 (5th Cir. 1980).

eine Monopolstellung haben, deren wettbewerbswidrige Ausnutzung von den Antitrust-Gesetzen ohne Rücksicht auf die staatliche Regulierung erfaßt würden.[377] Jedoch wurde in einem Verfahren bezweifelt, daß ein Kabelnetz für den klagenden Programmveranstalter eine »wesentliche« Einrichtung ist. Der klagende Programmveranstalter erhielt keinen Zugang zu dem Netz. Er habe, so das Gericht, nicht hinreichend dargelegt, daß die Kabelnetze (und damit die Verbreitungsmöglichkeiten) weder von ihm noch von einem anderen Wettbewerber des Kabelbetreibers geschaffen werden könnten.[378] Die technische Verfügbarkeit anderer Verbreitungsmedien wie Satellitenübertragung dürften also nach dieser Entscheidung als Ausweichmöglichkeit zu berücksichtigen sein.

Es ist noch nicht endgültig geklärt, ob die bevorzugte Einspeisung eigener und die Weigerung der Verbreitung fremder Programme als unzulässige Erstreckung der Monopolstellung auf dem Übertragungsmarkt auf einen anderen Markt nach Sec. 2 Sherman Act (monopoly power leveraging) angreifbar ist. Allerdings wurden in einem Verfahren Vorwürfe, die Kabelbetreiber hätten unter Ausnutzung ihrer Netzstellung und ihrer Beherrschung von Programmveranstaltern versucht, bestimmte Programmmärkte zu monopolisieren, nicht zurückgewiesen.[379] Ein vergleichbares Verfahren, in dem der Muttergesellschaft von Manhattan Cable, Time Inc., vorgeworfen wurde, in einem anderen Kabelnetz zwei Pay-TV-Programme nicht einzuspeisen, damit sie mit ihren eigenen Kinoprogrammen (Cinemax und HBO) den Premiumprogrammarkt monopolisieren könne, wurde außergerichtlich verglichen.[380] Ein Gericht ließ in einem anderen Verfahren die Möglichkeit gelten, daß ein Betreiber unter Verstoß gegen Sec. 2 Sherman Act seine Position durch eine

---

377 Central Telecommunications v. TCI Cablevision, 800 F.2d 711, 727 (8th Cir. 1986), cert. denied 480 U.S. 910 (1987), unter Hinweis auf Otter Tail Power Co. v. U.S., 410 U.S. 366, 372 (1973): »Activities which come under the jurisdiction of a regulatory agency nevertheless may be subject to scrutiny under the antitrust laws.«
378 Sunbelt Television, Inc. v. Jones Intercable, Inc., 1991-2 Trade Cases § 69,645 (C.D. Cal. 1991).
379 New York Citizens Committee v. Manhattan Cable TV, 651 F.Supp. 802, 807, 811 (S.D.N.Y. 1986). Das Gericht entschied in diesem Zwischenurteil lediglich, daß die Klägerin aktiv legitimiert ist. Das Verfahren wurde anschließend durch Vergleich beendet, als sich der beklagte Kabelbetreiber bereit erklärte, nicht von ihm beherrschte (unaffiliated) Programme einzuspeisen, *Lampert*, 44 Fed. Comm. L.J. 245, 264 Fn. 107 (1992). Schließlich hat der Programmveranstalter USA Network den Betreiber Jones Intercable erfolgreich wegen Vertragsverletzung verklagt. Jones Intercable hatte das Programm zugunsten von Turner Network Television (TNT), an dem Jones Anteile hielt, aus dem Kabelangebot gestrichen, USA Network v. Jones Intercable Inc., 729 F.Supp. 304 (S.D.N.Y. 1990). Zu diesen Fällen siehe bereits oben E. I.
380 Viacom International Inc. v. Time Inc., 89 Civ. 3139 (S.D.N.Y., complaint filed May 8, 1989, S. *Saylor*, Cable TV Law 1992, S. 493 und »Viacom, Time Warner Bury the Hatchet«, Broadcasting Aug. 24, 1992, S. 4.

Einspeisungsverweigerung dazu ausnutzen könne, einen anderen Markt (den Werbemarkt) zu beherrschen.[381] Auf diesen Grundsatz stützte sich das jüngste Verfahren gegen den Kabelbetreiber TCI. Diesem wurde vorgeworfen, seine Monopolstellung im Übertragungsmarkt auszunutzen, um in dem Markt für Programmveranstaltung einzugreifen und ein Kabelprogramm unter Ausschaltung der Wettbewerber zu erwerben.[382] Dieses Verfahren ist - soweit ersichtlich - noch nicht entschieden.

d) *Vertikale Verträge*

Vertikale Beschränkungen in Verbreitungs- oder Einspeisungsverträgen sind nicht per-se kartellrechtswidrig, sondern werden auf der Grundlage der rule-of-reason-Dogmatik nach wettbewerbsbeschränkenden Auswirkungen beurteilt. Insbesondere wurden exklusive Verbreitungsverträge als wettbewerbsfördernd angesehen, da sie den Wettbewerb zwischen verschiedenen Produktgruppen (interbrand competition) fördern.[383] Die Kabelbetreiber, so argumentierten die Gerichte, benötigten nämlich attraktive Programme gegenüber der überragenden Marktmacht der Fernsehsender (1976 97% aller Zuschauer). Diese Programme könnten nur dann erfolgreich sein, wenn sie aufgrund der exklusiven Verbreitungsverträge ausschließlich im Kabelnetz empfangbar seien. Die in den Verbreitungsverträgen verwendeten Aufhebungsklauseln (deletion rights) wurden ebensowenig in Wettbewerbsverfahren angegriffen oder aufgehoben wie das Verhalten des Netzbetreibers TCI, das den Veranstalter CNBC zur Änderung der Programmstruktur veranlaßte.

IV. *Medienspezifische Konzentrationsregelungen im Kabelbereich*

Der Cable TV Competition Act 1992 hat umfangreiche medienspezifische Konzentrationskontrollen geschaffen. Wesentlich für das Verständnis derartiger Kontrollvorschriften im US-amerikanischen Kabelgesetz sind die Emp-

---

381 Sunbelt Television, Inc. v. Jones Intercable, Inc., 1991-2 Trade Cases § 69,646 (C.D. Cal. 1991); Syfuy Enterprises v. American Multicinema, Inv. 793 F.2d 990, 997 (9th Cir. 1986).
382 TCI wurde in dieser Klage Ende Juni 1992 auf die Schadensersatzzahlung von 26,5 Millionen $ verklagt, da es »monopolistisches Verhalten« zu einer unerlaubten Einwirkung auf den Kauf des Kabelprogramms *The Learning Channel* ausgeübt habe, »TCI sued for $ 26.5 Million over Learning Channel Sale«, Broadcasting, July 6, 1992, S. 5. S. im einzelnen zu diesem Fall, oben E. I.
383 Continental TV Inc. v. GTE Sylvania, Inc., 433 U.S. 36, 49, 52 (1977); Satellite Television v. Continental Television, 714 F.2d 351, 355 (4th Cir. 1983); cert. denied 465 U.S. 1027 (1984).

fehlungen und Maßnahmen der FCC vor Verabschiedung des Gesetzes sowie die Stellungnahmen im Senat und Repräsentantenhaus. Daher soll vor einer Analyse der Vorschriften das Gesetzgebungsverfahren skizziert werden.

1. Das Gesetzgebungsverfahren

a) Absichten des Gesetzgebers

Der US-Kongreß sah in der - soeben dargestellten - traditionellen Konzentrationskontrolle deutliche Defizite bei Zusammenschlüssen im Kabelbereich. Seiner Ansicht nach könnten Beeinträchtigungen der Meinungsvielfalt (diversity of information sources) nicht durch die auf Marktabgrenzungen und Wettbewerbsminderungen ausgerichteten Antitrust-Gesetze verhindert werden. So versorge ein Unternehmen (TCI) fast 25% aller US-amerikanischen Haushalte mit Kabelfernsehen. Dieser Anteil, selbst wenn er in anderen Industrien niedrig erscheine, könne das Entstehen neuer Programme verhindern und die Vielfalt des Angebots verringern. Die Konzentrationsprozesse in der Kabelindustrie machten medienspezifische Begrenzungen unterhalb traditioneller Eingriffsschwellen notwendig. Diese sollten die Zahl der Übertragungsträger limitieren, die ein Unternehmen beherrschen könne.[384]

Obwohl der US-Kongreß auch Vorteile vertikaler Integration im Kabelfernsehen anerkannte, wollte er über spezifische Regelungen verhindern, daß die Kabelbetreiber eigene Programme in wettbewerbsbeschränkender Weise bevorzugen.[385] In diesem Zusammenhang darf ein rechtspolitischer Aspekt nicht übersehen werden. Der in der Entstehungsphase des Cable TV Competition Act 1992 demokratisch beherrschte US-Kongreß erkannte das Hauptproblem der Konzentration darin, daß das zuständige Justizministerium keine oder nur sehr wenige Kartellverfahren eröffnete. Aus diesem Grund sah er sich gezwungen, medienspezifische Regelungen zu erlassen, die diesen Entwicklungen Rechnung tragen.

---

[384] H.R. 4850 House Report 1992, S. 42. Wörtlich heißt es: »Both Congress and the Commission [FCC, d. Verf.] have historically recognized that diversity of information sources can only be assured by imposing limits on the ownership of media outlets that are substantially below those that a traditional antitrust analysis would support.«
[385] S. 12 Senate Report 1991, S. 25 f.

b) *Empfehlungen und Maßnahmen der FCC*

Im Gegensatz zum US-Kongreß vertrat die FCC in ihrem Cable Competition Report 1990 die Ansicht, daß keine regulatorische Intervention gegen die horizontale Konzentration erforderlich sei. Die herkömmliche fusionskontrollrechtliche Analyse zeige einen wenig konzentrierten Markt. Allerdings kritisierte die FCC, daß die räumliche Marktabgrenzung auf nationale Programmbeschaffungsmärkte nicht den medienspezifischen Besonderheiten des Kabelfernsehens gerecht werde. Vielmehr führten die Konzentrationen der Kabelbetreiber auf regionaler und lokaler Ebene zu Wettbewerbsminderungen etwa gegenüber Programmveranstaltern oder anderen Multikanalträgern. Die traditionelle Zusammenschlußkontrolle könne diese Beeinträchtigungen nicht ausreichend berücksichtigen.[386] Konkurrierende Videoanbieter, so die FCC weiter, wie Satelliten- oder wireless cable-Betreiber sowie Videotheken, die bei der wettbewerbsrechtlichen Konzentrationskontrolle in den Übertragungsmarkt eingeschlossen würden, seien noch keine echten Wettbewerbsalternativen. Ihnen fehle bisher der Zugang zu attraktiven Programmen.[387] Die beobachteten Beschränkungen unabhängiger Programmveranstalter beim Zugang zu den Netzen oder die Schwierigkeiten unabhängiger Netzbetreiber, Programme von vertikal beherrschten Veranstaltern zu erhalten, seien auf den hohen Grad der horizontalen Konzentration und der vertikalen Integration der Kabelbetreiber zurückzuführen. Die FCC gelangte zu dem Ergebnis, daß nur die Verstärkung einer Wettbewerbssituation auf lokaler Netzebene den Konzentrationsprozessen entgegenwirken könne. Die Einführung spezifischer struktureller Regelungen durch den Gesetzgeber sei nicht notwendig. Um einen echten Wettbewerb (»robust competition«) auf der Netzebene zu erreichen, empfahl die FCC dem Gesetzgeber, zeitlich begrenzte Übergangsregelungen zu schaffen, die den Zugang zu den Kabelnetzen gewährleisten würden:[388]

— Der Kongreß solle das Lizenzvergabeverfahren so gestalten, daß Unternehmen genügend Anreize zum Aufbau konkurrierender Kabelnetze hätten.[389]

— Die Entstehung konkurrierender Netzbetreiber könne durch folgende Maßnahmen gefördert werden: Medienspezifische Regelungen sollten verhindern, daß Programmveranstalter, die mit Kabelbetreibern verbunden seien, keine weitere Verbreitung ihrer Programme gestatten wollten.

---

386 FCC - Cable Competition Report 1990, Rn. 76.
387 FCC - Cable Competition Report 1990, Rn. 111.
388 FCC - Cable Competition Report 1990, Rn. 14, 91.
389 FCC - Cable Competition Report 1990, Rn. 14, 141 ff.

Preisnachlässe oder in gutem Glauben abgeschlossene exklusive Verbreitungsverträge sollten indes nicht ausgeschlossen werden.[390]
— Kabelbetreiber müßten aufgrund spezifischer Regelungen daran gehindert werden, den Programmveranstaltern bei der Einspeisung ihrer Programme restriktive Bedingungen aufzuerlegen. Dazu gehörten etwa die Einräumung von Anteilen an dem Programmveranstalter, die Vergabe von exklusiven Verbreitungsverträgen, die Zusage, mit anderen konkurrierenden Betreibern keine Verbreitungsverträge abzuschließen sowie die Zusage, mit anderen Programmveranstaltern nicht zu konkurrieren.[391]

Gleichzeitig zu ihren Empfehlungen ergriff die FCC Maßnahmen, um die Entstehung einer Wettbewerbssituation auf der Netzebene zu erreichen. Die wichtigste Initiative war zweifellos die Öffnung des Übertragungsmarktes für die Telefongesellschaften: Nach dieser sogenannten Video Dialtone-Initiative dürfen die Telefonbetreiber seit Oktober 1992 Fernsehsignale verbreiten. Damit können unabhängige Programmveranstalter das Telefonnetz nutzen, um ihre Programme zu verbreiten. Gleichzeitig erhöhte die FCC die Grenze, bis zu der Telefongesellschaften Anteile an Kabelbetreibern halten dürfen. Nach ihren geänderten Regelungen kann sich eine Telefongesellschaft nunmehr bis zu 5 % an einem Kabelbetreiber beteiligen. Die Video Dialtone-Initiative, die kommunikationsrechtlich einer der wichtigsten Schritte zu einem integrierten Breitbandnetz ist, wird Gegenstand ausführlicher Erörterung im 4. Abschnitt sein.[392]

Die FCC hob ebenfalls teilweise ihre seit 1970 bestehenden Beteiligungsbeschränkungen zwischen Fernsehsender und Kabelbetreiber (network-cable cross-ownership-rules) auf. Nach den seit Juni 1992 geltenden Regelungen dürfen sich die großen Fernsehsender (ABC, CBS, NBC und Fox) an solchen Kabelgesellschaften beteiligen, die entweder landesweit weniger als 10 % oder lokal weniger als 50 % der Haushalte versorgen. Letzteres gilt nicht, wenn ein von einem der großen Kabelbetreiber (MOS) beherrschtes Kabelunternehmen auf demselben Markt konkurriert. Die weitere Beschränkung, daß die Fernsehsender in dem Verbreitungsgebiet keinen Kabelbetreiber beherrschen dür-

---

390 FCC - Cable Competition Report 1990, Rn. 14, 129. Die FCC betont, daß auch »traditional antitrust principles« zur Marktöffnung für konkurrierende Betreiber gebraucht werden sollten. Gleichwohl solle die Entstehung alternativer Multikanalbetreiber durch die medienspezifischen Regelungen gefördert werden, ebda, Rn. 129.
391 FCC - Cable Competition Report 1990, Rn. 14, 130.
392 Siehe 4. Abschnitt: »Telefon und Massenkommunikation« Kapitel B: »Telefon als Medium zur Übermittlung von Fernsehsignalen.«

fen, in dem sie bereits eine Fernsehstation besitzen, bleibt allerdings bestehen.[393]

2. Die Vorschriften im einzelnen

Vor diesem Hintergrund verabschiedete der Kongreß in dem Cable TV Competition Act 1992 umfangreiche Konzentrationskontrollen.[394] In Section 11 dieses Gesetzes (Limitations on Ownership, Control, and Utilization) wird insbesondere die intramediäre Konzentration und intermediäre vertikale Integration begrenzt. In Section 12 (Regulation of Carriage Agreements) werden unzulässige Abreden in Einspeisungsverträgen bestimmt, und Section 19 regelt den Zugang zu Programmen.

a) Erweiterung bestehender Konzentrationsbegrenzungen

Die bestehenden Konzentrationsbegrenzungen (cross-ownership-rules)[395] werden verschärft. Ein Kabelbetreiber darf nunmehr im Lizenzgebiet nicht selbst oder über ein Beherrschungsverhältnis als weiterer Multikanalträger, etwa als wireless cable-Betreiber (sogenanntes multichannel multipoint distribution system (MMDS)) oder als Betreiber von Satellitenantennen (sogenannten satellite master antenna television service (SMATV)) zugelassen werden.[396]

Diese gesetzlichen Begrenzungen untersagen im Zusammenspiel mit den Verwaltungsvorschriften der FCC den Telefonunternehmen, sich mit mehr als 5% der stimmberechtigten Anteile an Kabelbetreibern zu beteiligen. Diese Begrenzungen sind inzwischen von einem Untergericht als unvereinbar mit dem ersten Zusatzartikel zur Verfassung aufgehoben worden.[397] Diese Ent-

---

393 »FCC lets TV Networks into Cable Ownership«, Broadcasting, June 22, 1992, S. 4 ff. Die Fernsehsender haben jedoch bereits erklärt, daß ihnen die 10%/50%-Grenze zu hoch sei. »NBC Blasts on Local Caps in Cross-ownership Rules«, Broadcasting, September 14, 1992, S. 42 ff. Gleichzeitig will die FCC ihre Regelungen über Investitionen im Fernsehbereich modifizieren, um unnötige Beschränkungen abzubauen, FCC - Review of the Commission's Regulations and Policies Affecting Investment in the Broadcast Industry, Notice of Proposed Rulemaking and Notice of Inquiry, Docket No. 91-52, 7 F.C.C. Rcd 2654 (April 1, 1992).
394 P.L. 102-385, 106 Stat. 1460 of October 5, 1992.
395 47 U.S.C. § 533 (a) untersagt die Beherrschung von Fernsehstationen im Lizenzgebiet, und § 533 (b) beschränkt die Möglichkeiten von Telefongesellschaften (common carrier), sich an Kabelunternehmen zu beteiligen. Siehe dazu ausführlich oben 2. Abschnitt B. II. 3. d).
396 Neugeschaffener 47 U.S.C. § 533 (a)(2) (1992) mit Übergangs- und Ausnahmeregelungen, siehe dazu S. 12 Conference Report 1992, S. 81.
397 S. »Bell Atlantic wins TV ruling«, Financial Times, 26.8.1993, S. 15.

scheidung ist jedoch noch nicht rechtskräftig, da das Justizministerium dagegen Rechtsmittel eingelegt hat.[398] Sollten die Vorschriften im Berufungsverfahren Bestand haben, stünden sie dem Ende 1993 bekanntgegebenen Zusammenschlußvorhaben zwischen der Telefongesellschaft Bell Atlantic und dem Kabelbetreiber Tele-Communications, Inc. entgegen.

b) *Strukturelle Begrenzungen*

Erstmalig verabschiedete der US-Kongreß weiterhin eine Limitierung der vertikalen und horizontalen Konzentration. Die FCC muß nun danach Regelungen erlassen, die erstens eine Obergrenze der Anzahl der angeschlossenen Teilnehmer festschreiben, die ein Kabelunternehmen landesweit versorgen darf. Diesem Kabelbetreiber werden solche Unternehmen zugerechnet, an denen er einen entscheidenden Anteil (attributable interest) hält.[399] Zweitens soll die FCC die Anzahl der Kanäle in einem Kabelnetz begrenzen, die Programmveranstalter in Anspruch nehmen können, an denen der Kabelnetzbetreiber entscheidenden Anteil (attributable interest) hält.[400] Mit diesen Regelungen will der US-Kongreß die Vielfalt der Programme im Netz sichern. Der FCC steht bei der konkreten Limitierung Ermessen zu, das vom Kongreß überprüft werden wird. Nach Ansicht des US-Kongresses könnte etwa eine Regelung erlassen werden, nach der nicht mehr als 20% der Kapazität des Kabelnetzes sowie höchstens 6 Kanäle von Programmveranstaltern belegt werden dürfen, die der Kabelbetreiber beherrscht. Die FCC solle die Limitierung von der Anzahl der tatsächlich genutzten Kanäle (activated channels) abhängig machen und dabei die terrestrisch ausgestrahlten und der Einspeisungspflicht (must carry) unterliegenden Programme nicht miteinberechnen.[401] Das Gesetz weist die FCC an, bei der Abfassung der

---

398 S. Broadcasting, October 5, 1993, S. 44.
399 Neugeschaffener 47 U.S.C. § 533 (f)(1): »[The FCC shall conduct a proceeding, d. Verf.] (A) to prescribe rules and regulations establishing reasonable limits on the number of cable subscribers a person is authorized to reach through cable systems owned by such person, or in which such person has an attributable interest«. Zur Bestimmung des »attributable interest« soll die FCC auf ihre Verwaltungsvorschriften in 47 C.F.R. § 73.3555 (1992) zurückgreifen S. S. 12 Senate Report 1991, S. 80. Diese Zurechnungsnormen sind im 2. Abschnitt B. II. 3. d) beschrieben.
400 Neugeschaffener 47 U.S.C. § 533 (f)(1): »[The FCC shall conduct a proceeding, d. Verf.] (B) to prescribe rules and regulations establishing reasonable limits on the number of channels on a cable system that can be occupied by a video programmer in which a cable operator has an attributable interest.«
Zusätzlich soll die FCC noch untersuchen, ob auch das Ausmaß des Engagements der Kabelbetreiber bei der Veranstaltung von Programmen limitiert werden soll, neugeschaffener 47 U.S.C. § 533 (f)(1)(C).
401 S. 12 Senate Report 1991, S. 80.

strukturellen Limitierungen das öffentliche Interesse zu berücksichtigen und die Interessen der angeschlossenen Teilnehmer sicherzustellen.[402]

c) *Unzulässige Klauseln in Einspeisungsverträgen*

Weiterhin werden bestimmte Abreden in den Verbreitungsverträgen zwischen Netzbetreiber und Programmveranstalter verboten (Section 12: Regulation of Carriage Agreements). Diese Vorschrift soll die negativen Auswirkungen vertikaler Integration verhindern. Im wesentlichen werden die (bereits dargestellten) Vorkommnisse erfaßt, die bei den Anhörungen des US-Kongresses zur Sprache kamen und die nicht durch wettbewerbsrechtliche Verfahren eingedämmt werden konnten.

Die FCC soll nach Section 12 Regelungen erlassen, welche ihren Vorschlägen im Cable Competition Report vergleichbar sind. Diese Regelungen sollen verhindern,

— daß sich ein Kabelbetreiber als Einspeisungsbedingung eine Beteiligung an dem Programmveranstalter einräumen läßt,

— daß eine Einspeisung nur unter der Zusage des Programmveranstalters erfolgt, dem Netzbetreiber exklusive Rechte zur Verbreitung der Programme einzuräumen oder

— daß ein Kabelbetreiber die Programmveranstalter in seinen Verbreitungsbestimmungen unterschiedlich behandelt und dadurch die Wettbewerbsfähigkeit unabhängiger Veranstalter einschränkt.[403]

---

402 Neugeschaffener 47 U.S.C. § 533 (f)(2). Die FCC soll durch die Regelungen sicherstellen, daß unabhängige Programmveranstalter die Zuschauer erreichen, Kabelbetreiber die von ihnen beherrschten Programme nicht bevorzugen oder den Zugang anderer Betreiber zu diesen Programmen verhindern (Absätze A und B). Die FCC soll aber auch die Markt-, Eigentums- und Beherrschungsstrukturen und die Vorteile vertikaler Integration der Programmveranstalter durch die Kabelbetreiber berücksichtigen (Absatz C).

403 Neugeschaffener 47 U.S.C. § 535 (a): »Within one year the FCC shall establish regulations governing program carriage agreements [...] Such regulations shall
(1) include provisions designed to prevent a cable operator or other multichannel video programming distributor from requiring a financial interest in a program service as a condition for carriage on one or more of such operator's systems;
(2) include provisions designed to prohibit a cable operator or other multichannel video programming vendor to provide, and from retaliating against such a vendor for failing to provide, exclusive rights against other multichannel video programming distributor as a condition of carriage on a system;
(3) contain provisions designed to prevent a multichannel video programming distributor from engaging in conduct the effect of which is to unreasonably restrain the ability of an unaffiliated video programming vendor to compete fairly by discriminating in video programming distribution on the basis of affiliation or nonaffiliation of vendors in the selection, terms, or conditions for carriage of video programming provided by such vendors [...].«

d) *Zugang zu den Programmen (program access)*

Einschneidende Regelungen sollen konkurrierenden Multikanalträgern, insbesondere wireless cable-Betreibern oder Satellitenbetreibern, ermöglichen, leichter Zugang zu Programmen zu erhalten (Section 19: Development of Competition and Diversity in Video Programming Distribution). Danach sind alle exklusiven Verträge zwischen Kabelbetreibern und Programmveranstaltern, an denen der Betreiber Anteile hält (attributable interest), untersagt, die das Programmangebot des Veranstalters für konkurrierende Multikanalanbieter unzugänglich machen. Dieses Verbot gilt für Verträge, die seit dem 1. Juni 1990 abgeschlossen wurden, so daß diese rückwirkend nichtig werden. Zusätzlich soll die FCC Vorschriften erlassen, nach denen konkurrierende Multikanalträger die gleichen Preise für die Programme der vertikal integrierten Programmveranstalter zahlen wie die sie beherrschenden Kabelbetreiber. Die FCC kann exklusive Verträge von dem Verbot ausnehmen, wenn diese im näher definierten öffentlichen Interesse sind.[404]

Mit diesen Regelungen will der US-Kongreß der bisherigen Vertragspraxis zwischen Kabelbetreibern und den von ihnen beherrschten Programmveranstaltern entgegenwirken. Konkurrierende Betreiber sollen, so der Kongreß, Zugang zu Programmen zu fairen Preisen erhalten. Damit solle insbesondere die Entwicklung und Entstehung neuer Übertragungstechnologien gefördert werden.[405]

Ein »video programming vendor« wird in diesen neuen Vorschriften als eine Person definiert, »engaged in the production, creation, or wholesale distribution of video programming for sale.« (47 U.S.C. § 535 (b)).

404 Neugeschaffener 47 U.S.C. § 548. S dazu auch *Coustel*, 1993 Telecommunications Policy 200, 217 f.

405 Wörtlich heißt es im Bericht des Vermittlungsausschusses: »In adopting rules under this section, the conferees expect the Commission to address and resolve the problems of unreasonable cable industry practices, including restricting the availability of programming and charging discriminatory prices to non-cable technologies. The conferees intend that the Commission shall encourage arrangements which promote the development of new technologies providing facilities-based competition to cable and extending programming to areas not served by cable.« S. 12 Conference Report 1992, S. 75. Auch *Johnson/Castleman* sehen diesen Zugang zu Programmen als entscheidenden Faktor dafür an, ob sich Betreiber von direkt strahlenden Satelliten (DBS) als konkurrierende Übertragungsmedien etablieren werden, S. 64 ff.

V. Marktöffnung und staatliche Lizenzvergabe

1. Zulassung und Errichtung zusätzlicher Kabelnetze: cable overbuilding

Unter dem Cable Act 1984 zeigte sich, daß die für die Lizenzvergabe zuständigen kommunalen Zulassungsbehörden fast ausschließlich nur eine Lizenz erteilten, obwohl sie von Gesetzes wegen dazu nicht verpflichtet waren. Diese Lizenz war zwar nicht-exklusiv ausgestaltet, aber weitere Lizenzen für zusätzliche Kabelbetreiber (sogenannte overbuilders) wurden nicht erteilt. Dementsprechend wurden in den USA auch nur 53 Kommunen ganz oder teilweise von zwei Kabelbetreibern versorgt. Darunter sind 36 Fälle, in denen die Verbreitungsgebiete beider Netzbetreiber deckungsgleich sind (total overbuilding). In 132 Kommunen sind zweite Lizenzen vergeben oder ausgeschrieben worden, ohne daß es bisher zur Errichtung eines konkurrierenden Netzes gekommen wäre. In fast der Hälfte dieser Gebiete (62) wurde eine Wettbewerbssituation aber bereits dadurch ausgeschlossen, daß die beiden Kabelbetreiber fusionierten. Verglichen mit der Gesamtzahl von landesweit über 11.000 Kabelsystemen bestehen also nur in sehr wenigen Fällen konkurrierende Kabelnetzbetreiber.[406] Der US-Kongreß vertrat die Ansicht, daß etwa 30% aller vergebenen Zweitlizenzen nicht genutzt, sondern von dem bestehenden Kabelbetreiber aufgekauft würden. Tendenziell seien viele Kabelbetreiber nicht an dem Aufbau eines weiteren Systems interessiert, sondern benutzten die ihnen erteilte Lizenz nur dazu, sie an den bestehenden Betreiber zu veräußern.[407]

Die Ursache des fehlenden Wettbewerbs auf der Netzebene im Kabelfernsehen wurde in der Notwendigkeit einer örtlichen Lizenz zum Betrieb des Netzes gesehen.[408] Die Kommunen, so wurde weiter vermutet, hätten einen Anreiz zur Vergabe von de-facto exklusiven Lizenzen, da sie zwar die Lizenzen vergäben, nicht aber die Kabelgebühren der Betreiber kontrollieren könnten. Die Kommunen - wie auch der bereits zugelassene Betreiber - seien daher daran interessiert, exklusive Langzeitverträge abzuschließen (exclusive long-term contracts), da sie ohnehin auf die Gebühren keinen Einfluß hätten.

---

406 S. 12 Senate Report 1991, S. 13. Nach »Overbuilder Seek Some Room to Grow«, Broadcasting, May 4, 1992, S. 53 gab es 1992 insgesamt 70 Kommunen mit zwei oder mehr Kabelnetzbetreibern.
407 In Übernahme eines Begriffes aus dem takeover-Recht wird dieses Bestreben der Betreiber »cable-greenmailing« genannt, H.R. 4850 House Report 1992, S. 45.
408 FCC - OPP Paper 1988, Rn. 39: »Perhaps the greatest barrier is the requirement in the Cable Act that no entity may provide cable service without a local franchise. Despite its apparent reasonableness, this requirement is a serious obstacle to competitive video program delivery.«

Über die Lizenzgebühren würden die Kommunen ohnehin an den potentiell höheren Monopolgebühren mehr verdienen als an geringeren Gebühren in einer Wettbewerbssituation. Zudem bestünde bei nur einem Netzbetreiber die Möglichkeit, Einfluß auf die Einspeisebedingungen zu nehmen.[409] Die Competitive Cable Association (CCA) bestätigte die Abneigung der Kommunen und wies darauf hin, daß in vielen Fällen der bereits zugelassene Betreiber als Berater der Kommune auftrete, der sich natürlich gegen die Zulassung eines Konkurrenten einsetze.[410]

2. Gerichtliche Überprüfung der behördlichen Lizenzvergabe

Im US-amerikanischen Recht unterliegt die Lizenzvergabe einer Kommune der Überprüfung durch die für Kartellverfahren zuständigen Zivilgerichte. Der US Supreme Court entscheidet in ständiger Rechtsprechung, daß die Handlungen der Kommunen (municipalities) grundsätzlich mit dem Sherman Act vereinbar sein müssen.[411] Wenn sich die Kommune entschließt, keinen Wettbewerb auf der Netzebene zuzulassen, dann ist diese als wettbewerbsbeschränkende Maßnahme eingestufte Entscheidung kartellrechtlich nur dann zulässig, wenn sie notwendige und vernünftige Konsequenz klar vorgegebener staatlicher Gesetze ist.[412] Die Gesetze müssen ihrerseits eindeutig die Beschränkung des Wettbewerbs vorsehen. Es ist nicht ausreichend, wenn sie die kommunale Entscheidung lediglich tolerieren.[413] Trotz dieser eindeutigen Rechtslage war es bisher für konkurrierende Kabelbetreiber (overbuilders) nur

---

409 *Hazlett*, 7 Yale J. on Reg. 65, 85 ff., 88; *ders.*, 134 U.Pa.L.Rev. 1335, 1370ff. In diesem Sinne auch *Judge Posner*: »Whether it is [...] because they seek a share of monopoly profits in the form of franchise fees, municipalities do not grant more than one cable franchise in any area within their jurisdiction.«, The Appropriate Scope of Regulation in the Cable Television Industry, 3 Bell J. Econ. & Mgmt. Sci 98, 111 (1972) zitiert nach *Hazlett*, 134 U.Pa.L.Rev. 1335, 1370.
410 »Overbuilder Seek Some Room to Grow«, Broadcasting, May 4, 1992, S. 53.
411 City of Lafayette v. Louisiana Power & Light Co., 435 U.S. 389, 415 (1972); Community Communications Co. v. City of Boulder, 455 U.S. 40, 49 (1982).
412 Community Communication Co. v. City of Boulder, 455 U.S. 40, 49 (1982). In diesem Verfahren wandte sich der Betreiber dagegen, daß ihm eine Erweiterung des Verbreitungsgebiets für drei Monate untersagt wurde, währenddessen die Kommune überprüfen wollte, weitere Netzbetreiber zuzulassen.
Zuletzt: Paragould Cablevision v. City of Paragould, Ark., 930 F.2d 1310, 1312 (8th Cir. 1991), wörtlich heißt es dort:
»A municipality is therefore subject to searching antitrust scrutiny and can defeat antitrust challenges only if the anticompetetive consequences necessarily and reasonably result from engaging in the authorized activity«.
Die Kommunen können allerdings nach dem im Anschluß an diese Rechtsprechung erlassenen Local Government Antitrust Act (15 U.S.C. §§ 34-36 (1992 Pocket Part)) nicht zu Schadensersatzzahlungen verurteilt werden.
413 Community Communications Co. v. City of Boulder, 455 U.S 40, 55 (1982).

begrenzt möglich, die kommunale Lizenzvergabe kartellrechtlich anzufechten und eine (weitere) Lizenzvergabe zu erzwingen. Der US Supreme Court ließ nämlich zu, daß die staatlichen Gesetze weit gefaßt und den Kommunen ein weites Ermessen eingeräumt wurden. Zudem erlauben seit diesen Entscheidungen immer mehr Einzelstaaten ausdrücklich die exklusive Lizenzvergabe.[414] Die Gerichte hielten aus diesen Gründen die Entscheidungen der lokalen Behörden aufrecht.[415]

Die Kommunen werden aus kartellrechtlichen Gründen auch nicht daran gehindert, konkurrierende Betreibergesellschaften als öffentliche Unternehmen (public utilities) zu gründen, sofern dies gesetzlich vorgesehen ist. Private Bewerber auf diese zweite Betreiberlizenz können daher zulässigerweise zurückgewiesen werden, wenn die Stadt selbst die Betreibergesellschaft gründet.[416]

Die Errichtung des öffentlichen Kabelnetzes verstößt zudem nicht gegen die im ersten Zusatzartikel verankerte Kommunikationsfreiheit des bereits zugelassenen Betreibers, da dieser nicht an der Verbreitung von Meinungen gehindert wird und etwaige wirtschaftliche Einbußen keine Eingriffe in die Kommunikationsfreiheit sind.[417]

Allerdings ist die exklusive Lizenzvergabe dann verfassungsrechtlich unzulässig, wenn die Kommunen kein ausreichendes öffentliches Interesse (substantial governmental interest) nachweisen können.[418] Keine Grundlage einer Vergabe nur exklusiver Betreiberlizenzen ist - wie bereits erörtert - die Annahme, ein Kabelsystem sei ein natürliches Monopol, es bestehe physikalische

---

414 *Brenner*, 42 Fed. Comm. L.J. 365, 407 (1990).
415 Preferred Communications v. City of Los Angeles 754 F.2d 1396, 1414-15 (9th Cir. 1985), aff'd on narrower grounds 476 U.S. 490 (1985); Century Federal v. City of Palo Alto, 576 F.Supp. 1553, 1561 (N.D. Cal. 1984); Omega Satellite Products v. City of Indianapolis, 694 F.2d 119, 125-127 (7th Cir. 1982) entschied allerdings nur, daß die Kartellrechtswidrigkeit in dem einstweiligen Verfahren nicht ausreichend begründet war.
416 Paragould Cablevision v. City of Paragould, 930 F.2d 1310, 1314-1315 (8th Cir. 1991), cert. denied 112 S.Ct. 430 (1991), dazu *Reveal/Dubow*, S. 41ff. *Sibary* (7 Hastings Comm/Ent L.J. 381, 414 (1984/85)) hält öffentliche Kabelsysteme als overbuilders deswegen für vorteilhaft, weil diese damit Übertragung für alle Veranstalter garantieren und öffentlichen Betreibern stärkere Regulierungen auferlegt werden könnten.
417 Warner Cable Communications v. City of Niceville, 911 F.2d 634, 637f (11th Cir. 1990), *Reveal/Dubrow*, S. 408 ff.
418 Century Federal v. City of Palo Alto, 648 F.Supp. 1465, 1477-79 (E.D.Cal 1987); Pacific West Cable Co. v. City of Sacramento, 798 F.2d 353, 355 (9th Cir. 1986); Pacific West Cable Co. v. City of Sacramento, 672 F.Supp. 1322, 1339 (E.D.Cal. 1987). Die Verhältnismäßigkeitsprüfung der kommunalen Entscheidung geht zurück auf die Entscheidung U.S. v. O'Brien, 391 U.S. 367, 377 (1968). Allerdings kann daraus nicht geschlossen werden, daß potentielle Konkurrenten einen Anspruch auf Zulassung haben, anders jetzt wohl *Brenner*, 42 Fed. Comm. L.J. 365, 369 (1990) gegenüber *ders.*, 10 Hastings Comm/Ent L.J. 999, 1000/1001 (1988).

Knappheit oder die Öffentlichkeit werde bei der Verlegung des Kabelstranges unter die Erde gestört.[419]

Zusammenschlüsse zwischen einem bestehenden Netzbetreiber und einem zusätzlichen Betreiber (overbuilder) unterliegen der Fusionskontrolle nach Sec. 7 Clayton Act. Nach Ansicht des Justizministeriums bringen trotz Beseitigung des Wettbewerbs und kurzfristiger Gebührenerhöhung die Fusionen Effizienzsteigerungen mit sich, die langfristig zu Gebührensenkungen und Verbesserungen des Kundenservice führen würden.[420] Demgegenüber genehmigte die FTC keiner der Zusammenschlüsse, die zur Ausschaltung des Wettbewerbs führten. In zwei Fällen gaben die Unternehmen nach Aufnahme der Untersuchungen durch die Behörde die Vorhaben auf.[421]

Die Kommunen können jedenfalls weder durch Anordnungen oder über das Zulassungsverfahren noch über die Lizenzbedingungen Einfluß auf zukünftige Zusammenschlüsse nehmen. Dies gilt auch dann, wenn der Zusammenschluß zu einer Aufhebung des Netzwettbewerbs führt und er einer klar geäußerten Auffassung des lokalen Parlaments widerspricht. Nach den Kabelgesetzen und den bundes- und einzelstaatlichen Antitrust-Gesetzen sind nämlich nur die FCC oder die Antitrust-Behörden für Zusammenschlüsse zuständig. Damit waren Klauseln in den Zulassungsbedingungen unwirksam, die eine Übertragung des Eigentums untersagten.[422]

3. *Gesetzliche Maßnahmen zur Öffnung des Marktes*

Vor diesem Hintergrund des nur eingeschränkten Erfolgs kartellrechtlicher und verfassungsrechtlicher Verfahren zur Zulassung konkurrierender Betreiber sah sich der US-Kongreß gezwungen, medienspezifische Regelungen durch den Cable TV Competition Act 1992 einzuführen. Eine verstärkte Öffnung des Marktes durch eine Einschränkung des Ermessens der kommunalen Entscheidungsträger war um so notwendiger, als es in den letzten Jahren kostengünstiger war, ein neues Kabelsystem zu errichten (etwa

---

419 Century Federal, Inc. v. City of Palo Alto, 648 F.Supp. 1465, 1476-77 (N.D. Cal. 1986); Group W Cable Inc. v. City of Santa Cruz, 669 F.Supp. 954, 963-967 (N.D.Cal. 1987). Das Argument des natürlichen Monopols wurde offengelassen in Pacific West Cable Co. v. City of Sacramento, 672 F.Supp. 1322, 1335 (E.D.Cal. 1987).
Lloyd (8 Cardozo Arts&Entertainment L.J. 337, 360) weist allerdings zu Recht darauf hin, daß es bisher keine Entscheidung des Supreme Court oder eines Court of Appeals gibt, die eine exklusive Lizenzvergabe für unvereinbar mit dem First Amendment gehalten haben. Der Supreme Court in City of Los Angeles v. Preferred Communications, Inc., 476 U.S. 488, 495 (1986), hatte dies ausdrücklich offengelassen.
420 DoJ Policy Statement of April 1, 1985, zitiert nach *Saylor*, Cable TV Law 1992, S. 505.
421 *Saylor*, Cable TV Law 1992, S. 505.
422 Cable Alabama Corp. v. City of Huntsville, 768 F.Supp. 1484 (N.D.Ala. 1991).

$ 500 pro angeschlossenem Teilnehmer) als ein bereits zugelassenes zu erwerben (bis zu $ 3.000 pro Teilnehmer).[423] Zudem wurde den angeschlossenen Teilnehmern in Märkten mit konkurrierenden Kabelbetreibern besserer Service angeboten, und die Kabelgebühren waren bis zu 25% niedriger.[424]
Der US-Kongreß stellte fest, daß die exklusiven Betreiberlizenzen mit dem Gedanken einer Wettbewerbssituation im Kabelfernsehen nicht in Einklang stünden und den bestehenden Betreiber unnötig vor Wettbewerb schützen würden. Allerdings sollten die Kommunen nicht gesetzlich zur Vergabe zusätzlicher Lizenzen verpflichtet werden. Nach Ansicht des US-Kongresses ist die Errichtung konkurrierender Netze ökonomisch nur sinnvoll, wenn das Verbreitungsgebiet dicht besiedelt ist, starke Nachfrage nach Kabelfernsehdiensten besteht, geringe Investitionen erforderlich oder der bestehende Kabelbetreiber schlechten Kundenservice bereithält.[425]
Nach den nunmehr in Kraft getretenen Vorschriften in Cable Competition Act 1992 soll die kommunale Zulassungsbehörde keine exklusive oder de-facto-exklusive Lizenz vergeben, und sie darf nicht ohne Grund Anträge auf Errichtung weiterer Netze zurückweisen.[426] Ursprünglich sollten diese »Gründe«, die eine Zulassungsbehörde anführen kann, gesetzlich definiert werden. Dazu zählte etwa die Weigerung des Bewerbers, genügend Kanäle für öffentliche Programme oder Ausbildungsprogramme (public, educational and governmental access, sogenannte PEG-channels) bereitzustellen oder eine Finanzierung nachzuweisen oder die Dienste innerhalb einer bestimmten Frist bereitzustellen.[427] Der entsprechende Entwurf wurde jedoch nicht angenommen; allerdings könnte die Rechtsprechung in ihren Verhältnismäßigkeitsprüfungen von (ablehnenden) Bescheiden diese Ansätze aus den Gesetzesmaterialien heranziehen.

---

423 *Brenner*, 42 Fed. Comm. L.J. 364, 367 (1990).
424 H.R. 4850 House Report 1992, S. 45; »Overbuilders Seek Some Room To Grow«, Broadcasting, May 4, 1992, S. 53, 54.
425 H.R. 4850 House Report 1992, S. 45.
426 Durch Sec. 7 Cable TV Competition Act 1992 neugeschaffener 47 U.S.C. § 541 (a)(1): »except that a franchising authority may not grant an exclusive franchise and may not unreasonably refuse to award an additional competitive franchise. [...]«.
Nach dem neuen 47 U.S.C. § 541 darf nunmehr ausdrücklich ein Kabelsystem auch als öffentliches Unternehmen betrieben werden.
427 H.R. 4850 House Report 1992, S. 90.

4. Offener Netzzugang?

Die in den neuen Vorschriften geregelte Reduzierung des Ermessens der lokalen Behörden unter Beibehaltung des Lizenzvergabeverfahrens wird langfristig nicht für ausreichend gehalten: Das Zulassungsverfahren mit einer politischen Entscheidungsinstanz sei eine Marktzutrittsschranke, die dazu führe, daß eine Monopolstruktur im Netzbereich einem echten Wettbewerb vorgezogen werde. Die Analyse verschiedener Kabelmärkte zeige, daß ein offener Eintritt in den Übertragungsmarkt (open entry) und damit eine Wettbewerbssituation im Netzbereich zu einer Senkung der Kabelgebühren, verbunden mit einem verbesserten Service, geführt habe. Die geringen Transaktionskosten der neuzugelassenen Kabelbetreiber seien für die Unternehmen Anreiz genug, in den Markt einzutreten, und die Verbraucher könnten von einem offenen Wettbewerb ohnehin nur profitieren.[428] Eine Versteigerung der Betreiberlizenzen könne diese Vorteile nicht erreichen, da insbesondere im Bereich der elektronischen Medien aufgrund der Qualitätsunterschiede der verschiedenen Bewerber nur sehr schwer der beste Preis auszumachen sei. Dies sei einer der Gründe, warum die Kommunen bisher nicht zu der Möglichkeit der Versteigerung gegriffen hätten.[429] Auch eine stärkere Regulierung oder die Einführung einer lokalen Gebührenkontrolle, so diese Auffassung weiter, könnten einen offenen Eintritt nicht ersetzen, da dies in der Vergangenheit nicht zugunsten der Verbraucher gewesen sei und nicht zu einer marktgerechten Senkung der Kabelgebühren geführt habe. Letztlich zeigten die Analysen, daß nur eine deregulierte Wettbewerbssituation mit der Möglichkeit offenen Eintritts für Konkurrenten zu einer Verbesserung des Angebotes und einer Senkung der Kabelgebühren führe.[430]

Mit dieser Forderung des offenen Markteintritts wird den in den letzten Jahren veränderten ökonomischen Rahmenbedingungen im Netzbereich Rechnung getragen: Der Anteil der Kabelprogramme am Werbeaufkommen insgesamt hat sich stark erhöht, so daß auch neu in den Markt eintretende Kabelbetreiber mit attraktiven Programmen und damit höheren Umsätzen rechnen können. Dies erhöht den Anreiz von Investitionen in den Aufbau

---

428 *Hazlett*, 7 Yale J. on Reg. 65 ff. (1990).
429 *Hazlett*, Reply, 7 Yale J. on Reg. 141 ff. (1990). Damit wendet er sich gegen *Smiley* (7 Yale J. on Reg. 121 (1990)), der argumentiert hatte, Hazlett überschätze die Vorteile eines offenen Markteintritts für die Verbraucher. Eine Entscheidung, ob konkurrierende Betreiber zugelassen werden sollten oder nicht, müsse von Kommune zu Kommune beurteilt werden und könne daher nicht den Marktkräften, sondern nur den lokalen Behörden zustehen.
430 *Hazlett*, Reply, 7 Yale J. on Reg. 141, 148 (1990); *ders.*, 134 U.Pa.L.Rev. 1335, 1407 ff. (1986); ebenso NTIA - Telecom 2000, S. 558 f.

konkurrierender Netze, was wiederum verstärkten Wettbewerbsdruck auf den bereits zugelassenen Netzbetreiber erzeugt.[431]

VI. Ergebnis: Wettbewerbsrechtliche Zusammenschlußkontrolle, medienspezifische Konzentrationsregelungen und Wettbewerb auf der Netzebene

1.a) Die Deregulierung des Kabelfernsehens durch den Cable Act 1984 führte in den USA zu verstärkten horizontalen und vertikalen Konzentrationen. Aufgrund der Lizenzvergabe durch die kommunalen Behörden wurde in fast allen Fällen nur eine Betreiberlizenz für das lokale Netz vergeben.

b) Dieses Zusammentreffen von vertikaler Integration und exklusiver oder de-facto-exklusiver Betreiberlizenz führte dazu, daß für unabhängige Programmveranstalter der Zugang zum Übertragungsmedium erschwert war. Im einzelnen konnten in der Vergangenheit Fälle der Zugangsbeschränkung für unabhängige oder nicht vertikal mit dem Netzbetreiber verbundene Programmveranstalter sowie Fälle übermäßiger Preisnachlässe nachgewiesen werden. Diese Praxis ist identisch mit dem Verhalten der großen Fernsehsender in den siebziger Jahren, die damals über eine fast konkurrenzlose Stellung auf dem US-amerikanischen Fernsehmarkt verfügten.

c) Daneben wurden die Verbundvorteile der vertikalen Integration unterstrichen: Ohne die vertikale Beteiligung der Netzbetreiber an Programmveranstaltern wäre es nicht zu einer so großen Vielfalt der Programme gekommen. Dazu würden insbesondere auch im Ausland bekannte Spartenprogramme wie Nachrichten-, Sport- oder Musikprogramme und Minderheitenprogramme gehören. In einer Studie wurde zudem argumentiert, daß selbst die Kabelbetreiber mit den größten Marktanteilen keine wirksamen Zutrittsschranken für den Übertragungsmarkt errichten könnten.

2.a) Im US-amerikanischen Recht besteht der seit langem anerkannte Grundsatz, daß der Zweck der Wettbewerbsgesetze mit der verfassungsrechtlichen Garantie der Meinungsfreiheit übereinstimmt. Daher sind Wettbewerbsgesetze uneingeschränkt auf die Tätigkeit der Kabelbetreiber, Programmveranstalter und Medienunternehmer anwendbar.

---

431 Zu diesem Ergebnis gelangt auch die FCC (Cable Competition Report 1990, Rn. 99): »[...] [T]he recent dramatic increases in cable advertising revenue introduce a significant new revenue stream for cable operators, increasing the overall available income, and thus the potential support base for competing systems.«

b) Im amerikanischen Kartell- und Fusionskontrollrecht lassen sich im Ergebnis in der Kabelfernsehordnung folgende Märkte abgrenzen: Es gibt einen Übertragungsmarkt für breitbandübermittelte Fernsehsignale, auf dem die Kabelbetreiber mit anderen Kommunikationsmedien konkurrieren. Diese Übertragungsmedien sind aber aufgrund des unterschiedlichen Verbreitungsgrades und des zum Teil fehlenden Zugriffs auf populäre Programme aus Sicht der Verbraucher nicht oder nur mit Einschränkungen austauschbar. Der Übertragungsmarkt wird weiter in die Märkte für Wortübertragung (voice transmission), Datenübertragung (data transmission) und traditionelle Videoübertragung (traditional video transmission) abgegrenzt. Bei den Programmärkten werden die jeweiligen Programmsparten der Kabelprogramme (Basis-, Spezial- und Premiumprogramme) als eigenständige Märkte angenommen. Damit besteht im Gegensatz zur Situation im deutschen Rundfunkrecht jedenfalls für Kabelfernsehen ein Nachfragemarkt für Kabelfernsehleistungen. Die terrestrisch verbreiteten Programme sind mit den Spezialkabelprogrammen nicht austauschbar und werden nicht in den Markt einbezogen. Die in den Videotheken angebotenen Videofilme sind mit den Premium- oder Pay-TV-Programmen mit Einschränkungen austauschbar, da der Verbreitungsgrad von Videorekordern in den USA sehr hoch ist. Zusätzlich besteht ein Programmbeschaffungsmarkt, in dem die Kabelbetreiber mit anderen Rundfunkveranstaltern, etwa Satellitenkanalbetreibern, Fernsehsendern oder wireless cable-Betreibern, konkurrieren. Schließlich bestehen noch Rundfunkwerbemärkte.

Bei der räumlichen Marktabgrenzung ist der relevante geographische Markt der Programme in der Regel der nationale Markt. Der Übertragungsmarkt ist räumlich auf das Lizenzgebiet beschränkt. In diesem Gebiet ist der jeweilige Netzbetreiber immun gegenüber den Preisen potentieller Konkurrenten anderer Lizenzgebiete, da konkurrierende Kabelanbieter diesen speziellen Markt nicht bedienen können.

c) Die horizontalen Konzentrationsprozesse der Kabelnetzbetreiber wirken sich auf den nationalen Programmbeschaffungsmarkt aus, der derzeit in den USA nach herkömmlichen Grundsätzen nicht konzentriert ist. Aus kartellrechtlicher Sicht haben die Konzentrationsprozesse auch keine wettbewerbsmindernden Auswirkungen auf die Werbemärkte, da die Kabelbetreiber keine Werbung verkaufen und der Marktanteil der von ihnen beherrschten Programmveranstalter gegenüber den großen Fernsehsendern zu gering ist. Auch sind keine wettbewerbsmindernden Auswirkungen auf den Übertragungsmarkt erkennbar, da nach Ansicht der Gerichte die austauschbaren Übertragungsmedien wie terrestrisches Fernsehen, Satellitenfernsehen und Videokassetten einzubeziehen sind.

d) Die vertikalen Integrationen werden im allgemeinen und im Kabelfernsehen im besonderen als grundsätzlich wettbewerbsfördernd betrachtet. Ein Kabelbetreiber kann sich nicht darauf berufen, daß seine Stellung als alleiniger Netzbetreiber auf die staatliche Zulassungspraxis zurückzuführen ist, denn auch in staatlich regulierten Märkten wird die wettbewerbswidrige Ausnutzung einer exklusiven-Netzstellung von den Antitrust-Gesetzen erfaßt. Die Antitrust-Behörden und die Gerichte gehen davon aus, daß ausreichend Marktzutrittsmöglichkeiten in den Übertragungsmarkt bestehen. Vertikale Integrationen auch zwischen den größten Betreibern und erfolgreichen Programmveranstaltern wurden in der Vergangenheit daher nicht beanstandet. Wenn ein Betreiber eine Monopolstellung im Netz besitzt und diese dazu ausnutzt, einen anderen Markt, etwa Programm- oder Werbemarkt, zu beherrschen, ist dies wettbewerbswidrig. Zudem können selbst Wettbewerber Zugang zum Netz verlangen.

e) Die Weigerung der Betreiber, Programme einzuspeisen, die mit Programmen konkurrieren, an denen sie beteiligt sind, ist ebensowenig wettbewerbsrechtlich angreifbar wie die Weigerung von Programmveranstaltern, an konkurrierenden Übertragungsmedien eine Programmausstrahlung zu lizenzieren. Auch im Kabelbereich gilt uneingeschränkt, daß die grundsätzliche und allgemeine Weigerung eines Dienstleistenden, mit anderen geschäftlich zu verkehren, angemessen und in der Regel nicht kartellrechtswidrig ist. Ein Netzbetreiber darf jedoch keine Monopolstellung schaffen oder ausnutzen wollen. Es wird davon ausgegangen, daß es ausreichende Marktzutrittsmöglichkeiten sowohl für Programmveranstalter in den Übertragungsmarkt als auch für konkurrierende Übertragungsmedien in die Programmärkte gibt.

3.a) Die Lizenzvergabepraxis der staatlichen Behörden unterliegt der kartellrechtlichen Überprüfung. Die Kommunen können sich zur Rechtfertigung der Vergabe exklusiver oder de-facto-exklusiver Lizenzen auf staatliche Ermächtigungen stützen, so daß bisher die Vergabe von zusätzlichen Betreiberlizenzen kartellrechtlich nicht durchgesetzt werden konnte. Allerdings verstößt die Ablehnung eines (zusätzlichen) Betreibers gegen dessen verfassungsrechtlich geschützte Meinungsfreiheit, wenn die Kommune kein ausreichendes öffentliches Interesse an einer exklusiven Lizenz nachweisen kann.

b) Der US-Kongreß hat das Ermessen der kommunalen Behörden, nur eine Lizenz zu vergeben, in einer Gesetzesänderung von Oktober 1992 weiter zugunsten einer Vergabe konkurrierender Lizenzen eingeschränkt.
c) Langfristig wird es für erforderlich gehalten, das Erfordernis einer echten Lizenzvergabe durch die staatlichen Stellen zugunsten eines offenen Eintritts für Wettbewerber (open entry) auf der Netzebene aufzuheben.

4.a) Der US-Kongreß ist mit der FCC der Überzeugung, daß medienspezifische Regelungen erforderlich sind, um den Wettbewerbsverzerrungen unterhalb der Untersagungs- und Eingriffsschwellen des Antitrust-Rechts Einhalt zu gebieten. Im Ergebnis wurden daher die wettbewerbsrechtlichen Instrumente zur Öffnung des Übertragungsmarktes für Programmveranstalter nicht für ausreichend gehalten. Gleiches gilt auch für die Möglichkeit von Kabelbetreibern oder anderen Multikanalträgern, Programme von Veranstaltern zu erhalten, die mit konkurrierenden Betreibern vertikal integriert sind. Kern der im Oktober 1992 verabschiedeten Regelungen ist, die Bevorzugung eigener Programme durch die Netzbetreiber zu verhindern und die Konzentrationsprozesse einzudämmen.
b) Im einzelnen wird von der FCC geregelt werden, wieviele Teilnehmer ein Kabelbetreiber landesweit versorgen darf. Diesem Betreiber werden beherrschte Unternehmen zugerechnet. Zusätzlich soll die Kapazität festgelegt werden, bis zu der Programme im Netz verbreitet werden dürfen, an deren Veranstalter der Betreiber beteiligt ist. Weiterhin werden spezifische Klauseln in den Verbreitungsverträgen von Gesetzes wegen als wettbewerbswidrig eingestuft. Dazu gehört,
— daß sich ein Kabelbetreiber als Einspeisungsbedingung Beteiligungen an dem Programmveranstalter einräumen läßt,
— daß eine Einspeisung nur unter der Zusage des Programmveranstalters erfolgt, dem Netzbetreiber exklusive Rechte zur Verbreitung der Programme einzuräumen und
— daß ein Kabelbetreiber Programmveranstalter in seinen Verbreitungsbestimmungen auf der Grundlage seiner Beteiligung diskriminiert und dadurch die Wettbewerbsfähigkeit unabhängiger Veranstalter einschränkt.
c) In Abweichung von der wettbewerblichen Spruchpraxis werden exklusive Verbreitungsverträge zwischen Programmveranstaltern und an ihnen beteiligten Kabelbetreibern, die seit dem 1. Juni 1990 abgeschlossen sind, für unwirksam erklärt.
d) Mit diesen Regelungen wird die Vergabe von zusätzlichen Betreiberlizenzen und der Zugang zum Netz für nicht beherrschte Programmveranstal-

ter zwar medienspezifisch, aber gleichwohl in inhaltsneutraler Weise erfaßt. Damit zielen diese Regelungen darauf, den Übergang zu einer echten Wettbewerbssituation auf der Netzebene zu fördern.

5.a) Den aufgetretenen Konzentrationsprozessen sollte durch Verstärkung des Wettbewerbs auf der Netzebene entgegengetreten werden. Es müssen zusätzliche Netzbetreiber zugelassen werden, so daß es nicht mehr zu einem Zusammentreffen von vertikaler Integration und exklusiver Betreiberlizenz kommt.
b) Um dies zu erreichen, hat die FCC den Telefongesellschaften erlaubt, im Wettbewerb gegen die Kabelbetreiber Fernsehsignale zu verbreiten. Zudem hat sie die Konzentrationsbeschränkungen (cross-ownership limitations) zwischen Kabelbetreiber und Telefongesellschaften und zwischen Fernsehsender und Kabelbetreiber gelockert.

3. Abschnitt: Kabelfernsehen als neue Form der Individualkommunikation

Mit zunehmendem Bedarf an leistungsstarken und kostengünstigen Kommunikationssystemen dienen die Kabelnetze nicht nur der Massenkommunikation, sondern in verwertbarem Umfang auch der Individualkommunikation. Die Auswirkungen dieser Entwicklung auf das tradierte System der Kommunikationsmedien sind erst in Ansätzen erkennbar. Technologisch ist diese Entwicklung aber der erste Schritt zur Überwindung der rechtlichen Trennung von Individual- und Massenkommunikation.

A. *Personal Communication Networks (PCN)*

Die FCC erkannte bereits frühzeitig das Potential des Koaxialnetzes und verlangte von den Kabelbetreibern, in den Netzen die Möglichkeit von inaktiver Kommunikation (two-way-communication) einzurichten. Diese Dienste sollten allerdings nur Hilfsdienste zum Kabelfernsehen sein, wie etwa die Präsentation und Auswahl verschiedener Programmvorschläge unmittelbar über die Fernsehleitung.[1]

Die jüngste Entwicklung soll jedoch bereits kurzfristig zu einer echten Zwei-Weg-Individualkommunikation führen: Personal Communication Systems oder Personal Communication Networks (PCN) sind digitale zellulare Mobilfunksysteme, die in Konkurrenz zum bestehenden Fest- und Mobilfunk der Telefongesellschaften treten sollen. Soweit bereits ersichtlich, werden PCN-Systeme, die Kabelbetreiber mit Hilfe ihrer Netze aufbauen wollen, schnurlose Radiotelefonsysteme sein, die auf digitaler Mikrozellen-Technologie basieren.[2] Jeder individuelle Teilnehmer wird ein tragbares schnurloses Gerät in Taschenformat (PCN terminal oder handset) erhalten, dessen Signale im

---

[1] FCC - Cable Television, Report and Order in Docket Nos. 18397 et al., 36 F.C.C. 2d 143, Rn. 128 (1972).

[2] FCC - PCN Notice of Inquiry, Rn. 1 und 2. Ähnliche Dienste sind die in Großbritannien entwickelten CT-2-Systeme (eine Weiterentwicklung der bestehenden Mobilfunksysteme), die auch mittels Basisstationen in geringer Zellgröße die Funksignale verbreiten. Allerdings besteht gegenüber den PCN-Diensten der entscheidende Nachteil, daß Anrufe nur getätigt, nicht aber empfangen werden können. Das derzeit bestehende Vermittlungsnetz (public switched telephone network) kann die individuellen Teilnehmer im Netz nicht lokalisieren. Anders dagegen das PCN zugrundeliegende System s. weiter unten bei Fn. 4, *Monheim*, 44 Fed. Comm. L.J. 335, 338/39 (1992); *Hardy*, S. 608.

Radiospektrum verbreitet und von Basisstationen empfangen werden. Von dort werden die Signale in das Kabelnetz eingespeist und zum tragbaren Empfangsgerät weitergeleitet. Diese Basisstationen, welche die Signale empfangen und senden, sollen räumlich in einer Zellstruktur angeordnet sein. Aufgrund des Gebrauchs hoher Radiofrequenzen werden im Gegensatz zum herkömmlichen Mobilfunk zwar nur kleinere Handgeräte, dafür aber sehr engmaschige Zellen (Mikrozellen) erforderlich sein. Die Basisstationen für die PCN-Systeme können überall dort angebracht werden, wo ein Kabelnetz gelegt ist und ein entsprechender Bedarf besteht, etwa in Gebäuden, entlang von Straßen oder in Ortschaften.[3]

Die bestehenden Kabelsysteme dürften die derzeit geeignetsten Netze für die Weiterleitung der Signale sein. Die Netze bestehen bereits zu einem großen Teil aus Glasfaserkabel und erreichen über 80% aller US-amerikanischen Haushalte. Aufgrund der Kapazität der Kabelnetze, der zum Teil benutzten digitalen Technik und fortschrittlichen Netzarchitektur kann die traditionelle »Telefonapparat-zu-Telefonapparat«-Kommunikation grundlegend verändert werden: Jeder Teilnehmer wird eine individuelle Identifikationsnummer (PIN) erhalten, die eine »Person-zu-Person«-Kommunikation möglich macht. Die digitale Technik, insbesondere die digitale Vermittlung, sowie die großen Netzkapazitäten und Geschwindigkeitspotentiale sollen ermöglichen, jede Person über deren Handgerät im gesamten Netz ausfindig zu machen.[4] Neben den Sprachdiensten soll PCN für Daten- und Bildübertragung genutzt werden. Einer Marktanalyse zu Folge interessieren sich in den USA bis zu 40% aller Haushalte für die PCN-Systeme als Alternative zum herkömmlichen Telefon.[5]

---

[3] *Hardy*, S. 609. Das derzeit in den USA getestete System von PCN America (Millicom) basiert auf Mikrozellen von jeweils etwa 200 m großem Radius (600 feet diameter). Die Schätzungen amerikanischer Experten sind nicht einheitlich, wieviel Mikrozellen in Großstädten errichtet werden müssen, s. *Monheim*, 44 Fed. Comm. L.J. 335, 339 (1992). Manche gehen von einem für Kabelbetreiber optimalen Radius von etwa 400 m pro Zelle aus, *Hardy*, S. 619. Für Deutschland oder Europa wird ein maximaler Radius von 8 km angenommen, in größeren Städten von weniger als 1 km, *Neumann*, S. 7.

[4] Als Netzarchitektur soll das Advanced Intelligent Network (AIN) benutzt werden. Smartcards, die entweder in Handgeräte oder private oder öffentliche Standgeräte geschoben werden, erlauben ebenfalls eine Identifizierung, *Hardy*, S. 612/613; *Monheim*, 44 Fed. Comm. L.J. 335, 341 (1992). Obwohl die FCC die Entwicklung derartiger Netzwerke fördert, hält FCC Commissioner A. Barrett noch eine Entwicklungszeit von mehreren Jahren für erforderlich, *Barrett*, 42 Fed. Comm. L.J. 413, 427 (1990).

[5] *Hardy*, S. 617. Demgegenüber beurteilt *Neumann* (S. 5 ff.) die Marktchancen für PCN-Systeme in Deutschland und Europa skeptisch. Begründet wird dies zum einen durch das bereits bestehende GSM-Mobilfunksystem und zum anderen durch Standardisierungsprobleme für PCN auf europäischer Ebene. S. Richtlinie des Rates vom 25. Juni 1987 über die Frequenzbänder für die koordinierte Einführung eines europaweiten

Es bestehen auch bereits eine Reihe umfangreicher Testsysteme der Kabelbetreiber.[6] Die FCC hat für die PCN-Systeme im Sommer 1992 Spektrumkapazität im 2 GHz-Band bereitgestellt.[7] Allerdings werden die kurzfristigen Marktchancen von der Kabelindustrie mit Skepsis beurteilt. Das derzeitige Netz mit seiner Baumstruktur (tree networks) muß neu ausgerichtet werden, um Vermittlungsstellen einzurichten oder zu überbrücken. Zudem müssen die Verknüpfungsstellen zwischen dem Kabelnetz und dem PCN-System an den Basisstationen noch zur Marktreife entwickelt werden. Diese Kostenfaktoren machen es derzeit nicht möglich, die Chancen der Kabelbetreiber einzuschätzen.

B. *Kabelfernsehnetze als Umgehungstechnologie (by-pass technology)*

Die Kabelfernsehnetze können auch zur Umgehung bestehender Telefonnetze (telephone by-pass) bei der Wort- und Datenübertragung genutzt werden. Grundsätzlich wird unter einer Umgehung (by-passing) die Nutzung alternativer Netze zum vermittelten örtlichen Telefonnetz verstanden. Das bestehende Telefonnetz bietet aufgrund seiner Gebührenstruktur Anreize, billigere Übermittlung zu erbringen.[8] Die alternativen Netze können entweder mit dem örtlichen Telefonnetz im Eingang und Ausgang verbunden sein (double ended connection). Sie können aber auch das lokale Netz völlig meiden, indem die Kunden unter Umgehung der örtlichen Vermittlungsstellen direkt mit dem Fernleitungsnetz verbunden werden. Die FCC unterstützt diese für Unternehmen wichtige Verbindungsmöglichkeit. Nach dem Willen ihrer Betreiber oder

---

öffentlichen zellularen digitalen terrestrischen Mobilfunkdienstes in der Gemeinschaft, ABl. Nr. L 196 vom 17.7.1987, S. 85.
6 *Hardy*, S. 627 listet insgesamt 6 Kabelbetreiber, die in 22 Städten bereits zugelassen sind oder die Zulassung bei der FCC beantragt haben. Weitere Versuche zur Datenübermittlung mittels tragbarer Computer haben die Unternehmen Apple und Hewlett-Packard beantragt, s. *Monheim*, 44 Fed. Comm. L.J. 335, 343 (1992).
7 Die FCC hat 220 MHz im 2 GHz Spektrum für PCS und andere Mobilfunksysteme zugewiesen (1850-1990, 2210-2150 und 2160-2000 MHz), »FCC Releases PCS Spectrum Allocations«, Broadcasting, Sept. 21, 1992, S. 6.
8 *Egan/Weisman* (1986 Telecommunications Policy 164, 166) geben folgende Definition: »Bypass may be defined as the situation where a toll service customer (such as RCA, Citicorp) or toll service carrier (such as AT&T, MCI, GTE Sprint) utilizes facilities not owned by the local telephone companies for the origination and/or termination of toll telephone traffic, thereby avoiding paying a toll-to-local subsidy.«
Siehe auch *Sioshani/Baran/Carlisle*, 1990 Telecommunications Policy 71, 72 und *Kowal*, 37 Fed. Comm. L.J. 325 (1985).

Nutzer können die Umgehungsnetze an jeder Stelle des lokalen Telefonnetzes mit diesem verknüpft werden.[9]

Die bestehenden Kabelnetze sind geeignet, als solche Umgehungen des lokalen Telefonnetzes zu dienen, wie auch bereits erste Versuche zeigen.[10] Da die Koaxialkabel- und in zunehmenden Maße Glasfasernetze der Kabelbetreiber Daten schneller und kostengünstiger übermitteln als die herkömmlichen Kupfernetze der Telefongesellschaften, könnten die Kabelbetreiber in Zukunft insbesondere die lukrative Datenübermittlung ausführen.[11] Allerdings darf nicht übersehen werden, daß die Kabelbetreiber den Startnachteil gegenüber den lokalen Telefongesellschaften haben und die Kosten aufbringen müssen, die Vermittlungsstellen zu errichten. Von Seiten der Kabelindustrie werden daher die Entfaltungsmöglichkeiten in diesen Märkten (noch) zurückhaltend beurteilt.

---

9 FCC - Expanded Interconnection with Local Telephone Company Facilities, Notice of Proposed Rulemaking and Notice of Inquiry, Docket No. 91-141, 6 F.C.C.Rcd 3259 (1991), wonach die FCC den Vorschlag unterbreitete, »to require that the Tier 1 local telephone companies offer expanded opportunities for interconnection with their local carrier networks for the provision of interstate special access service.« Im September 1992 setzte die FCC den Vorschlag in eine Verwaltungsanweisung um und regelte gleichzeitig den Tarif, der an die lokalen Telefongesellschaften entrichtet werden muß, »US battle ahead«, Financial Times, 15.10.1992, International Telecommunications, S. IV.
Zuvor schon hatte die FCC mit der Einführung eines access charge für jeden Teilnehmer beabsichtigt, die Subventionen des lokalen Netzes durch die Fernsprechteilnehmer (long-distance caller) zu vermindern, FCC - MTS and WATS Structure, Third Report and Order, Docket No. 78-72, 93 F.C.C. 2d 241 (1982), modified 97 F.C.C. 2d 682 und 834 (1983), remanded in part National Association of Regulatory Utility Commissioners, 737 F.2d 1095 (D.C.Cir 1984). Zu den Kostenstrukturen s. *Weismann*, 5 Yale J. on Reg. 149 (1988).

10 Das Unternehmen Time Warner begann Anfang 1993 einen Versuch mit den Unternehmen MCI und First Pacific Networks. Das Kabelnetz von Time Warner, welches an der Kopfstation mit dem Fernsprechnetz von MCI verbunden ist, soll das örtliche Telefonnetz und die Ortsvermittlungsstellen umgehen. Time Warner wird nach eigenen Angaben den Preis der örtlichen Telefongesellschaft unterbieten können, da, so das Unternehmen, die Hälfte der Gebühren für ein Ferngespräch an die örtliche Gesellschaft gehe. »Time Warner Connects to Long Distance«, Broadcasting, December 7, 1992, S. 19.

11 FCC - MTS and WATS Market Structure, Third Report and Order, Docket No.78-82, 93 F.C.C. 2d 241 (1982); *Brenner/Price*, § 11.02 [5]; *Kowal*, 37 Fed. Comm. L.J. 325, 343/344 (1985). Demgegenüber haben nach *Sioshani/Baran/Carlisle* (1990 Telecommunication Policy 71 ff.) Kabelbetreiber aufgrund der Koaxialkabel Wettbewerbsnachteile. Unter Verweis auf die Bedürfnisse der Elektrizitätsindustrie argumentieren sie, daß der Aufbau der Vermittlungspunkte zwischen den Netzen zu kostspielig sei. Im übrigen benötige der Datenaustausch nicht das Geschwindigkeitspotential der Kabelnetze. Sie halten vielmehr spezialisierte Kommunikationsanbieter, die sowohl Leitungs- als auch Mehrwertfunktionen anbieten (hybrid systems), für besser geeignet, die lokalen Telefonnetze für Geschäftskunden zu umgehen.

C. Regulatorische Schwierigkeiten

Mit den PCN-Diensten und den Umgehungsdiensten (by-passing) überschreiten die Kabelbetreiber die bisherigen Grenzen der Massenkommunikation in technologischer und regulatorischer Hinsicht. Ähnlich den Bemühungen bei der Einführung der ‚Telefon- und Telegrafentechnik im letzten Jahrhundert konzentriert sich die bisherige Diskussion darauf, ob diese individualkommunikativen Dienste der Kabelbetreiber als Telefondienste oder als Kabelfernsehen anzusehen sind. Die mit dieser Notwendigkeit einer kommunikationsrechtlichen Einordnung verbundene Unsicherheit trat bei der Prüfung auf, ob der Bundesgesetzgeber oder die Einzelstaaten Regelungszuständigkeit haben.

Ein Gericht stufte die ältere interaktive Zwei-Weg-Kommunikation im Kabelnetz nicht als Rundfunk- sondern als Telefondienst (common carrier service) ein. Daher sei, so das Gericht, nicht die bundesstaatliche Rundfunkzuständigkeit gegeben, sondern die einzelstaatliche Zuständigkeit zur Regelung des innerstaatlichen (intrastate) Telefonverkehrs. Das Gericht argumentierte, daß die ausgetauschten Informationen zwar nur rudimentärer Art seien, aber die Benutzer dennoch den Inhalt der Übermittlung bestimmten. Nach dem Grundsatz der Trennung von Information und Übermittlung als dem Leitprinzip des Verbreitungsmediums (common carrier) sei das zur Übermittlung dienende Netz des Kabelbetreibers folglich wie ein Telefonnetz zu behandeln.[12] Demgegenüber stufte die FCC in einem anderen Verfahren eine Zwei-Weg digitale Datenübertragung mit Videokonferenzmöglichkeit (high-speed digital transmission service), die im Netz gleichzeitig zu den herkömmlichen Kabelfernsehdiensten angeboten wurde, nicht als Dienst eines Verbreitungsmediums ein und begründete so ihre Zuständigkeit.[13] Im gleichen Verfahren hatte ein Gericht zuvor diese Zuständigkeit bereits mit der Begründung ausgesprochen, der Betreiber beabsichtige, hauptsächlich Datenübermittlung anzubieten und

---

12 National Association of Regulatory Utility Commissioners v. F.C.C., 533 F.2d 601, 610 (D.C.Cir 1976)(NARUC II). Allerdings fand sich bei dieser Entscheidung keine Mehrheit für die rechtliche Begründung, sondern nur für das Ergebnis. Daher beläßt sie einen »highly ambiguous split in jurisdiction between the states and the federal government«, *Lloyd*, 36 Vand.L.Rev. 1045, 1065 (1983). Zudem haben Gerichte im Anschluß an diese Entscheidung die bundesstaatliche Zuständigkeit über Kabelfernsehen weiter ausgedehnt statt eingeschränkt: Capital Cities Cable, Inc. v. Crisp, 467 U.S. 691 (1984), einschränkend wiederum Louisiana Public Service Commission v. F.C.C., 476 U.S. 355 (1986).
13 Das Verfahren wurde später eingestellt, nachdem der Antragsteller die Dienste aufgab, Cox Cable Communications, Inc., Commline Inc. and Cox DTS, Inc., Memorandum Opinion and Order 1 F.C.C.Rcd 561 (1986), vacating as moot, 102 F.C.C.2d 110 (1985).

die gesamte Öffentlichkeit zu erreichen.[14] Die Abgrenzung zwischen der einzel- und bundesstaatlichen Zuständigkeit beruht also auf einer technologischen Unterscheidung, welche durch die Entwicklung der Computer- und Übertragungstechnik zunehmend obsolet wird.[15]
Diese Unsicherheit zeigte sich auch bei der rechtlichen Einordnung der PCN-Dienste der Kabelbetreiber. In einer Anhörung der FCC wurde argumentiert, diese seien Dienste eines Verbreitungsmediums. Die FCC selbst wollte in ihrem Regelungsvorschlag eine Einordnung mangels ausreichender Informationen nicht vornehmen. Sie hielt - abhängig vom öffentlichen Interesse - eine Kombination von rundfunk- und telekommunikationsrechtlichen Regelungen für möglich.[16]
Aufgrund dieser Schwierigkeiten ist die Vergabe der Zulassungen oder Lizenzen nicht geklärt. Gleiches gilt für die ordnungspolitische Frage, ob und in welchem Umfang konkurrierende Telefongesellschaften als Dienstanbieter, die in einem lokalen Gebiet bisher nicht aktiv waren, zugelassen werden können.[17] Zudem besteht die Schwierigkeit, daß es die bereits dargestellten medienspezifischen Konzentrationsbeschränkungen zwischen Kabelbetreiber und Telefongesellschaften gibt. Gemeinschaftsunternehmen, die von solchen Unternehmen gegründet werden, um individualkommunikative Dienste anzubieten, können daher nicht zugelassen werden.
In einer FCC-Anhörung schien eine Mehrheit der Industrievertreter die Möglichkeit ausschließen zu wollen, daß die lokalen Telefongesellschaften oder die Mobilfunkbetreiber in ihren jeweiligen Verbreitungsgebieten eine PCN-Lizenz erwerben können: Wenn dies möglich sei, so wurde argumentiert, könne kein Wettbewerb auf der lokalen Netzebene entstehen. Andererseits argumentierten FCC-Kommissare, daß es durchaus auch Verbundvorteile geben könne, die eine schnelle Errichtung der Netze fördern könnten. Bezüglich des Verfahrens für die Vergabe der PCN-Lizenzen haben sich FCC-Ver-

---

14 Cox Cable Communications, Inc. v. Simpson, 569 F.Supp. 507, 519 (D.Nebraska 1983), in dem das Gericht einstweiligen Rechtsschutz gewährte. Dazu *Trice*, 1984 California Lawyer 54, 56.
15 *Haring/Levitz*, 41 Fed. Comm. L.J. 261, 263 (1991). Sie halten zudem die Abgrenzung zwischen der bundes- und der einzelstaatlichen Zuständigkeit in Zukunft für nicht mehr vereinbar mit den Zielen einer nationalen Telekommunikationspolitik.
16 FCC - PCN Policy Statement, Rn. 7; *Monheim*, 44 Fed. Comm. L.J. 335, 357 (1992).
17 FCC - PCN Policy Statement, Rn. 8; *Monheim*, 44 Fed. Comm. L.J. 335, 358f (1992). *Neumann* (S. 12 ff.) identifiziert für die Zulassung der PCN-Dienste in Deutschland folgende Regulierungsfragen: (a) Wieviele Lizenzen sollen für PCN vergeben werden? (b) Wer soll eine PCN-Lizenz erhalten? (c) Nach welchem Verfahren sollen Lizenzen bzw. Frequenzen vergeben werden? (d) Welche Rechte und Pflichten soll eine Lizenz begründen?

treter für die Einführung eines Auktionssystems ausgesprochen, da so ihrer Ansicht nach das geeignetste Unternehmen die jeweilige Lizenz erhalte.[18]

D. Zusammenfassung

Die Kabelnetzbetreiber drängen verstärkt in den Markt für individualkommunikative Dienste. Personal Communications Networks oder PCN-Systeme sind moderne Mobilfunksysteme, die im Gegensatz zum herkömmlichen Mobilfunk eine »Person-zu-Person«-Kommunikation erlauben. Über diese PCN-Systeme haben die Kabelbetreiber die Möglichkeit, individuelle Wort- und Datenübermittlung in Konkurrenz zu den bestehenden Mobilfunkanbietern zu erbringen. Dies gilt mit der Einschränkung, daß derzeit noch die Vermittlungsstellen in den Netzen fehlen und auch noch keine Marktreife haben. Die FCC hat auch bereits ein Spektrum für PCN ausgewiesen und zudem eine Reihe von Kabelbetreibern für umfangreiche Testsysteme in 22 US-amerikanischen Städten zugelassen.

Gleichzeitig zu diesen Mobilfunkmöglichkeiten können Kabelbetreiber als Anbieter von Umgehungsnetzen (by-passing) zu den bestehenden Telefonnetzen aktiv werden. Damit ist bereits jetzt absehbar, daß in den nächsten Jahren über die Kabelfernsehnetze Individualkommunikation in Konkurrenz zum Telefon und Mobilfunk angeboten wird.

In der Vergangenheit bestanden unterschiedliche Ansätze bei der regulatorischen Einordnung der Zwei-Weg-Dienste der Kabelbetreiber. Diese Unsicherheit, wie die interaktive Kommunikation über ein massenkommunikatives Netz zu behandeln ist, setzt sich derzeit bei der Diskussion über die zukünftige Regulierung der PCN-Dienste fort. Letztlich basieren diese auf der überkommenen rechtlichen Unterscheidung zwischen Individual- und Massenkommunikation, die ihrerseits - wie zu Beginn der Untersuchung ausgeführt - auf der Abgrenzung von Information (content) und Übermittlung (conduit) beruht.[19] Diese rechtliche Unterscheidung ist Ausdruck der technologischen Möglichkeiten zu Beginn der Telekommunikations- und Medienentwicklung. Mit den PCN-Diensten und den Umgehungsdiensten werden die technologischen Grenzen überschritten und das Regulierungssystem, das auf der Grenzziehung aufbaut, wird obsolet. Eine rechtliche Einordnung nach technologischen Definitionen wird damit schwierig, wenn nicht letztlich unmöglich.

---

18 »PCS«, Broadcasting, July 20, 1992, S. 10.
19 Siehe oben 1. Abschnitt B. I.

4. Abschnitt: Telefon als Massenkommunikation

Die Telefonkommunikation hat sich in den letzten Jahren grundlegend verändert. Spiegelbildlich zur Entwicklung des Kabelfernsehens ist das Telefon Gegenstand einer Entwicklung von der klassischen Individualkommunikation (plain old telephone systems, POTS) zu einem Medium der Massenkommunikation. Die Gerichte sahen sich in den letzten Jahren mit dem Phänomen konfrontiert, daß massenkommunikative Ansagedienste der Telefongesellschaften nicht in das tradierte dreigeteilte Kommunikationssystem eingefügt werden konnten. Der Kern der gerichtlichen Auseinandersetzungen betraf die bisher strikt verneinte Frage, ob eine Inhaltskontrolle im Telefonverkehr zulässig ist.
Mit der seit Ende 1992 geltenden Video Dialtone-Direktive kommt die FCC ihrer selbstgestellten Aufgabe nach, statt einer zusätzlichen Regulierung des Kabelfernsehens den Telefongesellschaften die Übertragung von Videosignalen zu ermöglichen. Diese Betonung der Marktkräfte soll eine wirksamere Lösung der aufgetretenen Konzentration im Kabelfernsehen bieten. Gleichzeitig wird damit erreicht, daß die Telefongesellschaften nun Fernsehen verbreiten. Die Zulassung der Telefongesellschaften wirft rechtspolitische und regulatorische Probleme auf, die in den USA Gegenstand lebhafter Diskussion sind. Die Neuartigkeit der Video Dialtone-Inititiative der FCC erfordert eine ausführliche Auseinandersetzung und Stellungnahme, die klären sollen, ob die Öffnung des Übertragungsmarktes für Videosignale Aussicht auf Erfolg hat, und welche Regelungsansätze daraus für eine zukünftige Ordnung der Breitbandkommunikation ableitbar sind.

A. *Inhaltskontrolle und Telefonverkehr: Erosion traditioneller Grundsätze*

Die rechtliche Stellung der Netzbetreiber in der Indiualkommunikation ist dadurch gekennzeichnet, daß sie sich nicht auf den ersten Zusatzartikel zur Verfassung berufen und insbesondere keine inhaltliche Kontrolle über die in ihren Netzen verbreiteten Informationen ausüben können. Dieses Konzept der Verbreitungsmedien unterscheidet die Individualkommunikation bisher grundlegend von der Massenkommunikation des Rundfunks und Kabelfernsehens.[1] In jüngster Zeit führte der technologische Wandel des Telefonverkehrs zu

---

[1] Siehe oben 1. Abschnitt B.

einem zwar erst anfänglichen aber grundsätzlichen Einbruch dieses Konzepts. Die Diskussion konzentriert sich im Telefonbereich darauf, die traditionellen Regelungen eines Mediums, das die technologische Beschränktheit auf Individualkommunikation überwindet, neu zu bestimmen.

I. *Ansage- oder Audiotex-Dienste*

Auslöser der jüngsten grundlegenden Veränderung der rechtlichen Behandlung der Telefongesellschaften sind die Ansagedienste. Zu diesen sogenannten Audiotex- oder Dial-It-Diensten zählen die herkömmlichen, auch in Europa bekannten Wetter-, Sport- oder Zeitinformationen, aber auch Horoskopansagen und Spiele.[2]
In jüngster Zeit sind die Telefonsexdienste hinzugekommen, die unter dem Stichwort Dial-A-Porn-Dienste bekannt sind.[3] Diese Dienste sind automatisch abspielende, vorab aufgenommene Bänder von einer Dauer zwischen 30 Sekunden und 2 Minuten. Die Telefongesellschaften speisen diese von spezialisierten Anbietern stammenden Dienste in ihr Netz ein, die über eine bestimmte Wahlnummer abgerufen werden können. Im lokalen Bereich sind dies die 976-Nummern, im Ferngesprächbereich die 900-Nummern (AT&T). Die Telefongesellschaften übernehmen für die Diensteanbieter das Inkasso der Gebühren und berechnen ihren Teilnehmern die von den Anbietern festgesetzten Tarife. Sie selbst behalten einen Teil der Summe (service charge) ein.
Die Größenordnungen dieser Dial-A-Porn-Dienste haben die der herkömmlichen Ansage- und Informationsdienste längst überholt. Im Verbreitungsgebiet der New York and New England Telephone and Telegraph Companies (NYNEX) kann das System (Mass Announcement System) bis zu 50.000 Anrufe in der Stunde für jede individuelle Telefonnummer verarbeiten. Allein für die Dial-A-Porn-Dienste wurden im Mai 1983 etwa 800.000 Anrufe pro Tag getätigt; von Mai 1983 bis Februar 1984 waren es etwa 180 Mio. Anrufe. In der ersten Hälfte des Jahres 1985 wählten nach Angaben von

---

2 Die DBP Telekom will auch in Deutschland ihren bisher auf Nordrhein-Westfalen beschränkten Versuch mit Ansagediensten, die unter der Nummer 0190 erreicht werden können, bundesweit ausdehnen. Für einen Teil der Dienste wird zudem der Wettbewerb für private Anbieter geöffnet. In NRW wählen täglich 20.000 Anrufer eine der Audiotex-Nummern. Die Umsatzprognosen der Telekom für das Jahr 2000 schwanken zwischen 200 Mill. und 2,5 Mrd. DM. Handelsblatt, 17.11.1992, S. 34: »Private Informationsdienste: Vom Liebesgeflüster bis zur Promotion-Aktion.«
3 *O'Neill*, 13 Hastings Comm/Ent L.J. 379, 383 ff. (1991); *Mann*, 33 U.C.L.A.L.Rev. 1221, 1223 ff. (1986); *Tovey*, 40 Fed. Comm. L.J. 267 ff. (1986).

NYNEX 218.000 Anrufe pro Tag die Dial-A-Porn Dienste.[4] Fast 8.000 Anrufer konnten gleichzeitig dieselbe Ansage abhören.[5] Die acht Gesellschaften, die im Telefonnetz der NYNEX im Jahre 1985 Telefonsexdienste anboten, setzten damit einen Bruttoumsatz von 130.000 $ pro Tag um. Die Telefongesellschaften verdienten mit diesen Diensten pro Monat mehr als 500.000 $.[6] Diese Ausmaße, insbesondere die Möglichkeit, 50.000 Gespräche pro Stunde und Telefonnummer abzuwickeln und fast 8.000 Teilnehmer simultan an eine Ansage zu schalten, zeigen, daß nicht mehr von Individualkommunikation sondern von massenkommunikativen Diensten der Telefongesellschaften ausgegangen werden muß.[7] Rechtlich müssen von diesen Ein-Weg-Diensten die kommunikativen Live-Gespräche (two-way services) und die sogenannten »Adult Party Lines« getrennt werden. Letztere sind Mehrwertdienste, bei denen zwei Personen im Netz gebührenpflichtig vermittelt werden.[8]

Im Mittelpunkt der rechtlichen Auseinandersetzung stehen Zugangsbeschränkungen insbesondere zu den Dial-A-Porn-Diensten zum Schutz von Minderjährigen.[9]

II. Möglichkeiten und Grenzen der Regulierung von Dial-A-Porn-Diensten

1. Verfassungsrechtlich zulässige Beschränkungen

In ihrer ersten Entscheidung verweigerte die FCC ein Einschreiten gegen die Dial-A-Porn-Dienste mit der Begründung, diese seien nicht vom geltenden Recht erfaßt.[10] Als Reaktion fügte der Kongreß Ende 1983 eine Zusatzvorschrift (§ 223 (b)) in den Communications Act ein. Sie erfaßt seither explizit

---

4 Carlin Communications, Inc. v. FCC, 749 F.2d 113, 114 (2nd Cir. 1984)(Carlin I); Carlin Communications, Inc. v. FCC, 837 F.2d 547, (2nd Cir. 1988), cert. denied, 488 U.S. 109 (1988) (Carlin III).
5 Carlin Communications, Inc. v. FCC, 787 F.2d 846, 850 (2nd Cir. 1986)(Carlin II).
6 Carlin Communications, Inc. v. FCC, 787 F.2d 846, 848 (2nd Cir. 1986)(Carlin II).
7 *O'Neill*, 13 Hastings Comm/Ent L.J. 379, 405 (1991).
8 Ein Gespräch dieser Adult Party Line ist Gegenstand des auch in Europa erfolgreichen Buches von *Nicholson Baker*, VOX.
9 Auch im deutschen Telefonnetz wird zunehmend die Einrichtung von Zugangsbeschränkungen diskutiert, um ein unbefugtes Anwählen der Nummern durch Minderjährige zu verhindern. Da bisher noch keine sexuell orientierten Ansagen eingespeist werden, stellt sich das Problem derzeit nicht in gleichem Maße wie in den USA, Handelsblatt, 17.11. 1992, S. 34: »Private Informationsdienste: Vom Liebesgeflüster bis zur Promotion-Aktion.«
10 FCC - Application for review of complaint filed by Peter F. Cohalan, FCC File No. E-83-14 (1983), zitiert nach Sable Communications v. FCC, 16 Media L.Rptr. 1961, 1963 (1989).

die Verbreitung von sexuellen Informationen im Telefonnetz und soll Minderjährige schützen. In der ursprünglichen Fassung verbot sie unter Strafandrohung die Benutzung der Telefonnetze zur Verbreitung obszöner und anstößiger (obscene and indecent) Kommunikation an jede Person unter 18 Jahren. Das Gesetz erlaubte eine Verbreitung, wenn sie nur Erwachsene erreichte.[11] Später wurde die Vorschrift verschärft, die dann eine Verbreitung von obszönen und anstößigen Äußerungen gänzlich untersagte.[12]
Die Gerichte hielten die Regelung nur insoweit aufrecht, als sie die Verbreitung von obszönen Äußerungen erfaßte. Soweit sie jedoch sexuell anstößige (indecent) Äußerungen betraf, war sie nach Auffassung der Gerichte nicht mit dem ersten Zusatzartikel vereinbar.[13] Die Verbreitung obszöner Äußerungen könne, so die Gerichte, zu Recht untersagt werden, da diese nicht in den Schutzbereich des Rechts auf Meinungsäußerung fallen würden.[14] Demgegenüber habe der Kongreß nicht die Möglichkeit, durch einfaches Gesetzesrecht die Verbreitung von sexuell anstößigen Äußerungen zu verbieten. Insbesondere könne sich der Gesetzgeber nicht auf die Leitentscheidung des US Supreme Court in *Pacifica Foundation* berufen. Diese Entscheidung, welche eine Beschränkung anstößiger Äußerungen im terrestrischen Fernsehen verfassungsrechtlich billige, sei nur auf dieses Medium anwendbar. Nur im terrestrischen Fernsehen bestehe die Gefahr, daß Kinder den Äußerungen ohne Zustimmung der Eltern ausgesetzt sein könnten. Im Gegensatz dazu könnten jedoch, so die Gerichte weiter, beim Telefon technologische Vorkehrungen unerwünschten Zugang von Minderjährigen verhindern. Daher bestehe im Bereich der Dial-A-Porn-Dienste keine Rechtfertigung für den Gesetzgeber, die Verbreitung anstößiger Meinungen zu verbieten.[15]

---

11 47 U.S.C. § 223 (b)(1)(A) (1982, Supp. II). Abgedruckt bei *Mann*, 33 U.C.L.A.L. Rev. 1221, 1225 Fn. 21 (1986). Die Vorschrift erfaßt nur die staatenübergreifende (interstate) Kommunikation. Die Einzelstaaten verabschiedeten gleichlautende Vorschriften, vgl. das Verfahren um die Regelung in Pennsylvania, Fabulous Associates v. Pennsylvania Public Utilities Commission, 693 F. Supp. 332 (E.D. Pa. 1988), aff'd 896 F.2d 780 (3rd Cir. 1990).
12 47 U.S.C. § 223 (b)(Suppl. 1989). Die letzte Änderung trat Ende 1988 in Kraft.
13 Sable Communications v. FCC, 16 Media L.Rptr. 1961 (1989). Carlin Communications, Inc. v. FCC, 837 F.2d 547 (2nd Cir. 1988), cert. denied, 488 U.S. 109 (1988)(Carlin III); ebenso Roe v. Meese, 689 F.Supp. 344, 346-347 (S.D.N.Y. 1988); Fabulous Associates v. Pennsylvania Public Utilities Commission, 693 F. Supp. 332 (E.D. Pa. 1988), aff'd 896 F.2d 780 (3rd Cir. 1990). Die beiden älteren Entscheidungen Carlin I und II hielten bereits die Ausführungsvorschriften der FCC für rechtswidrig und gelangten daher nicht zur verfassungsrechtlichen Überprüfung von § 223 (b). Dazu siehe 2.
14 Sable Communications v. FCC, 16 Media L.Rptr. 1961, 1965 (1989) unter Hinweis auf die ständige Rechtsprechung des Gerichts, siehe oben 1. Abschnitt B. II.
15 Sable Communications v. FCC, 16 Media L.Rptr. 1961, 1966 f. (1989); Carlin Communications, Inc. v. FCC, 837 F.2d 547, 560 (2nd Cir. 1988)(Carlin III); Carlin

Inzwischen ist § 223 (b) geändert und die FCC autorisiert, Zugangsbeschränkungen zum Schutz von Minderjährigen bei anstößigen Meinungsäußerungen zu erlassen.

2. Zugangsbeschränkungen zum Schutz von Minderjährigen

Die bisherigen Verfahren um die Zugangsbeschränkungen der FCC sind gekennzeichnet von der Weigerung der Gerichte, pauschale Regelungen anzuerkennen: Eine zeitliche Beschränkung der Verbreitung anstößiger Meinungen auf die Zeit zwischen 21 Uhr und 8 Uhr ist unverhältnismäßig.[16] Ebenso ist die Verpflichtung, Zugangskodes für die Ansagedienste zu verwenden, die ein Teilnehmer vorab von den Telefongesellschaften erhält, zu restriktiv.[17] Möglich sind indes Beschränkungen, die mit technologischen Mitteln den Zugang von Minderjährigen weitestgehend ausschließen. Diese Regelungen verpflichten die Diensteanbieter, die Dial-A-Porn-Ansagen entweder (a) nur gegen Vorabzahlung mit Kreditkarten oder (b) gegen Gebrauch eines Zugangskodes, der einem Teilnehmer auf Wunsch vorab mitgeteilt wird, oder (c) nur verschlüsselt zu verbreiten. Zu Beginn einer Ansage muß jeder Teilnehmer eine dieser drei Möglichkeiten auswählen, ansonsten wird das Gespräch unterbrochen.[18] Diese Beschränkungen hielten einer gerichtlichen Überprüfung stand; das Gericht wies die FCC aber an, die Beschränkungen zu ändern, sobald neue Technologien weniger restriktive Maßnahmen ermöglichen.[19]

Communications, Inc. v. Mountain States Tel. & Tel. Co., 827 F.2d 1291, 1296 (9th Cir. 1987), jeweils unter Hinweis auf Cruz v. Ferre, 755 F.2d 1415, 1421 (11th Cir. 1985). Zur Diskussion dieser inhaltsbezogenen Beschränkungen und der Abgrenzung des terrestrischen Fernsehens vom Kabelfernsehen, siehe oben 2. Abschnitt B. II. 3. f).

16 Carlin Communications, Inc. v. FCC, 749 F.2d 113 (2nd Cir. 1984)(Carlin I). Aufgrund der inhaltsbezogenen Anknüpfung der Beschränkungen prüft das Gericht das Vorliegen eines überragenden öffentlichen Interesses (compelling state interest, siehe oben 1. Abschnitt A.IV.2.). Der Schutz der Minderjährigen ist ein solches überragendes öffentliches Interesse, aufgrund dessen die Verbreitung von Meinungen grundsätzlich beschränkt werden konnte.

17 Carlin Communications, Inc. v. FCC, 787 F.2d 846 (2nd Cir. 1986)(Carlin II).

18 FCC - Enforcement of Prohibitions Against the Use of Common Carriers of the Transmission of Obscene Materials, Third Report and Order in Docket-No. 83-989, 2 F.C.C.Rcd 2714, 2722 (1987).

19 Carlin Communications, Inc. v. FCC, 837 F.2d 547 (2nd Cir. 1988)(Carlin III). 1990 erließ die FCC neue Regelungen, die aber denen des Carlin III-Verfahrens weitestgehend gleichen, FCC - Regulations Concerning Indecent Communications by Telephone, Report and Order in Docket-No. 90-64, 5 F.C.C.Rcd 4924 (1990), Die sind auch derzeit gültig, 47 C.F.R. § 64.201 (1992): Restrictions on Indecent Telephone Message Services.

III. *Inhaltskontrolle bei der Netzeinspeisung*

Zur Aufhebung des dreigeteilten Kommunikationsmodells führten schließlich die Verfahren, die Weigerungen der Telefongesellschaften zum Gegenstand hatten, Dial-A-Porn-Anbietern Netzkapazitäten zur Verfügung zu stellen. Die Telefongesellschaften weigerten sich unter Hinweis auf den Inhalt der verbreiteten Meinungen, alle Dial-A-Porn-Dienste in ihren Netzen (976-network) zu verbreiten. Damit kam es zu direkten Konflikten mit den Regelungen der Verbreitungsmedien (common carriers), die grundsätzlich die Betreiber verpflichten, jedem Teilnehmer diskriminierungsfreien Zugang zum Netz zu gewähren.[20]
Kern der gerichtlichen Auseinandersetzungen war damit die Frage, ob sich die Telefongesellschaften mit Erfolg auf den ersten Zusatzartikel berufen können, wenn sie den Inhalt der verbreiteten Information kontrollieren und eine Auswahl im Zeitpunkt der Einspeisung aufgrund des Inhalts treffen. Damit würden die Telefongesellschaften erstmals Rechte nach dem ersten Zusatzartikel genießen.[21]
Die Gerichte bestätigten eine inhaltliche Kontrollmöglichkeit der Telefongesellschaften und hielten sie für vereinbar mit der Verfassung.[22] Dabei ist von besonderer Bedeutung, daß sie ihre Begründung nicht auf einen sexuell anstößigen Inhalt der Dienste stützten. Vielmehr stellten sie in Anbetracht des massenkommunikativen Charakters der Ansagedienste die rechtliche Trennung von Individual- und Massenkommunikation grundsätzlich in Frage. Die Technologie der Basis-Telefondienste unterscheide sich, so die Gerichte, fundamental von der der Informationsdienste. Bei letzteren kommunizierten keine Individuen, vielmehr könnten mehr als 8.000 Anrufer simultan die gleiche Ansage abhören. Vor diesem Hintergrund gelangten die Gerichte zu dem zukunftsweisenden Schluß, das Telefon diene als ein Medium zur (massenkommunikativen) fernsehähnlichen Verbreitung. Das Telefon gleiche

---

20 Carlin Communication v. Southern Bell, 802 F.2d 1352, 1354 (11th Cir. 1986) unter Verweis auf Computer & Communications Industrie Association v. FCC. 693 F.2d 198, 205 (D.C.Cir 1982), cert. denied, 461 U.S. 938 (1983); *O'Neill*, 13 Hastings Comm/Ent L.J. 379, 397 (1991).
21 FCC - OPP Paper 1988, Rn. 75.
22 Carlin Communication v. Southern Bell, 802 F.2d 1352 (11th Cir. 1986); Carlin Communication v. Mountain State Tel. & Tel., 827 F.2d 1291 (9th Cir. 1987). Der Supreme Court hat bisher noch keine ausdrückliche Entscheidung getroffen. Jedoch zeigt eine Äußerung von Justice Scalia, daß diese Möglichkeit mit der Verfassung vereinbar sein kann: »Finally, I note that while we hold that the Constitution prevents Congress from banning indecent speech in this fashion, we do not hold that the Constitution requires public utilities to carry it«, Sable Communications v. FCC, 16 Media L.Rptr. 1961, 1969 (1989)(J. Scalia, concurring).

nicht einem Verbreitungsmedium, das eine beschränkte Zahl von Individuen zur Kommunikation nutzt, sondern einer Radiostation. Dadurch werde das Telefon ein Medium für öffentliche Kommunikation und nicht länger für Individualkommunikation. Die entscheidenden Passagen lauten wörtlich:

»Under these circumstances the telephone is serving as a medium by which Carlin broadcasts its messages. The phone company resembles less a common carrier than it does a small radio station.
Once the telephone company becomes a medium for public rather than private communication, the fit of traditional common carrier law becomes much less snug.«[23]

Dem Staat steht es nach Ansicht des Gerichts nur offen, das Telefonsystem der privaten Hand zu entziehen und als öffentliches Netz (public forum) zu gestalten, zu dem jedermann ohne Beschränkungen Zugang habe und das keinerlei Kontrollmöglichkeiten über den Inhalt habe.

Dieser Gewährung von inhaltsbezogenen Rechten (editorial rights) an die Telefongesellschaften stehen nach Auffassung der Gerichte auch nicht die Grundrechte der Diensteanbieter entgegen: Die Verweigerung der Einspeisung der Ansagedienste sei alleinige unternehmerische Entscheidung der Netzbetreiber und sei dem Staat nicht zurechenbar. Dadurch werde die Kommunikationsfreiheit der Anbieter nicht betroffen.[24]

IV. *Zusammenfassung*

1. Im Telefonverkehr darf von Gesetzes wegen die Verbreitung obszöner, nicht aber sexuell anstößiger Äußerungen untersagt werden. Für die Verbreitung von Dial-A-Porn-Diensten kann nämlich im Gegensatz zur Ansicht des Kongresses nicht auf die Regulierungen im Bereich des terrestrischen Fernsehens zurückgegriffen werden. Denn das Medium Telefon ist in dieser Hinsicht dem Kabelfernsehen vergleichbar, so daß es keine Rechtfertigung beschränkender gesetzlicher Regelungen gibt.[25] Damit ist den Telefongesellschaften

---

23 Carlin Communications v. Mountain State Tel. & Tel., 827 F.2d 1291, 1295 (9th Cir. 1987) mit Hinweis auf die Entscheidung CBS v. Democratic National Commission, 412 U.S. 94, 104 - 109 (1973).
24 Carlin Communications v. Southern Bell, 802 F.2d 1352, 1357ff (11th Cir. 1986) und Carlin Communications v. Mountain State Tel. & Tel., 827 F.2d 1291, 1295f (9th Cir. 1987), jeweils unter Verweis auf Jackson v. Metropolitan Edison Co., 419 U.S. 345, 150-54 (1974). Darin hatte der Supreme Court entschieden, daß eine dem Staat zurechenbare Handlung (state action) nicht deswegen vorliege, weil das Unternehmen ein öffentliches Unternehmen (public utility) sei. Kritisch gegen die Anwendung der Jackson Entscheidung das staatliche Gericht in Carlin Communication v. South Central Bell Tel. Co., 461 So. 2d 1208 (La. Ct. App. 1984) und *Tovey*, 40 Fed. Comm. L.J. 267, 280 ff. (1988).
25 So auch *Mann*, 33 U.C.L.A.L. Rev. 1221, 1244 f. (1986); *O'Neill*, 13 Hastings Comm/Ent L.J. 379, 390 (1991).

jedenfalls insoweit der Schutz der Kabelbetreiber nach dem ersten Zusatzartikel zugestanden worden.

2. Zum Schutz von Minderjährigen sind Zugangsbeschränkungen bei anstößigen Ansagen zulässig. Sie müssen aber als die Meinungsfreiheit einschränkende (content-related) Maßnahmen verhältnismäßig sein. Pauschale Verbreitungsverbote zu bestimmten Tageszeiten sind unverhältnismäßig. Die Diensteanbieter müssen technologische Mittel einsetzen, wie etwa Zugangskodes oder Verschlüsselungen, die einen unbefugten Zugang von Minderjährigen verhindern.

3. Das Konzept der Verbreitungsmedien (common carriers) ist auf die massenkommunikativen Ansagedienste nicht anwendbar. Die Telefongesellschaften dürfen den Inhalt der verbreiteten Ansagen kontrollieren und etwa die Dial-A-Porn-Dienste aufgrund ihres Inhalts zurückweisen.

4. Mit diesen Entscheidungen ist der Beginn einer fundamentalen Änderung des Konzepts der Verbreitungsmedien eingeleitet: Die Telefonbetreiber sind demnach nicht länger in der Rolle des neutralen Verbreitungsmediums. Vielmehr können sie inhaltliche Kontrolle über die in ihren Netzen verbreiteten Informationen ausüben und eine Auswahl aufgrund des Inhalts treffen. Damit sind sie den Kabelfernsehbetreibern in der Massenkommunikation vergleichbar und haben eigene Rechte nach dem ersten Zusatzartikel. Gleichzeitig zeigen die Entscheidungen erneut, daß die technologische Definition des Mediums (Telefon) keine hinreichende Handhabe zur Anknüpfung rechtlicher Regeln über die Verbreitung von Botschaften ist.

5. Im Zeitalter integrierter Breitbandtechnologien für Individual- und Massenkommunikation zeichnen sich damit erste Umrisse der rechtlichen Regelung einer Konvergenz von Inhalt (content) und Übermittlung (conduit) ab. Die Netzbetreiber sind von der Verfassung nicht gehindert, eine Auswahl und Inhaltskontrolle hinsichtlich der übermittelten Informationen zu treffen. Aufgrund der technologisch fast unbegrenzten Kapazitäten moderner Netze bedarf es keiner Beschränkungen des Zugangs mehr. Lediglich zum Schutz von Minderjährigen sind verhältnismäßige Zugangsbeschränkungen geboten und zulässig. Im übrigen genießen die Netzbetreiber den verfassungsrechtlichen Schutz der Kommunikationsfreiheit nach dem ersten Zusatzartikel.

B. *Telefon als Medium zur Übermittlung von Fernsehsignalen*

I. *Bisherige Rechtslage*

1. *Die Konzentrationsbegrenzungen (cross-ownership rules)*

In den ersten Jahren der Verbreitung des Kabelfernsehens waren die lokalen Telefongesellschaften an dem Aufbau des Kabelfernsehnetzes beteiligt. Sie traten als Netzbetreiber auf oder errichteten die Netze und vermieteten sie an Kabelbetreiber. Nachdem die Telefongesellschaften eine Vielzahl von Telefon- und gleichzeitig Kabelfernsehnetzen installiert hatten, entschied die FCC, daß die Monopolstellungen der Telefongesellschaften in beiden Netzen verhinderten, daß konkurrierende Kabelbetreiber entstünden. Daher weite das Engagement der Telefongesellschaften im Kabelbereich deren Monopolstellung im Telefonsektor ohne Berechtigung aus. Das öffentliche Interesse an einem Wettbewerb auf der Netzebene erfordere daher, so die FCC, einen Ausschluß der Telefongesellschaften vom Videoübertragungsmarkt. Die FCC verabschiedete Vorschriften, die jegliche Betätigung der Telefongesellschaften im Videobereich und intermediäre Verflechtungen mit den Kabelbetreibern (telco-cable cross-ownership rules) untersagten.[26]
Diese Verwaltungsvorschriften der FCC wurden in den Cable Act 1984 übernommen und bleiben von der jüngsten Reform durch den Cable TV Competition Act 1992 unberührt. Danach darf eine Telefongesellschaft in ihrem Verbreitungsgebiet weder unmittelbar noch mittelbar über Tochterunternehmen Fernsehprogramme anbieten. Nur dann, wenn eine Versorgung des Gebietes mit Kabelfernsehen nicht anders möglich ist als durch ein Kabelunternehmen, das von einer Telefongesellschaft beherrscht wird, kann die FCC von dem Verbot eine Ausnahme (waiver) erteilen.[27] Nach dem Communications Act 1934 können die Telefongesellschaften ebenfalls eine Genehmigung erlangen, Kapazitäten an unabhängige (unaffiliated) Kabelbetreiber zu vermieten (sogenannter channel service) (§ 214). Nach den unter dem Cable Act 1984 erlassenen Verwaltungsvorschriften der FCC durften die Telefonge-

---

26 FCC - Applications of Telephone Companies for Section 214 Certificates for Channel Facilities Furnished to Affiliated Communitiy Antenna Television Systems, Final Report and Order, Docket-No.70-115, 21 F.C.C.2d 307, 324, 325 Rn.46-50, und S. 350 (1970), modified & clarified 22 F.C.C.2d 746 (1970), aff'd sub nom. General Telephone Company v. United States, 449 F.2d 846 (5th Cir. 1971).
27 47 U.S.C. § 533 (b)(1) und (4) (1989). Siehe auch bereits oben 2. Abschnitt B. II. 3. d).

sellschaften keine Beteiligungen über 1% der Stimmanteile an einem Kabelbetreiber halten.[28]

Die mit Inkrafttreten des Cable Act 1984 verbundene umfassende Deregulierung des Kabelfernsehmarktes löste eine hohe Verbreitungsdichte der Breitbandverkabelung aus.[29] Der Telefonmarkt erfuhr durch die Aufspaltung von AT&T in die Bell Companies (Regional Bell Operating Companies, RBOCs) ebenfalls eine starke Veränderung. Diese Entwicklungen führten bereits 1987 zu Überlegungen der FCC, das Verbot und die Konzentrationsbeschränkungen (cross-ownership restrictions) zu ändern.[30]

Die FCC veröffentlichte Ende 1991 einen Richtlinienvorschlag, den Telefongesellschaften im Rahmen der bestehenden Gesetze begrenzten Zugang zum Fernsehübertragungsmarkt zu ermöglichen und die Beteiligungsgrenze zu heben.[31] Unterstützung erhielt sie bei diesen Liberalisierungsbemühungen von der National Telecommunications and Information Administration (NTIA), einer Behörde des US-Wirtschaftsministeriums. Die NTIA befürwortete die Zulassung der Telefongesellschaften zum Videomarkt. Sie argumentierte, daß die Gesellschaften dadurch einen Anreiz erhielten, die amerikanische Telekommunikationsinfrastruktur unter Verwendung von Glasfasernetzen und anderen neueren Technologien auszubauen. Die bestehenden Konzentrationsbegrenzungen seien ökonomisch ineffizient und beeinträchtigten den Wettbewerb, so daß sie Investitionen in den Ausbau neuer Netze behinderten.[32]

Nach Auswertung zahlreicher weiterer Stellungnahmen gestattete die FCC im August 1992 im Rahmen ihrer sogenannten Video Dialtone-Direktive den Telefongesellschaften Fernsehsignale in begrenztem Umfang zu verbreiten und sich an Programmveranstaltern grundsätzlich zu beteiligen.

2. *Frühere Ausnahmegenehmigungen*

Im Vorgriff auf diese jüngste Zulassung der Telefongesellschaften zum Fernsehübertragungsmarkt erteilte die FCC bereits in der Vergangenheit in Einzelfällen Ausnahmen (waivers) von den Konzentrationsbeschränkungen des Cable Act 1984.

---

28 47 C.F.R. § 63.54 (1989).
29 Die Verbreitungsdichte stieg von 9% im Jahr 1976 auf fast 50% im Jahre 1987.
30 FCC - Telephone Company - Cable Television Cross-Ownership Rules, Notice of Inquiry, Docket No. 87-266, 2 F.C.C.Rcd 5092 (1987).
31 FCC - Video Dialtone Inquiry, 7 F.C.C.Rcd 300 (1992).
32 NTIA Telecomm 2000, S. 561; NTIA 1991 Infrastructure Report, S. XX und XXI und 226 ff.; dazu *Brenner/Price*, § 4.04 [1][d]; *Calabrese*, 1990 Communications and the Law 19, 28.

In einem Verfahren genehmigte sie der General Telephone Company of California (»General«), an die Apollo Cablevision Kapazitäten für die Verbreitung von Kabelfernsehen zu vermieten. Ein weiterer Teil der Netzkapazitäten sollte von einem von General abhängigen Unternehmen (GTE) für Videoübertragungen genutzt werden, um die Übertragungsqualität eines Kupferkoaxialnetzes mit der eines Glasfasernetzes zu vergleichen. Die FCC gestattet General, Fernsehdienste in ihrem Verbreitungsgebiet zu erbringen, da das System ihrer Ansicht nach den Verbrauchern neue Dienste und Technologien bieten könnte.[33]

In einem späteren Verfahren gestattete die FCC einer Telefongesellschaft (Pacific Bell) die finanzielle Unterstützung eines Kabelbetreibers, damit dieser Kapazitäten in ihrem Telefonnetz erwerben konnte. Eine Ausnahme sei - so die FCC - zu erteilen, da ansonsten die Gefahr einer Unterbrechung der Versorgung mit Kabelfernsehen drohe. Außerdem wurde Pacific Bell gestattet, die Wartung auch der Kabelkapazitäten auszuführen. Um jegliche Gefahr der Quersubventionierung von Pacific Bell zu dem Kabelbetreiber auszuschließen, mußte Pacific Bell vorgegebene Rechnungslegungsgrundsätze (FCC's accounting rules) einhalten.[34]

3. Das AT&T-Entflechtungsurteil und dessen Aufhebung

Im November 1974 klagte das Justizministerium gegen die American Telephone & Telegraph Company (AT&T) aufgrund verschiedener Kartellrechtsverstöße. AT&T und das Ministerium einigten sich 1982 auf einen Vergleich. AT&T mußte ihre 22 lokalen Telefongesellschaften abspalten, durfte aber im Gegenzug ihren Fernverkehr (long distance calling), ihre Geräteherstellung (Western Electric) sowie ihre Versuchs- und Entwicklungslaboratorien (Bell Labs) behalten. Das Gericht, das die Aufspaltung überwachte, billigte den Vergleich mit wichtigen Modifikationen.[35] Dieses Entflechtungsurteil (Modification of Final Judgement) verlangte, daß die 22 lokalen Gesellschaften in sieben regionale Holdinggesellschaften überführt werden (Regional

---

33 FCC - In re the Application fo General Telephone Company of California, Memorandum Opinion Order, And Authorization, 4 F.C.C.Rcd 5693, 5697 (1989). Eine dagegen gerichtete Klage wurde im wesentlichen abgewiesen, National Cable Television Association, Inc. v. FCC, 914 F.2d 283, 289 (D.C.Cir 1990).
34 FCC - In the Application of Pacific Bell to Discontinue Channel Service in its Broadband Cable Distribution Facilities in and around the City of Palo Alto, California, and Request for Limited Waiver, Memorandum Opinion, Order and Authorization, 6 F.C.C.Rcd 688 insbes. Rn. 28 (1991).
35 United States v. AT&T, 552 F.Supp. 131 (D.D.C. 1982), aff'd sub nom Maryland v. United States 460 U.S. 1001 (1983).

Bell Operating Companies, RBOCs). Es verbot diesen Gesellschaften neben dem Fernverkehr und der Geräteherstellung insbesondere die Erbringung von Informationsdiensten (provision of information services).[36] Unter Informationsdiensten verstand das Gericht alle Mehrwertdienste von electronic publishing bis zum Kabelfernsehen.[37]
Damit untersagte das Urteil AT&T und den abgespaltenen sieben regionalen Telefongesellschaften (RBOCs), inhaltsbezogene Dienste anzubieten, die über die (neutrale) Übermittlung von Signalen hinausgeht. Richter Green, der die Aufspaltung als Einzelrichter überwachte, sah das Hauptargument für das Verbot darin, daß die Gesellschaften wettbewerbswidrig ihre garantierten Einnahmen aus dem Monopoltelefongeschäft dazu verwenden könnten, die Informationsdienste zu subventionieren. Dies war auch der Grund, mehrere Anträge der Telefongesellschaften und des Justizministeriums auf Aufhebung der Beschränkungen zurückzuweisen: Die Telefongesellschaften würden die örtlichen Vermittlungsstellen beherrschen, von denen jeder andere konkurrierende Netzbetreiber abhängig sei. Daher dürften die Gesellschaften keine Informationsdienste anbieten, weil sie in der Lage seien, den Wettbewerb auszuschließen.[38] Neben diesen wirtschaftsrechtlichen Erwägungen der Quersubventionierung und Diskriminierung von Wettbewerbern sah das Gericht auch eine Gefahr für die durch den ersten Zusatzartikel geschützte Meinungsfreiheit: Ein Zusammentreffen von Verbreitung und Inhalt der Information bei einem Netzbetreiber verstoße gegen das Grundprinzip der Verbreitungsmedien. Wörtlich heißt es:

»Control by one entity of both the content of information and the means for its transmission raised an obvious problem, and, in fact, the Court concluded in 1982 that AT&T's control of a large part of the interexchange network would enable it to disadvantage and to

---

36 United States v. AT&T, 552 F.Supp. 131, 181 ff. und 227 f. (D.D.C. 1982).
37 Das Gericht definiert *electronic publishing* als »[...] the provision of any information which a provider or publisher has, or has caused to be originated, authored, compiled, collected, or edited, or in which he has a direct or indirect financial or proprietary interest, and which is disseminated to an unaffiliated person through some electronic means.« 552 F.Supp. 131, 181 (D.D.C. 1982).
Darunter fällt auch Kabelfernsehen, ebda. in Fn. 208.
38 United States v. Western Electric Co., 673 F.Supp. 525, 567-579, (D.D.C. 1987), aff'd in part, rev'd in part 900 F.2d 283 (D.C.Cir 1990), cert. denied sub nom MCI Communications Corp. v. United States, 111 S.Ct. 283 (1990). Wörtlich heißt es:
»[T]he BOCs continue to possess bottleneck control over the local exchange facilities, and these are the facilities upon which competitive information providers [...] depend.«, Ebda. S. 564. Und:
»[I]n any market where the [BOCs, d. Verf.] are in competition with independent information service providers, their economic interest lies in manipulating the system toward use of their own services, rather than encouraging maximum use of the network by their information service competitors.«, Ebda. S. 565-566.

discriminate against rival electronic information providers and thus pose a substantial threat to the First Amendment diversity principle.«[39]

Von diesem grundsätzlichen Verbot, Informationsdienste anzubieten, ließ das Gericht nur die Ausnahme zu, Videotextdienste (videotex gateways) zu erbringen.[40]

Diese Entscheidung wurde 1990 vom Court of Appeals im hier entscheidenden Aspekt aufgehoben. Es habe nämlich, so das Berufungsgericht, vom Untergericht nur geprüft werden dürfen, ob die Aufrechterhaltung des Verbots noch im öffentlichen Interesse sei.[41]

Im zurückverwiesenen Verfahren betonte Richter Green, daß die Geschichte der Telefongesellschaften zeige, daß sie Wettbewerb ausschlössen. Wörtlich führt er aus:

> »[T]he most probable consequences of such entry by the Regional Companies into the sensitive information services market will be the elimination of competition from that market and the concentration of the sources of information of the American people in just a few dominant, collaborative conglomerates, with the captive local telephone monopolies as their base. Such a development would be inimical to the objective of a competitive market, the purpose of the antitrust laws, and the economic-well being of the American people.«[42]

Trotzdem sah er nach der Entscheidung des Berufungsgerichts keine andere Möglichkeit, als das Verbot aufzuheben.[43] Damit ist der Weg für die Telefongesellschaften seit Oktober 1991 frei, Informationsdienste zu erbringen.

Ein ähnliches Verbot könnte jetzt nur noch durch eine erneute Gerichtsentscheidung oder durch Gesetz verhängt werden. Im Kongreß sind Gesetzentwürfe eingebracht worden, die Videodienste nur dann zulassen wollten, wenn separate Tochterunternehmen diese Dienste wahrnehmen.[44] Die Vereinbarkeit dieser Entwürfe mit dem ersten Zusatzartikel ist jedoch stark in Zweifel gezogen worden: Die Restriktionen gegenüber den Telefongesellschaften beträfen nur diese und keinen anderen Anbieter von Informationsdiensten. Die Informationsdienste seien aber als Meinungsäußerungen vom ersten Zusatzartikel geschützt. Die Gesetzentwürfe beschränkten die Erbringung der Informationsdienste, um die Gesellschaften zu hindern, ihre Marktstellung im Tele-

---

39 United States v. Western Electric Co., 673 F.Supp. 525, 686 (D.D.C. 1987).
40 United States v. Western Electric Co., 673 F.Supp. 525, 588 - 591 (D.D.C. 1987).
41 United States v. Western Electric Co., 900 F.2d 283, 305 (D.C.Cir 1990); cert. denied 111 S.Ct. 283 (1990).
42 United States v. Western Electric Co., 767 F.Supp. 308, 326 (D.D.C. 1991).
43 United States v. Western Electric Co., 767 F.Supp. 308, 327 (D.D.C. 1991). Der Richter ordnete aber an, daß das Verbot, Videodienste zu erbringen, bis zum Abschluß des Verfahrens aufrechterhalten bleiben sollte (stay order). Auf eine erneute Berufung der Telefongesellschaften hob der Court of Appeals diese Aufschiebung am 7. Oktober 1991 auf, und der Supreme Court nahm weitere Rechtsmittel dagegen nicht an, United States v. Western Electric Co., rev. denied 112 S.Ct. 366 (1991).
44 Cooper Bill, House Bill H.R. 3515 (102nd Cong., 1st Sess. 1991).

fonverkehr wettbewerbswidrig auszunutzen. Dies sei ein Verstoß gegen die Kommunikationsfreiheit, da die Regelung an die Meinungsäußerung anknüpfe und nicht inhaltsneutral die wirtschaftliche Betätigung erfasse.[45]

II. Marktöffnung durch die Video Dialtone-Direktive der FCC

Mit der Video Dialtone-Direktive von August 1992 hat die FCC den Videoübertragungsmarkt für die Telefongesellschaften geöffnet. Auf der Grundlage des Cable Act von 1984 und des Communications Act von 1934 können die lokalen Telefongesellschaften also nunmehr Videodienste erbringen.[46]
Die FCC will mit dieser Initiative größeren Wettbewerb auf der Netzebene bei der Verbreitung von Videosignalen erreichen, indem sie den lokalen Telefongesellschaften (Local Exchange Carriers oder LECs) den Eintritt in diesen Übermittlungsmarkt ermöglicht. Die Direktive verpflichtet die Gesellschaften nicht zu einer Übermittlung von Fernsehsignalen. Die FCC überläßt es den Unternehmen, über einen Eintritt in den Markt zu entscheiden. Auch die spezielle Netzwerkarchitektur und Netztechnologie stehen im Ermessen der Unternehmen.

1. Die Hybrid-Funktion der Netzbetreiber

Die lokalen Telefongesellschaften dürfen auch nach Erlaß der Video Dialtone-Direktive keine eigenen Fernsehprogramme veranstalten und verbreiten. Der Eintritt in den Markt ist für die Telefongesellschaften vielmehr über eine zweistufige Struktur möglich: Einerseits können die Telefongesellschaften Fernsehsignale als Basisdienste übermitteln. Sie müssen dann jedem Zugang zum Netz unter den gleichen Bedingungen gewähren (common carrier service). Andererseits dürfen die Gesellschaften in beschränktem Umfang Mehrwert- und andere Videodienste anbieten, bei denen sie nicht der Einspeisungspflicht unterliegen. Zusätzlich erlaubt die FCC eine (geringe) vertikale Integration mit Programmveranstaltern.
Die Telefongesellschaften nehmen also eine Hybrid- oder Zwitterstellung[47] zwischen einem Verbreitungsmedium (reine Übermittlung ohne Kontrolle des Inhalts des Übermittelten) und einem Programmveranstalter (verfassungs-

---

[45] *Tribe*, in Cable TV Law 1992, S. 106, 110-112; zustimmend *Campbell*, 70 N.C.L.Rev. 1071, 1095 (1992).
[46] FCC - Video Dialtone-Direktive, Rn. 1 und 2.
[47] Diese Bezeichnung wählte *Johnson*, S. 41.

rechtlich geschützte Form der Meinungsäußerung)[48] ein. Dementsprechend enthält die mit der Video Dialtone-Direktive erlassene Struktur zwei getrennte Regelungsebenen, wobei die Telefongesellschaften entweder nur auf einer oder auf beiden Ebenen operieren können.[49]
Auf der ersten Ebene können die Gesellschaften unter Beibehaltung ihres Status als Verbreitungsmedium eine *elektronische Plattform* oder ein *Fenster* in ihren Netzen zur Übermittlung von Fernsehsignalen bereitstellen. Über diese Plattform sollen unabhängige Anbieter den angeschlossenen Haushalten Fernsehprogramme, Informationsdienste, konkurrierende Videonetze und andere Kommunikationsdienste zur Verfügung stellen (Dazu a). Auf der zweiten Ebene dürfen die Telefongesellschaften ihrerseits zusätzliche Dienste im Zusammenhang mit der Fernsehübertragung anbieten (advanced video gateways). Diese Dienste werden nicht als Basistelefondienste erbracht und daher nicht als solche reguliert, so daß insbesondere kein Zugangsrecht für jedermann auf gleicher Basis besteht (Dazu b). Zusätzlich dürfen die Telefongesellschaften nunmehr bis zu 5% Anteile an bestehenden Programmveranstaltern erwerben (Dazu c).

a) *Bereitstellung einer elektronischen Plattform*

Auf der ersten Ebene können die Telefongesellschaften in einem Teil ihrer Netze Kapazitäten für Anbieter von Fernsehprogrammen bereitstellen, die so, ohne auf die bestehenden Kabelbetreiber angewiesen zu sein, die angeschlossenen Haushalte erreichen.[50] Die lokalen Telefongesellschaften agieren wie

---

48 Zu dieser Unterscheidung s. bereits oben 1. Abschnitt B.
49 FCC - Video Dialtone-Direktive, Rn. 48 ff. Diese Regelungsstruktur diskutierte die FCC bereits in einem Richtlinienvorschlag, in dem sie auch andere Regelungsmodelle vorschlug. Nach dem *Single Advanced Gateway Approach* sollten - im Unterschied zum nun verabschiedeten 2 Stufen-Modell - die Telefongesellschaften beide Funktionen in einem sogenannten gateway anbieten, FCC - Video Dialtone Inquiry, 7 FCC Rcd 300 Rn. 25 ff., 34-36 (1991). Die FCC kam aufgrund verschiedener Stellungnahmen zu dem Ergebnis, daß die verabschiedete Regelungsstruktur den geeignetsten Rahmen für den Eintritt der Telefongesellschaften in den Übertragungsmarkt sei und daß sie sich in das bisherige System der Trennung von Basis- und Mehrwertdiensten einfüge. Die Schwäche des Single Gateway Approach sah sie darin, daß aufgrund der Konvergenz der Medien die verschiedenen Dienste nicht mehr unterscheidbar seien, wenn sie auch in einem Teil des Netzes gleichzeitig angeboten werden könnten. Die regulatorische Trennung der Dienste in Basisdienste (reguliert als common carrier-Dienste im Sinn des Chapter II des Communication Act 1934 (47 U.S.C. § 151)) und in Mehrwertdienste, die nicht reguliert sind, geht zurück auf die *Computer II Entscheidung* der FCC (Second Computer Inquiry), 77 FCC 2d 384 (1980).
50 Rechtstechnisch läßt die FCC in ihren mit der Video Dialtone-Direktive geänderten Verwaltungsvorschriften die Übermittlung der Fernsehsignale zu (Appendix B: Final Rule Changes). Die neue Vorschrift 47 C.F.R. § 63.54 (d) lautet:

im Telefonverkehr als Netzbetreiber zwischen Diensteanbieter und Teilnehmer (common carrier). Grundsätzlich können sie auf dieser Ebene Übermittlung der Signale und Vermittlung (falls erwünscht) anbieten. Zusätzlich können sie auch in beschränktem Umfang computergesteuerte Dienste leisten. Diese werden als Basisdienste eingestuft, da sie eine Verbindung zwischen Programmanbieter und Teilnehmer erleichtern.[51]
Ohne die spezielle Netzwerkarchitektur vorzuschreiben, soll es nach Ansicht und Wunsch der FCC den Teilnehmern möglich sein, die elektronische Plattform anzuwählen, auf der die verschiedenen Programme oder anderen Dienste angeboten werden. Auf dieser Plattform sollen die (normalen) Fernsehprogramme abgefordert werden, die über die Telefonleitung und ein Modem in jedem Fernsehgerät empfangbar sind. Zu diesen Basisdiensten der Übermittlung und Vermittlung zählt die FCC auch Nachweis- und Wähldienste (basic directory and routing functions) sowie Benutzungshilfen und Auflistungen der verschiedenen Anbieter, die über die Plattform anwählbar sind. Die Wählfunktionen sollen helfen, die gewünschte Verbindung zum Diensteanbieter herzustellen. Zusätzlich können die Anbieter von den Telefongesellschaften Informationen über die Benutzung ihrer Dienste erhalten, um den angeschlossenen Teilnehmern die Inanspruchnahme zu berechnen.[52]
Die Dienste auf dieser Ebene müssen als Telefondienste (common carrier services) und unabhängig von der verwendeten Netz- und Vermittlungstechnologie allen Anbietern ohne Diskriminierung gewährt werden. Die Tarife werden von der FCC wie die Telefongebühren reguliert, da sie Basisdienste im Sinn des Kapitel II des Communications Act 1934 sind.[53] Der dadurch bestehende Kontrahierungs- oder Einspeisungszwang unterscheidet die Dienste

---

»(1) Except as provided in paragraph (3) [der die Übernahme von Kabelbetreibern durch die Telefongesellschaften verhindert, d. Verf.] of this subsection, nothing in this section shall be construed to prohibit the provision of video dialtone services«.
Demgegenüber dürfen die Telefongesellschaften auch nach Verabschiedung der Video Dialtone-Direktive weder unmittelbar noch mittelbar durch Beteiligungen Fernsehprogramme (video programming) anbieten (unveränderte Vorschrift 47 C.F.R. § 63.54 (a) (1992)).
51 FCC - Video Dialtone-Direktive, Rn. 48. Die FCC weist darauf hin, daß dies nach ihrer Computer II-Entscheidung möglich sei, die auch den Umfang der noch zulässigen Basisdienste bestimmte. Danach würden die Basisdienste von den Mehrwertdiensten nach dem Zweck, den die benutzte Technologie verfolgt, abgegrenzt. So zählt die FCC etwa die Schnellwähl- und elektronischen Nachweishilfen (speed calling und electronic directory assistance) zu den Basisdiensten, da dabei zwar gespeicherte Informationen abgerufen, jedoch die Erleichterung des Wählverkehrs für die Teilnehmer bezweckt würde. S. FCC - Video Dialtone-Inquiry, Rn. 30, insbeso. Fn. 47.
52 FCC - Video Dialtone-Direktive, Rn. 48 und 57 ff.; siehe auch FCC - Video Dialtone-Inquiry, Rn. 26 und 27.
53 FCC - Video Dialtone-Inquiry, Rn. 30.

nach der Video Dialtone-Direktive vom herkömmlichen Kabelfernsehen. Denn die Kabelfernsehbetreiber (cable operators) können eine Auswahl treffen, welche Programme sie einspeisen.[54] Die Telefongesellschaften müssen jedoch nicht nur allen Anbietern Zugang gewähren, sondern sie dürfen auch keinen Anbieter etwa in der Präsentation sowie Qualität der Übermittlung oder Vermittlung benachteiligen.

b) *Mehrwert- und andere Videodienste*

Auf der zweiten Ebene dürfen die Telefongesellschaften über die Bereitstellung bloßer Netzkapazitäten hinausgehen und zusätzliche Dienste anbieten. Diese Dienste sind keine von der FCC regulierten Telefondienste, da sie nach Ansicht der FCC keine Basis- sondern Mehrwertdienste sind.[55]
Zu diesen Funktionen zählt die FCC spezielle Menü- und Suchfunktionen (menu and search functions). Die Menüfunktionen präsentieren das gesamte Diensteangebot, das über die Plattform anwählbar ist, in übersichtlicher Weise. Die Konsumenten erhalten dadurch Hilfestellung bei der Auswahl der angebotenen Programme oder anderer Dienste. Die Suchfunktionen bereiten die Angebote auf und sortieren sie etwa nach Sachgebieten oder Stichworten. Dadurch können Programme oder Kinofilme gezielt nach bestimmten Kriterien gesucht werden. Daneben sollen speziell auf Zuschauerwünsche zugeschnittene Funktionen angeboten werden, etwa die Möglichkeit, alle Programme eines bestimmten Sachgebietes oder eines bestimmten Tages oder Zeitraumes vorab einzusehen (preview function). Auch können Dienste angeboten werden, die Videorekordern vergleichbar sind und mit denen ein Programm gespeichert werden kann, um es bei Bedarf abzurufen (VCR-type storage function). Neben diesen, das gewöhnliche Kabelfernsehen und Telefon weit überschreitenden Diensten, dürfen die Telefongesellschaften für konkurrierende Anbieter auch Abrechnungen erstellen, Zahlungen einziehen, Installation vornehmen und Geräte anbieten.

---

54 FCC - Video Dialtone-Direktive, Rn. 57:
»In contrast to existing video distribution systems, we conclude that video dialtone, with this fundamental nondiscrimination requirement, will ensure access for all service providers.«
55 FCC - Video Dialtone-Direktive, Rn. 48 mit der neugeschaffenen Vorschrift des 47 C.F.R. § 63.54 (d)(2)(1st sentence), die lautet: »Telephone companies may exceed the carrier-user relationship with a video programmer or programmers by providing services, and engaging in activities, not related to provision of video programming directly to subscribers by the telephone company. [...]«

Diese Aufzählung der Dienste, die Netzbetreiber anbieten können, ist nur beispielhaft. Die FCC betont, daß die Telefongesellschaften frei seien, alle möglichen Dienste zu entwickeln und anzubieten.

c) *Zulässige Beteiligung an Programmveranstaltern*

Schließlich können die lokalen Telefongesellschaften Beteiligungen an Programmveranstaltern erwerben und Dienstleistungen vereinbaren, die über das Betreiber-Nutzer-Verhältnis hinausgehen. Dazu müssen bestimmte Bedingungen erfüllt sein: Der Programmanbieter muß die Plattform der Telefongesellschaft nutzen, um die Teilnehmer zu erreichen. Die Telefongesellschaft darf zudem innerhalb des Verbreitungsgebiets ihres Netzes keinen Einfluß auf das Programm, dessen Gestaltung, dessen Preis oder Empfangsbedingungen nehmen und keinen »bedeutsamen Anteil« (cognizable interest) an dem Programmanbieter halten oder sonst Kontrolle über den Inhalt des Programms ausüben können.[56]

Die Grenze, bis zu der Telefongesellschaften Anteile an Kabelprogrammunternehmen (cable programmers) halten können, die nicht als bedeutsame Anteile (cognizable interest) gewertet werden, wird gleichzeitig erhöht. Die Gesellschaften können statt bisher 1% jetzt bis zu 5% der stimmberechtigten oder stimmrechtslosen Anteile halten. Der Erwerb von mehr als 5% der Anteile wird nach den neuen FCC Vorschriften als Kontrolle über oder Beteiligung (affiliation) an einer anderen Gesellschaft gewertet, zu der die Telefongesellschaften nicht berechtigt sind.[57] Die Programme der Programm-

---

56 Neugeschaffener 47 C.F.R. § 63.54 (d)(2) (2nd sentence):
»Telephone companies may exceed the carrier-user relationship with a video programmer or programmers by providing services, and engaging in activities, related to provision of video programming, provided that: the video programmer is a customer of, interconnects with, or shares the construction and/or operation of, the basic common carrier platform; and the telephone company does not: (i) determine how video programming is presented for sale to consumers; including making decisions concerning the bundling or 'tiering,' or the price, terms, and conditions of programming offered to consumers, or (ii) otherwise have a cognizable financial interest in, or exercise editorial control over, video programming provided directly to subscribers within their telephone service areas.«

57 Mit der Video Dialtone-Direktive (Appendix B) neueingefügter 47 C.F.R. § 63.53 (e)(2): »Only those ownership interests which amount to 5 percent or more shall be considered a cognizable ownership 'affiliation' for purposes of this section. Such interests include partnership interests, direct ownership interests, and stock interests in a corporation where such stockholders are officers or directors or who directly or indirectly own 5 percent or more of the outstanding stock, whether voting or non-voting stock.«
Im übrigen wurden Vorschriften hinsichtlich der Beteiligung von Investmentgesellschaften und Holdinggesellschaften eingefügt, die mit den analogen Vorschriften zur

veranstalter, an denen die Telefongesellschaften beteiligt sind, dürfen in den Telefonnetzen - wie oben beschrieben - verbreitet werden. Dagegen behielt die FCC die Regelungen bei, nach der die Telefongesellschaften in ihrem Verbreitungsgebiet keinen Kabelbetreiber erwerben dürfen, um in diesen Netzen Videodienste anzubieten.[58] Vielmehr soll die Video Dialtone-Initiative dazu führen, daß konkurriende Netze aufgebaut werden.[59] Möglicherweise wird die FCC diese Beschränkungen nicht aufrecht erhalten können, da vergleichbare Verflechtungsbeschränkungen im Cable TV Competition Act 1992 jedenfalls erstinstanzlich erfolgreich angegriffen wurden.[60] Es könnte sein, daß die FCC grundsätzlich Beteiligungen der Telefongesellschaften an Kabelbetreibern nicht mehr untersagen kann. Lediglich Aktivitäten (Telefon und Kabelfernsehen) der dann verbundenen Unternehmen im gleichen Verbreitungsgebiet könnten verhindert werden.

Die FCC überging mit den neuen Regelungen die Bedenken der Kabelbetreiber. Diese hatten die Befürchtung geäußert, daß Telefonunternehmen nicht vertikal integrierte Anbieter diskriminieren könnten. Ihrer Ansicht nach sollten die Beteiligungsmöglichkeit gänzlich ausgeschlossen werden. Im Gegensatz dazu hatten die Telefongesellschaften die Effizienzvorteile vertikaler Integration von Netzbetreibern und Programmveranstaltern unterstrichen und eine zulässige Beteiligung von bis zu 50% gefordert.[61]. Die FCC rechtfertigt in ihrer Direktive die erlassene Regelung damit, daß eine Beteiligung von bis zu 5% nicht dem öffentlichen Interesse widerspreche. Zudem werde dadurch ein Anreiz geschaffen, daß die Telefongesellschaften Fernsehsignale verbreiten, ohne für die bestehenden Kabelnetzbetreiber bedrohlich zu werden. Demgegenüber hält sie eine Erhöhung der Grenze bis zu 50% nicht mit den gesetzlichen Vorschriften vereinbar, die eine Kontrolle und Beteiligung (affiliation) von Telefongesellschaften an Programmveranstaltern grundsätzlich untersagen. Die in der Direktive enthaltene 5%-Marge verstoße - so die FCC - nicht gegen den gesetzlichen Grundsatz.[62]

Verflechtung von Kabelgesellschaften und Fernsehstationen identisch sind, 47 C.F.R. § 63.54 (e) (2) und (3). Siehe oben 2. Abschnitt B. II. 3 d) zu den intermediären Verflechtungsbeschränkungen des 47 C.F.R. § 76.501 (1992).
58 Neugeschaffene 47 C.F.R. § 63.54 (d)(3).
59 FCC - Video Dialtone-Direktive, Rn. 109.
60 »Bell Atlantic wins TV ruling«, Financial Times, 26.08.1993, S.15.
61 Siehe FCC - Video Dialtone-Direktive, Rn. 33 ff.
62 FCC - Video Dialtone-Direktive, Rn. 35 f.

2. Keine förmliche Betreiberlizenz

Die lokalen Behörden erteilen - wie dargestellt - den Kabelbetreibern (cable operators) nach einem förmlichen Zulassungsverfahren eine Betreiberlizenz.[63] Diese Lizenzpflicht (cable TV franchise requirement) findet bei den durch die Video Dialtone-Direktive zugelassenen Übermittlungsdiensten der Telefongesellschaften keine Anwendung. Die Gesellschaften sind nach Ansicht der FCC auch bei einem Eintritt in den Fernsehübermittlungsmarkt keine Kabelbetreiber im Sinn des Cable Act und fallen daher nicht unter das Zulassungserfordernis.[64]

Die FCC setzt sich in ihrer Direktive mit der von den Kabelunternehmen geforderten Gleichstellung auseinander, lehnt diese jedoch aus zwei Gründen ab: Erstens seien die Dienste im Rahmen der Video Dialtone-Direktive keine Kabeldienste (cable services) und die Telefonnetze keine Kabelsysteme (cable systems) im Sinne des Cable Act. Zweitens seien die Telefongesellschaften keine Kabelbetreiber (cable operators).[65] Im übrigen seien die Dienste notwendige Vermittlungen zwischen Anbieter und Teilnehmer auf der Basis der traditionellen Verbreitungsmedien.[66] Die Telefongesellschaften seien, so die FCC, von jeglicher Einflußnahme auf den Inhalt des Übermittelten, sei es durch Auswahl der Programme oder durch Erwerb eines Veranstalters, ausgeschlossen.[67] Nur dann, wenn sie aufgrund einer Ausnahmegenehmigung auf der Basis des Cable Act Fernsehprogramme anbieten, würden sie Kabelbetreiberdienste erbringen.[68]

Mit dieser Argumentation, die auf die traditionelle Dreiteilung der Kommunikationsmedien gestützt ist,[69] übersieht die FCC jedoch, daß eine verfassungsrechtliche Unterscheidung zwischen Übermittlung (conduit) und Übermitteltem (content) zunehmend bedeutungslos wird. Das Medium Kabelfernsehen erfährt nunmehr die Öffnung seines bisher sorgsam geschlossenen Marktes. Die Gesellschaften, die darin eintreten wollen, werden allerdings nicht in gleichem Umfang verfassungsrechtlich geschützt, da sie - nach An-

---

63 Ausführlich oben 2. Abschnitt B. II. 3. e).
64 FCC - Video Dialtone-Direktive, Rn. 68 ff. Die General Telephone Companies (GTE) hatten im Vorfeld des Erlasses der Direktive beantragt zu erläutern und zu bestätigen (petition for clarification and reconsideration), daß die lokalen Telefongesellschaften keine förmliche Zulassung bedürfen. Die FCC kam diesem Antrag in ihrer FCC - Video Dialtone Reconsideration nach, die am gleichen Tag erlassen wurde wie die Direktive.
65 FCC - Video Dialtone-Direktive, Rn. 68.
66 FCC - Video Dialtone Reconsideration, Rn. 16 f.
67 FCC - Video Dialtone-Direktive, Rn. 69; FCC - Video Dialtone Reconsideration, Rn. 21.
68 FCC - Video Dialtone Reconsideration, Rn. 23.
69 Ausführlich oben 1. Abschnitt B.

sicht der FCC - auf den von ihnen übermittelten Inhalt keinen Einfluß haben. Sie stützt sich damit auf eine Abgrenzung, die nicht zuletzt durch ihre eigene Video Dialtone-Initiative als überholt erscheint.
Die Kabelbetreiber halten das fehlende Erfordernis einer förmlichen Zulassung für nicht vereinbar mit dem Cable Act und haben bereits gerichtliche Schritte angekündigt.

3. Maßnahmen gegen Quersubventionen und Diskriminierungen

Die wirtschaftsrechtlichen Bedenken gegen einen Eintritt der Telefongesellschaften in den Übertragungsmarkt konzentrieren sich auf die Gefahr von Quersubventionen und von Diskriminierungen bei der Einspeisung der Fernsehprogramme.[70] Es wird befürchtet, daß die bestehenden Regelungen nicht ausreichen, um diese Wettbewerbsbeschränkungen zu verhindern. Die Telefongesellschaften könnten ohne entsprechende Maßnahmen versuchen, die Kabelbetreibergesellschaften aus dem Markt zu drängen und dann den Übertragungsmarkt zu beherrschen. Beide wettbewerbswidrigen Verhaltensweisen, die bereits zur Aufspaltung von AT&T führten, werden in den USA nach Zulassung der Telefongesellschaften zum Videoübertragungsmarkt diskutiert.

a) Regelungen im Telefonverkehr

Im Telefonverkehr konnte das Problem der Quersubventionen bisher nicht gelöst werden. Auch dort mußte und muß verhindert werden, daß überhöhte Gebühren für Telefongespräche dazu genutzt werden, um andere Aktivitäten der Telefongesellschaften zu finanzieren. Gleichzeitig sind Zugangsregelungen erforderlich, die verhindern, daß der Netzbetreiber die Dienste unabhängiger Anbieter gegenüber seinen eigenen Diensten benachteiligt.
In ihrer Computer II-Entscheidung von 1980 erließ die FCC organisationsbezogene Regelungen, um die unerwünschten Quersubventionen zu verhindern. AT&T mußte aufgrund dieser Regelungen für andere Unternehmensbereiche als die Basistelefondienste getrennte Tochtergesellschaften gründen.

---

70 FCC - Video Dialtone Inquiry, Rn. 30, 33; FCC - Video Dialtone-Direktive, Rn. 81 ff.; *Calabrese*, 1990 Communications and the Law 19, 23; *Campbell*, 70 N.C.L.Rev. 1071, 1106 (1992). Eine in der Vergangenheit akute Form der Diskriminierung war die Weigerung der Telefongesellschaften, den Kabelbetreibern Möglichkeiten einzuräumen, an ihren Telefonmasten Kabelfernsehleitungen zu legen (sogenanntes pole attachment). Dazu sind jedoch ausreichende Vorschriften in Kraft. Zudem besteht das Problem heute nicht mehr, da bereits fast alle Haushalte verkabelt sind, NTIA - 1991 Infrastructure Report, S. 233.

Die FCC argumentierte, daß nur diese strukturelle Trennung gewährleiste, daß die Telefongebühren nicht zur Kostensenkung anderer Aktivitäten gebraucht würden. Nur so würden sich auch Ungleichbehandlungen bei der Einspeisung verhindern lassen.[71]

Nach der kartellrechtlichen Aufspaltung von AT&T in die Bell Companies entschied die FCC, daß ohne organisationsbezogene Regulierungen auch diese Gesellschaften den Anreiz hätten, zu Lasten der Gebührenzahler Quersubventionen vorzunehmen. Daher hielt sie die Regelungen der Computer II-Entscheidung aufrecht.[72]

Erst in ihrer Computer III-Entscheidung aus dem Jahre 1986 erkannte die FCC, daß ihre Bedingungen zu restriktiv seien und hob sie auf. Sie erließ Regelungen, die nicht an die Organisation des Unternehmens anknüpften. Sie erläuterte, daß nach wie vor überhöhte, nicht an den tatsächlichen Kosten orientierte Telefongebühren nicht ausgeschlossen werden könnten. Im übrigen könne es auch zu Diskriminierungen kommen. Jedoch sei eine organisatorische Trennung innerhalb eines Unternehmens nicht erforderlich. Vielmehr könnten die Subventionen auch mit Hilfe von Rechnungslegungsmethoden erkannt und verhindert werden.[73]

Mit dieser Ansicht, Rechnungslegungvorschriften könnten diese Mißstände verhindern, konnte sich die FCC allerdings nicht durchsetzen. Im Jahre 1990 hob der Court of Appeals die Computer III-Entscheidung auf. Das Gericht hielt es nicht für erwiesen, daß Gebührenzahler und Wettbewerber der Telefongesellschaften vor den negativen Effekten der Quersubventionierung allein durch eine Überprüfung der Kostenrechnungen geschützt werden könnten. Insbesondere folgte es der FCC nicht, daß veränderte Marktbedingungen die strukturellen Regelungen bereits überflüssig gemacht hätten.[74]

Bei Erlaß der derzeit gültigen Regelungen im Jahre 1991 sah sich die FCC jedoch nicht gezwungen, die strukturellen Regelungen der Computer II-Ent-

---

71 FCC - Second Computer Inquiry, Rn. 201 - 214; Ausführlich zur Computer II-Entscheidung *Scherer*, S. 73 ff., insbesondere zu der durch das Trennungsgebot wichtigen Abgrenzung zwischen Basis- und Mehrwertdiensten.
72 Dies war das sogenannte BOC Separation Order: FCC - Policy and Rules Concerning Furnishing of Customer Premises Equip., Enhanced Services and Cellular Communications Services by Bell Operating Companies, Report and Order in Docket No. 83-115, 95 F.C.C.2d 1117, Rn. 3, 29 ff., 80 (1983); aff'd sub nom. Illinois Bell Tel. Co. v. FCC, 740 F.2d 465 (7th Cir. 1984).
73 FCC - Third Computer Inquiry, Rn. 234 ff.; dazu *Scherer*, S. 97 ff.
74 California v. FCC, 905 F.2d 1217, 1238 (9th Cir. 1990). Auch das Gericht, daß die Aufspaltung von AT&T überwacht, bezweifelte in seiner periodischen Überprüfung der Entscheidung im Jahre 1987, daß nicht-strukturelle Regelungen überhaupt zur Vermeidung von Quersubventionen geeignet sind, United States v. Western Electric Co., 673 F.Supp. 525, 571-574 (D.C.Cir. 1987), aff'd in part, rev'd in part, 900 F.2d 283 (D.C.Cir. 1990), cert. denied, 111 S.Ct. 283 (1990).

scheidung erneut in Kraft zu setzen und die Telefongesellschaften zur Bildung von getrennten Tochtergesellschaften zu veranlassen. Vielmehr sind ihre jetzigen, mit Unterstützung des Wirtschaftministeriums und der National Telecommunication and Information Administration (NTIA) erlassenen nichtstrukturellen Regelungen zwar gegenüber der Computer III-Entscheidung modifiziert, jedoch ebenfalls auf Buchführungsvorschriften beschränkt. Die gegenüber der Computer III-Entscheidung nunmehr verbesserten Rechnungslegungsvorschriften seien - so die FCC - ein wirksames Mittel zur Vermeidung der Quersubventionen, da sie von den Unternehmen nicht umgangen werden könnten.

Im einzelnen schreibt die FCC den Unternehmen bestimmte Standards zur Kostenzuweisung vor und verpflichtet sie, ihre Kostenzuweisungsschlüssel zur Genehmigung vorzulegen. Weiterhin muß eine Rechnungsprüfung durch unabhängige Buchprüfer erfolgen. Diese müssen bestätigen, daß die tatsächliche Kostenzuweisung mit den genehmigten Verteilschlüsseln übereinstimmt. Zusätzlich bestehen detaillierte Informationspflichten an die FCC, und es gibt Stichprobenkontrollen.[75] Gleichzeitig sollen Sicherungsmaßnahmen eine Benachteiligung der unabhängigen Diensteanbieter verhindern. Dazu gehören die Schaffung einer offenen Netzwerkarchitektur (open network architecture, ONA) sowie umfangreiche Berichtspflichten über die Einspeisungspraxis (nondiscrimination reporting requirements). Zudem müssen die Unternehmen ihre Netzarchitektur offenlegen (network information disclosure) und den Schutz personenbezogener Daten garantieren (customer proprietary network information (CPNI) rules).[76]

Die Einführung von Höchstpreisen (price caps) soll als Tarifregulierung mißbräuchliche Preisfestsetzungen und gleichzeitig die Möglichkeit von Quersubventionen ausschließen. Die FCC legt Preisobergrenzen fest, die von den Unternehmen bei ihrer Gebührenfestsetzung eingehalten werden müssen. Dadurch sollen die Unternehmen einen Anreiz erhalten, zu möglichst geringen Kosten zu produzieren, um so eine hohe Gewinnmarge zu erzielen. Diese Preisobergrenzen unter Beibehaltung einer unternehmerischen Gestaltungsfreiheit verhindern jedoch allein noch keine Quersubventionen. Die FCC hat daher die Obergrenzen für verschiedene Kategorien von Diensten (baskets) festgelegt. Dadurch soll vermieden werden, daß Gewinne aus regulierten Bereichen zur Quersubventionierung von Wettbewerbssektoren in unbe-

---

75 FCC - BOC Safeguards Order, Rn. 42 ff. (1991).
76 FCC - BOC Safeguards Order, Rn. 57 ff.

grenzter Höhe eingesetzt werden können.[77] Diese Einteilung in Kategorien sowie die Festsetzung der Obergrenzen sollen die frühere Praxis von AT&T unter der alten Tarifregulierung verhindern, mittels nicht nachprüfbarer Kostenrechnung Investitionskosten in erster Linie dem regulierten Bereich zuzuweisen. Dies ermöglichte AT&T in der Vergangenheit wiederum, die nicht kostenbelasteten Wettbewerbsdienste preisgünstiger anzubieten. Freilich sieht sich die FCC nach Implementierung dieser Regelungen in der schwierigen Situation, die Obergrenzen angemessen bestimmen und einer ständigen Überprüfung unterziehen zu müssen. Die Telefongesellschaften müssen der FCC dazu umfängliches Material zur Verfügung stellen.[78]

b) *Regelungen der Video Dialtone-Direktive*

aa) *Quersubventionen (cross-subsidization)*

Nach Zulassung der Telefongesellschaften in den Fernsehübertragungsmarkt können Quersubventionen in zwei Formen auftreten: Erstens können mit den Gebühreneinnahmen aus dem Telefonverkehr die Netze zur Fernsehübertragung aufgebaut und unterhalten werden. Zweitens kann mit diesen Einnahmen auch die Programmherstellung subventioniert werden.[79]

Wie die dargestellten Bemühungen der FCC zeigten, muß sichergestellt sein, daß Investitionskosten nicht (ausschließlich) den regulierten Aktivitäten des Telefonverkehrs zugerechnet werden können, die den nunmehr möglichen Wettbewerbsaktivitäten im Fernsehbereich zugute kommen. Die sichergestellte Verzinsung der Investitionen der Telefongesellschaften[80] könnte so dazu eingesetzt werden, die nicht investitionsbelasteten Fernsehaktivitäten entsprechend preisgünstig, möglicherweise unter den Preisen der Kabelbetreiber, anzubieten. Damit würden die Telefonkunden unzulässigerweise das Fernsehgeschäft der Gesellschaften finanzieren. Die dargestellte Einteilung der Dienste in verschiedene Kategorien (baskets) ist schon allein deswegen schwierig, weil das Netz - soweit technisch möglich - sowohl für Telefondienste als auch für Fernsehübertragung und andere Mehrwertdienste nutzbar ist.

---

77 S. FCC - Policy and Rules Concerning Rates for Dominant Carriers, 5 F.C.C.Rcd 6786 (1990) für die Regional Operating Companies und FCC - Policy and Rules Concerning Rates for Dominant Carriers, 4 F.C.C.Rcd 2873 (1989) für AT&T.
78 S. FCC - Commission Requirements for Cost Support Material to be Filed with Open Network Architecture Access Tariffs, 7 F.C.C.Rcd 1526 (1992).
79 S. *Johnson*, S. 49.
80 S. zu diesen wesentlichen Merkmalen des Konzepts der Verbreitungsmedien (common carriers), oben 1. Abschnitt B.

Vor Verabschiedung der Video Dialtone-Direktive hielten verschiedene Unternehmensverbände, insbesondere die National Cable Television Association (NCTA), strukturelle Regelungen bei der Zulassung der Telefongesellschaften für unabdingbar: In diesem Bereich sei die Quersubventionierung der umkämpften Breitbandaktivitäten durch die Einnahmen aus dem regulierten Telefongeschäft besonders akut. Die Sicherungsmaßnahmen, die im reinen Telefonverkehr auf der Basis der Computer III-Entscheidung bestünden, seien ausschließlich für den Verkehr von Sprachsignalen im Schmalband und nicht von Fernsehsignalen im Breitbandnetz entwickelt worden. Die Regelungen über die Kostenverteilung (cost allocation) seien ungeeignet, da sie lediglich für die Sprachdienste, also einheitliche Dienste, geschaffen worden seien. Daher seien die Regelungen zumindest zu präzisieren oder Preisobergrenzen, verbunden mit der Bildung einer speziellen Kategorie für die Fernsehübertragungsdienste (separate price cap basket), einzuführen. Insgesamt wurde in vielen Stellungnahmen die Notwendigkeit der Bildung von getrennten Tochterunternehmen gefordert.[81]

Demgegenüber hielt insbesondere die United States Telephone Association (USTA) die bestehenden Regelungen im reinen Telefonverkehr für ausreichend: Es sei unschädlich, daß diese Kostenverteilungsvorschriften nur für Telefondienste im Schmalband geschaffen worden seien. Es bestünde kein Unterschied, ob in den Netzen lediglich Sprachsignale oder auch Fernsehsignale verbreitet würden. Die Breitbandkapazität moderner Netze sei nichts anderes als eine evolutionäre Weiterentwicklung der Netze, so daß die bestehenden Regelungen Quersubventionen verhindern würden.[82]

Auch die FCC sah bei der Verabschiedung der Direktive keinen Handlungsbedarf, die geltenden Regelungen und Prinzipien zu ändern. Es sei - so die FCC - kein Unterschied, ob die unerwünschten Quersubventionen im reinen Telefonverkehr aufträten oder im Bereich der Videoübermittlung. Nach ihrer Ansicht sind Überprüfung der Rechnungslegung und Kostenaufstellungen auch nach Zulassung der Telefongesellschaften in den Videoübertragungsmarkt ausreichend: Das Risiko wettbewerbswidrigen Verhaltens sei bei der Bereitstellung der elektronischen Plattform minimal, da diese Dienste wie die regulierten, herkömmlichen Telefondienste behandelt würden und so in der Kostenrechnung auch wie diese erfaßt seien. Im Bereich der nichtregulierten Dienste der zweiten Ebene (video gateway services) seien die bestehenden Regelungen ebenfalls ausreichend. Diese Dienste, auch wenn sie Fernsehsignale umfaßten, seien kostentechnisch mit den ebenfalls nichtregulierten

---

81 S. FCC - Video Dialtone-Direktive, Rn. 83 f.
82 S. FCC - Video Dialtone-Direktive, Rn. 82.

Mehrwertdiensten der Datenübertragung identisch, die von den Telefongesellschaften auch bisher bereits erbracht werden könnten. Die geltenden Kostenverteilungsregeln (cost allocation rules) und die Buchführungsvorschriften (cost accounting safeguards) im Telefonverkehr würden, so die FCC weiter, Quersubventionen durch Kostenverschiebung zwischen den regulierten und nicht-regulierten Bereichen verhindern. Aus diesem Grund sei es in dieser Phase der Video Dialtone-Initiative nicht erforderlich, die bestehenden Dienstekategorien (baskets) zu ändern und eine getrennte Kategorie für die Video Dialtone-Dienste (separate price cap basket) in der Kostenstruktur einzurichten.[83] Sie werde aber die Aktivitäten der Telefongesellschaften beobachten und gegebenenfalls zusätzliche Sicherungsmaßnahmen verabschieden.[84]

Insgesamt sind daher auf die Dienste nach der Video Dialtone-Direktive die nicht-organisationsbezogenen Regelungen des Telefonverkehrs anwendbar. Die Telefongesellschaften müssen also die von der FCC vorgeschriebenen Kostenstandards benutzen und ihre Kostenaufstellungen der FCC vorlegen und von einem unabhängigen Buchprüfer kontrollieren lassen.

bb) *Diskriminierendes Verhalten*

Neben den Regelungen gegen Quersubventionierung bedarf es Vorkehrungen gegen Benachteiligungen unabhängiger Diensteanbieter bei der Einspeisung in das Telefonnetz gegenüber den Anbietern, die mit den Netzbetreibern verbunden sind. Bereits im reinen Kabelfernsehverkehr ist dieses Problem diskutiert worden, bei dem vertikal integrierte Netzbetreiber ihre monopolartige Stellung ausnutzen können, um unabhängigen Anbietern nur beschränkten Netzzugang zu gewähren.[85]

Im Rahmen der Video Dialtone-Direktive hielt die FCC keine speziellen Maßnahmen gegen dieses diskriminierendes Verhalten für erforderlich. Es bestehe ihrer Ansicht nach keine Notwendigkeit, die Telefongesellschaften zur Gründung von separaten Tochterunternehmen zu verpflichten. Die Regelungen im Telefonverkehr sollten ohne Modifikation auch bei den Videodiensten gelten. Die Video- und Mehrwertdienste, die aufgrund der Direktive angebo-

---

83 FCC - Video Dialtone-Direktive, Rn. 89-92. Wörtlich heißt es zusammenfassend: »Based upon our experience with such [existing, d. Verf.] safeguards, we continue to believe that they constitute an effective means of preventing cross-subsidization between regulated and nonregulated services.«, ebda. Rn. 92.
84 FCC - Video Dialtone-Direktive, Rn.93.
85 *Johnson*, S. 51 hat diese Möglichkeit als Flaschenhalseffekt des Netzes bezeichnet (The Video Network as a Bottleneck). S. ausführlich oben 2. Abschnitt E.II.4.

ten werden könnten, seien mit bereits existierenden Diensten direkt vergleichbar. Die Dienste der elektronischen Plattform seien Basisdienste, die nicht mit den übrigen Diensten verbunden werden könnten. Jeder Anbieter habe deshalb Anspruch auf Einspeisung in das Netz und auf Zugang zu der elektronischen Plattform (nondiscriminatory first level platform).

Das wichtigste Instrument zur Verhinderung mißbräuchlichen Verhaltens sei - so die FCC - die offene Netzwerkarchitektur (open network architecture, ONA).[86] Die ONA-Politik gewährleiste unabhängigen Anbietern Zugang zu den Netzen. Aufgrund dieser offenen Netzwerkarchitektur hätten die Mehrwertanbieter Anspruch auf Einspeisung und Behandlung in nichtdiskriminierender Weise.

Wendet man die Grundsätze nach der ONA auf die Video Dialtone-Dienste an, so bedeutet dies, daß Netzbetreiber ihre eigenen Mehrwertdienste nicht gegenüber unabhängigen Anbietern bevorzugen können. Gegenwärtig sind die Betreiber verpflichtet, ein Einspeisungsgesuch innerhalb von 120 Tagen zu beantworten. Entweder erfolgt die Einspeisung, oder sie ist begründet abzulehnen. Die Ablehnung kann der FCC vorgelegt werden, die über die Einspeisung entscheidet.[87]

Weiterhin soll diskriminierendes Verhalten der Netzbetreiber durch umfangreiche Offenlegungs- und Berichtspflichten an die FCC (nondiscrimination reporting requirements) verhindert werden. Unabhängige Anbieter von Mehrwertdiensten sollen so vor ungleichen Behandlungen bei dem Betrieb des Netzes und der Qualität der Durchleitung geschützt werden. Die FCC überprüft mit Hilfe der Berichte, ob die Dienste der unabhängigen Anbieter zu den gleichen Bedingungen eingespeist und verbreitet werden wie die eigenen Mehrwertdienste.[88]

Schließlich sind nach Ansicht der FCC auch keine besonderen Regelungen zu erlassen, um Diskriminierungen einer konkurrierenden Telefongesellschaft zu verhindern. Die elektronische Plattform begründe, so die FCC, als Basisdienst auch für andere Telefongesellschaften einen Anspruch auf Einspeisung. Die Dienste der konkurrierenden Gesellschaft seien Mehrwertdienste, auch wenn darüber andere Mehrwertanbieter Zugang zu der elektronischen Plattform bekämen. Dieser Mechanismus und die bestehenden Regelungen

---

86 FCC - Video Dialtone-Direktive, Rn. 93, unter Hinweis auf BOC Safeguards Order, Rn. 57 ff. Dazu *Scherer*, S. 102 f.
87 S. FCC - Video Dialtone-Direktive, Rn. 93 mit FCC - BOC Safeguards Order, Rn. 59 ff.; FCC - Filing and Review of Open Network Architecture Plans, CC Docket No. 88-2, 6 F.C.C.Rcd 7646, Rn. 14 ff. (1991).
88 FCC - Video Dialtone-Direktive, Rn. 93; FCC - BOC Safeguards Order, Rn. 65 ff.

sicherten nach ihrer Ansicht daher auch den Wettbewerb zwischen den lokalen und nichtlokalen Telefongesellschaften.[89]
Auch bei diesen Regelungen gegen diskriminierendes Verhalten werde sie gegebenenfalls restriktivere Vorschriften erlassen; in dem Fall werde es in drei Jahren eine Überprüfung der Effizienz der Sicherungsmaßnahmen geben.

III. Bewertung der Video Dialtone-Initiative

1. Hauptanliegen der FCC

Die Entscheidung der FCC, den Fernsehübertragungsmarkt für die Telefongesellschaften zu öffnen, ist zum einen die Antwort auf die Konzentrationstendenzen im Kabelfernsehbereich und zum anderen die Förderung des Ausbaus einer fortschrittlichen Netztechnologie.
Der Eintritt der Telefongesellschaften soll den Konzentrationstendenzen im Kabelfernsehbereich begegnen. Eine Regulierung des Kabelmarktes durch den Gesetzgeber soll so auf das Notwendigste beschränkt bleiben. Ein Wettbewerb zwischen Telefonunternehmen und Kabelbetreiber auf der Netzebene würde nach Ansicht der FCC nicht nur die Kabelgebühren senken, sondern unabhängigen Programmveranstaltern Zugang zu einem konkurrierenden Verteilnetz bieten. Die bestehenden Markteintrittsschranken für diese Veranstalter wären damit umgangen. In ihrem Cable Competition Report habe sie festgestellt, daß im Fernsehübertragungsmarkt (multichannel video marketplace) eine optimale Wettbewerbssituation nur durch Zulassung weiterer Netzbetreiber erreicht würde. Zu Beginn der Öffnung des Marktes sollten allerdings die Beteiligungen der Telefongesellschaften an Programmveranstaltern auf ein Minimum reduziert bleiben.[90] Damit wiederholt die FCC ihre ordnungspolitische Vorstellung, daß die Marktkräfte auf der Netzebene und nicht eine weitere Regulierung durch den Gesetzgeber den zuvor beschriebenen Konzentrationsentwicklungen im Kabelbereich entgegenwirken können.
Weiterhin will die FCC den Ausbau des Fernsehübertragungsnetzes fördern, über das eine Vielzahl von zukünftigen Diensten und Leistungen angeboten werden könnte. Die technologischen Entwicklungen der letzten Jahre, insbesondere die Fortschritte in der Glasfasertechnik, der digitalen Breitbandvermittlung und der Bildkomprimierung (video compression), machten ihrer Auffassung nach modernste Breitbandnetze in naher Zukunft technisch mög-

---

89 FCC - Video Dialtone-Direktive, Rn. 94.
90 FCC - Video Dialtone-Direktive, Rn. 26 und 27.

lich und ökonomisch sinnvoll.[91] Die dazu notwendigen Investitionen sollen zu einem wesentlichen Teil die Telefongesellschaften tätigen.
Langfristig will die FCC erreichen, daß in den USA ein integriertes Glasfaserbreitbandnetz mit digitaler Vermittlung entsteht. Es soll die bestehenden, nebeneinander operierenden Netze der Telefongesellschaften und der Kabelbetreiber ablösen. Die Öffnung des Fernsehübertragungsmarktes sowie die Möglichkeit der Beteiligung an Programmveranstaltern soll den Telefongesellschaften Anreize bieten, die erforderlichen Investitionen zu tätigen.

2. Zweifel an der ökonomischen Schlüssigkeit der Initiative

Die Video Dialtone-Initiative ist mit der Begründung kritisiert worden, daß damit nur weitere Monopolbetreiber zugelassen würden. Eine Senkung der Kabelgebühren werde dadurch nicht herbeigeführt. Aufgrund der wettbewerbsbeschränkenden »Tradition« der Telefongesellschaften solle nur eine stark regulierte Öffnung des Marktes erfolgen, und zwar in folgender Weise: Die Gesellschaften müßten erstens verpflichtet werden, getrennte Tochterunternehmen zur Vermeidung der Quersubventionen zu gründen. Zweitens müßte für sie wie für die Kabelgesellschaften das Erfordernis einer Lizenz bestehen (cable franchise). Dies solle indes nur dann vergeben werden, wenn das Gebiet zwei oder mehr Breitbandnetze aufnehmen könne. Schließlich sollten auch die Telefongesellschaften an die Kommunen Lizenzgebühren entrichten müssen.[92]

Weiterhin bezweifeln Untersuchungen des angesehenen Forschungsinstituts Rand Corporation, daß durch den Erlaß der Video Dialtone-Direktive für die Telefongesellschaften überhaupt ein ökonomischer Anreiz geschaffen werde, in den Markt der Fernsehübermittlung an Haushalte einzutreten. Der schrittweise Ausbau des Netzes mit Glasfasertechnologie würde nämlich nur den Kabelbetreibern, nicht aber den Telefongesellschaften Nutzen bringen: Die Verwendung von Glasfaserleitungen verbessere zunächst nur die Qualität der Fernsehsignale der Kabelbetreiber, da diese bereits jetzt die Haushalte über Breitbandkoaxialkabel mit dem Netz verbunden hätten. Demgegenüber könnten die Telefongesellschaften allein über Glasfaserleitungen noch keine Fernsehsignale übermitteln, da sie nur Schmalbandkupferkabel als Verbindung zwischen Netz und Haushalten verlegt hätten. Die Telefongesellschaften

---

91 FCC - Video Dialtone-Direktive, Rn. 22-24; NTIA - 1991 Infrastructure Report, S. 235.
92 *Gershon*, 1992 Telecommunications Policy 110, 121.

müßten daher unter großem Investitionsaufwand die entsprechenden Verbindungen bis zu den Haushalten legen. Zudem seien die Kabelunternehmen aufgrund ihres hohen Verbreitungsgrades auf dem Markt so stark, daß die Telefonunternehmen jedenfalls kurzfristig nicht mit Gewinnen rechnen könnten. Zum Aufbau eines eigenen Netzes seien daher massive Quersubventionen aus dem Telefonbereich erforderlich. Nach Ansicht der Rand Corporation würde daher kein Wettbewerb auf der Netzebene im Videobereich entstehen.
Ohne einen stark ansteigenden Bedarf für sofort erreichbares Fernsehen (ondemand video) würden - so die Untersuchungen weiter - die hohen Eintrittsbarrieren für Telefongesellschaften in den nächsten Jahren aus vier Gründen bestehen bleiben: (a) hohe Kosten für den Aufbau von Vermittlungsdiensten im Videobereich (switched video services), (b) Wettbewerbsdruck seitens der Kabelbetreiber, die bereits heute mehr als 90% aller Haushalte erreichen, (c) Schwierigkeiten, neue Netze in bewohnten Gebieten zu errichten und (d) hohe Kosten eines integrierten Netzes im Vergleich zu den Kosten von getrennten Breitband- und Schmalbandnetzen. Die Untersuchung kommt daher zu dem Ergebnis, daß nicht zwei Netze zur Fernsehübermittlung entstehen werden. Vielmehr werde es nur ein Netz geben, das entweder von dem bereits zugelassenen Kabelbetreiber oder von einem Unternehmen betrieben werde, das aus einem Zusammenschluß zwischen Kabel- und Telefonunternehmen entstehe.[93]

3. Schaffung einer Wettbewerbssituation im Breitbandnetz

a) Wettbewerbspolitische Bewertung

Die Zulassung der Telefongesellschaften in den Fernsehübertragungsmarkt ist eine Reaktion der FCC auf die veränderten Wettbewerbsbedingungen im Kabelfernsehmarkt. Dort besteht seit einiger Zeit die - beschriebene - vertikale Integration zwischen Programmveranstalter und Kabelbetreiber. Gleichzeitig haben fast alle Betreiber aufgrund der Lizenzvergabepolitik eine defacto-exklusive Stellung in ihrem Verbreitungsgebiet. Durch diese Konstella-

---

[93] *Johnson/Reed*, 1992 Telecommunications Policy 122, 133. Wörtlich heißt es dort zusammenfassend:
»[E]ven if all legal restrictions were lifted we conclude that households would continue to be served separately by cable television networks and by switched narrowband networks during the 1990s. In some markets both networks might be owned by one entity. In others, telephone services would continue to be supplied by telephone companies and television services by cable companies.«
Zuvor schon *Johnson*, S. 41 ff.

tion konnten die Kabelbetreiber in der Vergangenheit die Gebühren überproportional erhöhen sowie unabhängige oder neu entstehende Programme nicht in die Netze einspeisen (Fälle *CNBC* sowie *The Learning Channel*).[94] Weiterhin konstatierte die FCC in ihrem Cable Competition Report 1990 eine Aufhebung des Wettbewerbs auf der Programmebene: Die Kabelgesellschaften benutzten ihre Beteiligungen an Programmveranstaltern, um Markteintritte konkurrierender Programme und damit Wettbewerbssituationen zu verhindern. Schon in ihrem Cable Competition Report forderte die FCC anstelle einer erneuten Regulierung des Mediums durch den Gesetzgeber die Öffnung des Marktes für konkurrierende Netzbetreiber.

Die (dargestellte) ökonomisch unerwünschte Ausschaltung des Wettbewerbs auf der Programmebene kann nicht mit einer Beschränkung der vertikalen Integration der Kabelbetreiber behoben werden. Dies hätte nämlich gleichzeitig zur Folge, daß die Vorteile der vertikalen Beteiligungen für die Verbraucher entfielen. Dazu zählen insbesondere die Senkung der Kosten und damit der Gebühren durch Effizienzsteigerung und Kosteneinsparungen.[95] Vielmehr ist die Entscheidung der FCC richtig, weiteren Wettbewerb auf der Netzebene zuzulassen. Zwar existieren bei Übermittlungen von Fernsehsignalen auch bereits andere Wettbewerber, wie Satelliten- und wireless cable-Betreiber. Jedoch sind nur die Telefonnetze echte Konkurrenten der Kabelnetze, da sie in ihrer Art, Qualität, Service und Verbraucherbedienung den Kabelnetzen gleichstehen. Richtigerweise ermöglicht die FCC auch eine geringe vertikale Integration zwischen Telefonunternehmen und Programmveranstaltern, auch wenn die Begrenzung auf 5% der Anteile nur vorübergehend beibehalten werden sollte. Synergieeffekte und Effizienzsteigerungen als Folgen der Beteiligungen können die Telefongesellschaften in die Lage versetzen, die Übertragungskosten zu verringern und so mit den bereits etablierten Kabelbetreibern zu konkurrieren.

Durch diese Maßnahmen der Video Dialtone-Direktive erhalten unabhängige Programmveranstalter ein zusätzliches attraktives Übertragungsmedium. Damit entfällt die monopolartige Stellung der Kabelbetreiber, welche zu den entsprechend überhöhten Gebühren und den Wettbewerbsbeschränkungen geführt hat. Die Zulassung der Telefongesellschaften fördert demnach eine Wettbewerbssituation auf der Netzebene, die zu einer Senkung der Gebühren und einer Vergrößerung der Programmvielfalt führen dürfte.[96]

---

94 Siehe oben 2. Abschnitt E. II. 4. c).
95 So auch FCC - Cable Competition Report 1990, Rn. 83-86; *Klein*, S. 2 ff.
96 S. *Winer*, 8 Cardozo Arts & Entertainment L.J. 257, 297 (1990); *Boekman*, 56 Missouri L.Rev. 1069, 1090 f. (1991).

b) *Investitionsanreiz*

Von dieser positiven wettbewerbspolitischen Bewertung ist die nicht minder wichtige Frage zu trennen, ob die Telefongesellschaften die notwendigen Investitionen zum Ausbau ihrer Übertragungsnetze tätigen werden, ob sie also tatsächlich als Wettbewerber zu den Kabelbetreibern auftreten werden. Die Untersuchungen der Rand Corporation bezweifelten dies und vermuteten, daß die Telefongesellschaften kein konkurrierendes Netz zur Übertragung von Fernsehbildern aufbauen würden.[97] Diese Ansicht dürfte in dem Ende 1993 bekanntgegebenen (letztlich aber nicht weiter verfolgten) Übernahmevorhaben des größten Kabelbetreibers, Tele Communications, Inc., durch die größte Bell-Telefongesellschaft, Bell Atlantic, eine Bestätigung ihrer Prognosen sehen.[98]

Diese Untersuchungen hatten jedoch die sehr hohe vertikale Integration der Kabelbetreiber mit attraktiven Programmveranstaltern nicht oder nur unzureichend einbezogen.[99] Im Kabelbereich führten aber die Beteiligungen der Betreiber an den Veranstaltern seit Erlaß des Cable Act 1984 dazu, daß die bis dahin unbedeutende Übertragungsmöglichkeit von Fernsehprogrammen zu einem der wichtigsten Medien in den USA wurde. Die Programme hatten durch die Beteiligungen der Betreiber garantierte Verbreitungsmöglichkeiten und vor allen Dingen finanzstarke Gesellschafter. Dadurch konnten sie attraktive Programmsegmente (Sport, Nachrichten, Kinderprogramme) erschließen und besetzen. Gleichzeitig wurde die Attraktivität des gesamten Kabelprogramms erhöht, was wiederum den Betreibern unmittelbar durch höhere Anschlußzahlen zugute kam. Programme wie CNN oder Nickelodeon, auf die heute kein Kabelunternehmen verzichten kann, wären ohne die vertikale Integration wohl nicht entstanden.

Diese Erhöhung der Attraktivität des Programmangebotes und damit der Nutzung des Übertragungsmediums eröffnet auch den Telefongesellschaften die Möglichkeit, zu echten Konkurrenten der Kabelbetreiber zu werden. Unabhängige oder neu gegründete Programmveranstalter können mit attraktiven Programmen rasch dazu beitragen, daß die Programmpakete der Telefongesellschaften denen der Kabelbetreiber überlegen sind. Dies wiederum sichert die Einnahmen der Telefongesellschaften. Damit können diese den Aufbau der Netze refinanzieren.

---

97 S. *Johnson/Reed*, 1992 Telecommunications Policy 122, 134; *Johnson*, S. 45, 56 f.; dazu oben 2.
98 S. »Founding the Telecom Age«, Broadcasting, October 18, 1993.
99 *Johnson/Reed*, 1992 Telecommunications Policy 122, 134; *Johnson*, S. 45, 56 f.

Erste Stellungnahmen der betroffenen Industrien zeigen die Richtigkeit dieser Annahmen. Die Fernsehveranstalter (broadcasters), die durch die populären Kabelprogramme in wirtschaftliche Schwierigkeiten geraten sind, sehen durch die Öffnung des Marktes für die Telefongesellschaften neue Entfaltungsmöglichkeiten. Die Fernsehveranstalter - so wurde bekanntgegeben - seien die natürlichen Partner der Telefongesellschaften, um eine Konkurrenz gegen die Programme der Kabelveranstalter aufzubauen. Insbesondere lokale Nachrichten, Sportkanäle, spezialisierte Abrufprogramme (on-demand, specialized video programming services) sowie abrufbare Textinformationen, wie Verkehrs- oder Wetterinformationen (on-demand text information) könnten Schwerpunkte zukünftiger Programmgestaltungen sein.[100] Auch die Telefongesellschaften beurteilen die Möglichkeiten positiv und planen den Eintritt in den Videomarkt.[101] Keine drei Monate nach Erlaß der Direktive wurde bereits eine Einspeisungsvereinbarung zwischen einem Netzbetreiber (New York Telephone) und einem Programmveranstalter (Liberty Cable Television) geschlossen. Danach werden seit Januar 1993 über die Glasfasernetze Videodienste angeboten.[102] Andere Vorhaben wollen Bildkomprimierungstechniken anwenden, um die Kapazität der Kupferkabel der Telefongesellschaften zu erhöhen und die Übertragung der Videosignale integriert mit Wort- und Datenübertragung zu ermöglichen. Auch die Telefongesellschaft Bell Atlantic will ab Ende 1994 über ihre Telefonleitungen insgesamt etwa 250.000 Haushalten Videodienste (video-on-demand) anbieten.[103]

---

100 »The FCC's »video dialtone decision ... has opened a door for television stations«, Broadcasting, July 27, 1992, S. 18. So auch *Goodman et al.*, 1993 Telecommunications Policy 158, 160.
101 »Telcos - Going their own way into video«, Broadcasting May 2, 1994, S. 36 ff., mit einem Überblick über die Aktivitäten und Pläne der Telefongesellschaften. Siehe auch »Will Telcos Dial TV's Signal?«, Broadcasting, Sept. 21, 1992, S. 36. *Goodman et al.*, 1993 Telecommunications Policy 158, 160.
102 Zunächst sollen etwa 2000 Wohneinheiten angeschlossen werden. Die Telefongesellschaft wird einen sogenannten »smart chip« in die Telefone oder in ein Modem installieren, mit dessen Hilfe die Videosignale empfangen werden können. Dadurch ist nach Auskunft von New York Telephone der Empfang ohne weitere Umbauten möglich, s. Broadcasting, Oct. 12, 1992, S. 38: »New York Connects to Video Dialtone.«
103 »Bell Atlantic wants to offer interactive video over existing phone lines«, Broadcasting, December 20, 1993, S. 11. Das Unternehmen wird dazu eine sogenannte asymmetric digital subscriber line (ADSL) errichten, die eine simultane Übertragung von digital komprimierter Sprache, Video und Daten in der gleichen konventionellen Telefonleitung ermöglicht.

c) *Ausreichende Maßnahmen gegen Quersubventionierung und Diskriminierung*

Die in der Video Dialtone-Direktive enthaltenen Maßnahmen (safeguards) gegen etwaiges wettbewerbsbeschränkendes Verhalten der Telefongesellschaften sind entgegen der dargestellten Kritik ausreichend.
Von den beiden erwähnten Formen der Quersubventionen (cross-subsidization) dürfte die Subventionierung der Programme durch die Telefongebühren kein besonderes Problem darstellen. Die Kosten für die Programmveranstaltung können leicht von denen der Telefonübermittlung im Netz getrennt werden, so daß die bestehenden Rechnungslegungsvorschriften ausreichen dürften.[104]
Demgegenüber dürfte die Quersubventionierung des Netzausbaus und Netzbetriebes durch die Telefongebühren ein Problem bleiben. Im Netz treten gemeinsame Kosten der Videoübertragungs- und Telefonaktivitäten auf, so daß Quersubventionen schwieriger zu verhindern sind. Die Verpflichtung zur Gründung separater Tochterunternehmen ist zwar ein wirksames Mittel, sie ist aber von allen Seiten als zu restriktiv und damit investitionshemmend beurteilt worden.
Allerdings ist die Stellung der Kabelunternehmen im Fernsehübertragungsmarkt so stark, daß die FCC die Gefahren der Quersubventionen zum Aufbau des Videonetzes der Telefongesellschaften offensichtlich nicht überbewerten möchte. Zum jetzigen Zeitpunkt ist es der FCC wichtiger, daß möglichst rasch konkurrierende Netze aufgebaut werden. Dadurch soll größerer Wettbewerb im Netzbereich und dem folgend auch auf der Programmebene entstehen. Die Preise der Telefongesellschaften bedeuten einen verstärkten Wettbewerbsdruck auf die Kabelbetreiber. Auf diese Weise können die Telefongesellschaften zusätzliche Teilnehmer gewinnen, wodurch eine echte Wettbewerbssituation sowie möglicherweise sinkende Preise für die Verbraucher entstehen können.

---

104 So auch *Johnson/Reed*, S. 50, die allerdings darauf hinweisen, daß es in Randbereichen noch zu überschneidenden Kostenfaktoren kommen könne, etwa bei der Kapitalaufnahme, ebda Fn. 13.

5. Abschnitt: Schlußfolgerungen: Umrisse einer neuen Kommunikationsordnung in den USA

A. *Die Konvergenz von Individual- und Massenkommunikation - Convergence of Conduit and Content*

Das Medium Kabelfernsehen hat sich in den USA von einer bloßen Verbesserung terrestrischer Antennen zu einem Multikanal-Kommunikationsmedium entwickelt.[1] Anfänglich speisten die Kabelbetreiber örtliche Fernsehprogramme, die mit herkömmlichen Antennen empfangen werden konnten, in das Netz ein. Das ursprünglich sogenannte Community Antenna Television (CATV) half Gemeinden und Hauseigentümern in topographisch schwierigen Gebieten, terrestrisches Fernsehen in guter Qualität zu empfangen. Als Satellitenempfangsantennen aufkamen und die Betreiber die Kapazitäten ihrer Netze vergrößern konnten, verbreiteten sie zusätzlich die mit herkömmlichen Antennen örtlich nicht zu empfangenden Programme. Bereits in dieser Zeit wählten die Betreiber die Programme aus, welche sie weiterverbreiteten. Das Medium Kabelfernsehen war demnach zu Beginn seiner Entwicklung ein Hilfsdienst des terrestrischen Fernsehens, das mit Hilfe der Kabelanlagen weit mehr Zuschauer erreichte als ohne sie. Später erkannten die Kabelbetreiber, daß die Kunden nur dann den Kabelanschluß bezahlten, wenn ihr Programmangebot dem des terrestrischen Fernsehens überlegen war. So kamen erste originäre Kabelprogramme auf, die nur über das Kabelnetz empfangen werden konnten. Mit der Zeit konnten auch diese Programme verbesssert werden. Die Beteiligungen der Kabelbetreiber an den Programmveranstaltern verbesserte nicht nur die finanzielle Situation der Veranstalter, sondern sicherte ihnen auch die Verbreitung ihrer Programme. Im Verlauf der achtziger Jahre wurden die Kabelprogramme zumindest ebenso beliebt wie die Sendungen der großen Fernsehsender.[2]

---

[1] Siehe oben 2. Abschnitt A-D und 3. Abschnitt.
[2] *Auletta*, S. 111, 200. Schon heute liegen, wie die Bemühungen des Kongresses und der FCC gezeigt haben, die lokalen und die Network unabhängigen Fernsehstationen in bezug auf die Zuschauerbeteiligung hinter den Kabelbetreibern. In diesem Zusammenhang steht außer Frage, daß die großen Networks (ABC, NBC, CBS und - mit Einschränkungen - Fox) auch heute noch den größten Zuschaueranteil und mit etwa 70% Sehbeteiligung immer noch mehr als alle Kabelgesellschaften zusammen haben. Allerdings ist deren Stellung gefährdet, was bereits rückblickend 1987 erkennbar war:

Gleichzeitig investierten die Kabelbetreiber in die qualitative und quantitative Verbesserung des Netzes. Im Oktober 1991 hatten mehr als 50% der Kabelsysteme in den USA zwischen 30 und 53 Kanäle, fast 10% boten 54 und mehr Kanäle an.[3] Die Einführung von sogenanntem pay-per-view-Fernsehen in den letzten Jahren erlaubte den Zuschauern die Auswahl und Zusammenstellung individueller Programme über die Fernbedienung. In den USA wird diese Art des Fernsehens als zukunftsweisend angesehen, in der etwa Sportereignisse, Konzerte oder Kinofilme so präsentiert, ausgewählt und bezahlt werden wie an der Stadionkasse oder im Kino- oder Konzertsaal.

In nächster Zukunft wird der Einsatz der Bildkomprimierung die Kapazitäten der Kabelnetze in bisher unbekanntem Ausmaß vergrößern. Dabei werden Bildinformationen in digitaler statt analoger Weise übertragen, wodurch Bandbreite verringert wird, die zur Übermittlung eines Videosignals erforderlich ist. Dadurch wiederum wird die Kapazität der Kabelnetze erhöht, die so unabhängig vom Einsatz der Glasfasertechnik wesentlich effektiver ausgenutzt werden können.[4] Doch während diese Entwicklung in Deutschland nur eingeschränkt auf Fernsehen und zudem mit großer Skepsis (»Fernsehen total«) bewertet wird,[5] überwiegt in den USA die Auffassung, daß darin die Entwicklung zu einer umfassenden Informationsübertragung im Kabelnetz liegt. Der größte Kabelbetreiber, die TeleCommunications Inc. (TCI), richtete etwa unlängst in ausgesuchten Gebieten versuchsweise bis zu 500 Kanäle im Netz ein. Diese großen Kapazitäten werden nur zu einem kleinen Teil für Fernsehprogramme genutzt, wie sie heute bekannt sind. Vielmehr werden die individuell und jederzeit wählbaren Programme (near video on demand und video on demand) mehr Kanäle einnehmen als heute. Zudem wird in Deutschland oft übersehen, daß die Kabelsysteme in den USA nicht mehr ausschließlich Fensehprogramme übertragen, wie es zu Beginn ihrer Entwicklung der Fall war und in Deutschland noch ist. Große Kapazitäten werden im Kabelnetz für die Übertragung von Daten etwa für Geschäftskunden benötigt.[6] Die mit der Kapazitätsausweitung verbundene Reduzierung der Kosten

---

Cable did not command the mass audiences of the networks - with the exception of sporting events, a cable show rarely achieved a 1 percent rating. Nevertheless, with its dozens of choices, cable took a massive bit out of the networks. And cable, unlike network TV, was young.« *Auletta*, S. 375.

3 NCTA, S. 10-A.
4 FCC - OPP Paper 1991, S. 4033 ff. Die Komprimierungstechnik kann auch in allen anderen Übertragungsmedien, wie etwa Satelliten, terrestrischem Fernsehen oder wirelss-cable, eingesetzt werden. »Video Compression: Multiplying Satellite Capacity from the Ground in the '90s«, Broadcasting, July 29, 1991, S. 34 ff.
5 So *B. Fehr*, »Alle halbe Stunde beginnt der Lieblingsfilm«, FAZ 14.12.1992, S. 11.
6 Schon *Pool*, S. 34 weist auf eine solche Datenübermittlung in Manhattan (1983) hin.

für die Übertragung wird zudem den Marktzutritt kleinerer und lokaler Programmanbieter (niche channels) erleichtern.[7] Damit dürfte diese Technologie das Entstehen neuer Programmanbieter fördern. Doch wird die Bildkomprimierung auch die Möglichkeiten des terrestrischen Fernsehens verbessern, welches so in stärkere Konkurrenz zum Kabelfernsehen treten kann.[8]
Die Möglichkeiten der heutigen Kabelnetze haben sich inzwischen so verbessert, daß Kabelbetreiber nunmehr auch individualkommunikative Dienste anbieten können. Zwar bestand bisher schon die Möglichkeit, interaktives Kabelfernsehen zu verbreiten, doch sind erst in den letzten Jahren die echten Zwei-Weg-Kommunikationsformen durchgedrungen: Dazu zählt zum einen insbesondere die neue Form der Individualkommunikation, die personal communication networks (PCN). Für die weitere Zukunft zeichnet sich schon jetzt ab, daß diese PCN-Dienste als mobile zellulare Mobilfunksysteme eine Person-zu-Person-Kommunikation bieten können. Jede Person wird eine individuelle PCN-Nummer erhalten und kann jederzeit - so die Prognose - an beliebiger Stelle identifiziert und damit erreicht werden. Sofern dies realisiert werden kann, dürfte diese Art der Individualkommunikation dem herkömmlichen Telefon zumindest ebenbürtig sein, wenn sie nicht sogar zu dessen Ablösung führen wird.[9] Schließlich sollen die Kabelnetze verstärkt zur Umgehung des örtlichen Telefonnetzes genutzt werden (local by-passing). Mit Hilfe der Kabelnetze kann dann der Ferngesprächanbieter (long distance operator) direkt seine Kunden erreichen, ohne auf den lokalen Telefonanbieter und dessen (teure) Vermittlung angewiesen zu sein.[10] Damit ist die Umwandlung des Unterhaltungsmediums Kabelfernsehen in ein eigenständiges Kommunikationsmedium vollzogen, das gleichzeitig in seinen Netzen individual- und massenkommunikative Dienste anbietet.
Nach Aufhebung des Betätigungsverbotes des AT&T- Entflechtungsurteils im Jahre 1991 konnten die Telefongesellschaften (Bell Companies) nicht nur Verbreitungs-, sondern auch Mehrwertdienste erbringen.[11] Damit war der Weg für die Video Dialtone-Direktive der FCC geebnet, die eine Öffnung des Fernsehübertragungsmarktes für die Telefongesellschaften herbeiführte:[12] Seit Ende 1992 dürfen die Unternehmen nicht nur Videosignale anderer Anbieter übertragen, sondern auch (derzeit noch in beschränktem Umfang) selbst

---

7 FCC - OPP Paper 1991, S. 4034.
8 »Compression Lights a Fire under Cable Networks«, Broadcasting July 29, 1991, S. 26 ff.
9 Siehe oben 3. Abschnitt A.
10 Siehe oben 3. Abschnitt B.
11 Siehe oben 4. Abschnitt B.I.3.
12 Siehe oben 4. Abschnitt B.

Videodienste anbieten. Es wird bereits jetzt prognostiziert, daß mit fortschreitender Glasfasertechnologie und digitaler Vermittlung die Möglichkeit der Telefonunternehmen das bisherige Fernsehen von einem passiven zu einem wesentlich aktiveren Medium verändern wird: In Zukunft wird es in den USA etwa möglich sein, ähnlich einer elektronischen Videothek, über die Telefonleitung Kinofilme individuell dann zu empfangen, wenn es erwünscht wird (video-on-demand), oder Filme in einer Art Vorschau vorab einzusehen (pre-view).[13] Der Unterschied zwischen diesen neuartigen Anwendungsformen des Telefons und der ursprünglichen handbetriebenen Vermittlung von zwei Telefonapparaten kann nicht größer sein.

Auch die Entwicklungen der telefonischen Ansage- oder Audiotex-Dienste führten dazu, daß nicht mehr von individueller Kommunikation gesprochen werden kann, die im Telefonnetz übermittelt wird. So konnten bereits 1983 etwa 8.000 Anrufe simultan eine identische Ansage abrufen. Das wurde zu Recht so charakterisiert, daß die Verbreitung über das (individualkommunikative) Telefonnetz mehr Zuhörer habe als eine kleine (massenkommunikative) Radiostation. Gerichte stuften diese Audiotex-Dienste daher als massenkommunikative Dienste ein.[14] Damit wandelte sich das Telefon, welches eigentlich individueller, ursprünglich handvermittelter Gespräche diente, zu einem Kommunikationsmedium mit einem größeren Zuhörerkreis als massenkommunikative Rundfunksender.

Zusätzlich zum Telefon werden in der Zukunft die bereits jetzt zum Teil als austauschbar angesehenen Übertragungsmedien des Satellitenfernsehens (direct broadcasting satellites) und der wireless-cable-Systeme in Wettbewerb zu Kabelfernsehen Programme verbreiten. Insbesondere die zu erwartenden Preissenkungen für entsprechende Empfangsanlagen werden Konsumenten zu der Frage führen, ob sie weiterhin Gebühren für einen Kabelanschluß bezahlen wollen. Sobald diese neuartigen Übertragungsmedien Zugriff auf attraktive Programme haben, werden sie in echter Konkurrenz zum Kabelnetz stehen.[15] Letztlich wird aber die vertikale Integration der Kabelbetreiber in (erfolgreiche) Programmveranstalter gewährleisten, daß es nicht zu einer Ablösung des einen durch das andere Medium kommen wird, sondern daß beide nebeneinander bestehen bleiben werden. Aber auch im Bereich des terrestrischen Rundfunks finden technologische Verbesserungen statt, die bereits seit

---

13 Siehe oben 4. Abschnitt B.II.1.b).
14 S. 4. Abschnitt A.
15 Dieser Zugriff war eines der erklärten Ziele des Kongresses bei der Verabschiedung des Cable TV Competition Act 1992. Siehe oben 2. Abschnitt D. II. und E. IV. und bereits die entsprechend positive Reaktion der Industrie: »DBS gets Boost from Bill«, Broadcasting, Oct. 12, 1992, S. 35.

Ende des Jahres 1993 erlauben, digitale flexible Einheiten von Audio- oder Datensignalen zu übertragen. Damit und mit dem Einsatz der Bildkomprimierung im Fernsehbereich wird auch terrestrisches Fernsehen zunehmend ein Übertragungsmedium für Individual- und Massenkommunikation sein.[16] So haben die Fernsehanstalten und Programmveranstalter in den USA ihre anfängliche Skepsis gegenüber der Bildkomprimierung aufgegeben und sehen diese nunmehr als Möglichkeit, die Übertragungsqualität des terrestrischen Fernsehens zu verbessern.[17]

Die weitere, schon jetzt absehbare Entwicklung dürfte endgültig die Aufhebung der bisher bekannten Netzstrukturen und Funktionsweisen mit sich bringen. Moderne Übertragungsnetze und Netzarchitektur werden die heute festgelegte Bandbreitennutzung (fixed bandwith) überwinden und eine dynamische und ständige Nutzung des Breitbandnetzes ermöglichen. So wird es nicht mehr eine »private« Verbindung zwischen Sender und Empfänger für die Zeit der Übermittlung geben. Vielmehr erlauben zukünftige Technologien, daß ständige oder fast-ständige Kapazitäten den Nutzern eingeräumt werden (permanent or semi-permanent time slots). Manche gehen sogar soweit zu prognostizieren, daß die Kontrolle über das Netz nicht mehr ausschließlich bei den Netzbetreibern liegen wird, sondern eine gemeinsame Kontrolle (shared control) von Betreiber und Nutzer eintreten wird. Wörtlich heißt es:

> »The broadband, virtual network model is the next stage and it will not resemble the telephone plant of the past - neither in architecture nor functionality. With the new technology we will get a new set of assumptions of how the network architectur may be used: variable bandwith allocations, logical and non-hierarchical connections, and distributed nodes and terminals. If current trends continue, network usage will be different, more dynamic and less predictable.
> This will create difficult tensions between carriers and customers. Carriers find the paradigm shift towards shared network control anathema to their concepts of how telecommunications should work.«[18]

---

16 »Imaging: The Merger of Computer and TV«, Broadcasting Jan. 27, 1992, S. 41; FCC - OPP Paper 1991, S. 4043.
17 »Video Compression: Multiplying Satellite Capacity from the Ground in the '90s«, Broadcasting, July 29, 1991, S. 34 ff.
18 *Soloman*, S. 14, der auf Untersuchungen mit der asynchronous transfer mode (ATM) Übertragungs- und Netztechnik verwies, die in Anwendung mit Glasfasernetzen und digitalen Vermittlungen derartige Ergebnisse erwarten ließen (S. 13).
Ein Begriff zukünftiger Übertragungsgeschwindigkeiten lieferte unlängst der Präsident der AT&T-Bell-Laboratorien, der von einem Versuchsprojekt berichtete. Die Übertragungsgeschwindigkeit in diesem (9000 km langen) Versuchskabel war so groß, daß der komplette Text der dreißigbändigen Encyclopedia Britannica in weniger als einer Sekunde übermittelt werden konnte, s. *Tetzner*, »Lichtelektronische Computer werden tausendfach leistungsfähiger als heutige Computer sein«, Blick durch die Wirtschaft, 19.1.1993, S. 1.

Damit deuten die bisherigen Erfahrungen und die technologischen und ökonomischen Entwicklungen darauf hin, daß es in nächster Zukunft in den USA ein integriertes Breitbandnetz geben könnte, in dem die bisherigen und zukünftigen Kommunikationsarten, wie etwa Telefon, Fernsehen oder Datenaustausch, übermittelt werden. Wenn demgegenüber behauptet wird, daß statt eines integrierten Netzes zwei getrennte Netze (ein Schmalbandnetz des Telefonverkehrs und ein Breitbandnetz des Fernsehens) bestehen werden, so wird dabei nicht nur die Dynamik der Entwicklung verkannt.[19] Vielmehr haben es auch die Kabelbetreiber in den Anfängen des Kabelfernsehens verstanden, mit Hilfe attraktiver Programme (software) den scheinbar übermächtigen Fernsehsendern Konkurrenz zu bieten und zu einem der wichtigsten Kommunikationsmedien zu werden. Diese Erfahrung lehrt, daß der Zugriff auf Programme auch den Telefongesellschaften ermöglichen dürfte, massiv in den Markt für Videoübermittlung einzudringen.

Insgesamt wird damit aus der bisherigen Entwicklung des Kabelfernsehens und des Telefons deutlich, was in der schon jetzt absehbaren Zukunft eintreten dürfte: Die Kommunikationstechnologie des nächsten Jahrhunderts hebt die Unterscheidung zwischen Massen- und Individualkommunikation auf, an die bis heute die Rechtsregeln geknüpft werden. Es wird in den zukünftigen Übertragungsnetzen nicht mehr möglich sein zu bestimmen, ob es sich um Kabelfernsehdienste, also distributive Massenkommunikation, oder interaktive Individualkommunikation handelt. Damit steht schon jetzt fest, daß die Technologie zu einer Verschmelzung (convergence) von Telekommunikations- und Kabelfernsehdiensten führen wird. Es wird also - dies wird in Europa und Amerika gleichermaßen gesehen - zu einer Konvergenz aller Medien (convergence of all media) kommen, begleitet von einer Aufhebung der Unterscheidung zwischen Botschaft und Übermittlung der Nachricht (convergence of conduit and content).[20] Die tradierte Einordnung in Individual- und Massenkommunikation sowie in Kabelfernsehen und Telefon mit den daraus folgenden unterschiedlichen Rechtsregeln wird damit obsolet.

Die zukünftige rechtliche Ausgestaltung dieser neuen Kommunikationsordnung ist in der US-amerikanischen Literatur Gegenstand lebhafter Diskus-

---

19 Siehe oben 4. Abschnitt B. III. So gründeten Unternehmen der Computer-, Telefon-, Film- und Elektronikindustrie Ende des Jahres 1992 die Gesellschaft First Cities. Diese begann Anfang des Jahres 1993 mit einer zweijährigen Testphase eines Systems, das Ein- und Zwei-Wegübertragungen, Breit- und Schmalband, einschließlich Kabelfernsehen, Telefon und terrestrisches Fernsehen vereint. »Telco, Tech Firms to Map Info Highway«, Broadcasting, October 12, 1992, S. 44.
20 *Pool*, S. 27 ff., 180 ff.; *Schnurr*, S. 157 ff.; *Patel*, 1992 Telecommunications Policy 98, 104; *Mestmäcker*, ZUM 1986, 64, 66.

sion. Im Zentrum des Disputs steht die bereits seit langem diskutierte Frage, welche verfassungsrechtliche Stellung die Netzbetreiber haben und - daran anknüpfend - in welchem Umfang staatliche Regulierungen, insbesondere des Zugangs zu den Netzen, zulässig sind.[21] Die folgende Erörterung der vorgeschlagenen Lösungsansätze in den USA wird zeigen, daß diese in der Regel auf die bereits jetzt überkommene Trennung der Kommunikationsmedien aufgebaut sind und daher allenfalls kurzfristige Regelungsmöglichkeiten bieten. Eine langfristige, die Vermischung aller heutigen Kommunikationstechnologien (convergence of all media) beachtende Ordnung kann demgegenüber nur darauf basieren, den verfassungsrechtlichen Schutz und die unternehmerische Freiheit für alle Medien gleichermaßen umfassend gegen staatliche Regulierung zu definieren. Bis zum Erreichen echter Wettbewerbssituationen auf der Ebene der Übermittlung dürften flankierende strukturelle Beschränkungen erforderlich sein.

B. *Regelungsmodelle in der amerikanischen Literatur*

I. *Funktionale Schutzbestimmung*

Das Modell der funktionalen Schutzbestimmung ist von dem Grundsatz abgeleitet, daß die verfassungsrechtliche Einordnung der Medien unterschiedlich und zudem vom Inhalt der verbreiteten Meinungsäußerung abhängig ist. Keine der drei herkömmlichen Kommunikationsordnungen (rules of print, broadcasting, common carrier) kann isoliert auf das Medium Kabelfernsehen angewendet werden, da es sich grundlegend von den anderen drei Medien unterscheidet.[22] Allerdings ist eine staatliche Regulierung nicht ausgeschlossen,

---

21 Wörtlich formulierte *Pool* bereits 1983 (S. 233/234): »Soon the courts will have to decide, for vast areas that have so far been quite free of regulation, which of the three traditions of communications practice they will apply. The facts that will face the courts will be a universally interconnected electronic communication system based on a variety of linkable electronic carriers, using radio, cable, microwave, optical fiber, and satellites, and delivering to every home and office a vast variety of different kinds of mail, print, sound, and video, through an electronic network of networks. The question is whether that system will be governed as are the regulated electronic media now, or whether there is some way of retaining the free press tradition of the First Amendment in that brave new world.«
Im europäischen Rahmen mahnte unlängst *Pratel*, 1992 Telecommunications Policy 98, 104 eine Behandlung dieser Fragen an, um negative ökonomische Auswirkungen zu verhindern. Zuvor auch schon *Mestmäcker*, ZUM 1986, 63, 66.
22 *Brenner*, 1988 Duke L.J. 329, 387: »Analogizing cable to newspapers overstates the editorial nature of cable enterprises, (...), [a]nalogizing cable to a common carrier or broadcast, with their more regulated regimes, ignores the considerable editorial activity

da der Kabelbetreiber hoheitlich zugelassen wird und die Verlegung des Kabels öffentliche Straßen in Anspruch nimmt. Der Kabelbetreiber erfüllt diesem Modell zufolge in den Kanälen des Netzes unterschiedliche Funktionen, welche dementsprechend die Zulässigkeit und Reichweite staatlicher Regulierung bestimmen (channel functionalism). Abhängig von der jeweiligen Funktion des Kanals soll der verfassungsrechtliche Schutz des Kabelbetreibers dem des Fernsehens, der Presse oder des Telefons gleichen. Vor diesem Hintergrund werden drei Funktionen unterschieden:
1. die Weiterverbreitung terrestrisch ausgestrahlter Fernsehprogramme (retransmission function);
2. Verbreitung originärer Kabelprogramme (originating function) und
3. die Verbreitung von Daten-, Sprach- oder Bilddiensten für Dritte (conduit function):

Die Weiterverbreitung von (terrestrischen) Fernsehprogrammen kann in gleichem Maße reguliert werden wie die Fernsehprogramme selbst. Daher wären etwa Vielfaltsanforderungen oder Beschränkungen von Programmen mit sexuell anstößigem Inhalt zulässig. Werden originäre Programme verbreitet, dann wären solche Regelungen mit dem ersten Zusatzartikel unvereinbar, da der absolute Schutz der Presse einschlägig ist. Dagegen beträfen Zugangsregelungen, etwa die Einspeiseverpflichtung (must-carry), lediglich die Verbreitungsfunktion (conduit function). Da der Betreiber wie die Telefongesellschaften insoweit keinen verfassungsrechtlichen Schutz genießt, wären solche Zugangsregelungen zulässig.[23]

Mit Hilfe dieses Regelungsmodells soll erreicht werden, daß es eine Vielzahl von Äußerungen oder Quellen von Meinungsäußerungen gibt, und nicht eine - von der Verfassung ohnehin nicht gewollte - Vielzahl von Übertragungsmedien.[24] Zudem sind einer Ansicht zufolge nach diesem Modell keine medienspezifischen vertikalen oder horizontalen Konzentrationsbeschränkungen notwendig, da die negativen Auswirkungen durch die gesetzlichen Zugangs-

---

in which cable operators engage. And it sells short what cable might accomplish as a medium of communication...«
23 *Geller/Lampert*, 32 Cath.U.L.Rev. 603, 610 ff., 622 ff. (1983); *dies.*, Reply Comments, S. 49 ff.; *Opheim*, 70 Iowa L.Rev. 525, 540 ff. (1985); i. Ergebnis auch *Gershon*, 1992 Telecommuniations Policy 110, 116 und *Barron*, 57 Geo. Wash. L.Rev. 1495 (1989). *Brenner*, 1988 Duke L.J. 329, 331, 334 ff., unterscheidet vier Funktionen: cable operator as (i) speaker; (ii) program selector; (iii) distribution technology for others and (iv) as franchise applicant or operator. Jeweils abgestuft sei, so *Brenner*, auch der verfassungsrechtliche Schutz des Betreibers, so daß Zugangsregelungen die dritte und alle Zulassungsregelungen die unterste Stufe beträfen.
24 *Lampert*, 44 Fed. Comm. L.J. 245, 276/77, 280 ff. (1992); *Homet*, 37 Fed. Comm. L.J. 217, 219, 224 ff. (1985).

regelungen aufgefangen würden.[25] Andere hingegen wollen die Konzentrationsprozesse durch eine verstärkte staatliche Regulierung des Kabelfernsehens verhindern.[26]

II. Kabelfernsehen als Verbreitungsmedium

Im Gegensatz zur funktionalen Zuordnung der Kanäle des Kabelnetzes soll das Übertragungsmedium Kabelfernsehen wie das Telefon als Verbreitungsmedium behandelt werden. Das derzeitige vertikal integrierte Kabelfernsehmodell mit verfassungsrechtlich geschützten Rechtspositionen der Kabelbetreiber soll mit Änderung der bestehenden Gesetze und unter Aufgabe der bisherigen Rechtsprechung in ein Modell umgewandelt werden, das dem des Telefons gleicht.[27]

Das Kabelnetz soll danach ausschließlich als Verbreitungsmedium (common carrier) fungieren. Die Betreiber haben kein verfassungsrechtlich geschütztes Recht, andere von dem Übertragungsmedium auszuschließen. Auch dürften sie sich nicht an Programmveranstaltern beteiligen. Nur dadurch sollen der Inhalt der Nachricht von ihrer Übertragung getrennt sowie Zugangs- und andere Wettbewerbsbeschränkungen der Netzbetreiber verhindert werden. Alle Programmveranstalter sollen so uneingeschränkt Zugang zu den Übertragungsmedien erhalten.[28]

Zum gleichen Ergebnis gelangt eine Ansicht, die aufgrund der Dreiteilung des Kommunikationssystems (print, broadcasting, common carrier) Kategorien bildet, die jeweils einen unterschiedlichen verfassungsrechtlichen Schutz bedeuten. Alle Medien sollen in Zukunft diesen Kategorien zugeordnet werden, wobei die Zuordnungskriterien für alle Medien identisch sind (unified way of treating all media). Dogmatischer Ausgangspunkt ist die Trennung der Infor-

---

25 *Geller/Lampert*, Reply Comments, S. 55.
26 *LeDuc*, 41 Fed. Comm. L.J. 1 (1989). Diese Ansicht geht zudem davon aus, daß auch die Verbreitung terrestrischer Fernsehprogramme unter die Verbreitungsfunktion (conduit function) fällt: Denn der Kabelbetreiber stelle nur ein Paket von Meinungsäußerungen Dritter zusammen, die von ihm lediglich verbreitet würden (mere conduit for others). LeDucs verfassungsrechtlicher Ausgangspunkt ähnelt im übrigen dem des deutschen Bundesverfassungsgerichts, wenn er die Entwicklung des Kabelfernsehens als eine Gefahr für die Rechte der Öffentlichkeit nach dem ersten Zusatzartikel ansieht. Schon mit dieser objektiv-rechtlichen Interpretation des Zusatzartikels begibt er sich allerdings außerhalb der vom US Supreme Court in ständiger Rechtsprechung angenommenen subjektiv-rechtlichen Auslegung der Grundrechte, s. oben 1. Abschnitt B.
27 *Calabrese*, 1990 Communications and the Law 19; *Calabrese/Jung*, 1992 Telecommunications Policy 225; *Homet*, 37 Fed. Comm. L.J. 217, 269 ff. (1985); i. Ergebnis wohl auch *Pool*, S. 172 und *Schott*, 1991 Telecommunications Policy 27, 28. Zu dem Modell des Telefons s. oben 1. Abschnitt B.II.3.
28 *Calabrese*, 1990 Communications and the Law 19, 31 ff.

mation (content) von der Verbreitung (conduit). Die so isolierte Meinungsäußerung genießt vollen verfassungsrechtlichen Schutz. Gegenstand der unterschiedlichen Kategorisierung ist nur die Verbreitung ohne Rücksicht auf ihren Inhalt. Auch Zeitungen werden wie alle anderen Medien behandelt. Das entscheidende Kriterium der Zuordnung zu einer Kategorie sei - so diese Auffassung - der Zugang zu dem jeweiligen Medium in ökonomisch-empirischer Sicht, nicht hingegen die traditionelle verfassungsrechtliche Behandlung. Fast alle privaten Medien einschließlich Fernsehen, Kabelfernsehen, Telefon, aber auch die Printmedien, würden in diesem Modell als Verbreitungsmedien behandelt werden.[29]

III. Das Breitbandnetz als privates oder öffentliches Forum

Die jüngst vorgeschlagene Einordnung der zukünftigen (integrierten) Breitbandnetze knüpft an den dargestellten Ansichten an, ist aber differenzierter ausgestaltet. Der Zugang zu den Netzen soll nicht das Ergebnis einander gegenüberstehender Grundrechte des Programmveranstalters auf der einen und des Netzbetreibers auf der anderen Seite sein. Vielmehr werden die Zugangsfragen auf der Grundlage der Theorie des öffentlichen und privaten Forums (public and private forum doctrine) gelöst.[30]
Nach dieser Theorie darf die Benutzung öffentlicher Einrichtungen wie Parks, Straßen oder Plätze zur Kommunikation nicht gänzlich untersagt werden. Die öffentliche Gewalt kann im Gegensatz zu einem privaten Eigentümer andere nicht von der Benutzung dieser Flächen ausschließen. Staatliche Beschränkungen der Nutzung der öffentlichen Plätze müssen der Verhältnismäßigkeit entsprechen.[31] Private Einrichtungen, auch wenn sie der Öffentlichkeit zur Verfügung stehen, sind grundsätzlich keine öffentlichen Foren im Sinne dieser Theorie. Allerdings unterliegt die Ausübung der privaten Eigentumsrechte, die zu einem Ausschluß von Meinungsäußerungen anderer führt,

---

29 *Nadel*, 43 Fed. Comm. L.J. 157, 161 (1991); *ders.*, 11 Fordh.Urb. L.J. 163 (1982) und 20 Harv. J. Legislation 541 (1983). Dieses Ergebnis wird durch eine sehr restriktive Auslegung des ersten Zusatzartikels erreicht: »[T]he relevant core element of editorial freedom [...] is the editorial license to evaluate and label material. In other words, editorial freedom protects the evaluation and labeling of messages. Although editors often also exclude material, such exclusion is generally only an incidental corollary to the pair of services protected by the First Amendment.« *Nadel*, 43 Fed. Comm. L.J. 157, 173 (1991).
30 *Hammond*, 9 Yale J.on Reg. 181 (1992).
31 Vgl. Grayned v. Rockford, 408 U.S. 104 (1972); *Brugger*, S. 262.

gewissen Einschränkungen, wenn die private Einrichtung einem öffentlichen Forum gleichgesetzt werden kann (etwa ein Shopping Center).[32]
Die privaten Kabel- und Telefonnetze sowie die privaten Fernsehanstalten sollen diesem Modell zufolge einem öffentlichen Forum gleichgesetzt werden, weil sie öffentliches Eigentum in Anspruch nehmen. Die Kabelstränge werden im Straßenkörper verlegt, die Fernseh- und Radiostationen nutzen das elektromagnetische Spektrum. Daran anknüpfend sollen drei Ebenen der öffentlichen und privaten Foren unterschieden werden: In den lokalen Märkten, in denen die Netze über eine natürliche, physikalische oder ökonomische Monopolstellung verfügen oder wesentliche Einrichtungen (essential facility) sind, sollen sie als öffentliche Foren (per se public fora) gelten.[33] Dort, wo eine solche Stellung nicht besteht, wird ein Netz als freiwilliges öffentliches Forum (voluntary public forum) angesehen, sofern der Öffentlichkeit Kapazitäten zur Verfügung gestellt werden. Ein privates Forum (private forum) ist ein Netz, welches nicht die Voraussetzungen der ersten beiden Kategorien erfüllt, sondern in dem Netzkapazitäten nur bestimmten Nutzern (distinct, specialized users) eingeräumt werden.[34] Die Betreiber von Netzen der ersten beiden Kategorien (per se und voluntary public forum) werden aufgrund der Theorie des öffentlichen Forum von der Haftung für den Inhalt der Übermittlung freigestellt. Die Konsequenz ist aber, daß sie umfassenden Zugangsregelungen ausgesetzt sind. Die Zugangsbestimmungen können vorsehen, daß allen Anbietern Zugang auf gleicher Basis gewährt werden muß. Jeglicher inhaltliche oder programmliche Einfluß des Betreibers wird damit unterbunden. Die Netzbetreiber können lediglich Tochterunternehmen gründen, die Programme in den Netzen des Mutterunternehmens oder in anderen Netzen verbreiten. Im Gegensatz dazu haben private Foren Kontrolle über den Zugang zu ihren Netzen, sind aber auch für den Inhalt verantwortlich.[35] Steueranreize sollen helfen, die Netze zu errichten, zu denen die Öffentlichkeit die beschriebenen Zugangsgarantien hat. Die Notwendigkeit der Gründung getrennter Tochterunternehmen soll Quersubventionierungen sowie Diskriminierungen beim Zugang verhindern. Letztlich soll der Kongreß die Lizensie-

---

32 Pruneyard Shopping Center v. Robins, 447 U.S. 74 (1980).
33 *Hammond*, 9 Yale J.on Reg. 181, 222 (1992). Die Herleitung der Monopolstellung und die Doktrin der wesentlichen Einrichtung (essential facility doctrine) wurden im 2. Abschnitt E behandelt.
34 *Hammond*, 9 Yale J.on Reg. 181, 222, 223 (1992). Im einzelnen soll durch Gesetz oder FCC-Anordnung die genaue Grenzziehung zwischen den jeweiligen Ebenen bestimmt werden. Zudem soll festgelegt werden, aufgrund welcher Voraussetzungen ein Netzbetreiber von einer Kategorie in eine andere überwechseln kann.
35 *Hammond*, 9 Yale J.on Reg. 181, 223 (1992).

rung der so regulierten Monopole fördern und Netzbetreibern ungehinderten Marktzutritt ermöglichen.[36]

IV. *Wettbewerb auf der Netzebene: intermedia competition*

Befürworter eines wettbewerbsorientierten Modells halten die Ansätze zur stärkeren Regulierung des Kabelfernsehens ökonomisch für wenig sinnvoll: Diese Modelle könnten zwar eine Trennung der Botschaft von dem Verbreitungsmedium erreichen und damit den aufgetretenen Zugangsproblemen zum Kabelnetz entgegentreten. Letztlich müßten aber die negativen ökonomischen Auswirkungen, die im Telefonbereich aufgetreten sind (Quersubventionierung, Zugangsdiskriminierung, strukturelle oder nicht-strukturelle Trennung von Basis- und Mehrwertdiensten), auch im Kabelbereich bekämpft werden. Dies brächte eine umfassende staatliche Regulierung mit sich und könnte zudem zu staatlicher Einflußnahme auf die verbreiteten Programme führen.

Vielmehr soll der Wettbewerb auf der Netzebene verstärkt werden. Dies soll durch Zulassung der Telefongesellschaften (intermedia competition) und durch Förderung weiterer Kabelbetreiber (intramedia competition) erreicht werden.[37] Auch die Zulassung weiterer Übertragungsmedien, insbesondere direkt strahlende Satelliten (DBS), soll das Angebot an Übertragungsmedien sowie die programmliche Vielfalt erhöhen, die den Zuschauern zur Verfügung stehen. Diese Ansicht geht davon aus, daß bisher nur eine stärkere Betonung der Marktkräfte, nicht aber verstärkte staatliche Regulierung, zur größeren Vielfalt an Programmen und Entstehung neuer Übertragungstechnologien geführt hat.[38] Die Kabelbetreiber werden als wirtschaftlich so stark angesehen, daß die Telefonunternehmen in den Markt eintreten können, ohne daß die Gefahr einer Monopolisierung besteht.[39] Die Telefongesellschaften sollen allerdings die Videodienste als Verbreitungsmedien (common carriers) anbieten.[40] Unter diesem Status wollen einige den Telefongesellschaften die gleichen

---

36 *Hammond*, 9 Yale J.on Reg. 181, 226 ff. (1992).
37 *Noam*, 34 Fed. Comm. L.J. 209, 224 ff., 241 ff. (1982); *Winer*, 8 Cardozo Arts & Entertainment L.J. 257, 297 (1990); *FCC Chairman A. Sikes*, Senate Cable TV Hearings 1991, S. 330 f.:
»Increased actual and potential competition in local video service markets [...] could alleviate many public policy concerns, and would be far preferable - and more effective - than reimposing Federal and local regulation on the cable industry.«
Siehe auch *ders.*, zitiert in »Sikes: Cable Competition, Not Regulation«, Broadcasting, March 25, 1991, S. 80.
38 *Sikes*, Senate Cable TV Hearings 1991, S. 331; *Winer*, 8 Cardozo Arts & Entertainment L.J. 257, 299 (1990).
39 *Winer*, 8 Cardozo Arts & Entertainment L.J. 257, 298 (1990).
40 *Noam*, 34 Fed. Comm. L.J. 209, 241 (1982).

Rechte nach dem ersten Zusatzartikel zubilligen wie den Kabelbetreibern. Damit sollte zwar der Kontrahierungszwang beim Zugang zu den Netzen bestehen bleiben. Jegliche inhaltbezogene Regulierung des Staates wäre aber mit dem ersten Zusatzartikel, dessen Schutz die Telefonanbieter genössen, unvereinbar. Auch nach dieser Ansicht kann sich der Netzbetreiber für einen Teil seiner Aktivitäten auf den ersten Zusatzartikel berufen, während ihm dies für einen anderen Teil verwehrt ist.[41]

C. Versuch einer Prognose einer verfassungs- und wirtschaftsrechtlichen Kommunikationsordnung in den USA

I. Schwächen der bisherigen Modellvorschläge

Die aufgezeigten Vorschläge in der amerikanischen Literatur zur zukünftigen Regulierung der Breitbandnetze bieten keine auch die langfristigen technologischen Entwicklungen berücksichtigenden Lösungen an. Die entscheidende Schwäche fast aller Modelle ist, daß sie grundsätzlich auf der dreigeteilten Kommunikationsstruktur (trifurcated communication structure) aufbauen.

1. Unmöglichkeit einer funktionalen Trennung der Netzkapazitäten

Das Modell der funktionalen Schutzbestimmung, das vor wenigen Jahren unterbreitet wurde, ist heute nicht mehr operabel. Die Entwicklung des Mediums Kabelfernsehen hat es undurchführbar gemacht. Das Modell basiert auf der Überlegung, daß die Netzkapazitäten funktional eingeteilt werden können, um daran eine unterschiedliche Rechtsregel anknüpfen zu können. Unberücksichtigt bleibt dabei zum einen, daß die Rechtsprechung die Zusammenstellung des Programmpakets aus der Fülle der Programmangebote als eine verlegerische Tätigkeit des Kabelbetreibers ansieht.[42] Schwerwiegender ist, daß der verfassungsrechtliche Schutz bei der Weiterverbreitung terrestrisch ausgestrahlter Programme (retransmission function) geringer sein soll als bei der Verbreitung originärer Kabelprogramme (originating function). Zum Zeitpunkt des Vorschlags (1983) machte diese Einteilung Sinn, da die Kabelbetreiber sich dadurch auszeichneten, nur wenige Programme originär zu ver-

---

41 *Winer*, 8 Cardozo Arts & Entertainment L.J. 257, 279 f. (1990) unter Hinweis auf die Entscheidungen zu den Audiotex-Diensten (s. oben 3. Abschnitt B). Im Ergebnis auch *Campbell*, 70 N.C.L.Rev. 1071, 1144 ff. (1992).
42 Siehe oben 2. Abschnitt C. IV.

breiten und in der Hauptsache mit herkömmlichen Antennen örtlich nicht empfangbare Programme im Netz weiterzuverbreiten. In der Zwischenzeit aber werden erfolgreiche originäre Kabelprogramme, wie insbesondere ESPN und CNBC, von Fernsehanstalten hergestellt (ABC/Capital Cities und NBC/-GE).[43] So benutzt der Nachrichtenkanal CNBC zum großen Teil Programmaterial, das der Fernsehsender NBC terrestrisch verbreitet und das daher von dem eingeschränkten Grundrechtsschutz des terrestrischen Fernsehens erfaßt wird. Unter dem Modell der funktionalen Schutzbestimmung würde jedoch die Verbreitung von CNBC unter den absoluten Schutz der gedruckten Presse (originating function) fallen. Der identische Programminhalt könnte damit - je nach der Verbreitungsart - unterschiedlich reguliert werden. Im übrigen ist mit überzeugenden Argumenten darauf hingewiesen worden, daß nach der Rechtsprechung der Gerichte zum ersten Zusatzartikel eine Differenzierung in weiterverbreitete und originäre Kabelprogramme nicht möglich ist.[44]

Eine weitere Schwäche hat dieses Modell nach der Öffnung des Videoübertragungsmarktes für die Telefongesellschaften.[45] Wenn die Telefongesellschaften Programme verbreiten, deren Veranstalter von Kabelbetreibern beherrscht werden, müßte nach der funktionalen Schutzbestimmung entweder der Schutzumfang des terrestrischen Fernsehens, was im Gegensatz zur Verbreitung der gleichen Programme durch die Kabelbetreiber stünde, oder eine Kabelordnung greifen, die gerade vermieden werden sollte. Insgesamt wäre die Konsequenz dieses Modells eine Fülle verschiedener verfassungsrechtlicher Schutzbereiche für dieselbe Botschaft, jeweils abhängig davon, in welcher Weise diese übermittelt wird.

2. *Defizite einer Einstufung als Verbreitungsmedium*

Zu Recht stoßen in den USA die Versuche, das Kabelfernsehen als Verbreitungsmedium einzustufen und den Kabelbetreibern so jeglichen Rückgriff auf den ersten Zusatzartikel zu verweigern, wenn sie bestimmte Programme oder Informationen nicht einspeisen wollen, auf großen Widerstand. Bei einer solchen Einstufung unterlägen sie umfassender Einspeisungsverpflichtungen. Im Ergebnis liefe auch das Modell der funktionalen Schutzbestimmung auf diese Einordnung hinaus, da die Zugangsregelungen nur die Verbreitungsfunktion (conduit function) betreffen sollen und dem Kabelbetreiber dabei nicht der

---

43 Siehe oben 2. Abschnitt E.II. 1. und 2.
44 *Roper*, 42 Fed. Comm. L.J. 81 (1990).
45 Siehe oben 4. Abschnitt B: Telefon als Medium zur Übermittlung von Videosignalen.

Schutz der Presse- und Meinungsfreiheit zustehen soll. Das gleiche gilt für das Modell des öffentlichen und privaten Forums, da die Netzbetreiber Zugangsverpflichtungen träfen. Mit einer solchen Einstufung wären (vielleicht) die Zugangsprobleme für unabhängige Programmveranstalter gelöst. Allerdings bringt dieses Modell abgesehen von Umwandlungs- und Entflechtungsproblemen eine Reihe von Schwierigkeiten mit sich:[46]

a) Der US Supreme Court und die Untergerichte gaben ihre ursprüngliche Gleichstellung des Kabelfernsehens mit den Verbreitungsmedien bereits frühzeitig auf, als die technologischen Möglichkeiten des Kabelnetzes eine derartige Gleichbehandlung nicht mehr zuließen. Der US Supreme Court entschied ausdrücklich, daß die Kabelbetreiber nicht wie Telefongesellschaften behandelt werden dürften, da sie Tätigkeiten ausüben würden, die vom ersten Zusatzartikel geschützt seien.[47] Eine Umwandlung der durch den Cable Act 1984 daraufhin ausdrücklich ausgeschlossenen Einstufung als Verbreitungsmedium könnte nur durch den US-Kongreß in einer Gesetzesänderung geschehen. Dies ist aber in dem Cable TV Competition Act 1992 nicht geschehen. Der Kongreß hat vielmehr die Zugangsregelungen in vielen Punkten verschärft, ansonsten die Stellung der Kabelbetreiber im System der Kommunikationsmedien nicht verändert. Im übrigen wurde bereits frühzeitig in einer US Supreme Court Entscheidung für das terrestrische Fernsehen ausgeführt, daß eine Behandlung des Fernsehens als öffentliches Forum nicht mit dem ersten Zusatzartikel vereinbar wäre.[48]

b) Die in den Regelungsmodellen teilweise vorgesehenen umfassenden Zugangsrechte würden zudem weit über das hinausgehen, was der US-Kongreß im Cable TV Competition Act 1992 im Rahmen der Neufassung der Verbreitungsregelungen (retransmission consent/must-carry rules) verabschiedet hat.[49] Im Ergebnis würden diese Zugangsrechte dazu führen, daß staatliche Behörden darüber Aufsicht hätten, was in einem Medium, dessen verlegerische Freiheiten grundsätzlich anerkannt sind, verbreitet wird und was

---

46 Im folgenden s. insbesondere bereits *Noam*, 34 Fed. Comm. L.J. 209, 218 ff. (1982).
47 Siehe oben 2. Abschnitt C. II.
48 CBS v. Democratic National Committee, 412 U.S. 94, 140/41 (1973)(Stevens, J., concurring).
49 Siehe oben 2. Abschnitt D. II.

nicht. Diese Aufsicht ist aus US-amerikanischer Sicht unvereinbar mit dem Prinzip der Presse- und Meinungsfreiheit des ersten Zusatzartikels.[50]

c) Die Erfahrungen mit den Telefongesellschaften in den USA zeigen, daß ein Betreiber eines Verbreitungsmediums nur dann bereit ist, in die Erhaltung und Verbesserung des Netzes zu investieren, wenn gleichzeitig seine Monopolstellung Einnahmen garantiert, die über (umfassende) staatliche Gebührenregulierung festgelegt sein müssen.[51] Diese neue Gebührenberechnung wäre nicht nur von großem administrativem Aufwand begleitet, sondern würde auch die Entwicklung im Telefonbereich konterkarieren, die von einer Monopolstellung der Telefonbetreiber wegführen soll. Im übrigen kann die Gefahr nicht ausgeschlossen werden, daß mit Hilfe der staatlichen Gebührenregulierung Einfluß auf die Programmgestaltung genommen wird.[52]

d) Schließlich besteht die - im Ergebnis zu verneinende - Frage, ob die Einstufung des Kabelfernsehens als Verbreitungsmedium tatsächlich zu einer Vergrößerung der Vielfalt an Programmquellen führt, wie von den Verfechtern insbesondere dieses Modells behauptet wird.[53] Im Gegenteil zeigt die Entwicklung des Kabelfernsehens seit der Deregulierung durch den Cable Act 1984, daß die Verstärkung der unternehmerischen Freiheiten der Kabelbetreiber verbunden mit der Möglichkeit der vertikalen Beteiligung an Kabelprogrammveranstaltern den Erfolg des Kabelfernsehens ermöglicht haben.

---

50 So führt *Tribe* (S. 1002) wörtlich aus: »Indeed, entrusting government with the power to assure media access entails at least three dangers: the danger of deterring those items of coverage that will trigger duties of affording access at the media's expense; the danger of inviting manipulation of the media by whichever bureaucrats are entrusted to assure access; and the danger of escalating from access regulation to much more dubious exercises of governmental control.«
So auch *Bollinger*, 75 Mich.L.Rev. 1, 29-31, der allerdings zu dem Ergebnis gelangt, daß die Ähnlichkeit elektronischer und gedruckter Medien ein Grund ist, diese unterschiedlich zu behandeln (S. 36). Die Presse sei - so *Bollinger* - hoch konzentriert, so daß der Zugang zu regulierten (elektronischen) Medien garantiere, daß jede Information, die aufgrund der Konzentrationen keinen Zugang zu den unregulierten (gedruckten) Medien erhielt, dennoch Verbreitung fände (S. 32-33). S. *ders.*, 26 G.Y.I.L. 269, 293 f. (1983).
51 *Noam*, 34 Fed. Comm. L.J. 209, 221 f. (1982) und oben 1. Abschnitt B.
52 *Noam*, 34 Fed. Comm. L.J. 209, 220 (1982).
53 Siehe oben unter II. *Levin/Meisel* argumentieren gegen eine Monopolstellung des Netzbetreibers und der damit verbundenen angeblichen Erhöhung programmlicher Vielfalt: »Protecting a monopoly, no matter how or of what type, is usually poor policy, designed to serve not customers but owners of a monopoly service or franchise. Policy makers should be particularly wary of arguments that such restrictions to competition will result in good service, low prices or infrastructure development. There is little evidence to suggest that this is the case, and much to suggest that it is not.« 1991 Telecommunications Policy 519, 527.

Dazu gehört, daß die Programme aufgrund der Beteiligung eine garantierte Verbreitung finden. Dadurch konnten, wie die FCC sowie der US-Kongreß feststellten, insbesondere neuartige oder minderheitenorientierte Programme entstehen. In den Zeiten der Dominanz der großen Fernsehsender (networks) war es nicht denkbar, einen 24-stündigen Nachrichtenkanal anzubieten. Nunmehr ist CNN eines der erfolgreichsten Programme. Auch die vermehrten Spartenprogramme mit ihrer Vielzahl von Programminhalten sind ohne die Beteiligung der Kabelgesellschaften und insbesondere der exklusiven Verbreitungsverträge wohl nicht denkbar.

Dagegen wurde vorgebracht, daß eine Einstufung des Kabelfernsehens als Verbreitungsmedium aus ordnungspolitischen Gründen erforderlich sei und daß die Ausrichtung der Kabelbetreiber auf ihre erfolgreichen Programme ihnen zwar kurzfristig hohe Einnahmen garantierten, langfristig aber der falsche Weg sei. Vielmehr sollten sich die Kabelbetreiber auf ihre Netzbetreiberrolle konzentrieren, da sie so vor regulatorischen Interventionen zur Bekämpfung ihrer übermächtigen Stellung sicher seien.[54]

Doch auch diese Argumente sind inzwischen aufgrund der Entwicklung nicht mehr schlüssig. Die Segmentierung der Programme sowie die Zusammenstellung der Programmpakete, die den angeschlossenen Teilnehmern angeboten werden, sind für den Erfolg des Kabelfernsehens wesentlich. Die Vorteile der vertikalen Integration in die Programmveranstalter ermöglichen den Kabelbetreibern, andere Medien, wie terrestrisches oder satellitengestütztes Fernsehen, (derzeit noch) hinter sich zu lassen. Zudem konnte im Verlauf der Untersuchung gezeigt werden, daß die Kabelbetreiber nunmehr verstärkt Individualkommunikation (person-to-person communication) anbieten wollen. Auch die Telefongesellschaften wollen nicht mehr nur die Netze (hardware) bereitstellen, sondern wie die Kabelgesellschaften Programme (software) veranstalten.[55] Die Telefongesellschaften hatten einen wichtigen Anreiz für Investitionen in Glasfasernetze darin gesehen, daß sie sich nach Öffnung des Videoübertragungsmarktes auch an Programmveranstalter beteiligen können. Diese sowohl im Bereich der Übertragung als auch der Veranstaltung von Programmen uneingeschränkte Betätigungsfreiheit der Unternehmen macht damit überflüssig, was die Befürworter einer Umwandlung der Kabelnetze in öffentliche Foren oder in Verbreitungsmedien vorsehen mußten: staatliche

---

54 *Pool*, S. 171 f. und bereits *Verril*, 34 J.Law & Contemp. Probs. 587, 609 (1969).
55 In diesem Sinne hat auch *Johnson* (S. vii, 27 ff., 64 ff.) nachgewiesen, daß DBS-Systeme dann gegen Kabelsysteme konkurrieren werden, wenn sie Zugang zu zusätzlichen Programmen haben, die verbreitet werden können.

Steueranreize zum Aufbau der Netze, also eine staatliche Subventionierung der Kommunikationssysteme.[56]

II. Umrisse einer zukünftigen Ordnung: Gleichstellung aller Medien

Grundlage einer zukünftigen Kommunikationsordnung, welche der beschriebenen technologischen Entwicklung der Verschmelzung von Nachricht und Übertragung (convergence of content and conduit) sowie der gleichzeitigen Konvergenz aller Medien (convergence of all media) gerecht wird, müßte eine verfassungsrechtliche Gleichbehandlung aller Medien sein. Dieses Konzept, das schrittweise verwirklicht werden könnte, soll im folgenden erörtert werden, wobei nicht auf alle Fragen umfassend Antwort gegeben werden kann.[57]

Die Dreiteilung der Kommunikationsmedien in Presse, Fernsehen und Verbreitungsmedien dürfte in Zukunft aufgehoben und die Pressefreiheit mit ihrem absoluten verfassungsrechtlichen Schutz vor staatlicher Einflußnahme und Regulierung angewendet werden. Dies gilt im Bereich der Breitbandkommunikation für die Medien des Kabelfernsehens und des Telefons, im allgemeinen aber für alle Medien.[58] So hielt auch die FCC anläßlich ihrer Aufhebung der Fairness-Doktrin die Unterscheidung zwischen terrestrischem Fernsehen und den gedruckten Medien aufgrund der technologischen Entwicklung nicht mehr aufrecht.[59] Für alle Medien dürfte zukünftig der verfassungsrechtliche Schutz der gedruckten Presse (print) gelten, welche seit langer Zeit in ständiger Rechtsprechung durch die US-amerikanischen Gerichte ohne Einschränkungen, wie sie etwa für das Fernsehen gelten, bestätigt

---

56 S. *Hammond*, 9 Yale J. on Reg. 181, 222 (1992).
57 Auch für die europäische Ordnung ist eine Verschmelzung und Harmonisierung der verschiedenen Regelungssysteme (cable tv und Telecommunications) gefordert worden, ohne dies jedoch zu vertiefen, *Pratel*, 1992 Telecommunications Policy 98, 104.
58 Im Ergebnis auch *Powe*, S. 245, 248 ff.; *Lively*, 66 N.C.L.Rev. 962, 972 ff. (1988); *Baer*, 1993 Telecommunications Policy 3, 12; zweifelnd *Price*, 8 Cardozo Arts & Entertainment L.J. 225, 230 (1990).
Im Rahmen dieser Abhandlung wird diese Forderung nur für die Breitbandkommunikation näher begründet. Da es jedoch zu einer Verschmelzung aller Medien ohne die rechtliche Möglichkeit der Differenzierung etwa zwischen terrestrischem Fernsehen und Kabelfernsehen kommen wird, schließt die Forderung auch das terrestrische Fernsehen ein. In diesem Sinne insbesondere *Emord*, 38 Cath.U.L.Rev. 401 (1989); *Spitzer*, S. 7-42; *Lively*, 66 N.C.L.Rev. 962 (1988).
59 Syracuse Peace Council v. TV Station WTVH, 2 F.C.C.Rcd 5043, 5058 (1987): »Despite the physical differences between the electronic and print media, their roles in our society are identical, and we believe that the same First Amendment principles should be equally applicable to both. This is the method set forth in our Constitution for maximizing the public interest.« Siehe ausführlich, oben 1. Abschnitt B. II.2.

wird. Damit ist nicht jede staatliche Regelung ein unzulässiger Eingriff in die Kommunikationsfreiheit. Vielmehr müssen staatliche Akte den verfassungsrechtlichen Erfordernissen genügen, die der US Supreme Court für die gedruckte Presse aufgestellt hat.[60] Lediglich die verfassungsrechtlich unterschiedliche Behandlung der Kommunikationsmedien wird in Zukunft entfallen.

Bereits vor dem Aufkommen der heutigen Kommunikationssysteme führte der US Supreme Court-Richter *Douglas* aus, daß nur die vom ersten Zusatzartikel garantierte, uneingeschränkte Pressefreiheit geeignet sei, als umfassendes Konzept einer zukünftigen Kommunikationsordnung zu gelten. Wörtlich erläuterte er:

> »What kind of First Amendment would best serve our needs as we approach the 21st century may be an open question. But the old-fashioned First Amendment that we have is the Court's only guideline; and one hard and fast principle which it announces is that Government shall keep its hands off the press. That principle has served us through days of calm and eras of strife and I would abide by it until a new First Amendment is adopted. That means, as I view it, that TV and radio, as well as the more conventional methods of disseminating news, are all included in the concept of 'press' as used in the First Amendment and therefore are entitled to live under the laissez-faire regime which the First Amendment sanctions.«[61]

Diese Ordnung der Gleichbehandlung aller Medien auf der Basis der Pressefreiheit läßt sich bereits aus den Entwicklungen der Rechtsprechung zum Kabelfernsehen und zum Telefon ableiten, die Gegenstand des zweiten und vierten Abschnitts dieser Untersuchung waren. In diesen Abschnitten konnte gezeigt werden, daß eine Stärkung der verfassungsrechtlichen Stellung der Kabelbetreiber und eine Betonung der unternehmerischen Freiheit zu einer Entfaltung des Mediums Kabelfernsehen geführt hat (dazu 1.). Vor diesem Hintergrund dürfte es in Zukunft zu einer (schrittweisen) Aufhebung der Dreiteilung der Kommunikationsmedien kommen. Grundlage zukünftiger Entscheidungen über die Zulässigkeit staatlicher Regulierungen wäre dann nicht mehr eine technische Definition eines Mediums. Vielmehr würde der Inhalt der Kommunikation die anwendbaren Rechtsregeln bestimmen. Ansätze zu dieser zukünftigen Entscheidungspraxis konnten im Verlauf dieser Untersuchung bereits nachgewiesen werden (dazu 2.). Eine veränderte verfas-

---

60 Siehe auch Quincy Cable TV v. FCC, 768 F.2d 1434, 1450 (D.C.Cir. 1985), cert. denied, 476 U.S. 1169 (1986), in der das Gericht ausführte, daß ein Vergleich des Kabelfernsehens mit den traditionellen Printmedien »does not, of course, suggest that the First Amendment interposes an impermeable bulwark against any regulation.« Die US Supreme Court-Entscheidung, die bei Gleichstellung aller Medien Leitentscheidung für die Zulässigkeit staatlicher Regulierung wäre, ist Miami Herald Publishing Co. v. Tornillo, 418 U.S. 241 (1974). Dazu oben 1. Abschnitt B. II.2.
61 CBS v. Democratic National Committee, 412 U.S. 94, 160-161 (1973)(Douglas, J., concurring).

sungsrechtliche Ordnung würde ein System offenen Netzwettbewerbs voraussetzen. Die Einhaltung der Wettbewerbsfreiheit würde nicht durch staatliche Aufsicht durchgesetzt, sondern wäre Gegenstand gerichtlicher Überprüfung. Dieses System würde dem entsprechen, was auch bereits heute gefordert wird und mit der Zulassung der Telefongesellschaften seinen Anfang gefunden hat (dazu 3.). Die Konzentrationsentwicklungen des Kabelfernsehens in den letzten Jahren belegten darüber hinaus, daß es in einer Übergangsphase bis zum Entstehen einer Wettbewerbssituation auf der Netzebene flankierende medienspezifische, inhaltsneutrale Regelungen geben muß (dazu 4.). Im Zentrum noch offener Fragen wird insbesondere die der Haftung der Netzbetreiber für übermittelte Nachrichten stehen. Im bisherigen System der Individualkommunikation stellte sich dieses Problem nicht, da eine solche Haftung konzeptionell ausgeschlossen war (dazu 5.).

1. *Die Wechselbeziehung zwischen verfassungsrechtlichem Schutz der Netzbetreiber und technologischer Entwicklung des Mediums*

Die bisherige Entwicklung des Verfassungsrechts des Kabelfernsehens ist von einer Verstärkung der verfassungsrechtlichen Stellung der Kabelbetreiber gegenüber staatlichen Beschränkungen geprägt.[62] Diese Entwicklungen dürften in der verfassungsrechtlichen Gleichstellung von Kabelfernsehen, Telefon und gedruckter Presse münden. Die Veränderung des verfassungsrechtlichen Schutzes ist das Ergebnis eines Wechselverhältnisses zwischen der technologischen Weiterentwicklung des Mediums und dessen rechtlicher Behandlung: Zu Beginn der Rechtsprechung stand die Einstufung des Kabelfernsehens als Verbreitungsmedium. Der US Supreme Court betonte, daß nur die Fernsehveranstalter eine Auswahl oder eine editorische Bearbeitung des Sendematerials vornähmen, Kabelfernsehen hingegen sei eine bloße Weiterverbreitung für andere (mere conduit for others). Später hielt das Gericht die zuvor betonte Unterscheidung zwischen Fernsehen und Kabelfernsehen nicht mehr aufrecht und entzog der Gleichbehandlung von Kabelfernsehen und Verbreitungsmedium die verfassungsrechtliche Grundlage. Es stufte Kabelfernsehen zunächst nur als Hilfsdienst der Fernsehveranstalter ein. Wenig später erkannte es - ohne seine Entscheidung darauf zu stützen -, daß das Medium Kabelfernsehen mit dem Medium Fernsehen aus verfassungsrechtlicher Sicht gleich zu behandeln sei. Einige Gerichte stellten dementsprechend eine durch exklusive Betreiberlizenzen begründete Stellung als natürliches

---

62 Siehe oben 2. Abschnitt B: Das Verfassungsrecht des Kabelfernsehens.

Monopol der physikalischen Knappheit terrestrischer Frequenzen gleich. Darauf stützen sie die Zulässigkeit staatlicher Beschränkungen und damit den Unterschied zur verfassungsrechtlichen Stellung der gedruckten Presse. Andere Gerichte lehnten die Annahme einer derartigen Regulierungsgrundlage ab und betonten unter Hinweis auf den US Supreme Court, daß mit einer ökonomischen Knappheit kein Eingriff in die Grundrechte der Kabelbetreiber gerechtfertigt werden könne. Es war im Zuge dieser gespaltenen Rechtsprechung, daß der US Supreme Court eine eindeutige verfassungsrechtliche Einordnung der Kabelbetreiber nicht vornehmen wollte, gleichzeitig aber bereits Gemeinsamkeiten zwischen den Aktivitäten der Kabelbetreiber und denen der Presseherausgeber anerkannte. Zuletzt verglich das Gericht beide Medien.

Demgegenüber haben einige Berufungsgerichte eindeutig eine Gleichstellung des Kabelfernsehens mit der gedruckten Presse angenommen. Die gerichtlich entwickelten Eingriffsgrundlagen in die Kommunikationsfreiheit der Fernsehsender hätten - so die Gerichte - keine Wirkung für das Kabelfernsehen. Vielmehr übten die Kabelbetreiber bei der Zusammenstellung der von ihnen verbreiteten Programme verlegerische Freiheiten in bedeutsamem Umfang aus. Die Gerichte verglichen diese Zusammenstellung der Programmpakete mit der Herausgabe von Presseerzeugnissen. Auch diese Entwicklung in der Rechtsprechung erfolgte nicht isoliert von den technologischen Fortschritten. Im Zuge der Deregulierung durch den Cable Act 1984 kam es zu einem Ausbau der Kabelnetze und deren Kapazitäten sowie zu verstärkten Investitionen der Kabelbetreiber in Programmveranstalter, die mit den etablierten Programmen des terrestrischen Fernsehens konkurrieren konnten. Diese vertikale Integration, die etwa Telefonunternehmen nicht gestattet war, brachte viele der heute erfolgreichen Programme hervor. Der stärkere verfassungsrechtliche Schutz der Kabelbetreiber, die Deregulierung des Mediums und die Betonung der Marktkräfte gingen einher mit einer wirtschaftlichen Entfaltung des Kabelfernsehens. Diese positive Entwicklung ist nicht beschränkt auf ein Anwachsen mächtiger Netzbetreiber, sondern führte nach in den USA einheitlicher Auffassung zu einer positiven Erhöhung der Vielfalt auf der Stufe des Programmangebotes.[63] Die Zusammenstellung des Programmpakets schließlich mußte für die Konsumenten so attraktiv sein, daß sie einen Kabelanschluß bezahlten, obwohl terrestrisches Fernsehen gebührenfrei empfangen werden konnte.

---

63 Das Werben deutscher öffentlich-rechtlicher wie privater Fernsehveranstalter um den Kabelsender *CNN*, der derzeit als der Inbegriff zukünftiger Nachrichtensender erscheint, demonstriert, daß diese Anerkennung nicht auf die Vereinigten Staaten beschränkt ist.

Diese Entwicklung ist dem Aufkommen einer Zeitschrift vergleichbar, die zunächst nur bereits veröffentlichte Meldungen abdruckt, um anschließend nicht nur eigene Artikel zu verbreiten, sondern auch durch eine leserorientierte Zusammenstellung von Artikeln die Aufmerksamkeit auf sich lenken kann. Zum jetzigen Zeitpunkt der technologischen Entwicklung zeichnet sich das Kabelfernsehen insbesondere durch die Verbreitung originärer Programme und der Auswahl aus den Programmangeboten aus. Diese Auswahl von Meinungsäußerungen zur Verbreitung in den Kabelnetzen setzten die Gerichte mit einer Zusammenstellung einer Zeitung gleich. Die Gerichte wiesen wiederholt darauf hin, daß jegliche Art der Auswahl und Zusammenstellung von Äußerungen uneingeschränkt vom ersten Zusatzartikel geschützt wird.[64] Dem folgend verstärkte sich also der verfassungsrechtliche Schutz vor staatlichen Beschränkungen. Am Ende der Entwicklung dürfte daher folgerichtig die grundsätzliche Gleichstellung des Kabelfernsehens mit der gedruckten Presse erfolgen.

Auf der Ebene der Individualkommunikation führte der technologische Wandel des Telefonverkehrs bei den massenkommunikativen Audiotex-Diensten, insbesondere den Dial-A-Porn-Diensten, zu einem erst anfänglichen, aber grundsätzlichen Einbruch des Konzepts der Verbreitungsmedien.[65] Den Telefongesellschaften ist der Rückgriff auf die Kommunikations- und Pressefreiheit nicht mehr verwehrt. Vielmehr können sie inhaltliche Kontrolle über die in ihren Netzen verbreiteten Informationen ausüben und eine Auswahl aufgrund des Inhalts treffen. Damit ist nicht nur die unterschiedliche rechtliche Stellung eines Netzbetreibers innerhalb der Individual- und der Massenkommunikation aufgehoben worden. Vielmehr sind die Netzbetreiber von der Verfassung nicht gehindert, eine Auswahl und Inhaltskontrolle hinsichtlich der übermittelten Information zu treffen.

---

64 Preferred Communications v. City of Los Angeles, 476 U.S. 488, 494 (1986); Quincy Cable TV v. FCC, 768 F.2d 1436, 1452 (D.C.Cir. 1985), *Roper*, 42 Fed. Comm. L.J. 81, 85 (1990). Aufgrund dieser eindeutigen Rechtsprechung kann *Brenner* (1988 Duke L.J. 329, 339) und *LeDuc*, (41 Fed. Comm. L.J. 1, 10 f. (1989)) nicht gefolgt werden, die eine Zusammenstellung des Programmpakets als »wenig verlegerische« Tätigkeit bezeichnen, da die Signale eingespeist würden, ohne daß ein Betreiber bewußte Kontrolle (conscious control) ausübe. Aus Sicht der Pressefreiheit ist nicht danach zu fragen, ob eine Zusammenstellung anspruchsvoller oder bewußter bzw. weniger anspruchsvoll oder unbewußt ist. Siehe auch die Entscheidungen der Gerichte, oben 2. Abschnitt B IV.
65 S. dazu 4. Abschnitt A: Inhaltskontrolle und Telefonverkehr: Erosion traditioneller Grundsätze.

2. Die Aufhebung tradierter Unterscheidungen

Die zukünftigen Möglichkeiten der sogenannten elektronischen Medien (Fernsehen, Telefon, Kabelfernsehen) werden die Dreiteilung und Unterscheidung zwischen den Kommunikationsmedien überwinden.[66] Die beschriebenen technologischen Möglichkeiten des Kabel- und Telefonnetzes und die Fülle der Programmangebote, die in den verschiedenen Netzen verbreitet werden, ließen deutlich werden, daß das Kabelfernsehen der Zukunft nur noch wenig mit dem herkömmlichen Fernsehen gemeinsam hat. Die weitere Segmentierung in immer spezialisiertere Programme, etwa in verschiedenartige Nachrichtenkanäle (allgemeine Nachrichten, Finanz- oder Verbraucherinformationen, Kulturkanäle, Parlamentsberichte), dürfte das Fernsehen im Zeitalter der Breitbandnetze zu dem Kommunikationsforum machen, das in der Vergangenheit die traditionelle Presse darstellte.[67] Danach ist nur konsequent, den umfassenden verfassungsrechtlichen Schutz, den die Presse genießt, auf das Kabelfernsehen anzuwenden.

Um die Notwendigkeit der Unterscheidung auf rechtlicher Ebene zu vermeiden, die - wie ausgeführt - technologisch nicht mehr möglich ist, dürfte eine Gleichstellung der Medien weiter dazu führen, daß auch im Bereich des heutigen Telefons der erste Zusatzartikel uneingeschränkte Geltung beansprucht. Dies ist nur die Fortführung der Entwicklung, wie sie bei den Dial-A-Porn-Diensten ihren Anfang gefunden hat. Damit wird es irrelevant, ob es sich bei einer fraglichen Nachricht um Massen- oder Individualkommunikation handelt. Der Netzbetreiber kann sich gegenüber staatlicher Einflußnahme grundsätzlich auf die Freiheit der Presse berufen. Dies kann im Ergebnis dazu führen, daß staatliche Zugangsregelungen, unabhängig davon, ob sie sich auf Kabelfernsehen oder Telefon beziehen, unzulässig sind. Insbesondere wird es mit den bisherigen Regelungen nicht möglich sein, den traditionellen Telefonkunden uneingeschränkten Zugang zum Netz zu garantieren.

Die Zulässigkeit staatlicher Beschränkungen dürfte damit in einer Weise geprüft werden, wie sie sich schon jetzt in einigen Urteilen abzeichnet: In dem Umfang, in dem das Kommunikationsmedium öffentliche Wege oder Einrichtungen benutzt, darf es staatlicher Regulierung unterworfen werden. Diese muß allerdings darauf beschränkt sein, neutral die Beeinträchtigung der öffentlichen Sache zu vermeiden oder zu reduzieren. Jede darüber hinausge-

---

66 So auch *Tribe*, S. 1007: »The twentieth century technological revolution has fundamentally altered the map of the trifurcated communications system.«
67 Dies zeigen bereits die Zahlen von 11.000 Kabelsystemen (1992) und etwa 10.000 Radiostationen in den USA verglichen mit etwa 1.700 Tageszeitungen (1988), s. *Tribe*, S. 1007 und *NCTA*, S. 13-A.

hende Regelung wäre ein unzulässiger Eingriff in die Kommunikationsfreiheit der Betreiber.[68] Damit sind inhaltsneutrale Regelungen auch dann verfassungsrechtlich unzulässige Eingriffe, wenn der Betreiber entgegen seiner unternehmerischen Entscheidung und entgegen dem Wunsch seiner Teilnehmer bestimmte Programme einspeisen muß.[69]
Übertragen auf eine Kommunikationsordnung für alle Medien bedeutet dies, daß staatliche Regulierung eines Mediums nur insoweit verfassungsrechtlich zulässig ist, als die öffentliche Ordnung betroffen ist. Dazu gehört etwa die Aufstellung von Zeitungskästen auf öffentlichen Straßen, die Dislozierung von Satelliten im Luft- und Weltraum oder die Verlegung von Kabelnetzen unter öffentlichen Straßen oder entlang der Straßen auf Telefonpfosten.[70] So dürfte es weiterhin einer förmlichen Genehmigung bedürfen, die Kabel zu verlegen, denn dieses Genehmigungserfordernis resultiert aus dem Gebrauch der öffentlichen Straßenkörper.[71] Unzulässig wird die staatliche Regulierung dann, wenn sie nicht mehr auf den Regelungszweck der Verhinderung oder Minimierung von Störungen der öffentlichen Sachen gestützt werden kann. Ein Rückgriff auf diesen Gebrauch öffentlicher Sachen zur Rechtfertigung staatlicher Eingriffe in die Verbreitung oder Nichtverbreitung von Meinungsäußerungen ist damit nicht möglich. Dazu gehören insbesondere Zugangsregelungen wie die Einspeiseverpflichtungen (must-carry rules).
Mit diesen Feststellungen dürfte der Ansatz überholt sein, daß eine technische Definition des Mediums Aufschluß über die verfassungsrechtliche Zulässigkeit staatlicher Regulierung gibt. Vielmehr ist die in dem Kommunikationsmedium verbreitete Botschaft Anknüpfungspunkt der Rechtsregel. Als Verbreitung einer Meinungsäußerung genießt sie folglich den uneingeschränkten Schutz des ersten Zusatzartikels zur US-amerikanischen Verfassung.

---

68 So schon Century Federal, Inc. v. City of Palo Alto, 648 F.Supp. 1465, 1473 (N.D.Cal. 1986): »The weakness in the [natural monopoly, d. Verf.] reasoning stems from the lack of a link between a distinctive characteristic of cable television, e.g. the disruption to the public domain, and the proposed government regulation. The fact that a CATV system can potentially disrupt the street might justify certain government regulations aimed at minimizing such disruption.« S. zu dieser Rechtsprechung, oben 2. Abschnitt D. II.
69 Quincy Cable TV. Inc. v. FCC, 768 F.2d 1434 (D.C.Cir. 1985). Siehe oben 2. Abschnitt D.II.
70 *Powe*, S. 244.
71 Video International Production v. Warner-Amex Cable Communications, 858 F.2d 1075 (5th Cir. 1988).

3. *Offener Netzwettbewerb statt staatlicher Zugangsregelungen*

Die verfassungsrechtliche Gleichstellung der Breitbandnetze mit der gedruckten Presse setzt einen offenen Wettbewerb auf der Netzebene voraus, damit alle Meinungsäußerungen verbreitet werden können. Dadurch wird verhindert, daß ein Netzbetreiber mit exklusiver Stellung (bottleneck) die Verbreitung von Ansichten verhindern kann. Wie im Bereich der Printmedien kann folglich jeder, dessen Meinung im Netz nicht verbreitet wird, sich an einen anderen Netzbetreiber wenden.[72]

In diese Richtung führten bereits mehrere Änderungen bisherigen Rechts. Sowohl die FCC als auch der Kongreß hatten festgestellt, daß eine Verstärkung der Wettbewerbssituation auf der Netzebene geeignet und erforderlich ist, Beschränkungen der Verbreitung von Meinungsäußerungen zu verhindern. Die Praxis der kommunalen Behörden, nur einen Kabelnetzbetreiber zuzulassen, sollte die im Dezember 1992 in Kraft getretene neue Regelung verhindern.[73] Daneben bezweckt die Öffnung des Videoübertragungsmarktes für die Telefongesellschaften durch die Video Dialtone-Direktive von Sommer 1992, die monopolartige Stellung der Kabelbetreiber aufzuheben.[74] Das gleiche gilt für die lokalen Telefongesellschaften, deren Stellung mit Hilfe der Zulassung der Kabelbetreiber als Umgehungstechnologie (by-pass) oder als eigenständige Kommmunikation (PCN) angegriffen wird.[75] Die Öffnung der Übertragungsmärkte für die Telefon- und Kabelgesellschaften, die Anreize zur Vergabe mehrerer Kabelbetreiberlizenzen und die Ermöglichung verschiedener Netzbetreiber im Telefonbereich sind erste Schritte zur bereits jetzt geforderten endgültigen Freigabe der Netzerrichtung unter Zurückdrängung staatlicher Zulassung und - daran anknüpfend - hoheitlicher Aufsicht.[76]

Es konnte gezeigt werden, daß Investitionen der Telefonbetreiber in den Ausbau ihrer Netze wahrscheinlich sind, da neuartige Programmveranstalter aufkommen werden, die Zugang zu einem Verbreitungsmedium suchen. Zudem wird es Telefongesellschaften nach Wegfall der (bereits angegriffenen) Betei-

---

72 Damit ist aus verfassungsrechtlicher Sicht eine Gleichstellung zu den gedruckten Medien auch hinsichtlich des Zugangs gewährt. Dessen Charakter ist so beschrieben worden:
»Of course there is private censorship in the newspaper field. But for one publisher who may suppress a fact, there are many who will print it. But if the Government is the censor, administrative fiat, not freedom of choice, carries the day.«
CBS v. Democratic National Committee, 412 U.S. 94, 153 (Douglas, J., concurring); siehe auch Turner Broadcasting, Inc. v. FCC, _U.S._ (1994) (Slip Concur/Dissent, S. 3 und 5).
73 Siehe oben 2. Abschnitt E. V. 4.
74 Siehe oben 4. Abschnitt B.
75 Siehe oben 3. Abschnitt A und B.
76 *Hazlett*, 134 U.Pa.L.Rev. 1335 (1986); ders., 7 Yale J.on Reg. 65 (1990).

ligungsbeschränkungen möglich sein, sich an Programmveranstaltern zu beteiligen. Dies schafft zusätzliche Verbundvorteile im Wettbewerb zu den bereits zugelassenen Kabelgesellschaften. Daher wird es bereits in naher Zukunft zu einer Wettbewerbssituation auf der Netzebene kommen. Dies gilt sowohl für die Verbreitung von Videosignalen als auch von Sprach- und Datensignalen. Hinzu kommen ein durch Bildkomprimierung wesentlich verbessertes terrestrisches Fernsehen sowie in allernächster Zukunft direkt strahlende Satelliten. Damit besteht im Bereich der Übertragungsmedien eine echte Wettbewerbssituation.[77] Dadurch entfallen die Gründe für die Regulierung des Marktes, insbesondere für jegliche Art von Zugangsregelung. Durch die fortschreitende Mikrowellen- und Satellitenübertragung verlieren die Größenvorteile (economies of scale) an Bedeutung, so daß auch ökonomisch die Annahme eines natürlichen Monopols des Kabel- oder Telefonbetreibers entfällt.[78] Gleichzeitig ist davon auszugehen, daß keine hohen Marktzutrittsschranken in den Übertragungsmarkt bestehen, da es eine Vielzahl von Übertragungsmedien gibt.[79] Es muß jedoch betont werden, daß bis zu einer echten Wettbewerbssituation auf dem Übertragungsmarkt inhaltsneutrale, strukturelle Übergangsregelungen notwendig sind. Dies zeigte sich deutlich bei den Auswirkungen der Konzentrationsentwicklung im Kabelfernsehen.[80]

Dabei ist aus ordnungspolitischer Sicht nicht von Bedeutung, ob zwei Netze nebeneinander bestehen werden oder ein integriertes Breitbandnetz. Wenn beide Netze die Verbreitung der gleichen Dienste anbieten können, besteht ein offener Wettbewerb. Ebensowenig steht das bisherige Monopol der lokalen Telefongesellschaften über die lokalen Vermittlungen (local switching) einer Annahme der Wettbewerbssituation entgegen. Zunächst erlaubt eine größere Bandbreite, größere Mengen an Daten zu transportieren. Ein Netzzugang wird so ohne oder nur mit beschränkter Nutzung einer zentralen Vermittlungsstelle möglich sein.[81] Zudem werden derzeit bereits Verknüpfungen zwischen dem Kabelnetz und dem Telefonnetz entwickelt, die es ermöglichen, im Rahmen der PCN-Dienste vom Kabelnetz in das Telefonnetz zu gelangen.[82] In weiterer Zukunft werden digitale Vermittlungstechnologien und eine ver-

---

77 Die Austauschbarkeit wurde von den Gerichten zum Teil bereits heute angenommen, vom Justizministerium (DoJ) jedoch abgelehnt. Siehe oben 2. Abschnitt E. III.
78 Aus diesem Grund plädiert auch *Möschel* (S. 59) für einen Wettbewerb auf der Netzebene in der deutschen Telekommunikationsordnung.
79 Siehe oben 2. Abschnitt E.
80 Siehe oben 2. Abschnitt E. IV.
81 *Botein*, 17 Intermedia 35, 38 (1989).
82 S. *Chiddix*, American Television & Communications Corporation (ATC), in seiner Anhörung vor der FCC (5. Dez. 1991), abgedr. in *Hardy*, S. 635f, der die Entwicklung der zukünftigen Infrastruktur im Kabelnetz beschreibt. Siehe auch oben 3. Abschnitt A.

besserte Netzarchitektur die bisherige technische Begrenzung der Netze aufheben.[83] Es ist folglich bereits absehbar, daß insbesondere der Einsatz von Glasfaserkabel, verbesserter Vermittlung und Netzarchitektur sowie von Komprimierungstechnologien die Netzkapazitäten in bisher unbekanntem Umfang vergrößert. Dadurch können große Datenmengen in sehr kurzer Zeit verbreitet werden. In einer offenen Wettbewerbssituation, in der Netzbetreiber alle möglichen Dienste anbieten können, besteht damit keine derzeit bekannte ökonomische Begründung mehr, bestimmte Dienste nicht einzuspeisen. Mit dieser Feststellung sind, wie im Bereich der gedruckten Presse, spezielle Zugangsregelungen nicht erforderlich und damit unzulässig.[84]

4. Wettbewerbsrecht und ergänzende medienspezifische Regelungen

Insgesamt wird es also Aufgabe des Wettbewerbsrechts und nicht staatlicher Aufsicht sein, den uneingeschränkten Zugang zu garantieren und Diskriminierungen zu verhindern.[85]

Schon im Bereich des traditionellen Kabelfernsehens haben die Gerichte in der Vergangenheit die Einspeisungsverpflichtungen (must-carry rules) als direkte Eingriffe in die Freiheit eines Betreibers eingestuft: Sie hinderten den Betreiber daran, das für ihn unternehmerisch attraktivste Programmangebot zusammenzustellen. Die verfassungsrechtliche Zulässigkeit von solchen Einspeiseverpflichtungen lokaler Fernsehsender wurde folglich an enge Voraussetzungen geknüpft, um zu verhindern, daß ein Betreiber in dieser verlegerischen Freiheit eingeschränkt wird. Die Einspeiseverpflichtungen wurden nur bis zu einem bestimmten Verhältnis zur Gesamtkapazität gebilligt. Die vom Kongreß in den Neuregelungen im Cable TV Competition Act von Oktober 1992 eingeführte Verknüpfung von Zwangslizenz, Einspeiseverpflichtung und individueller Vereinbarung (compulsory license, must-carry and retransmission consent) dürfte auch die Übergangsphase bis zu einem offenen Wettbewerb prägen. Der US Supreme Court sah in seinem jüngsten Urteil eine Rechtfertigung der Einspeiseverpflichtungen darin, daß die Monopolstellung

---

83 Siehe oben 3. Abschnitt A: Personal Communication Systems.
84 Auch *Lampert* (44 Fed. Comm. L.J. 245, 280 f. (1992)) erkennt an, daß die von ihr derzeit noch geforderten Zugangsregelungen (access requirements) obsolet werden, sobald ein Wettbewerb auf der Netzebene besteht.
85 *Emord*, 38 Cath. U. L.Rev. 401, 405, 466 ff. (1989): »[A]ntitrust restraints are the only constitutional form of structural regulations that may be applied to the electronic media (S. 405). Anders aber *Botein*, 17 Intermedia 35, 39 (1989), der staatliche Regelungen, deren Einhaltung von einer Aufsichtsbehörde überwacht werden soll, für notwendig hält, um für jeden Nutzer »bandwith on demand, at non-discriminatory prices« zu erhalten.

253

der überwiegenden Zahl der Kabelbetreiber zu einer Gefahr für die lokalen Fernsehstationen geworden ist. Damit sieht das Gericht die Monopolstellung eines Netzbetreibers als ökonomisch fehlerhaft an, die vom Gesetzgeber korrigiert werden muß.[86] Gleichzeitig weist die Gesetzesänderung den Weg für zukünftige Regelungen: Die Zwangslizenz zugunsten eines Mediums (Kabelfernsehen) dürfte ebenso aufgehoben werden wie eine Einspeisungsverpflichtung bestimmter Meinungsäußerungen (must-carry rule). Dann blieben Einspeisungen letztlich den Marktkräften überlassen, und die Netzbetreiber müßten sich in Zukunft mit Programmherstellern und Fernsehanstalten über Einspeisung, Vergütung und Rangstelle im Netz einigen.[87]

Sofern eine Monopolstellung eines Netzbetreibers in einem relevanten Produktmarkt (etwa Sprachübertragung) besteht, kann der Zugang zum Netz gerichtlich erzwungen werden. Allerdings kritisierte die FCC sowie der US-Kongreß die räumliche Marktabgrenzung der Gerichte und die dadurch abgelehnte Feststellung einer beherrschenden Stellung eines Netzbetreibers.[88] Es bleibt abzuwarten, ob sich diese Rechtsprechung im Bereich der integrierten Breitbandkommunikation ändert.

Die Konzentrationsprozesse im Kabelfernsehen und deren Auswirkungen auf den Wettbewerb zeigten, daß bis zum Erreichen der offenen Wettbewerbssituation auf der Netzebene Übergangsregelungen erforderlich sind. Diese Regelungen könnten sich an den im Oktober 1992 verabschiedeten Änderungen des Cable Act orientieren. Danach wäre folgendes zu beachten: In den Übertragungsmärkten, in denen kein Wettbewerb im Netz besteht, sind strukturelle Regelungen notwendig. Dabei sollten, wie im Kabelbereich, die wenig verbreiteten Übertragungsmedien wie etwa direkt strahlende Satelliten oder wireless cable-Systeme nicht einbezogen werden. Weiterhin erwies es sich als notwendig, bestimmte Klauseln oder Praktiken, die Gegenstand von Verbreitungsverträgen sind, medienspezifisch als wettbewerbsbeschränkend einzustufen. Demgegenüber sollten keine Beschränkungen vertikaler Integration erlassen werden, sondern lediglich die Netzkapazität festgelegt werden, bis zu der Programme verbreitet werden dürfen, an denen der Betreiber Anteile hält. Insgesamt konnte festgestellt werden, daß der Erwerb von zusätzlichen Betreiberlizenzen sowie der Zugang zum Netz für nicht be-

---

86 Turner Broadcasting System, Inc. v. FCC, _U.S._ (1994) (Slip Opinion, S. 32)
87 Ausführlich, siehe oben 2. Abschnitt, B.V: Strukturelle Zugangsregelungen; und FCC - 1991 OPP Working Paper, S. 4096, 4103.
88 Ausführlich, s. oben 2. Abschnitt D: Wettbewerb und Konzentrationskontrolle im Kabelbereich.

herrschte Programmveranstalter zwar medienspezifisch, aber im Einklang mit den Wettbewerbsgesetzen in inhaltsneutraler Weise erfaßt werden sollten.[89]

5. *Haftung*

Einer ausführlichen Klärung bedürfen die weitreichenden Konsequenzen, welche die Aufhebung der bisherigen verfassungsrechtlichen Stellung der Telefongesellschaften auslöst. Nach dem derzeit geltenden Konzept müssen die Gesellschaften jedem Teilnehmer unter gleichen Bedingungen Zugang gewähren, sind aber von der Haftung für diese in ihren Netzen verbreiteten Meinungen freigestellt. Die Verfahren um die Audiotex-Dienste ergaben eine Abweichung von diesem Grundsatz zugunsten eines Einspeiseermessens, das in einem System der Gleichstellung aller Medien noch ausgeweitet werden wird. Dies wiederum kann nur bedeuten, daß auch die Haftungsfreistellung aufgehoben wird und die Netzbetreiber grundsätzlich einer Haftung unterworfen werden. Auch in dieser Hinsicht dürfte das Recht der traditionellen Presse Anwendung finden.

---

[89] Ausführlich, s. oben 2. Abschnitt D: Wettbewerb und Konzentrationskontrolle im Kabelbereich.

Literaturverzeichnis

I. Literatur

Allard, Nicholas, The 1992 Cable Act: Just the Beginning, 15 Hastings Comm/Ent L.J. 305-355 (1993).
Alternativkommentar, Kommentar zum Grundgesetz für die Bundesrepublik Deutschland, Band 1, Art. 1-37, Reihe Alternativkommentare, *Rudolf Wassermann* (Gesamthrsg.), 2. Auflage, Darmstadt u.a. 1989.
Antitrust Law Developments (Third), *Tom, Willard*, (editor), 3rd ed., Chicago 1992.
Areeda, Phillip/Louis Kaplow, Antitrust Analysis, 4th ed., Boston, 1988.
Atkin, David, Programme Distribution for Pay Cable, 1992 Telecommunications Policy, 475-484.
Auletta, Ken, Three Blind Mice: How the TV Networks Lost Their Way, New York, 1991.

Baer, Walter, Technology's challenges to the First Amendment, 1993 Telecommunications Policy 3 - 12.
Baker, Nicholson, VOX, New York 1992, Hamburg 1992.
Barnett, Stephen/Michael Botein/Eli Noam, Law of International Telecommunications in the United States, Baden-Baden 1988.
Barrett, Andrew, Public Policy and the Advanced Intelligent Network, 42 Fed. Comm. L.J. 413-431 (1990).
Barron, Jerome, Access to the Press - a New First Amendment Right, 80 Harv. L.Rev. 1641-1678 (1967).
— On Understanding the First Amendment Status of Cable: Some Obstacles in the Way, 57 Geo. Wash. L.Rev. 1495-1512 (1989).
— What Does The Fairness Doctrine Controversy Really Mean?, 12 Hastings Comm/Ent L.J. 205-244 (1989).
Barron, Jerome/Thomas Denies, Constitutional Law, St. Paul, Minn. 1986.
Bazelon, David, The First Amendment and the »New Media« - New Directions in Regulating Telecommunications, 31 Fed. Comm. L.J. 201-213 (1979).
Belvin, Lauren/Michael Morris, What's happening in Washington, in: *Lloyd, Frank*, Cable Television Law 1990, New York 1990, Bd. II S. 513-652.
Bernstein, Andrew, Access to Cable, Natural Monopoly, and the First Amendment, 86 Columbia L.Rev. 1663-1696 (1986).
Black's Law Dictionary, 5th ed., St. Paul, Minn. 1979.
Blaskopf, Lawrence, Defining the Relevant Product Market of the New Video Technologies, 4 Cardozo Arts & Entertainment L.J. 75-103 (1985).
Boeckman, Phillip, The Effects of Recent Developments on the TELCO/CATV Cross-Ownership Prohibitions, 56 Missouri L.Rev. 1069-1092 (1991).
Bollinger, Lee, Freedom of the Press and Public Access: Toward a Theory of Partial Regulation of the Mass Media, 75 Mich. L.Rev. 1-42 (1976).
— On the Legal Relationship between Old and New Technologies, 26 G.Y.I.L. 269-298 (1983).

Botein, Michael, Can Fibre-Optic Broadband Networks be regulated?, 17 Intermedia 35-39 (Dec. 1989).
Bremer, Eckhard/Michael Esser/Martin Hoffmann, Der Rundfunk in der Verfassungs- und Wirtschaftsordnung in Deutschland, Baden-Baden 1992.
Brenner, Daniel/Monroe Price/Michael Meyerson, Cable Television and Other Non-Broadcast Video: Law and Policy, 5th release, New York 1992 (zit: Brenner/Price).
Brenner, Daniel, Was Cable Television a Monopoly?, 42 Fed. Comm. L.J. 365-411 (1990).
— Cable Television and the Freedom of Expression, 1988 Duke L.J. 329-388.
— Cable Franchising and the First Amendment: Preferred Problems, Undesirable Solutions, 10 Hastings Comm/Ent L.J. 999-1032 (1988).
Brilmayer, Lea, An Introduction to Jurisdiction in the American Federal System, Charlottesville, Va. 1986.
Brotman, Stuart, The Curious Case of the Must-Carry Rules: Breaking the Endless Policy Loop Through Negotiated Rule-making, 40 Fed. Comm. L.J. 399-411 (1988).
Brugger, Winfried, Grundrechte und Verfassungsgerichtsbarkeit in den Vereinigten Staaten von Amerika, Tübingen 1987.

Calabrese, Andrew, Telephone-Cable Cross-Ownership: The Push for Video Common Carriage, 12 Communications and the Law 19-36 (March 1990).
Calabrese, Andrew/Donald Jung, Broadband Telecommunications in Rural America, 1992 Telecommunications Policy 225-236.
Campbell, Angela, Publish or Carriage: Approaches to Analyzing the First Amendment Rights of Telephone Companies, 70 N.C.L.Rev. 1071-1153 (1992).
Campbell, Douglas, The Supreme Court and the Mass Media, 1990.
Cate, Fred, Cable Television and the Compulsory Copyright License, 42 Fed. Comm. L.J. 191-238 (1990).
— The First Amendment and Compulsory Access to Cable TV, in: Cable TV Leased Access, A Report to the Annenberg Washington Program, Communications Policy Studies, Northwestern University, Evanston, Ill. 1991, S. 41-49.
Copple, Robert, Cable Television and the Allocation of Regulatory Power: A Study of Demarcation and Roles, 44 Fed. Comm. L.J. 1-172 (1992).
Coustel, Jan Pierre, New Rules for cable television in the USA, 1993 Telecommunications Policy 200-220.
Crigler, John/William Byrnes, Decency Redux: The Curious History of the New FCC Broadcast Indecency Policy, 38 Cath. U. L.Rev. 329-363 (1989).
Currie, David, Federal Courts, 3d ed., St. Paul, Minn. 1982.
Czitrom, Daniel, Media and the American Mind: From Morse to McLuhan, Chapel Hill 1982.

De Jong, Allard/Benjamin Bates, Channel Diversity in Cable Television, 35 J. of Broadcasting & Electronic Media 159-166 (1991).

Egan, Bruce/Dennis Weisman, The US Telecommunications Industry in Transition: Bypass, Regulation, and the Public Interest, 1986 Telecommunications Policy 164-176.
Ely, John, Flag Desecration: A Case Study in the Roles of Categorization and Balancing in First Amendment Analysis, 88 Harv. L.Rev. 1482-1508 (1975).
Emord, Jonathan, The First Amendment Invalidity of FCC Ownership Regulations, 38 Cath. U. L.Rev. 401-469 (1989).

Emerson, Thomas, First Amendment Doctrine and the Burger Court, 68 Calif. L.Rev. 422-481 (1980).
Estlund, Cynthia, Speech on Matters of Public Concern: The Perils of an Emerging First Amendment Category, 59 Geo. Wash. L.Rev. 1-55 (1990).

Fowler, Mark/Daniel Bremer, A Marketplace Approach to Broadcast Regulation, 60 Tex. L.Rev. 207-257 (1982).
Franklin, Marc/David Anderson, Mass Media Law, 4th ed., New York 1990.
Frieden, Robert, The Third Computer Inquiry: A Deregulatory Dilemma, 38 Fed. Comm. L.J. 383-410 (1986).

Gabel, Richard, The Early Competitive Era in Telephone Communications 1893-1920, 34 Law & Contemp. Probs. 340-359 (1969).
Geller, Henry, Communications Law - A Half Century Later, 37 Fed. Comm. L.J. 71-83 (1985).
Geller, Henry/Donna Lampert, Cable, Content Regulation and the First Amendment, 32 Cath. U. L.Rev. 603-631 (1983).
— Comments on Action for Children's Television, Reply Comments in FCC Cable Inquiry, MM Dkt. 89-600 (filed March 1, 1990) (zit.: Reply Comments).
Geller, Henry/Alan Ciamparceo/Donna Lampert, The Cable Franchise Fee and the First Amendment, 39 Fed. Comm. L.J. 1-25 (1987).
Gershon, Richard, Pay Cable Television: A Regulatory History, 12 Communications and the Law 3-26 (June 1990).
— Telephone-cable cross-ownership, 1992 Telecommunications Policy 110-121.
Gillmor, Donald/Jerome Barron/Todd Simon/Herbert Terry, Mass Communications Law, 5th ed., 1990 (zit.: Gillmor).
Goodman, Matthew/Kevin Lu/William Sharkey/Padmanabhan Srinagesh/Neal Stolleman, Telephone company entry into cable television: a re-evaluation, 1993 Telecommunications Policy 158-162.

Hagelin, Theodore, The First Amendment Stake in New Technology: The Broadcast Cable Controversy, 44 U. Cincinnati L.Rev. 427-524 (1975).
Hammond, Allen, Regulating Broadband Communication Networks, 9 Yale J. on Reg. 181-235 (1992).
Hardy, Todd, PCN and OTW Personal Communications Services, in: *Lloyd, Frank*, Cable Television Law 1992, New York 1992, S. 603-664.
Haring, John/Kathleen Levitz, The Law and Economics of Federalism in Telecommunications, 41 Fed. Comm. L.J. 260-330 (1989).
Hazlett, Thomas, Private Monopoly and the Public Interest: An Economic Analysis of the Cable Television Franchise, 134 U. Pa. L.Rev. 1335-1409 (1986).
— Duopolistic Competition in Cable Television, 7 Yale J. on Reg. 65-119 (1990).
— A Reply to Regulation and Competition in Cable Television, 7 Yale J. on Reg. 141-148 (1990) (zit.: Reply).
— The Rationality of U.S. Regulation of the Broadcast Spectrum, 33 J. of Law & Econo. 133-175 (1990).
Heller, Maurice, Old Wine in New Bottles: Replacing the Fairness Doctrine With Enforced Competition in Media, 3 Cardozo Arts & Entertainment L.J. 125-153 (1984).

Hoffmann-Riem, Wolfgang, Kommerzielles Fernsehen, Baden-Baden 1981 (zit.: Fernsehen).
— Deregulierung als Konsequenz des Marktrundfunks - Vergleichende Analyse der Rundfunkrechtsentwicklung in den USA -, AöR 1985 S. 528-576.
— Rundfunkrecht und Wirtschaftsrecht - ein Paradigmenwechsel in der Rundfunkverfassung, Media Perspektiven 1988, S. 57-72.
Homet, Roland, »Getting the Message«: Statutory Approaches to Electronic Information Delivery and the Duty of Carriage, 37 Fed. Comm. L.J. 217-292 (1985).
Horn, Manfred/Günther Knieps/Jürgen Müller, Deregulierungsmaßnahmen in den USA: Schlußfolgerungen für die Bundesrepublik Deutschland, Baden-Baden 1988.
Huffman, John/Denise Trauth, Obscenity, Indecency, and the Rehnquist Court, 13 Communications and the Law 3-23 (March 1991).

Immenga, Ulrich/Ernst-Joachim Mestmäcker, GWB: Kommentar zum Kartellgesetz, 2. Aufl., München 1992 (zit.: Bearbeiter, in: Immenga/Mestmäcker).
Ingber, Stanley, The Marketplace of Ideas: A Legitimizing Myth, 1984 Duke L.J. 1-91.

Johnson, Leland, Common Carrier Video Delivery by Telephone Companies, Santa Monica, Ca., Rand Corporation, 1992.
Johnson, Leland/Castleman, Deborah, Direct Broadcast Satellites: A Competitive Alternative to Cable Television?, Santa Monica, Ca., Rand Corporation, 1991. *Johnson, Leland/David Reed*, Telephone Company Entry into Cable Television, 1992 Telecommunications Policy 122-134.

Katsh, Ethan, The First Amendment and Technological Change: The New Media Have a Message, 57 Geo. Wash. L.Rev. 1459-1494 (1989).
Klein, Benjamin, The Competitive Consequences of Vertical Integration in the Cable Industry, Los Angeles, Ca. 1989.
Klein, Hans-Hugo, Die Rundfunkfreiheit, München 1978.
Kowal, Karen, Local Access Bypass, 37 Fed. Comm. L.J. 325-376 (1985).

Lampert, Donna, Cable Television: Does Leased Access Mean Least Access?, 44 Fed. Comm. L.J. 245-284 (1992).
LeDuc, Don, Beyond Broadcasting, New York 1987.
— »Unbundling« the Channels: A Functional Approach to Cable TV Legal Analysis, 41 Fed. Comm. L.J. 1-16 (1989).
Lee, William, Cable Leased Access and the Conflict Among First Amendment Rights and First Amendment Values, 35 Emory L.J. 563-619 (1986).
— The Supreme Court and The Right to Receive Expression, 1987 Sup. Ct. Rev. 303-344.
Levin, Stanford/John Meisel, Cable Television and Competition, 1991 Telecommunications Policy 519-528.
Lively, Donald, Deregulatory Illusions and Broadcasting: The First Amendment's Enduring Forked Tongue, 66 N.C. L.Rev. 963-976 (1988).
Lloyd, Frank, Cable Leased Access: A Flawed Solution Looking for a Problem, in: Cable TV Leased Access, A Report to the Annenburg Washington Program, Communications Policy Studies, Northwestern University, Evanston, Ill. 1991, S. 33-40.
— Reaffirming the Cable Act, 8 Cardozo Arts & Entertainment L.J. 337-386 (1990).
— Cable Television's Emerging Two-Way Services: A Dilemma for Federal and State Regulators, 36 Vand. L.Rev. 1045-1091 (1983).

Loevinger, Lee, Free speech, Fairness and Fiduciary Duty in Broadcasting, 34 Law & Contemp. Probs. 278-298 (1969).

Mangoldt, Hermann v./Friedrich Klein/Christian Starck, Das Bonner Grundgesetz, Kommentar, Bd. 1, Präambel, Art. 1-5, 3. Auflage, München 1985.

Manishin, Glenn, An Antitrust Paradox for the 1990s: Rewriting the Role of the First Amendment in Cable Television, 9 Cardozo Arts & Entertainment L.J. 1-14 (1990).

Mann, Elizabeth, Telephones, Sex, And The First Amendment, 33 U.C.L.A. L.Rev. 1189-1246 (1986).

McLuhan, Marshall, Understanding Media, New York 1964.

Meiklejohn, Alexander, The First Amendment is an absolute, 1961 Sup. Ct. Rev. 245-266.

Melnik, Allison, Access to Cable Television: A Critique of the Affirmative Duty Theory of the First Amendment, 70 Calif. L.Rev. 1393-1420 (1982).

Mestmäcker, Ernst-Joachim, Pressefreiheit im Lichte des Wettbewerbsrechts (1969), abgedr. in: ders., Recht und ökonomisches Gesetz, 2. Auflage 1984, S. 257-278, Baden-Baden 1984 (zit: Pressefreiheit).

— Medienkonzentration und Meinungsvielfalt, Baden-Baden 1978 (zit.: Medienkonzentration).

— Meinungsfreiheit und Medienwettbewerb, ZUM 1986, 63-68.

— Competing Goals of National Telecommunication Policies, in: ders. (Hrsg.), The Law and Economics of Telecommunications, Baden-Baden 1987, S. 13-29.

— Marktzugang und Monopolmißbrauch auf deregulierten Märkten, Festschrift für Ernst Steindorff zum 70. Geburtstag, Berlin 1990, S. 1045-1064.

Möschel, Wernhard, Telekommunikation in der Bundesrepublik Deutschland: Situation und Anforderungen, in: Telekommunikation: neue Herausforderung - neue Anforderungen; Dokumentation einer Veranstaltung d. Politischen Clubs der Friedrich-Naumann-Stiftung am 26.3.1987, 2. Auflage Königswinter 1988.

Monheim, Thomas, Personal Communications Services: The Wireless Future of Telecommunications, 44 Fed. Comm. L.J. 335-362 (1992).

Moses, Harriet Liza, Antitrust and the Media, 1984 Annual Survey of American Law, vol. 2, 723-751.

Mueller, Milton, Universal service in telephone history: a reconstruction, 1993 Telecommunications Policy 352-367.

Nadel, Mark, COMCAR: A Marketplace Cable Television Franchise Structure, 20 Harv. J. Legislation 541-573 (1983).

— A Technology Transparent Theory of the First Amendment and Access to Communications Media, 43 Fed. Comm. L.J. 157-184 (1990).

— A Unified Theory of the First Amendment: Divorcing the Medium from the Message, 11 Fordham Urb. L.J. 163 (1982).

National Cable Television Association (NCTA), Cable Television Developments, Washington, D.C., May 1992.

Neuborne, Burt, The First Amendment and the Supreme Court: An Overview of the 1988-89 Term, in: *Goodale, James*, Communications Law 1989, vol. I, New York 1989, 667-678.

Neumann, Karl-Heinz, PCN - Die neueste Entwicklung im digitalen zellularen Mobilfunk, WIK-Schriften Nr. 79, Bad Honnef 1992.

Noam, Eli, Towards An Integrated Communications Market: Overcoming the Local Monopoly of Cable Television, 34 Fed. Comm. L.J. 209-257 (1982).

Noam, Eli, Federal and State Roles in Telecommunications: The Effects of Deregulation, 36 Vand. L.Rev. 949-984 (1983).

Office of Technology Assessment, U.S. Congress, Science Technology and the First Amendment, Special Report, Washington, D.C. 1988 (zit.: OTA-Report). *O'Neill, Patrick*, Structural Implications of Telephone Content Regulation: Lessons from the Audiotex Controversy, 13 Hastings Comm/Ent L.J. 379-410 (1991).
Opheim, Teresa, Berkshire Cablevision v. Burke: Toward a Functional First Amendment Classification of Cable Operators, 70 Iowa L.Rev. 521-543 (1985).

Patel, Virat, Broadband Convergence, 1992 Telecommunications Policy, 98-109.
Poe, David, As the World Turns: Cable Television and the Cycle of Regulation, 43 Fed. Comm. L.J. 141-156 (1991).
Polic, Jelena/Oscar Gandy, The Emergence of the Marketplace Standard, 1991 Media Law & Practice 55-64.
Pool, Ithiel de Sola, Technologies of Freedom, Cambridge, Mass. 1983.
Posner, Richard, Natural Monopoly and its Regulation, 21 Stanford L.Rev. 548-643 (1969).
Powe, Lucas, American Broadcasting and the First Amendment, Berkeley/Los Angeles 1987.
— Tornillo, 1987 Sup. Ct. Rev. 345-396.
Price, Monroe, Congress, Free Speech, and Cable Legislation: An Introduction, 8 Cardozo Art & Entertainment L.J. 225-231 (1990).

Redish, Martin, The Value of Free Speech, 130 U. Penn. L.Rev. 591-645 (1982).
Reveal, Ernest/Tod Dubow, Recent Developments in Franchise Overbuilds and Other First Amendment Litigation, in: *Lloyd, Frank*, Cable TV Law 1992, New York 1992, S. 399-756.
Robinson, Glen, The Federal Communications Commission: An Essay on Regulatory Watchdogs, 64 Virginia L.Rev. 169-262 (1978).
Roper, Robert, Unbundling the Channels: A Dysfunctional Approach to Cable TV Legal Analysis, 42 Fed. Comm. L.J. 81-86 (1990).
Ross, Stephen/Brick Barrett, The Cable Act of 1984 - How Did We Get There and Where Are We Going?, 39 Fed. Comm. L.J. 27-52 (1987).

Saylor, David, Municipal Ripoff: The Unconstitutionality of Cable Television Franchise Fees and Access Support Payments, 36 Cath. U. L.Rev. 671-704 (1986).
— Selected Antitrust and Competition Policy Issues Facing Cable Television Operators, Suppliers, and Competitors, in: *Lloyd, Frank*, Cable Television Law 1990, New York 1990, vol. II, 77-165 (zit.: Cable TV Law 1990).
— Selected Antitrust and Competition Policy Issues Facing Cable Television Operators, Suppliers, and Competitors, in: *Lloyd, Frank*, Cable Television Law 1992, New York 1992, vol. II, 465-602 (zit.: Cable TV Law 1992).
Scherer, F.M./David Ross, Industrial Market Structure and Economic Performance, 3d edition, Boston 1990. *Scherer, Joachim*, Nachrichtenübertragung und Datenverarbeitung im Telekommunikationsrecht, Baden-Baden 1987.
Schmidt, Ingo, Wettbewerbspolitik und Kartellrecht, 3. Auflage, Stuttgart, New York 1990.
Schott, Charles, Convergence of Telecoms and Broadcasting Regulation, 1991 Intermedia 27-28.

Schnurr, Lewis, Conduit-Content Convergence: Its Causes and Effects, in: *Mestmäcker, Ernst-Joachim* (Hrsg.), The Law and Economics of Transborder Telecommunication, Baden-Baden 1987, 157-173.
Schroepfer, Terrence, Allocating Spectrum Through the Use of Auctions, 14 Hastings Comm/Ent L.J. 35-46 (1991).
Schuster, Detlev, Meinungsvielfalt in der dualen Rundfunkordnung, Berlin 1990.
Shapiro, George/Philip Kurland/James Mercurio, Cable Speech - The Case for First Amendment Protection, New York 1983 (zit.: Shapiro, CableSpeech).
Shapiro, George, Litigation Concerning Challenges to the Franchise Process, Programming and Access Channel Requirements and Franchise Fees, in: *Lloyd, Frank* (ed.), Cable Television Law 1990: Revising the Cable Act, 1990, S. 341-536 (zit.: Shapiro, Cable TV Law 1990).
Shumadine, Conrad/Walter Kelley/Guy Bryant/Mark Stiles, Antitrust and the Media, in: *Goodale, James* (ed.), Communications Law 1989, New York 1989, vol. I, 7-320.
Sibary, Scott, The Cable Communications Policy Act of 1984 v. The First Amendment, 7 Hastings Comm/Ent L.J. 381-415 (1984/85).
Sinel, Norman/Patrick Grant/William Cook/Jeffrey Kirchmeier, Recent Developments in the Lawful Regulation of Cable Television, in: *Goodale, James* (ed.)., Communications Law 1989, New York 1989, vol. III, 201-325.
Sinel, Grant/Patrick Norman/Mary Biernt, Cable Franchise Renewals: A Potential Minefield, 39 Fed. Comm. L.J. 77-107 (1987).
Sioshansi, Fereidoon/Paul Baran/Spencer Carlisle, Bypassing the Local Telephone Company, 1990 Telecommunications Policy 71-77.
Smiley, Albert, Regulation and Competition in Cable Television, 7 Yale J. on Reg. 121-139 (1990).
Soloman, Richard, Changing Paradigms for Broadband Telecommunications, Speakers' Papers 1st World Electronic Media Symposium, Oct. 4-6, 1989 Geneva (unveröffentlicht).
Spieler, Ekkehard, Fusionskontrolle im Medienbereich, Berlin 1988.
Spitzer, Matthew, Seven Dirty Words and Six Other Stories, New Haven, Ct. 1986.
Stock, Jürgen, Meinungs- und Pressefreiheit in den USA, Baden-Baden 1986.

Tovey, Morgan, Dial-a-Porn and the First Amendment: The State Action Loophole, 40 Fed. Comm. L.J. 267-293 (1988).
Tribe, Laurence, American Constitutional Law, 2d ed., New York 1988.
— The Constitutional Constraints on Congressional Action in Response to the Lifting of the Ban on Bell Company Provision of Information Services, in: *Lloyd, Frank*, Cable Television Law 1992, New York 1992, vol. II, S. 97 (zit.: Tribe, in Cable TV Law 1992).
Trice, Judith, Cable Wars, 1984 California Lawyer 54-56.

van Arnheim, Elke, Der räumlich relevante Markt im Rahmen der Fusionskontrolle, Köln 1991.
Verrill, Charles, CATV's Emerging Role: Cable-Caster or Common Carrier?, 34 Law & Contemp. Probs. 586-609 (1969).
Voigt, Stefan, Das Lizenzauktionsverfahren: Ein zielkonformes Instrument zur Regulierung lokaler Kabelfernsehstationen?, 17 Communications 67-90 (1992).

Weisman, Dennis, Default Capacity Tariffs: Smoothing the Transitional Regulatory Asymmetries in the Telecommunications Market, 5 Yale J. on Reg. 149-178 (1988).

Wenders, John, Natural Monopoly and the Deregulation of Local Telephone Service, 1990 Telecommunications Policy 125-138.
Werner, Eric, Something's Gotta Give: Antritrust Consequences of Telephone Companies' Entry into Cable Television, 43 Fed. Comm. L.J. 215-253 (1991).
Wilcox, Bryce, The Constitutionality of Exclusive Cable Franchising, 28 Idaho L.Rev. 33-64 (1991/92).
Wiley, Richard, The Media and the Communications Revolution: An Overview of the Regulatory Framework and Developing Trends, in: *Goodale, James* (ed.)., Communications Law 1989, New York 1989, vol. III, 327-449.
Winer, Lawrence, Telephone Companies have First Amendment Rights Too: The Constitutional Case for Entry Into Cable, 8 Cardozo Arts & Entertainment L.J. 257-307 (1990).
— The Signal Cable Sends - Part I: Why Can't Cable Be More Like Broadcasting, 46 Maryland L.Rev. 212-283 (1987) (zit.: Part I).
— The Signal Cable Sends, Part II - Interference from the Indecency Cases, 55 Fordham L.Rev. 459-527 (1987) (zit.: Part II).

Zuckman, Harvey/Martin Gayners/Barton Carter/Juliet Dee, Mass Communications Law, St. Paul, Minn. 3d ed. 1988 (zit: Zuckman).

II. *Häufiger zitierte Gesetze und offizielle Dokumente*

(Weitere Nachweise in den Fußnoten)

Cable Communication Policy Act of 1984, Pub. L. No. 98-549, 1984 U.S. Code Cong. & Ad. News (98 Stat.) 2779, kodifiziert als 47 U.S.C. §§ 521-559 (zit.: Cable Act 1984).

Cable Television Consumer Protection and Competition Act of 1992, October 5, 1992, P.L. 102-385 (S. 12), 106 Stat. 1460 (1992) (zit.: Cable TV Competition Act 1992).

FCC - Amendment of Section 64.702 of the Commission's Rules and Regulations (Second Computer Inquiry), Final Decision in Docket-No. 20828, 77 FCC 2d 384 (1980), aff'd Computer and Communications Industrie Assoc. v. FCC, 693 F.2d 198 (D.C.Cir. 1982), cert. den. 461 U.S. 938 (1983) (zit.: FCC - Second Computer Inquiry).

FCC - Amendment of Section 64.702 of the Commission's Rules and Regulations (Third Computer Inquiry), Report and Order in Docket-No. 85-229, 104 F.C.C. 2d 958 (1986), vacated California v. FCC, 905 F.2d 1217 (9th Cir. 1990) (zit.: FCC - Third Computer Inquiry).

FCC - Competition, Rate Deregulation and the Commission's Policies Relating to the Provision of Cable Television Service, Report in Docket-No.: 89-600, 5 F.C.C. Rcd 4962 (1990) (zit.: FCC - Cable Competition Report 1990).

FCC - Computer III Remand Proceedings: Bell Operating Company Safeguards and Tier 1 Local Exchange Company Safeguards, Report and Order in Docket-No.: 90-623, 6 F.C.C. Rcd 7571 (1991) (zit.: FCC - BOC Safeguards Order).

FCC - Office of Plans and Policy (OPP), Working Paper No. 24: Through The Looking Glass: Integrated Broadband Networks, Regulatory Policies, And Institutional Change, Robert Pepper, November 23, 1988, 4 F.C.C. Rcd 1306-1331 (1988) (zit.: FCC - 1988 OPP-Paper).

FCC - Office of Plans and Policy (OPP), Working Paper No. 26: Broadcast Television in a Multichannel Marketplace, Florence Setzer/Jonathan Levy, June 27, 1991, 6 F.C.C. Rcd 3996 (1991) (zit.: FCC - 1991 OPP Paper).

FCC - Telephone Company - Cable Television Cross-ownership Rules, Further Notice of Proposed Rulemaking, First Report and Order and Second Further Notice of Inquiry in Docket-No. 87-266, 7 F.C.C. Rcd 300 (1992) (zit.: FCC - Video Dialtone Inquiry). FCC - Telephone Company - Cable Television Cross-ownership Rules, Sections 63.54-63.58, Second Report and Order, Recommendation to Congress, And Second Further Notice of Proposed Rulemaking, Docket-No. 87-266, August 14, 1992, FCC-Doc. 92-327 (zit.: FCC - Video-Dialtone Direktive).

FCC - Telephone Company - Cable Television Cross-ownership Rules, sections 63.54-63.58, Memorandum Opinion and Order on Reconsideration, Docket-No. 87-266, August 14, 1992, FCC-Doc. 92-326 (zit.: FCC - Video Dialtone Reconsideration).

National Telecommunications and Information Administration (NTIA), U.S. Department of Commerce, NTIA Telecom 2000, charting the Course for a New Century, Washington, D.C. 1988 (zit.: NTIA - Telecomm 2000).

— The NTIA Infrastructure Report: Telecommunications in the Age of Information, Washington, D.C. 1991 (zit.: NTIA - 1991 Infrastructure Report).

U.S. Department of Justice and Federal Trade Commission, Horizontal Merger Guidelines, Washington April 2, 1992, abgedruckt in: World Trade Materials (Vol. 4, No. 4) July 1992 = 4 Trade Reg. Rep. § 13, 104 (CCH 1992) (zit.: DoJ/FTC, 1992 Merger Guidelines).

U.S. Department of Justice, Vertical Restraint Guidelines, Washington January 23, 1985, abgedruckt in: 4 Trade Reg. Rep. § 13, 105 (CCH 1992) (zit.: DoJ, 1985 Vertical Restraint Guidelines).

U.S. Department of Justice, Antitrust Division, Merger Guidelines, Washington 1984, abgedruckt in: 2 Trade Reg. Rep. § 4490 (CCH 1992) (zit.: DoJ, 1984 Guidelines).

U.S. Department of Justice, Antitrust Division, The Geodesic Network: 1987 Report on Competition in the Telephone Industry, 1987.

U.S. House Conference Report on S. 12: Cable Television Consumer Protection and Competition Act of 1992, P.L. 102-862, Sept. 14, 1992, Washington, D.C. 1992 (zit.: S. 12 Conference Report 1992).

U.S. House of Representatives - Hearings before the Subcommittee on Telecommunication and Finance, on: H.R. 1303, Cable Television Consumer Protection and Competition Act of 1991, June 18 and 27, 1991 (zit.: H.R. 1303 Hearings 1991).

U.S. House of Representatives - Report of the Committee on Energy and Commerce on H.R. 4850: Cable Television Consumer Protection and Competition Act of 1992, 102d Congress (2d Session), P.L. 102-628, June 29, 1992, Washington, D.C. 1992 (zit.: H.R. 4850 House Report 1992).

U.S. Senate - Hearings before the Subcommittee on Communications, United States Senate, 101st Congress (1st Session) on: Media Ownership: Diversity and Concentration, June 14, 21, and 22, 1989, S. HRG. 101-357, Washington, D.C. 1989 (zit.: Senate - Media Concentration Hearings 1989).

U.S. Senate - Hearings before the Subcommittee on Communications, United States Senate, 101st Congress (1st Session) on: The Oversight of the 1984 Cable Telecommunications Act, November 16 and 17, 1989, S. HRG. 101-464, Washington, D.C. 1989 (zit.: Senate - Oversight of Cable Hearings 1989).

U.S. Senate - Hearings before the Subcommittee on Communications, United States Senate, 101st Congress (2d Session) on S. 1880: Cable TV Consumer Protection Act of 1989, March 29 and April 4, 1990, S. HRG. 101-702, Washington, D.C. 1990 (zit.: Senate - Consumer Protection Hearings 1990).

U.S. Senate - Hearings before the Subcommittee on Communications, United States Senate, 102st Congress (1st Session) on S. 12: Cable TV Consumer Protection Act of 1991, March 14, 1991, S. HRG. 102-132, Washington, D.C. 1991 (zit.: Senate - Cable TV Hearings 1991).

U.S. Senate - Report of the Senate Committee on Commerce, Science, and Transportation, on S. 12: Cable Television Consumer Protection Act, 102d Congress (1st Session), P.L. 102-92, June 28, 1991, Washington, D.C. 1991 (zit.: S. 12 Senate Report 1991).

Stefan Weyhenmeyer
Integrierte Unternehmensstrukturen in der Telekommunikation und staatliche Industriepolitik

Die Zahl der strategischen Allianzen im Bereich der Telekommunikation hat rapide zugenommen. Beteiligt sind vor allem auch die etablierten Fernmeldeunternehmen und Gerätehersteller, die vertikal und horizontal stark integriert sind. Dies schafft wettbewerbspolitische Probleme, die zusätzlich dadurch verstärkt werden, daß mit diesen etablierten Unternehmen gleichzeitig staatliche Industriepolitik betrieben wird.

Die Analyse dieser Situation erfolgt anhand einer systematischen Darstellung des Diskriminierungspotentials der etablierten Unternehmen in den USA und Europa (Großbritannien, Deutschland, Frankreich), da hier zwei sehr unterschiedliche Grundkonzeptionen für den Umgang mit integrierten Unternehmensstrukturen besonders gut sichtbar werden. Die Monographie richtet sich nicht nur an den Wissenschaftler, sondern vor allem auch an die Politik und den interessierten Laien, der einen Überblick über die wettbewerbspolitischen Fragestellungen gewinnen möchten.

Die Dissertation wurde im Rahmen eines interdisziplinären Forschungsprojekts geschrieben, das von Prof. Dr. Ernst-Joachim Mestmäcker betreut wurde.

1994, 240 S., geb. mit SU, 78,– DM, 608,50 öS, 78,– sFr,
ISBN 3-7890-3491-6
(Law and Economics of International Telecommunications – Wirtschaftsrecht der Internationalen Telekommunikation, Bd. 22)

 NOMOS VERLAGSGESELLSCHAFT
Postfach 610 • 76484 Baden-Baden

Andreas Tegge
Die Internationale Telekommunikations-Union
Organisation und Funktion einer Weltorganisation im Wandel

Die ITU ist die Regulierungsinstanz und das zentrale Kooperationsforum in der internationalen Telekommunikation. In der Weltorganisation verständigen sich Regierungen und Fernmeldindustrie auf Regelungen und Standards für den globalen Telekommunikationsverkehr. Die Hauptaufgaben der ITU sind dabei die Festlegung von Tarifierungs- und Verrechnungsprinzipien, die Standardisierung von Telekommunikationsdiensten und -geräten, die Allokation von Funkfrequenzen und Satellitenorbitplätzen und die fernmeldespezifische Entwicklungshilfe. Im Zuge der weltweiten Deregulierung in der Telekommunikation steht die ITU vor den größten Herausforderungen in ihrer Geschichte. Die vorliegende Monographie gibt einen Überblick über die Organisation und Funktion der ITU, ihre Reformbestrebungen und ihre zukünftige Rolle in einer vom Markt getragenen Weltfernmeldeordnung. Es handelt sich dabei um die erste umfassende deutschsprachige Abhandlung über die ITU und zugleich um einen Beitrag über das Recht und die Politische Ökonomie Internationaler Organisationen. Die Arbeit wendet sich an Rechts-, Wirtschafts- und Politikwissenschaftler sowie an Praktiker aus Politik und Wirtschaft.

1994, 373 S., geb., 98,– DM, 690,50 öS, 89,– sFr,
ISBN 3-7890-3230-1
(Law and Economics of International Telecommunications – Wirtschaftsrecht der internationalen Telekommunikation, Bd. 21)

NOMOS VERLAGSGESELLSCHAFT
Postfach 610 • 76484 Baden-Baden